完全版 介護予防マニュアル

住民主体の介護予防をサポートする決定版！

監修
鈴木隆雄　国立長寿医療研究センター研究所所長
島田裕之　国立長寿医療研究センター生活機能賦活研究部部長
大渕修一　東京都健康長寿医療センター研究所・在宅療養支援研究副部長

法研

介護予防の重要性
―科学的視点に基づく高齢者の生活機能の維持と向上を目指して―

　加齢に伴う高齢者の健康特性の1つとして、容易に要介護状態あるいは不健康寿命の増大化を招く症候や障害が確実に存在していることが挙げられます。これらは転倒、失禁、低栄養、生活機能低下、閉じこもり、睡眠障害、うつ、軽度痴呆（認知機能低下）、口腔の不衛生状態、足のトラブルなど多項目にわたり、これらは「老年症候群」の範疇に入るものです。この「老年症候群」の早期発見・早期対応こそが、介護予防の具体的対策であり、このような取り組みを基盤として、高齢者の活動と参加を促し、健康長寿を可能にするとともに、今後のわが国の介護費用や医療費などの削減に大きな貢献をすると見込まれています。

　このような老年症候群に対する有効な予防対策―すなわち介護予防の科学的根拠（Evidence-based prevention）についても、わが国においてさまざまな要介護状態となる可能性の高いハイリスク高齢者あるいはフレイル高齢者に対する、介護予防を目的とした非薬物療法による無作為割り付け比較介入試験（Randomized Controlled Trial: RCT）の成果がここ数年で急速に報告され、業績が積み上げられています。例えば、地域在宅の高齢女性の転倒予防のRCTに関して言えば、介入群では1～2年間にわたり転倒発生が抑制されていることが明らかとなっていることや、サルコペニアと診断された高齢女性に対する、2回／週の運動に加えて筋肉量を増加させることの確認されている分岐鎖アミノ酸（BCAA）を高配合としたサプリメントの服用を用いたRCTにおいては筋肉量、筋力、そして歩行速度などにおいて改善がみられることが報告されています。また、高齢期においては女性を中心として血清ビタミンD（25-OH-D）の低下が顕著となり、それによる転倒や虚弱の発生も確認され、今後の取り組みが重要視され、さらに最近では、認知症予備軍（軽度認知障害高齢者：MCI）を対象とした運動介入のRCTにおいて、認知機能低下を抑制する可能性の大きいことも明らかにされています。

　本書は、このような日本での国家としての施策に基づく介護予防のさまざまな取り組み、特に科学的視点に力点を置いた、総合的な介護予防のすべてについて網羅的に記載されています。本格的な超高齢社会を迎えたわが国で、容易に要介護状態となる可能性のある高齢者においても、適正な栄養摂取や運動が心身の健康維持に必要不可欠であることの再確認に努めているとともに、介護予防に資する多くの科学的エビデンスを紹介しており、著者一同を代表して、ぜひ読者の皆様にお役にたてていただければ幸いです。

平成27年1月

国立長寿医療研究センター研究所所長　**鈴木隆雄**

介護予防の理念から実践までの総合的な手引書

　寿命の延伸から"健康寿命"の延伸へと保健医療の目的が移り変わる中で、要介護状態を予防することの重要性が相対的に増してきています。これは人口の高齢化に伴う罹患しやすい疾病の変化、老年症候群の顕在化によるもので、保健、医療、福祉に従事する専門職者が対象とする問題を変化させています。とりわけ介護予防については、健康寿命延伸のためにその重要性の認識は高まってきましたが、まだまだ新しい概念であり、具体的な実践方法に関する知見の集積は十分とはいえない状況にあります。本書は、介護予防の理念から実践までを網羅的に収録した内容となっており、介護予防に携わるすべての皆様に役立つ内容と考えます。なぜなら、本書の執筆陣は介護予防の第一線で活躍する研究者や実践家によるもので、豊富な経験や科学的根拠に裏打ちされた内容になっていることが大きな特徴だからです。

　誰かの健康に係る仕事を行う保健、医療、福祉の従事者は、常に最良と考えられる対応が求められます。そのためには、自己の経験と科学的根拠に関する知識を更新して、より高い効果が期待できる新しい考え方や方法を学ぶ必要があるでしょう。介護予防に関わる領域は多岐にわたり、医学や社会科学の広範に渡る知見を収集して、解釈することが求められます。とくに、プログラムの効果や方法に関する知見は重要であり、十分学習する必要があるでしょう。介護予防の目的を要介護状態の予防や改善とすると、その効果を検証するためには長期間の介入が必要となり、実際に何の効果であるのかが分かりにくくなります。そのため、各プログラムの目的に則した二次的なアウトカムを設定して知見を集積していくことが、介護予防の効果を確認するために必要です。本書にはこれらの知見が適切に収録されていますので、介護予防の全体像を把握するために役に立つと思います。ただし、すべての知見が完全に取り込まれているわけではありませんし、情報は常に更新していく必要がありますので、より深い理解のためには、研究論文等をご参照ください。

　これら学習のすべての目的は、目の前の対象者の健康を守るために、最善と考えられる方法は何かを知ることです。ここまで読み進めていただいた方の多くは、その熱い気持ちが漲っているものと想像します。その気持ちに応えられる一冊になっていると思いますので、ぜひ楽しんでお読みください。

　平成27年1月
　　　　　国立長寿医療研究センター
　　　　　　老年学・社会科学研究センター　生活機能賦活研究部部長　**島田裕之**

介護予防のまちづくり

　地域には健康な高齢者が増え、街の活気も少しずつ取り戻されてきているようです。皆さんと一緒に活動をしていると、超高齢社会もそう悪くないなと感じます。一方で、何かのきっかけで趣味や習い事などができなくなると家で一日中だらだらと過ごしている人も見かけます。消極的な自殺と言うのでしょうか、テレビを見て横になって暮らしていて、足腰の虚弱化は目を覆わんばかりです。私は、理学療法士ですから、リハビリの目で見るとまだまだたくさんの能力が秘められているのにもったいないと感じてしまいます。

　このようなときには愚行権という考え方がありますので、どんな行為でも人に迷惑をかけない限りそれは許されることと納得して温かい目でみるようにしているのですが、それでもときどき、もし、この人を必要とする誰かがいれば、このような生活をしているのだろうかと考えます。また、指折り数えて定年を迎えて今度は趣味の活動を思う存分やろうと思ったのだけど、すぐに飽きてしまったということもよく聴きます。自分のために意欲を維持し続けることは案外簡単ではないのです。青年期には大人になること、壮年期には家庭を維持することと、好むと好まざるとに関わらず社会的に一定の役割が付与されています。このくびきから逃れたことによる虚無感がそうした生活をさせているのではないかと思うのです。

　とはいえ、地域には高齢者が担える役割が圧倒的に不足しています。今度の介護保険制度改正は、この役割の不足に一石を投じるものと考えています。行政がサービスを提供するという考えから、市民とともに介護予防や生活支援のサービスを提供するという発想の転換は、地域に大きな役割から小さな役割まで新しい役割がたくさんうまれることに他なりません。こうした役割があれば前述の方々は救われるのではないでしょうか。本書は、制度の流れをうまく利用して、いつまでも「人から求められる経験」ができる地域をつくることを目的に、今必要な知恵と技術を国と都の研究機関が協力して、さらには地域包括ケアの牽引者である田中滋先生にも執筆いただきまとめました。本書の根底に流れるのは住民主体の介護予防です。多くの人に役立つことを願っています。

　平成27年1月

東京都健康長寿医療センター研究所
在宅療養支援研究副部長　　大渕修一

完全版 介護予防マニュアル

介護予防の重要性
―科学的視点に基づく高齢者の生活機能の維持と向上を目指して― ……………… 3
　国立長寿医療研究センター　研究所所長　鈴木隆雄

介護予防の理念から実践までの総合的な手引書 ………………………………………… 4
　国立長寿医療研究センター　老年学・社会科学研究センター
　生活機能賦活研究部部長　島田裕之

介護予防のまちづくり ……………………………………………………………………… 5
　東京都健康長寿医療センター研究所　在宅療養支援研究副部長　大渕修一

● 総論

第1章　老年症候群と介護予防 …………… 9
1　老年症候群と介護予防 ………………………………………………… 10

第2章　これからの介護予防 …………… 19
1　地域の人々が担い手になる介護予防 ………………………………… 20

第3章　地域包括ケアシステムと介護予防 …………… 39
1　地域包括システムと介護予防 ………………………………………… 40

● 住民主体

第4章　住民主体の介護予防実践ガイド …………… 67
1　住民主体の介護予防―介護予防リーダー養成講座― ……………… 68
2　住民主体の活動につなげるために …………………………………… 84
3　おわりに ………………………………………………………………… 95

第5章　世代間交流による介護予防実践ガイド …………… 99
1　世代間交流と介護予防 ………………………………………………… 100
2　認知症予防を目指す「絵本の読み聞かせプログラム」への展開 ……… 109
3　「絵本の読み聞かせプログラム」の実践 ……………………………… 113
4　「絵本の読み聞かせプログラム」の評価 ……………………………… 129

― 住民主体の介護予防をサポートする決定版！―

| 第6章 | 介護予防柏モデルの実践 | 135 |

1 予防重視型システムの重要性 …………………………… 136
2 柏モデルの実践 …………………………………………… 144

●各論

| 第7章 | お達者健診の成果と老年健診 | 161 |

1 健康寿命を伸ばすための高齢者健診のあり方 ………… 162
2 「お達者健診」の実際 …………………………………… 166

| 第8章 | 高齢者向け筋力向上トレーニング | 199 |

1 高齢者の筋力向上トレーニング ………………………… 200
2 包括的高齢者運動トレーニング
   (Comprehensive Geriatric Training, CGT) ………… 203
3 CGTの運営 ……………………………………………… 206
4 CGTの評価 ……………………………………………… 208
5 プログラムの実施 ………………………………………… 214
6 マシントレーニングの指導 ……………………………… 228
7 機能的トレーニングの指導 ……………………………… 231

| 第9章 | 転倒予防プログラム | 235 |
―自己管理型筋力向上プログラムを利用して―

1 "健康寿命"を伸ばすために ……………………………… 236
2 プログラム内容 …………………………………………… 244
3 トレーニング指導ガイド ………………………………… 249
4 講義資料 …………………………………………………… 260

| 第10章 | 認知機能低下予防プログラム | 277 |

1 認知症の基礎的理解 ……………………………………… 278
2 MCIのスクリーニングと効果判定指標 ………………… 285
3 多面的運動プログラム …………………………………… 290

CONTENTS

  4 運動の習慣化 …………………………………………… 318
  5 介護予防事業における実践 …………………………… 322

第11章 尿失禁予防プログラム　327
  1 尿失禁とは? ……………………………………………… 328
  2 尿失禁の運動療法のレビュー ………………………… 342
  3 尿失禁のための対策 …………………………………… 353

第12章 口腔機能向上プログラム　373
  1 口腔機能向上プログラムへの理解 …………………… 374
  2 口腔機能向上プログラム実施に必要な基礎知識 …… 386
  3 サービスメニュー ……………………………………… 400

第13章 栄養改善活動プログラム　427
  1 栄養改善活動プログラム ……………………………… 428

第14章 介護予防事業における評価の実践ガイド … 453
  1 『評価』のための考え方 ………………………………… 454
  2 個人を対象とした評価方法 …………………………… 463
  3 集団を対象とした評価方法 …………………………… 468
  4 事業全体を対象とした評価方法 ……………………… 474
  5 エビデンス(根拠)に基づく介護予防 ………………… 477

第15章 介護予防と権利擁護　479
  1 介護予防と権利擁護 …………………………………… 480
  2 権利擁護とは …………………………………………… 482
  3 高齢者の権利擁護Ⅰ　権利擁護システムの活用 …… 486
  4 高齢者の権利擁護Ⅱ　人権・権利侵害からの救出・保護 … 493

監修・執筆者一覧 …………………………………………… 499

第1章

老年症候群と介護予防

老年症候群と介護予防

1 はじめに

　近代化とともに寿命が伸長した過程は、疫学的転換（epidemiologic transition）として理論的に整理されています[1]。それは感染症の撲滅を主要な原因とした死因構造の変化にともなう死亡率低下の過程です。理論の中では人類の死亡の歴史を4段階に分けています**（表1）**。このような疫学的転換は人々の生存確率を変え、ライフサイクルの姿をまったく違ったものにしました。それによって人生の時刻表は大きく変わるとともに、社会経済全体をも変えることとなりました[1]。

　まず挙げられるのは、今後の死亡数の増大と人口構造の変化です。寿命が伸長している社会で、死亡数が増大するということは一見矛盾のように思えますが、過去の長寿化によって順送りになってきた死亡が今後に現れて来るため、死亡数は急速な増加を示します。現在の年間死亡者数は約110万人ですが、団塊の世代がその死亡ピークを迎える2030年頃には、約160万人に増加すると推定され、その受け皿（＝死亡の場合）について深刻な問題をはらんでいます。

　さらに、長寿化は今後の人口高齢化の一因となります。ただし、人口高齢化を引き起こす主因は出生率の低下、すなわち「少子化」です。フラン

表1　疫学転換（Omran 1971, Olshansky & Ault; 1986）

> Ⅰ．疾病蔓延と餓死の時代（the Age of Pestilence and Famine）
>
> Ⅱ．慢性的疾病蔓延の終息期（the Age of Receding Pandemics）
>
> Ⅲ．変性疾患（生活習慣病など）の時代
> 　　（the Age of Degenerative and Man-Made Diseases）
> 　　…戦後の先進国、平均寿命50年以上（〜75年）
>
> Ⅳ．変性疾患（生活習慣病など）遅延の時代
> 　　（the Age of Delayed Degenerative Diseases, Olshansky & Ault 1986）…現代の先進諸国、平均寿命75年以上

スと日本は、長寿化において肩を並べますが、出生率では現在フランスが人口置き換え水準付近にあるのに対して、日本ではその2／3程度しかありません。その結果、将来人口の年齢構成は大きく異なり、日本では人口高齢化が著しく進行します。

すなわち、厳密には長寿化と高齢化は異なる現象であることを理解することが必要です。日本では少子化と長寿化が重なることにより、世界でも飛び抜けた人口高齢化を経験することになります。具体的には、虚弱（フレイル）が顕著となる後期高齢者の著しい増加がその特徴となります。

もうひとつの見過ごすことのできない問題は、今後の高齢化率の伸びが著しく現れるのが大都市圏という点です。農村部などの地方と異なり、大都市圏には特有の高齢者を取り巻く環境（高齢者世帯や一人暮らし等）が存在し、今後のソーシャルサポート等の問題がより顕在化してきます。

本章では、このような我が国の直面するいわば超高齢社会において、高齢期における疾病予防と介護予防はどう調整し、効果的な介護予防とは何かという視点から、今後の高齢者の健康維持・増進についての糸口を提示したいと考えています。

2 疾病予防と介護予防

生物には必ず死が訪れますが、縦軸に死亡率の対数をとると、加齢とともに総死亡率が直線的に上がります。これをGompertz曲線と呼んでいます。一方、個別の疾病（生活習慣病）死亡率に着目すると、Gompertz曲線と全く同じように平行に上がっていく場合（'平行型'）、途中まで平行

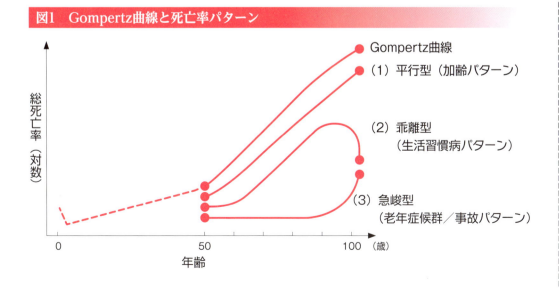

図1　Gompertz曲線と死亡率パターン

に上がっていってあるところで変曲点を示し乖離する場合（'乖離型'）、あるいは全くGompertz曲線と無関係なまま平行に推移し高齢期から急速に上昇する場合（'急増型'）、などに類型化できます[2]**（図1）**。

　ここで重要なことは、生活習慣病についてみると、全く予防をしなかった場合の各疾患の死亡率パターンはすべて'乖離型'のパターンとなることです。その理由は病気の予防知識がなく全く予防対策がされない場合、その疾患で死亡するものは加齢とともに上昇し続けますが、ある一定のところまでいくと、いわばその疾病で死ぬべき人は全員死んでしまうために、それ以降は逆に死亡率は低下することになります。一方、逆に完璧に検診や生活指導などの予防対策をした場合、その疾患の死亡率はGompertz曲線と平行に上昇するのみです。その理由はその疾病を予防することによって、若年―壮年期の死亡が抑制されるために、死亡は高齢期まで先送りされ総死亡と同じパターンを描くことになります。さらに疾病予防が飽和し、平均寿命の著しく進展する高齢社会では、'急増型'が顕著となってきます。それは転倒、誤飲・誤嚥、溺死・溺水、肺炎などの成年期にはなかったものが高齢者に特有に現れる老年症候群などで死亡数が急増するからです。

　図2は1950年の男性の年齢別の死亡率です。直線を示すGompertz曲線に対して、がん、心疾患、脳血管疾患はすべて変曲点をもつ「乖離型」の死亡率パターンを示しています。そして乖離の変曲点はおよそ70歳から75歳くらいのところに存在します。このことは極めて重要な示唆を与えています。一方、**図3**は最近の死亡曲線です。Gompertz曲線は同じように直線化して変わっていませんが、一方全ての生活習慣病死亡はおおよそ直線化してきていることは明らかで、このことは死亡曲線でみる限り、すでに生活習慣病対策は飽和しているということを意味しています。この50年の間に日本では営々と生活習慣病に対する地道な、そして着実な予防対策の取り組みによって、また医療技術の著しい発展によって、若年―壮年期の死亡を減らして世界に冠たる長寿国を生み出しきたのです。

　では、いつまで生活習慣病の予防対策を行うのか？　答えは自明の理です。変曲点の前にやらなければ意味がありません。予防対策が行われないために死亡が累積していくのは、変曲点の前なのです。変曲点以降は他の疾病死亡と等価となります。従って予防対策は、変曲点以前でなければ意味がないということになります。一方、現代日本人は中年期における生活習慣病の一次予防をより一層進めなければなりません。なぜなら、死亡率は下がっても発生率が下がっていないために、発症後要介護状態になる場合が多くなっていくことが容易に想定されるからです。発生率を下げるということは、病気を発症しないと同時に、要介護状態にならないというこ

とでもあります。高齢期になっていかに不健康寿命を増加させないかが、喫緊の課題となります。先にも述べましたが、疾病予防は変曲点の前が重要です。当然、介護予防は変曲点近傍（70歳頃）から特に重要となってきます。後期高齢者医療制度は、さまざまに議論を呼び、今後のあり方もまだ不安定要素を残している保険制度ですが、少なくとも疾病と介護を包

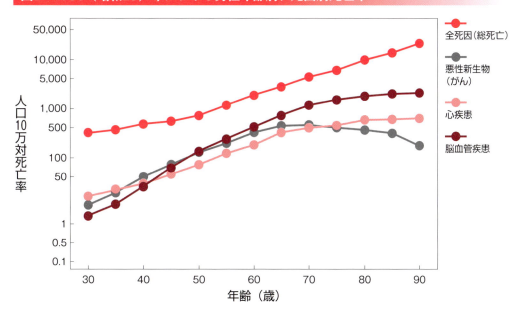

図2　1950（昭和25）年における男性年齢別、死因別死亡率

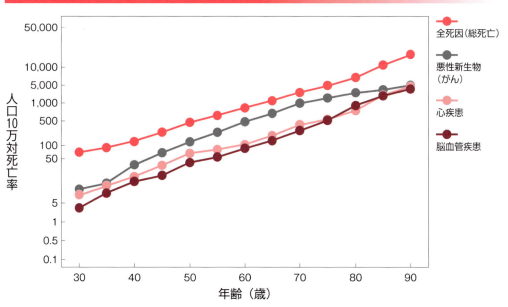

図3　2003（平成15）年における男性年齢別、死因別死亡率

括的に含む高齢者の健康づくりという視点からみて、'後期高齢者'として一つの枠を作り、疾病予防と介護予防のまさに'変曲点'としての機能を持たせるという意味において、今後も必要不可欠な制度と考えられます。

3 介護予防の重要性

　介護予防に関して、より具体的に対策方法を挙げるとすれば、'老年症候群'をいかにして予防するかということです。例えば、老年症候群の代表的な症候である転倒は、最も重要かつ効果的な現象です。転倒は（骨粗鬆症と連動して）容易に大腿骨頸部骨折などの骨折をはじめとする外傷をもたらすだけでなく、たとえ外傷はなくとも転倒自体が高齢者に恐怖心を植え付け、その後の生活空間の狭小化やQOLを低下させて'転倒後症候群'を引き起こします[3]。後期高齢者で独居高齢者や高齢世帯では、低栄養も問題となります。また、閉じこもりと密接に関連するのが尿失禁や足のトラブルです。尿失禁については軽度のものを含めると、高齢女性の3～4割に出現します。尿失禁によって友人と会うなどの社会活動性の制限がみられ、自信の喪失や閉じこもり状態へと移行します[4]。このような老年症候群の特徴は以下のようにまとめられます。

　1) 明確な疾病ではない（'年のせい'とされる）。
　2) 症状が致命的ではない（'生活上の不具合'とされる）。
　3) 日常生活への障害が初期には小さい（本人にも自覚がない）。

　これらのことから、'老年症候群'を有する高齢者であっても医療機関への受診は少なく、また医療側での対応も一定の水準がなく、「年のせい」として対策に困難なのが現状です。しかし多くの老年症候群、特にそれらの初期には、自己の努力である程度予防することが可能です。特に最近では、我が国においても、これらの老年症候群の多くの症候に対して科学的に最も推奨される手法である無作為割付比較介入試験あるいはランダム化試験（Randomized Controlled Trial :RCT）によって、個々の症候に対する介入プログラムが有効であるか否かが確認されています。これらのRCTは論文化され、いずれも厳しいレビューのある学術雑誌に報告されています。数ある老年症候群の中で、転倒予防[5,6]、低栄養予防[7]、尿失禁予防[8]、足の変形による歩行障害の予防[9]、あるいはそれらの多くを複合して有する者に対する取り組み[10]、サルコペニアの予防[11]そして認知症の予防すなわち認知機能低下抑制に対する運動等の効果検証[12,13]などはいずれもRCTを経て適切な介入が有効であることが示されています。特に、今後の高齢社会で認知症をいかに予防するかがもっとも大きな課題

図4 認知症予防のためのMCI高齢者を対象とした運動介入のランダム化試験の結果（全対象者の認知機能変化）

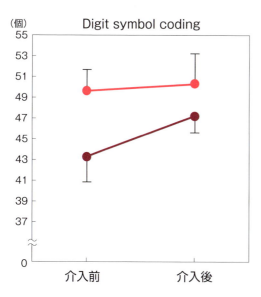
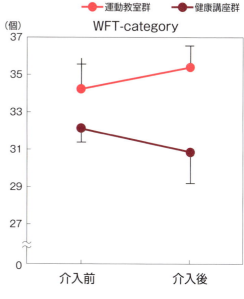

● Digit symbol coding＝数字と図形を対応させ、数字を次々に提示しそれぞれに対応する図形を当てはめていくテスト

● WFT-category＝「動物（植物、乗り物、魚等）の名前をたくさん言ってください」と問い1分間でどれだけの正解があるかを判定するテスト

図5 認知症予防のためのMCI高齢者を対象とした運動介入のランダム化試験の結果（MRI指標による脳萎縮の割合）

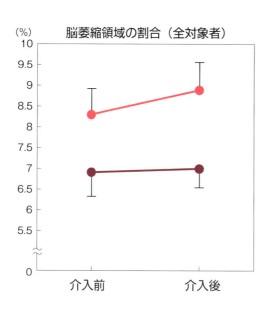
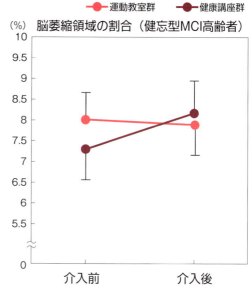

の一つとなることは確実ですが、現時点では軽度認知障害（MCI）高齢者の認知機能低下を抑制することによって認知症（特にアルツハイマー症）発症を先送りすることの可能性について、ようやく科学的エビデンスが提示されたところであり**（図4、図5）**、今後さらなるエビデンスの積み重ねと、より効率的・効果的介入手法の開発が急がれます。

4 高齢者の新しい生活機能評価について

　わが国は超高齢社会を迎え、国全体の産業構造や経済構造の変化をももたらす人口構造の変化なかでも後期高齢者の急増、生存率の矩形化と死亡ピーク年齢の上昇、疾病予防と介護予防の連続性と潮目、生活機能維持と低下予防の重要性の増加、それらに伴い高齢者の保健・医療・介護のなどのあるべき具体的対応策がより明確化されました。もう一つの重要な課題は高齢者の生活機能評価をいかに行うかという点です。高齢社会においては、高齢者一人一人の能力（特に自立能力）を見極め、社会参加や社会貢献へと導入するための正確かつ効果的な生活機能評価が必要不可欠です。我が国においては、このような評価は1986年に開発された「老研式活動能力指標」が信頼性・妥当性の確立した唯一の世界的にも認められた指標となっています。しかしながら、その後の日本の急速な高齢化、生活環境の変化、および高齢者の健康状態、活動様式の変化により、老研式活動能力指標で用いられている質問や、その指標の統計的データが今日の高齢者の測定には必ずしも適切ではないものとなっています。

　最近ようやくこの老研式活動能力指標を基盤として、現代そして近未来の日本の高齢者に対応する改良を行った新指標が開発されました**（図6）**。この新指標は、老研式活動能力指標に関するこれまでの膨大な知見を今後も活用できるよう、新たな指標は現行の老研式活動能力指標の同一概念を測定し、同一の評価軸で評価できる指標であり、これまで生活機能の指標として使用されてきた老研式活動能力指標よりもより高いレベルの能力を測定でき、さまざまな健康関連指標、社会関連指標、精神健康指標と中程度以上の相関を示し、また現実場面で新規に発生する対応するべき行動の発生内容とも関連していることが明らかとなりました。このような特徴を持つ新指標は、今後、①自治体における健康高齢者の健康度の地域診断用ツールとして、②高齢者のボランティア活動、社会活動の際の活動機能の確認用のツールとして、そして③新規な機器や知的アクティビティの導入の際の生活機能の確認用ツールとして、使用することが可能でしょう。特に今後高齢者の割合が増加し多様性のある高齢者層に関して、生活機能の

図6　高齢者のための新活動能力指標（JST版）

領域名	質問項目
新機器利用	携帯電話を使うことができますか
	ATMを使うことができますか
	ビデオやDVDプレイヤーの操作ができますか
	携帯電話やパソコンのメールができますか
情報収集	外国のニュースや出来事に関心がありますか
	健康に関する情報の信ぴょう性について判断できますか
	美術品、映画、音楽を鑑賞することがありますか
	教育・教養番組を視聴していますか
生活マネジメント	詐欺、ひったくり、空き巣等の被害にあわないように対策をしていますか
	生活の中でちょっとした工夫をすることがありますか
	病人の看病ができますか
	孫や家族、知人の世話をしていますか
社会参加	地域のお祭りや行事などに参加していますか
	町内会・自治会で活動していますか
	自治会やグループ活動の世話役や役職を引き受けることができますか
	奉仕活動やボランティア活動をしていますか

（JST版活動能力指標利用マニュアルより）

自立から介護予防に至るまでを幅広くカバーしたツールとしても利用可能な指標となっています。

5　終わりに―今後の高齢者社会の課題―

　高齢者が安心して暮らし、満足して一生を終えるあり方として、住み慣れた地域や自宅で生活し、いわば日常の中でケアや医療を受け、そして終末期を迎える地域包括ケアや'在宅療養'が重視されようとしています。この地域包括ケアすなわち、在宅ケアや在宅医療そして終末期のあり方が、単に高齢者医療費の抑制という経済的目的のみならず、7割以上の国民がケアの場として、あるいは人生の終末の場として、自宅を望ましいと考えている事実（総理府調査による）に応えうる受け皿としても、かなうものでありましょう。今後の高齢社会、特に心身の機能の減衰の顕在化する後期高齢者にあっては、本書で詳細に記述されているように、さまざまに出現する老年症候群をいかにして早く発見し、効果的な対応によって有効な介護予防を推進することが健康寿命の延伸に直結する具体的な対策といえ

ましょう。このように考えると、究極的には国民一人ひとりが、個人として望ましい高齢期の自立した人生とその終末期をどう考え、具体的に死とどのように向かい合っていくのか、いわば'死生学'の充実こそが介護予防も含めた健康福祉政策における喫緊の課題といえると思います。

文献

1) Olshansky, S. J, Ault AB: A. Brian Ault. "The Fourth Stage of the Epidemiologic Transition: The Age of Delayed Degenerative Diseases." Milband Quarterly 1989;64:355-391.
2) 鈴木隆雄：生活機能改善の意義と限界．日老医誌．2007;44:188-190.
3) 鈴木隆雄：転倒の先に起こること―転倒後症候群―．整形災害外科．2007;50:49-54.
4) 金憲経，吉田英世，胡秀英，湯川晴美，古名丈人，鈴木隆雄：農村地域高齢者の尿失禁発症に関連する要因の検討―4年間の追跡研究から―．日本公衆衛生誌，2004;51:612-622.
5) Suzuki T, Kim H, et al.: Randomized controlled trial of exercise intervention for the prevention of falls in community-dwelling elderly Japanese women. J Bone Min Metab. 2004;22:602-611.
6) Shimada H, Obuchi S, et al: New intervention program for preventing falls among frail elderly people: The effects of perturbed walking exercise using a bilateral separated treadmill. Am J Phys Med Rehab. 2004;83:493-499.
7) Kwon J, Suzuki T, et al: Risk factors for dietary variety decline among Japanese elderly in a rural community: a 8-year follow-up study from TMIG-LISA. Eur J Clin Nut. 2006;30:305-311.
8) Kim H, Suzuki T, et al: Effectiveness of multidimensional exercises for the treatment of stress urinary incontinence in community-dwelling Japanese elderly women: A randomized controlled and cross-over trial. J Amer Geriat Soc. 2007;55:1932-1939.
9) Kusumoto A, Suzuki T, et al: Intervention study to improve Quality of Life and health problems of community-living elderly women in Japan by shoe filling and custom-made insoles. Gerontology. 2007;53:110-118.
10) Kim H, Yoshida H, Suzuki T: The effects of multidimensional exercise on functional decline, urinary incontinence, and fear of falling in community-dwelling elderly women: A randomized controlled and 6-month follow-up trial. Arch Gerontol Geriat. 2011;52(1):99-105.
11) Kim H, Suzuki T, et al: Effects of exercise and amino-acid supplementation on body composition and physical function in community-dwelling elderly Japanese sarcopenic women: A randomized controlled trial. Journal of the American Geriatrics Society 2012;60:16-23.
12) Suzuki T, Shimada H, : Effects of multicomponent exercise on cognitive function in WMS-LM older adults with amnestic mild cognitive impairment : A randomized controlled trial. BMC Neurol, 2012;12:128-134.
13) Suzuki T, Shimada H, Makizako H, et al. A randomized controlled trail of multicomponent exercise in older adults with mild cognitive impairment. PLoS ONE 8(4) e61483. Doi:10.1371/journal pone. 0061483, 2013

第2章 これからの介護予防

地域の人々が担い手になる介護予防

1 介護予防とは

　介護予防は、"高齢者が要介護状態に陥ることなく、健康でいきいきとした生活を送ることができるように支援すること、また、すでに要介護状態であっても重度化を防ぐことが介護予防である"と定義されています。介護予防は、介護保険の車の両輪として介護保険制度と同時に制度化されました。当初、国2分の1、都道府県、市町村各4分の1の費用負担による市町村事業としてはじめられましたが、平成18年の最初の介護保険法改正時に、範囲を要支援者にまで拡大して介護保険サービスの一部として組み込まれ、さらに平成23年の改正では、医療を含めた地域包括ケアシステムに組み入れられるなど、今後の高齢化社会に必須の社会基盤となりました。平成27年の改正では、大幅な基準緩和によって地域の人々が担い手となることも可能となり、個人の健康増進から街の健康増進へとその定義が拡大してきています。

2 介護予防を必要とする背景

(1) 高齢化率

　日本と諸外国の高齢化率の推移を見ると、日本の高齢化率は1950年に5％であったものが、2050年には38％とわずか100年の間に約8倍に増加すると推計されています。一方、イギリス、スウェーデン、アメリカなど欧米先進国は10％から20数％と2倍程度の増加に過ぎません（**図1**）。高齢化の量、速度ともに他に類をみないのが日本の特徴であり、先進諸外国にはない日本独自の高齢社会への対応が求められています。また、平均寿命を90歳とし、合計特殊出生率を人口転換水準の2.08、死亡率を0.11とすると、高齢化率は28％に収束すると推計されており[1]先の欧米先進国が緩やかに安定した高齢社会に移行していくのに対し、日本はこれを大きく外し、一次的に不安定な超高齢社会を経験することも予測されます。

　不安定な社会情勢の中、人口の4割が高齢者と予測される将来に備え介

図1　諸国の高齢化率の推移

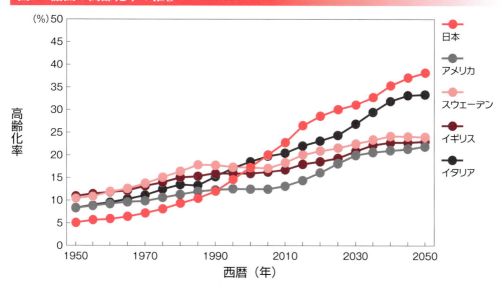

護予防で健康度を高め、医療費や介護費などの社会保障資源を有効に活用することは必須です。

（2）生産年齢人口

　一方、生産年齢人口の推移を見ても介護予防の必要性がわかります。日本の生産年齢人口は2000年には約9000万人程度であったものが、2050年には約5000万人とほぼ1950年の水準まで半減します。もし一人一人の生産性が現在のままだとすると（技術革新などにより生産性が飛躍的に拡大しなければ）、2050年には日本の生産は半減します**（図2）**。つまり社会保障費は維持どころか縮小が予測され、介護予防による健康寿命の延伸の必要性はますます高まります。

　同時に生産性への直接貢献も期待されます。人口の4割が高齢者となる社会では経済的な生産性だけでなく、社会貢献なども含む広い意味での生産性が発揮されなければ、国力が低下していってしまいます。ちなみに、超高齢社会のモデルとされているスウェーデンでは、高齢人口と生産年齢人口はほぼ平行して増加していて、こうした国では高齢者の生産性向上は必要ありませんが**（図3）**、高齢人口の急増と生産年齢人口の激減と正反対の推移を見せる日本では、生産性の向上への期待は高く、例えば、現在の社会保障は国がサービス提供し高齢者が利用する制度ですが、高齢者もできる能力を発揮してサービスを提供する、いわば参加型社会保障制度へ転換していくことができれば、社会にとっても高齢者にとっても有用と考

えられます。これからの介護予防では地域活動への"参加促進"機能の強化が求められるでしょう。

3 超高齢社会への対応

このような超高齢社会に対し、柴田は[2]社会保障費の効率的利用、健康寿命の延長、高齢者のプロダクティビティ（生産性）の向上の3つの方略を示しています。しかし、後述のように日本が今後選択すべき方略は、

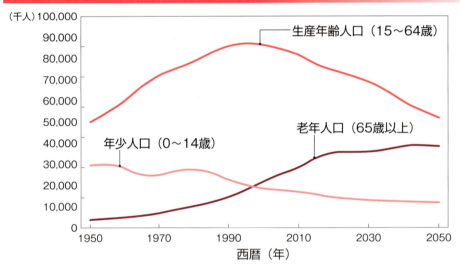

図2　年齢3区分人口の推移（日本）

図3　年齢3区分人口の推移（スウェーデン）

図4　高齢化と医療費の関係

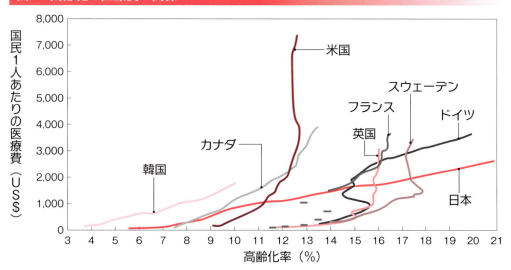

健康寿命の延長と高齢者のプロダクティビティの向上をおいて他にありません。

（1）社会保障費の効率的利用

　政府は「社会保障と税の一体改革」が示すように、高齢者1人あたりの社会保障費の支出を削減しようとしています。平成27年度の介護保険制度からの要支援者の切り離し改正もその一つでしょう。しかし、すでに高度に効率化された社会保障システムを持つ日本で大きな削減効果を期待するのは難しいと思われます。

　図4は、OECD[3)]の統計から諸外国の国民1人あたりの医療費（米ドル換算）と高齢化率の関係を示したものです。これにより高齢化を勘案しながら1人あたりの医療費の多寡を比較することができます。図中で日本より低い医療費を示すのは韓国のみで、他の国は、いずれも日本の医療費を上回っています。例えば、米国では12％の高齢化率に対して7000ドル超と日本の半分の高齢化率にもかかわらず3倍の医療費が支出されています。これは極端な例としても、日本によく似た国民皆保険制度を持つカナダであっても13％高齢化率に対して4000ドルの医療費と日本よりも高い医療費が支出されています。これらを総合すると、日本の医療制度は、高度に効率化されていると考えるのが自然で、このような場合、効率化の経済効果は大きくありません。むしろ、国は米国のマネージドケアを導入しつつありますが、マネージドケアを導入していても膨大な医療費を支出している米国を見ると、逆に医療費を高騰させる危険すら感じさせます。

（2）健康寿命の延長

これに対して健康寿命の延長については改善が期待できます。要支援2以上の介護認定を受けることを基準に平均障害期間（不健康寿命）を推計すると、男性で1.27年、女性で2.74年と女性の不健康寿命が男性の2倍も長く、もし、女性の平均障害期間を男性と等しくすることができれば健康寿命は大きく延長すると考えられます。平成22年の国民生活基礎調査[5]から要介護の原因（**図5**）を男性と女性で比較してみると、関節疾患、骨折・転倒、認知症（認知機能低下）、高齢による衰弱の割合が女性に多く（**図6**）、逆に男性では脳血管疾患などに起因しています。すなわち、男性は疾病により要介護となりますが、女性では加齢に伴う生活機能の低下により要介護になると考えられます。これは、女性特有の変化、すなわち閉経後の骨

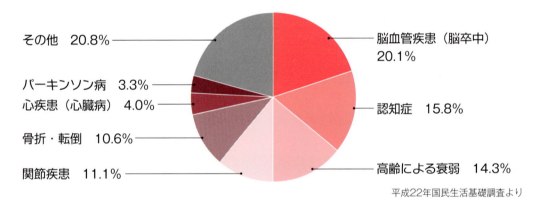

図5　65歳以上の要介護の原因

- その他　20.8%
- パーキンソン病　3.3%
- 心疾患（心臓病）　4.0%
- 骨折・転倒　10.6%
- 関節疾患　11.1%
- 脳血管疾患（脳卒中）　20.1%
- 認知症　15.8%
- 高齢による衰弱　14.3%

平成22年国民生活基礎調査より

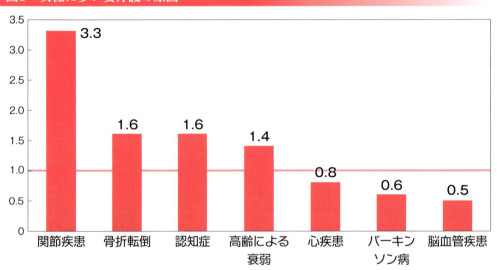

図6　女性に多い要介護の原因

関節疾患	骨折転倒	認知症	高齢による衰弱	心疾患	パーキンソン病	脳血管疾患
3.3	1.6	1.6	1.4	0.8	0.6	0.5

粗鬆症やサルコペニア（筋肉減少症）などへの対応が立ち後れているために起こっていると考えられます。こうした立ち後れを補正していくことによってさらなる健康寿命の延伸が期待できます。

ところで、これらを疾病と区別して「**老年症候群**」と呼びます。老年症候群とは、加齢による心身機能低下に伴う生活機能障害です。この老年症候群は、老年医学やリハビリテーション医学で、疾病に付随する高齢者特有の症状、譫妄（せんもう）、尿路感染、褥瘡（じょくそう）などを指すものでしたが、高齢社会の進展によりこうした重篤な症状を引き起こす予兆、すなわち尿失禁、口腔機能低下、抑うつ傾向などを含む、加齢に伴う生活機能障害全般を指すようになりました[6]。

この老年症候群は、男性を含む全体の要介護の原因に占める割合も大きく、高齢による衰弱、転倒・骨折、関節疾患、認知症を老年症候群と定義すると、要介護の原因の半数以上が老年症候群に分類されます。疾病には医療サービスが用意されていますが、老年症候群に対するサービス、すなわち介護予防サービスはまだ十分に配備されているとはいえません。この不足を補うことによってまだまだ健康寿命の延長が期待できます。

(3) 高齢者のプロダクティビティ（生産性）の向上

プロダクティビティを和訳すると生産性になりますが、柴田は単に経済的な生産性を指すものではなく、社会貢献を含む他者への影響をプロダクティビティとしています。日本では、健康な高齢者が多いことからか、高齢者自身も社会も高齢者の生産性の向上についてはおおむね肯定的です。現在は65歳以上である高齢者の定義を変更しようという昨今の議論もその一つと考えられます。一方、対照的に高齢者内の相互扶助については懐疑的で、高齢者はすべからく庇護の対象という考えが根強いようです。老老介護は社会問題として取り上げられています。これは、ストレイラー（Strehler）ら[8]の提唱した、老化は有害であるとする、古い老化の概念に基づいていると思われます**（図7）**。

しかし、東京都老人総合研究所の長期縦断研究（TMIG-LISA）やDuke大学による、normal aging study[9]以降の長期縦断研究では、高齢者の諸能力は比較的よく保たれ、終末期になってはじめて低下を見せるもので（終末低下）、高齢者内での相互扶助の可能性を否定する根拠は乏しいと考えられるようになってきました。さらには、認知機能の中でも結晶性知能など、生涯にわたって向上する機能もあり、加齢を理由に一律に相互扶助の

図7　老化モデル

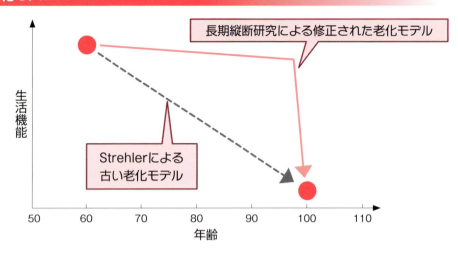

図8　Schrockの釣り鐘モデル

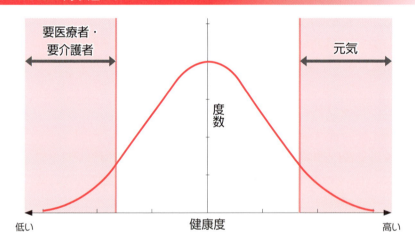

可能性を否定するのではなく、高齢者の持つ潜在能力に期待し、不足部分を補う視点が必要と考えられます。さらに、近年のSchrockの釣り鐘モデル[10]は、虚弱者と同じ割合の恵まれた高齢者の存在を的確に概念化しており、高齢者内の相互扶助に期待することには無理がないでしょう **(図8)**。

　事実、日本では、老老介護として現実的に起こっていることであり、一部の介護者にこの負担が集中していることが問題で、身体的、精神的な負担を1人の介護者に集中させない工夫や環境を整備することができれば、高齢者内での相互扶助は十分に期待できます。東京都東村山市の「東村山いきいきシニア」という介護予防を中核とした高齢者の相互扶助団体は、サロンの運営に加えて様々な工夫で自立的に介護保険の不足分を補完する

サービスの提供を行っています。また、稲城市や千代田区をはじめとする介護ボランティアポイント制度の全国的な広がりも、高齢者の能力を期待する施策が高齢者にとって受け入れにくいものではないことを裏付けています。こうした相互扶助は、地域での役割や生きがいとなってさらに健康寿命延伸の一助となる可能性もあります。

4 介護予防の必要性

　このように、介護予防は日本の超高齢社会に備える最大の戦略の一つと考えられ、その必要性は疑いようがありません。また、前述したように現在のエビデンスは実現可能であることを示唆しています。超高齢社会となっても豊かであるためには、健康寿命の延伸とプロダクティビティの向上は必須であり、介護予防はこれに具体的な手段を提供する有力な活動といえます。

　ところで、医療・福祉専門職は高齢者の力を過小評価しがちであることが介護予防の広がりを阻害していると考えています。介護予防が逆効果となったらどうするか、高齢者は介護予防を望まない等々、懐疑的な見方が多いようですが、これはこうした専門職が日常接しているのは"高齢者"ではなく"虚弱な高齢者"だからです。つまり虚弱な高齢者から作られた高齢者像は、無意識のうちに高齢者の持つ能力を低く見積るバイアスが生じやすいのです。地域在住高齢者の生活機能調査の結果では平均的な壮年者の運動機能をしのぐものも多数います。医療・福祉の専門職も含み、高齢者の持つ能力を再確認し、社会の高齢者像を修正していくことも介護予防の役割と考えられます。

5 介護予防の経緯

（1）平成12年度から平成18年度まで（黎明期）

　介護予防は車の両輪と位置づけられたものの、当初の数年間は介護保険制度の補完としての役割しか持っていませんでした。介護予防・生活支援事業は、メニューの中から市町村の実情に合わせてサービスを選択する形式で実施されましたが、要介護状態に陥ることを防ぐサービスとしての使いかたは希でした。平成14年度に自治体が選択したサービスを見ると（**表1**）、配食サービス、軽度生活支援事業、住宅改修支援事業、いきがい活動支援通所事業（いきがいデイ）であり、転倒予防などの事業の選択は少なく、このようなことから、平成14年度以降、配食に代わって会食によ

る食の自立支援事業、筋力向上トレーニング事業、足指爪のケア事業など、要介護状態に陥ることを防ぐサービスの充実が図られ、徐々に介護予防としての体系が作られるようになりました。

(2) 平成18年度以降の経過（成長期）

このような状況の中、最初の介護保険法改正の議論が始まりました。

図9は社会保障審議会の冒頭で示されたものですが、要介護度別認定者数を制度発足時からの推移で見ると、他の区分に比較して、要支援、要介護1の軽度者の増加が著しく、平成12年4月末と比較して平成15年では187％と約2倍に増加していました。このような要介護認定者の増加は、

表1　平成14年4月1日の介護予防事業の実施状況

		実施市町村	実施率
介護予防生活支援事業	配食サービス	2516	77.6%
	外出支援サービス	1815	56.0%
	寝具類洗濯乾燥サービス	1622	50.0%
	軽度生活支援事業	2273	70.1%
	住宅改修支援事業	2485	76.7%
	住宅改修理由書作成の委託助成	2508	77.4%
	訪問理美容サービス事業	844	26.0%
	高齢者共同生活支援事業	41	1.3%
介護予防いきがい支援事業	介護予防事業	1771	54.6%
	転倒骨折予防教室	1532	47.3%
	認知症予防・介護教室	912	28.1%
	IADL訓練事業	537	16.6%
	地域住民グループ支援事業	464	14.3%
	その他事業	108	3.3%
	高齢者食生活改善事業	860	26.5%
	運動指導事業	372	11.5%
	いきがい活動支援通所事業	2811	86.7%
	生活管理指導事業	1821	56.2%
	生活管理指導員派遣事業	1261	38.9%
	生活管理指導短期宿泊事業	1634	50.4%
	食の自立支援事業	115	3.5%

図9 要介護度別認定者数の推移

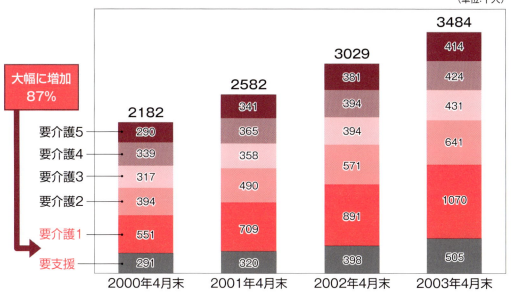

（介護保険事業状況報告）

介護保険制度の定着を示すと肯定的に評価されたものの、「①軽度者のために必要なサービスとは何か」、「②軽度者の急増を防ぐサービスとは何か」という議論がなされ、予防給付メニューと要支援状態に陥りやすいものへの介護予防サービス提供の検討が行われました。

これと連動して介護予防にかかわる市町村のモデル事業[12]が実施され、400名を超える介入試験の結果、筋力向上トレーニングや食の自立支援は、身体機能と健康関連QOLを高め、これにより要介護認定にかかる心身の状況（一次判定調査に基づく、第1群から第7群）を改善する効果が確認され、予防給付に介護予防サービスを加えるとともに、介護給付の3％を財源として地域支援事業を充実させ予防重視型システムへの転換が図られました。地域支援事業では、老年症候群のリスクの判定とその後の運動器の機能向上、栄養改善、口腔機能向上サービス、並びに閉じこもり予防、認知症予防、うつ予防サービスのハイリスク者に対するサービスが整えられました。また、介護予防の対象となる虚弱高齢者は、必ずしも進んでサービスを利用するとは限らないことから、自治体に地域包括支援センターが設置され、地域への積極的な"アウトリーチ"体制も加えられました。

（3）平成23年度以降（充実期）

平成23年の介護保険法の改正では、これまでの量の充実から質の充実、

すなわち、既存のサービスの連携強化によって、多様なニーズに応えようとする地域包括ケアシステムの構築が目標となりました。この改正でも介護予防は地域ケアサービスの重要な要素として位置づけられ、これまで個人の健康増進活動と捉えられてきた介護予防を地域の健康増進活動に波及させることが課題になっています。生活圏域ごとに地域ケア会議が設置され、地域の実情分析を通して他の健康づくり事業と連携しながら、元気なときからの一次予防、老年症候群が現れてからの二次予防、重度化予防としての介護保険サービスが有機的に連携させることになります。平成27年の介護保険法の改正では、要支援者の介護保険からの切り離しを財源として、市町村の裁量権を拡大し大幅な基準緩和を認め、住民がサービス提供をする事も可能となりました。これにより介護予防は、より市民参加型に転換します。社会保障制度を構築するキーとなる構成要素になりました。

6 ハイリスクアプローチの妥当性

　ところで、平成27年の介護保険法の改正に合わせて、これまでのスクリーニングとサービス提供がセットとなったハイリスクアプローチを改め一般介護予防事業に改変することが示されました。しかし、これは広くポピュレーションアプローチを採ることを意図しているのではないと考えられます。元気な人はサービスの提供者として虚弱な高齢者はサービスの利用者としてともに集うことを促すための改変であり、相互扶助に地域の介護予防を達成することが目標と考えるべきです。

　混乱を避けるためにハイリスクアプローチの妥当性について解説を加えます。一般に健康増進を図るには、ポピュレーションアプローチとハイリスクアプローチの2つの手法が考えられます。ポピュレーションアプローチとは広い対象に、主に知識の提供などによって行動変容を促す手法です。一方、ハイリスクアプローチとは、重点的な対象者を選定し積極的な介入を行い、知識だけでなく技能を提供し行動変容を強化させる手法です。両手法とも有用な手法ですが、どのような対象が問題となりやすいのかの分析によってより有用な手法が決まります。

　生活習慣病予防の場合、職場健診などに代表されるように、日本は長くハイリスクアプローチを採用してきました。しかしフラミンガム研究[10]などの長期縦断研究によって、低リスクと判断された者の中にも生活習慣病発症者が多数存在することが明らかになり、ハイリスク者を中心とした対策からポピュレーションアプローチへと転換されました。同じく、介護予防においても、どちらがより有効か、対象者の性質によって判断すべき

図10　最大歩行速度とIADL障害の有無

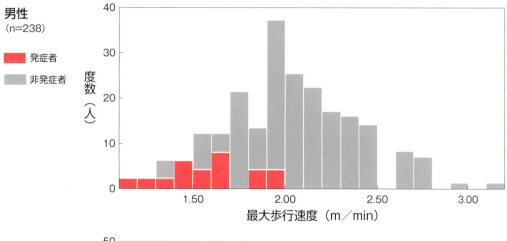

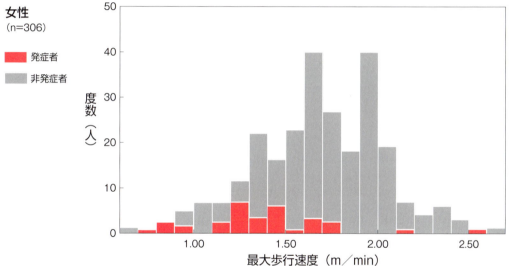

※最大歩行速度と1年後のIADL障害発症の関係（未発表データ）。

です。すなわち、発症群と非発症群の分布が類似している場合はポピュレーションアプローチ、乖離している場合にはハイリスクアプローチを選択すべきです。

　そこで、東京都老人総合研究所の長期縦断研究[11]のデータセットを用い、IADL障害の発生者と非発生者で基礎調査時の最大歩行速度の分布を比較しました。その結果、**図10**に示すようにIADL障害の発症は歩行速度が速いものの中からはほとんど発生していません。つまり発症者と非発症者の分布が乖離していることがわかりました。これより介護予防ではハイリスクアプローチを選択することがより妥当であることががわかります。したがって一般介護予防事業にあたっても、やはりターゲットとなるのは

虚弱な高齢者であり、このような対象の把握は必要であり、虚弱な高齢者が参加しやすい環境の提供や働きかけを元気な高齢者の力も借りながら達成していくことが求められます。

7 介護予防の効果

平成17年から平成19年度までに運動器の機能向上サービスを利用した約1900名の事前・事後の心身機能の変化を見ると、身体機能については、筋力（膝伸展力）、バランス能力（片足立ち、ファンクショナルリーチ）、

表2　身体機能効果

計測項目	n	事業前 平均値±標準偏差	事業後 平均値±標準偏差	有意差
開眼片脚立ち（秒）	1928	34.5 ± 23.05	37.7 ± 22.88	＊＊
閉眼片脚立ち（秒）	1074	5.4 ± 4.92	6.2 ± 5.39	＊＊
ファンクショナルリーチ（cm）	1622	32.7 ± 6.87	34.1 ± 6.69	＊＊
5m通常歩行時間（秒）	1576	4.0 ± 1.24	3.8 ± 0.95	＊＊
5m最大歩行時間（秒）	1757	3.1 ± 0.99	2.9 ± 1.07	＊＊
膝伸展力（N）	566	211.1 ± 102.04	231.7 ± 100.61	＊＊
TUG（秒）	1847	6.7 ± 2.59	6.2 ± 2.03	＊＊

TUG：Timed Up & Go Test時間　　＊5％水準　　＊＊1％水準

表3　健康関連QOL改善効果

計測項目	n	事業前 平均値±標準偏差	事業後 平均値±標準偏差	有意差
身体機能	677	45.0 ± 9.78	45.9 ± 10.24	＊＊
日常役割（身体）	663	42.0 ± 12.12	42.9 ± 12.53	＊
身体の痛み	661	45.6 ± 9.72	46.2 ± 10.17	ns
全体的健康感	665	45.1 ± 9.07	46.6 ± 9.00	＊＊
活力	664	47.8 ± 8.32	48.9 ± 8.72	＊＊
社会生活機能	660	44.9 ± 12.09	46.2 ± 11.62	＊＊
日常役割（精神）	666	46.2 ± 10.52	47.5 ± 10.41	＊＊
心の健康	670	47.0 ± 11.46	47.8 ± 11.99	＊＊
身体的総合	648	42.0 ± 10.22	42.9 ± 10.54	＊
精神的総合	648	47.1 ± 9.62	48.1 ± 9.87	＊＊

＊5％水準　　＊＊1％水準

図11　軽度要介護認定者の変化（東京都）

※平成19年度の軽度要介護認定者の推計と実績値の比較。

図12　通所型地域支援事業の効果（平成19年度実績）

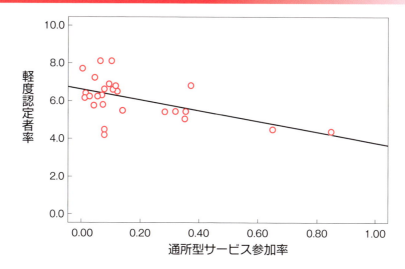

　歩行能力、複合的動作能力（TUG）いずれの項目でも、統計学的に有意な改善を認め、虚弱高齢者が対象であっても身体機能が改善することがわかりました（**表2**）。さらに、健康関連QOLについても体の痛みを除く全ての項目で有意な改善を認め、主観的な健康観の改善にも有効であることがわかりました（**表3**）。

　これらの結果、東京都内の軽度要介護者（要支援1・2、要介護1）の割合は、制度開始以降、一貫して増加傾向であったものが、推計値の約2割まで削減し、軽度要介護者の削減効果があることも明らかになりました（**図11**）[15]。

さらにこれを裏付けるために、介護予防サービス提供量と軽度要介護認定者の出現率の関係を調べると、通所型サービスの参加者が多い自治体では、軽度認定者率が低い傾向があることがわかり**（図12）**、軽度要介護認定者数の減少は介護予防事業の提供が少なからず影響していると考えられます。

　これらを総合すると、介護予防は身体機能を向上させ、これによって主観的健康観が改善し、通所型サービスを中心に十分なサービスへの参加が得られれば、軽度要介護認定者の減少にまでつながると考えられます。

8　介護予防の課題

　このように介護予防の効果は明白なのですが、国の事業仕分けの俎上にのるなど国民の介護予防に対する懐疑的な見方は払拭できていません。老化は不可逆との考えが根強く、介護予防の効果は一過的であるとの考えが背景にあると思われます。先の結果が示すように、適度な刺激によって機能が回復する生物学的な原則は、高齢者であっても適用できるにもかかわらず、老化の考え方が一種のドグマになってしまっているからではないかと思われます。介護予防の効果の普及を通して、老化に対するステレオタイプな考え方、すなわちエイジズムを払拭していくことが介護予防の最終的な課題です。

　人智の及ばないものの例として考えられる寿命ですが、寿命であっても

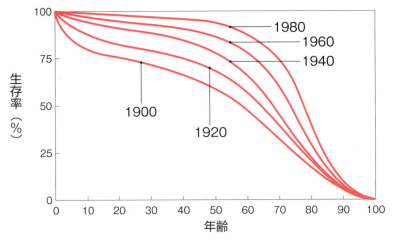

図13　20世紀のアメリカの生存率の変化

Changes in Survivorship Curves in the United States in the Twentieth Century.

行動変容が大きな変化を及ぼします。**図13**は、Friesらが1900年から20年ごとに1980年までの生存曲線を図式化したものです。生存曲線が0に近づく年齢はどの年代の生存曲線であっても100歳近傍(きんぼう)です。すなわち、たしかに人間の限界寿命は人智の及ぶところではないと考えられます。しかし、1900年から1980年にかけて生存曲線は変化し"寿命の四角化"と呼ばれる現象が観察できます。つまり50歳を基準に考えると1900年では約50％の人が亡くなっていたのに対し、1980年では90％の人が生存するまでに変化しています。これは人々の行動変容（環境）によってもたらされたものであり、行動変容が寿命を変えうることを示しています。同様に、高齢者の活動性も年々向上しており健康寿命の四角化も期待できます。

　介護予防によって、できるだけ生活機能を保って、亡くなる間際まで活動的に生きることは、欲深いわけでもなければ、天につばを吐く行為でもありません。むしろエイジズムによって高齢者の行動変容が阻まれているとしたら問題でしょう。行動変容を起こすかどうかは個人の自由ですが、社会的なドグマが行動変容を阻害するのは解消しなければなりません。なにしろこれからの社会では高齢者人口が4割に達するのですから、いわば高齢者のノーマライゼーションを目指して社会の理解を変更していかなければなりません。

9 新しい介護予防・日常生活支援総合事業のヒント

　介護保険の改正にともなって、平成27年度からは介護予防・日常生活支援総合事業がスタートします。
　この新しい総合事業を地域の活力につなげていくためには、"予防給付の切り離し"、すなわち介護保険サービスを利用制限すると捉えるのではなくて、この財源を使って"参加型社会保障制度"を構築すると考えると理解しやすいでしょう。軽度の要介護者は多様なニーズがあり全国一律に行われていた介護保険制度では地域の創意工夫の余地が限られていました。少なくともすべてのサービスはプロによって提供され、新しい総合事業の事例に示される住民主体のサービス提供は認められていませんでした。新しい総合事業によって自由度が増し、地域の創意工夫がしやすくなったととらえると制度を有効に活用できます。
　このときニーズからサービスをつくる発想に転換しなければ住民との協働は難しく、新しい総合事業で住民参加のサロンを例に挙げているから作

図14 新しい総合事業イメージ

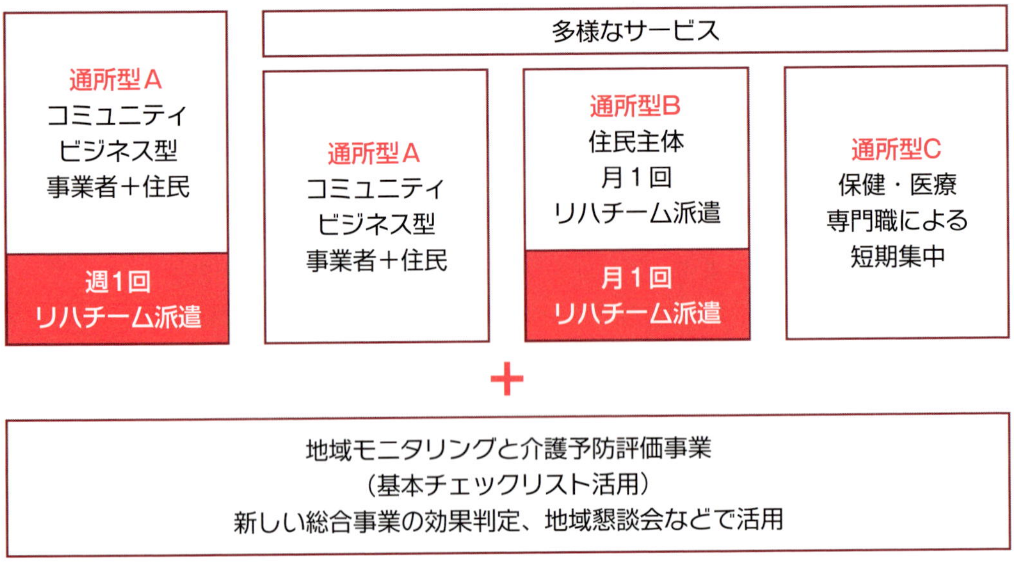

りませんかと住民に協力を求めても、できないことを列挙されて終わりになってしまいます。住民が動くためには意欲が必要であり、意欲は地域のニーズから起こります。もちろん社会保障財政も重要なニーズの一つであり、財政を健全に保ちつつも、困った人を助けていくにはどうするかという理解も重要です。

ところで、住民が主体的に参加することは2つの側面があることに注意が必要です。互酬性と私的社会統制と呼ばれますが、お互いに助け合って安心という側面と秩序の維持のために制約が増える側面があります。とくに虚弱高齢者は私的社会統制が強いと排除されやすいので、専門職が関与しながら私的社会統制を高めず互酬性を高める調整が必要です。見守りなどはその代表的な例ですが、見守り活動で安心なのは見守る人であって見守られる人ではありません。一人暮らしや身体虚弱を理由に監視されるのは心地よいものではないのです。

これから市町村は、新しい総合事業の基準緩和を使ってあらたな地域の介護予防体制を作っていくことになります。現在、国で示されているのは通所型／訪問型ともに、サービスAでは、雇用された労働者＋（ボランティア）、サービスBでは、有償・無償のボランティアなど住民主体、サービスCは保健・医療の専門職により提供される短期集中の支援の3つの類型が示されています。地域のニーズをもとに、機能回復が必要なのか、レスパイトが必要なのか、短時間型か長時間型か、送迎が必要か否か、短期利用なのか長期利用なのか、専門職の関わりはどれくらい必要かなどの視点でこれらのサービス類型を特徴づけ、それぞれのサービス量を見込むこ

とによって、実際の実施体制が整えられていきます。またリハビリテーション専門職を活用し従来型にとどまらず、サービスAやBなどへの参加支援も計画されています。

10 人生80年時代の予防

　総括すると日本は新たな予防の時代に入っています。人生40年時代の明治期の感染症の脅威を公衆衛生や免疫療法が救い、人生60年の戦後は、生活習慣病の脅威を医療が救ってきました。そして、人生80年時代という長寿を勝ち得た今は、老年症候群の脅威が残されています。介護予防によって老年症候群を抑制し、それによって得られた心身能力をプロダクティビティまで高めていくことが求められています。人生80年時代の予防とは介護予防なのです。

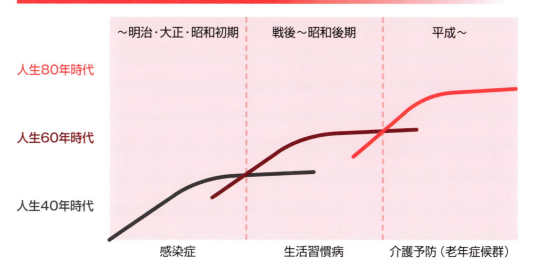

図15　健康寿命の延長のために

文献

1) 柴田博、長田久雄、杉澤秀博編：老年学要論。P24, 建帛社、東京、2007
2) 柴田博、芳賀博、長田久雄、古谷野亘編著：老年学入門、pp18-20、川島書店、東京、1993
3) Anonymous: OECD Health Data. http://www.oecd.org/document/56/0,3343,en_2649_33929_12968734_1_1_1_1,00.html（2010.09.05参照）
4) 切明義孝、下光輝一：介護保険制度を利用した健康寿命の算出方法の開発.東医大誌 2004; 62(1): 36-43.
5) 厚生労働省：平成22年国民生活基礎調査. http://www.mhlw.go.jp/toukei/saikin/hw/k-tyosa10/4-2html（2014年12月16日参照）
6) 折茂肇編：新老年学. 1990; pp-459-563, 東京大学出版会.
7) Fiatarone MA, Marks EC, Ryan ND et al.: High-intensity strength training in nonagenarians. Effects on Skeletal muscle. JAMA 1990; 263(22):3029-34.
8) Strehler BL Midlvan AS: General theory of mortality and aging. Science 1960; 132: 14-21.
9) Busse EW: Duke University Longitudinal Studies of Aging. Z Gerontol. 1993; 26(3):123-8.
10) Schrock MM: Holistic assessment of the healthy aged. Wiley. New York, 1980
11) 厚生労働省：市町村における介護保険の実施状況.平成14年5月、http://www.wam.go.jp/wamappl/bb05Kaig.nsf/0/e794c597d3c4395e49256bb50027aff1/$FILE/siryou.PDF、（2014年12月16日参照）
12) 厚生労働省：介護予防モデル事業結果。http://www.mhlw.go.jp/topics/kaigo/topics/050727/dl/2-5-1.pdf（2014年12月16日参照）
13) Castelli WP: Lipids, risk factors and ischaemic heart disease. Atherosclerosis 1996; 124 suppl:S1-9.
14) Shibata H, Suzuki T, Shimonaka Y: Launch of a new longitudinal interdiciplinary study on aging by Tokyo Metropolitan Institute of Gerontology (TMIG-LISA). Facts and Research in Gerontology 1993; 7: 277-284.
15) 東京都福祉保健局：　介護予防評価支援事業報告書、東京都福祉保健局 2009
16) Fries JF, Green LW, Levine S: Health promotion and the compression of morbidity. Lancet. 1989; 1(8636): 481-483.

第3章

地域包括ケアシステムと介護予防

 地域包括ケアシステムと介護予防

1 地域包括ケアシステムを導く概念は「統合」

　地域包括ケアシステムは日本だけではなく、いろいろな国で構築が進められています。北欧、オーストラリア、オランダなどが代表です。

　地域包括ケアシステムとは、一般には中学校区単位、場所によっては小学校区単位、つまりは市町村より小さい、日常生活圏域をケア付きコミュニティへと発展させていくことが目的です。

　そのために用いる主なツールは既存資源のネットワーキング技術です。決して何か新しいものをたくさん作らなければいけないわけではありません。今存在している、診療所や病院、介護老人保健施設、特別養護老人ホーム、グループホーム、各種の訪問事業所と通所事業所、さらにはサポート拠点や商店街、NPO等を有機的に繋ぐ方法論が中心です。なかでも、定期巡回随時対応型と小規模多機能複合型をどう組み込めるかが鍵となるでしょう。また介護予防につながる自立支援型事業は自治体の新しいマネジメント能力の試金石と考えられます。

　いずれにせよ、以前からの「行政」とは異なる、ネットワーキングのアートであると関係者は理解すべきなのです。箱物・ハードウェアを作っていくあり方とは大きく違わなくてはなりません。

　初めにネットワーキングにかかわる共通の用語を紹介します。日本でも使われ始めたキーワードは「統合」、英語ではintegrationです。地域包括ケア研究会2013年度の報告書では、地域包括ケアシステムにかかわるキーワードとして「統合」が大切であると唱えました。

　統合もいろいろな種類に分けられ、医療職と介護職が予後予測を共有化する臨床的統合（clinical integration）、地域の病院や診療所と社会福祉法人、民間介護事業者が協力する組織的統合（organization integration）、主に自治体等が主導して地域の色々なサブ・システムを統合し、かつ理念を共有するシステム統合（system integration）がその例です。なお「統合」は法人合併などとは別の話です。

　以上をつなぐ機能を規範的統合（normality integration）と呼びます。

「理念を明確化し関係者が共有すること」を意味します。こうした考え方の採用は日本の到達点であると同時に、オランダやスウェーデンが到達したところと理解してください。どの国も同じようなコンセプトが当てはまる方向を目指しつつあります。

2 問題の背景

次に問題の背景を把握します。私たちは今、どのような問題に直面しているのでしょうか。それは「新たな依存人口」の拡大です。19世紀以降、資本主義経済が一国経済の過半を占めるようになったところは、ほぼ経済成長に成功しました。資本主義経済の国々の長期的経済成長率は、他の経済システムを上回ってきました（医療を資本主義、営利主義に傾ける考え方には絶対に反対ですが）。西欧・北米・日豪などの経済は資本主義によって成功し、豊かさが生まれ、都市衛生が向上し、栄養知識が向上しました。さらに、19世紀後半のドイツ帝国首相ビスマルク以来の工夫によって、社会保障制度の機能が発達されるようになり、今では医療を受けたからといって貧しくならずにすむようになりました。米国以外の経済先進国では大体のところ普遍的な受療体制ができています。

ただし、その結果、人類が初めて見た大きな集団は、健康寿命後の余命が長くなった人々です。1950年以前の世界は、健康寿命後の高齢者はそんなにおられなかった。健康寿命後は一般に早く亡くなっていたからです。これに対し、多数の高齢者が虚弱な状態や認知症を呈しながら10年、あるいはそれ以上生きられる状態は、人類何千年の歴史の中で最近50年間に初めて私たち経済的先進国住民が直面しました。これにいかに対処するかという問題に、私たちはぶつかったのです。初めてであるとの冷静な認

図表1　現代社会

- ■科学技術の進歩
- ■資本主義：自由・自律
- ■豊かさ：都市衛生・栄養・知識 etc.
- ■社会保障制度：防貧→アクセス支援
- ■医学の発達・医療体制の整備
- ■新たな依存人口
  ・慢性疾患・日常生活支障・急性増悪リスク
- ■人口の年齢構成
- ■健康寿命後の余命

識をもち、「かつて三世代居住が普通であった時代には弱った老人を家族が温かく介護していた」などの幻想にひたっても解決策は生まれません(**図表1**)。

　2014年の東京都には、団塊の世代が高齢世代入りしたので、65〜75歳が160万人住んでいます。少しずつ亡くなりながら10年ごとに年を取っていきますから、2035年には85歳以上が91万人になります。こうした趨勢（すうせい）は別に東京だけではなく、埼玉県、千葉県、神奈川県、愛知県、大阪府、福岡県などでもそうです。加えて団塊のジュニア世代がいるため、2040年には東京都では65歳以上がもう一度増え、高齢者数が今より多い200万人になります。つまり高齢化の波は、団塊の世代が年を取っていく時期にとどまらず、もうひと波やってきます。

　2035年の東京都における85歳以上予測人口91万人は、山梨、佐賀、福井、徳島、高知、島根、鳥取各県の現在の人口を上回ります。東京都は85歳以上だけで90万人を超える恐ろしい時代がきます。逆に2035年までに人口が著しく減る地域も想定されています。だから提供体制も、利用方法も、財政的なあり方、何より地域社会の在り方も、それぞれの県や市町村ごとに革新していかないと無理です。今の延長線上では地域社会の持続は難しい (**図表2**)。

　もっと広く見れば、地域包括ケアシステム構築とは社会経済や地域の新しいあり方論なのです。この問題について「規制緩和を行い、市場経済を活用すれば上手くいく」と唱える人たちに主導されては混乱が生じます。各地域でそれぞれの文化と歴史、経済と社会をふまえて生活の場を作っていく。それもまた地域包括ケアシステムがもつ大切な意義です。

　かつてのように、虚弱かつ貧しい人が少なければ、その人たちを施設で処遇すれば何とかなりました。地域に住んでいる高齢人口の1％が虚弱か

図表2　75歳以上人口趨勢　　　　　　　　　　　　　　　　　　　　　　東京都（万人）

	65-74	75-84	85+
2010	145	91	31
2015	160	106	42
2020	153	116	55
2025	135	132	66
2030	146	126	77
2035	174	112	91
2040	198	124	90

図表3　地域包括ケアシステムの意義

- ■提供体制・利用方法・ファイナンシングの革新
- ■一国社会経済・各地域のあり方の再構築
- ■施設→少数の虚弱＋暮らしが成り立たない人
- ■ケア付きコミュニティ→多数の虚弱高齢世帯
- ■生活の場 ＋ 医療介護の場
- ■存在する機能や資源のネットワーキングと利用方法の共有

図表4　高齢者ケア政策 2025-2040

- ■理念：尊厳の保持、自立生活の支援
  ・生活の継続・個別性尊重・自己能力活用
- ■使命：地縁血縁の弱い虚弱高齢者増対応
  単身および高齢者のみ
- ■価値：住み慣れた地域での在宅限界上昇

つ貧しい人だった、あるいは3％であったとすれば、施設を作ればよかったのでしょう。ところが、2025年以降、虚弱高齢人口が空前の多数に上ると予想されます。かつその一部は貧困問題も抱えているはずです。いずれにせよ、虚弱な高齢者のみならず、障がいを持った人々、そして子どもたちの尊厳ある自立を地域でどう支えるかが問われているのです。

　多数者に対し施設を作る対応を取り続けると、コミュニティが施設内とそれ以外に分断されてしまいかねません。また財政が持ちません。それより、コミュニティ全体にケアが提供されるほうが自然です。コミュニティが生活の場であると同時に、そこが医療・介護の場ともなるように工夫する。在宅医療の発展も介護予防の進展も含め、このようにしていく革新的な変化を遂げなくてはならないとの理解に基づき、研究会は地域包括ケアシステム構築を主張してきました**（図表3）**。

　なお2013年報告書からは「高齢者ケア政策2025－2040」と書くように変えました。かつては2025年問題という言い方でしたが、2025年に団塊の世代が後期高齢者になるだけでは終わらず、15年にわたり後期高齢者人口数の高原状態が続くのです。2025年になると後期高齢者は確かに増えなくなります。けれどもその後も高い水準で止まるからです**（図表4）**。

3 自助・互助・共助・公助

　地域包括ケアコンセプトの共通の哲学は、補完性原理といって、4つのヘルプが重層的に組み合わされていくあり方を重視しています。

　ベースは自助です。たとえ要介護になっても、たとえ配偶者が亡くなって1人になっても、できること、および支援を得ればできるようになることは自分でする。要支援・要介護状態であっても、経済力に応じて社会保険料を負担することも自助に含まれます。基盤は「意欲」と「参加」です。

　自助とはさほど難しい事柄を要求しているのではなく、介護予防を意識する、またたとえ要支援や要介護状態になったとしても、専門職の支援を得つつ悪化予防に努めるための工夫をすればよい。配偶者に先立たれた男性が家事能力を身に着けることもまた自己能力の育成です。「弱ってしまったから、奥さんが亡くなったからといって介護事業者の世話を受けるような考え方は好ましくない」との意味です。自分で食事を作るだけではなく、市場経済の活用、マーケットでの購入も含まれます。

　自助を失った社会、経済は滅びます。これは世界の歴史から学べます。自助の精神を失ってしまった社会は長くは持ちません。けれども自助だけ、あるいは金や権力だけが表にでるようにしてしまったら、社会はぎすぎすしますし、不安定になり、安寧・安全は保てないでしょう。だから自助を支援するものとして、家族の助け合い、近隣の助け合い、友人の助け合い、あるいは震災のためにボランティアに行く活動も含めて、互助にも期待がかかっているのです。

　地域包括ケアシステムが構築されれば、もっとコミュニティ単位の互助が活きるようになるでしょう。例えば、ゴミ出しの手伝いでもいいし、商店街の人々が認知症の人を見守るなどの活動でも結構です。専門的な難しい作業の分担を望まれているわけではなく、身の丈の範囲で気軽な互助の発展でよいと思います。

　ただし、互助は金額ベースではどうしても小さい。日本で互助がいちばん多かった年は当然ながら2011年です。2011年には寄附が1兆円になりました。史上1回だけです。他の年は1兆円に届きません。もちろんボランティアで働きに行くとか、隣の人のごみを出す支援は金額表示にならないから別だけれども、少なくとも金銭寄附に関しては、赤い羽根募金や交通遺児募金に、東日本大震災の募金を加えてやっと1兆円でした。

　ところが、ご存じのように、医療と介護を合わせると50兆円近くかかっています。互助の1兆円ではとても賄えません。1兆円では医師や看護師、介護従事者の賃金給与を払えないどころか、病院経営や介護事業経営は維

持できません。

　そこは強力な仕組みである共助が支えています。地域包括ケア研究会は、互助と共助という言葉を意識して使い分けてきました。『厚生労働白書』を別として、政府は時に両者を混同して使っていることがあるのですが、互助はインフォーマルな助け合い、共助はフォーマルな助け合いと意味が異なります。後者の共助とは、自助を連帯制度化したもの、具体的には社会保険制度を指します。両方とも共に助け合うとの日本語ですが、社会システムを考える際はこの二つを概念上分けておかないと、政策体系が混同してしまいます。

　私たちは互助に参加する義務はない。興味がなければ参加しなくてもいいのです。その代わり、互助の対象者となる権利は誰一人持っていない。ボランティアの対象になる権利、募金を受け取る権利はないのです。法律もそうは定めていません。

　共助はそれとは違い、強力な義務と権利が伴います。私たちは所得に応じて社会保険料を払わなくてはなりません。その代わり、保険料を払っていれば医療サービス利用にあたり保険給付を受ける権利が保障されています。同じく、介護保険料を払っているかぎりにおいて、介護サービスを使う際に保険給付を使う権利があります。高額療養費等の自己負担には上限も存在します。権利性と義務が互助と共助はまったく違うので、地域包括ケア研究会では概念上はっきりと分けて使ってきました。

　なおこの世には共助では救えない問題もあります。貧困問題や虐待問題は医療保険では救えません。ドクターや看護師は虐待に対応する訓練を受けた職業ではないし、医療保険は虐待問題に給付する機能をもっていないからです。ドメスティック・バイオレンスや家庭内のネグレクトをどうするか。これらへの対応を含め、公助の出番です。

　以上の4つのヘルプが重層的に支え合っていく社会を目指す。これが背景にある考え方です。どういう財が互助か、公助に属するかによる違いではなくて、同じ財であっても誰がお金を出すかの違いです**（図表5）**。

図表5　背景にある考え方「4つのヘルプ」

■自助：意欲と参加・自己能力の育成と活用
　　　　市場経済の利用
■互助：インフォーマルな自発的助け合い
■共助：自助の連帯制度化
■公助：経済的弱者保護・権利擁護等

図表6　「4つのヘルプ」財源 or サービス

■財・サービスの種別ではない
　財・サービス生産には費用
　その費用を誰が負担するか
　　自助：利用者本人・同一家計　「私の財布」
　　互助：提供者の資金・労力・工面　「誰かの財布」
　　共助：社会保険　「私たちの財布」
　　公助：政府・自治体＝税　「政府の財布」

　自助の財源は「私の財布」か「私の労力」です。経済学では同一家計が「私」にあたります。子どもが独立して別家計になれば「私」からは離れますが、配偶者および財布を一緒にしている子どもあるいは高齢者等を含めた同一家計を意味します。

　互助の源は、ボランティアをする人の金であったり、ボランティアをする人の労力であったり、赤い羽根募金のために立っている小学生の労力だったりします。誰の金か分からないケースも多く、特別に法律で募金義務が決まっているわけではありません。「赤い羽根募金に募金せよ」と命ずる法律はなく、駅頭で赤い羽根募金に協力した通りがかりの人は誰だか分かりません。だから「誰かの財布」と表します。それに対し、私たち住民が信頼している医療保険や介護保険は「私たちの財布」に相当します。この権利性は強い。そして最後は「政府の金」が支える。これが4つのヘルプで、地域包括ケアシステムのベースにある考え方です**（図表6）**。

4　「5輪の花」図とそこからの進化

　この哲学を基に、地域包括ケア研究会の2008年の報告では、「5輪の花」図と呼ばれる図を発表しました。高齢者の生活を支える要素は介護だけではないことを強調するためです。介護は確かに重要とはいえ、医療がなければ高齢者の生活は支えられません。予防は何より大切だし、住まいがなくてはいけないし、そして買い物等の家事も含めて生活支援が必要です。そういう意味で5つの要素があると訴えました。

　介護保険が2000年に発足して以来、高齢者ケアすなわち介護という間違った思い込みが自治体の人の中にも発生し、自治体がかつて持っていた様々な機能を皆、介護保険に集約してしまったケースが目につきました。自治体が持っていた、もっと広く地域を見る能力が下がっていたのです。そこでわれわれは、そうではないと唱えました。介護は真ん中に置くけれ

図表7　地域包括ケアシステムVer1.0「5輪の花」図（2008）

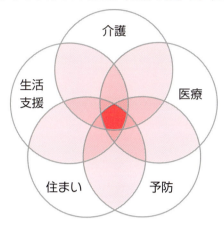

ども、介護だけでは高齢者は支えられないと強く訴えました。これが第一段階です**（図表7）**。

　その後、考え方がさらに進化していきます。進化していった要素の第一は、住まいの切り分けです。住まいは5輪の花の1つではなく、花を支える基盤に位置付けを変えました。医療や介護は客観的なニーズに対応すべきです。例えば脳卒中では、正確な診断のもと標準を踏まえた治療がなされ、患者個人の好みによる治療方法の選択はあまり入らない。ところが、住まいは好みがベースです。山の上に住みたい、海の近くに住みたい、大きい家がほしい、こぢんまりした家の方が居心地がよい、白い家が好きだ、赤い家にあこがれる、などそれぞれ自由な意思決定に従います。

　さらに、住まいは当然ながらそれを選ぶ家計の経済力を反映します。ミニマムな住宅としての公営住宅は必要ですが、ミニマムを超えた先は、資本主義社会である以上、あるいは資本主義社会でなくてもそうですけれども、経済力や権力に応じて違います。これは万人にできる限りニーズに応じて平等に治療を行うべき急性期医療や、一定額までは平等な給付が行われる介護とは違います。しかも住まいは生活の基盤となるものだから分けて考えた方がよいと結論付けました。

　もう1つ、住まいと書くとハードウェアの感じがします。けれども、住まい方も重視したい。以前は国土交通省や自治体の住宅部局には構造計算あるいは防火などの専門家が多く、住まい方の専門家はあまりおられなかったと聞きます。住まい方とは、誰と一緒に住むか、配偶者が死んだ後どうするか、子どもを近居させるか、遠いところだがITでつながっていれば満足か、どのような住宅改造を行うか、などの選択を指します。

　住まいもベースは自助であり、それを貧しい人のための公営住宅など公

図表8　地域包括ケアシステムの進化①：住まいと住まい方

- ■基盤：「住まい」での生活継続
  - 自助：ウォンツ（※）＋経済力
  - 公助：ミニマム・ニーズに応じた住まい
- ■多様性：「住まい方」
  - 自助：選択と心構え
  - 共助：外付けサービスの活用
  - 例：「高齢者向け住宅」

※ウォンツ＝生活をする上での欲望。

助が補完しています。住まい方についてもベースは自助で、かつ自分で決めるべきです。「65歳まではこういう住み方をしよう」「65歳になった以後はこういう住み方に変えよう」「75～80歳以上のいつの時期かはわからないが配偶者に先立たれる日もあるだろうから、そうしたら別の住まい方に移ろう」などの選択を行い、それにふさわしい心構えをもち準備する住まい方が求められます（**図表8**）。

　2番目の進化は生活部分についてです。生活もやはり欲望がベースです。どんな洋服を着ようと、どんなお酒を飲もうと、そこは個人の自由です。生活は、他人に迷惑がかからないかぎり、医療のように専門的視点に立つ医師から「こういう治療法がいいでしょう」という強い推薦がある世界とは違います。好きなDVDを借りてきていいし、経済力によって買ってくる食材は異なりえるし、自分で作っても、お弁当を買ってくるのも、外食も個人の好みで選べます。これらは自助ですが、一方で、自立支援リハビリテーションのための家事援助など共助の世界で助ける形も整えられています。

　介護保険から給付を受ける生活援助は、最初のうちは主に家事支援のことでした。しかし、私たちが生きている上での生活は、家事だけをして生きているわけではありません。生活とは、決して炊事と掃除と洗濯がすべてではない。生活の大きな要素は、買い物やウィンドウショッピング、映画を見る、人とおしゃべりをすることだし、月に1回美容院に行ったり理髪に行ったりするのも生活の重要な要素です。仮設住宅でさえ理髪や美容が大切な生活の一部であると、最初の1年でずいぶん痛感されたはずです。散歩も生活に重要な要素だし、子どもや孫と遊ぶ、夫婦一緒に散歩する、犬を連れて歩くなども大切です。これらの総体が生活であって、家事だけではない。

　何よりも、人間は社会で役割を持ってこそ充実感を得ることができます。

図表9　地域包括ケアシステムの進化①：生活支援

■生活と4つのヘルプ
　自助：ウォンツ・経済力・家計内生産
　公助：自助に至る生活支援　例）閉じこもり
■**生活とは住居内家事だけではない**
　・買い物・美容・理髪・散歩・子供
　・互助と公助：配食より会食・社会参加・役割
　・地域見守りと安否確認：ICT・地域住民
　・親族・友人・ボランティア・NPO・企業

その意味では、個宅への配食があまり発達しすぎると閉じこもり人間を作るので、実際には個宅配食よりもご飯を近所まで届けてみんなで食べるほうがいいと言われています。また認知症の方に対しては、地域見守り、安否確認などの工夫が鍵となるでしょう。商店街の力も、ICT（情報通信技術）の力も使いたい（**図表9**）。

5　プロフェッショナル・サービス

　住まいと住まい方、および社会参加を含めて生活支援が機能すれば、後はプロフェッショナルの仕事です。なおプロが担当する仕事は、分野によっては公平性や平等性が重視されます。

　まず社会福祉をあげましょう。日本は実は格差社会です。高齢者にももちろん経済格差があります。また権利擁護問題、虐待問題も放置できません。これらの課題への対処は福祉分野の専門力に期待したい。

　次はリハビリテーションです。リハビリテーションとは、もちろんPT（理学療法士）だけではなくて、OT（作業療法士）が行う環境への働きかけやST（言語聴覚士）による介入等々を含めて、広い意味の介護予防・悪化予防を指します。リハビリテーション職が介護職や看護職に教えて行う環境整備や住宅内整備も含めています。認知症対応をベースとした日常医療も忘れてはなりません。社会的役割を持たせる意味の広義の予防も大切です。病気や要介護にならないようにする予防だけではなくて、活動と参加に対して後方支援していく予防活動も専門職の働きです（**図表10**）。

　医療と違って、生活の幅はとても広いので、高齢者ケアについてはケアマネジメントプロセスが不可欠です。日本の介護保険制度のすばらしさの一つは、ケアマネジメントプロセスが入っていることです。医療の場合には医師がサービス提供者であり、同時に診療方針のマネジメント責任者も

図表10　地域包括ケアシステムの進化①：プロフェッションの仕事

- ■**社会福祉**
  - ・経済格差・貧困、権利擁護事業・成年後見
  - ・社会的包摂
- ■**リハビリテーション**　cf.前置主義
  - ・リハ職だけの役割ではない
  - ・環境への働きかけ
- ■**認知症対応をベースとした日常医療**
- ■**予防と健康管理**

兼ねられますけれども、介護の場合には生活が入ってくるのでそうもいかない。ただし、進化してきたとはいえ、ケアマネジメントプロセスはまだ発達段階にあるとの評価がなされています。特に予防に関しては自立支援型のケアプランとは呼べない例が多いと厳しく指摘されています。

ケアマネジメントプロセスは全部ケアマネジャーが行うとの誤解がみられますが、そうではないはずです。たしかにアセスメントに加わることはもちろん、ケアプラン原案を作成し、ケアカンファレンスの招集とケアプラン決定後の事業者へのつなぎと利用者への説明、保険請求管理とモニタリングなど、一連の流れのマネジメント責任者はケアマネジャーです。しかし、アセスメントは多職種が関わらなければ不十分ですし、ケアカンファレンスでの討議にも多職種が加わるべきです。このように、ケアマネジメントプロセスとケアマネジャーは分けて考える方向が示されるように変わってきました。

それとは別に、一人ひとりの利用者ではなく、小学校区単位とか中学校区単位の日常生活圏域ごとの問題を割り出し、具体的なサービス提供者の集まりを超え、自治体が責任をもって解決策を考える場も必要です。そのための場として活用すべき地域ケア会議が発達しつつある様子が、各地から報告されるようになりました。

例えば買い物難民が多いところだったらどうしたらいいか。たくさんの買い物難民に対して医療機関や介護事業者は通常は対応できませんから、買い物難民が多いのだったら巡回スーパーを頼む、巡回バスで買い物先に連れて行く、あるいはバス停を作る、バス停までの坂道に手すりを作る等々の地域課題解決策、介護予防策を抽出していく。地域の中でどういう職業が、例えばリハビリ職が足りない、在宅医療支援診療所が不足しているなどの課題を見つけていくことも地域ケア会議の役割です。

もう一点、年間160万人〜170万人亡くなるころに、全部の末期者が

図表11　地域包括ケアシステムの進化①：追加した要素

- ケアマネジメントとケアマネジャー
- 地域マネジメント
  ・地域ケア会議＋地域包括支援センター
- 緩和ケア
- End of Life Care
- （安心感に支えられた）本人・家族の選択と心構え

　高度急性期医療機関を利用するようだと病院機能が麻痺するばかりか、End of Life CareにおけるQuality of Death（QOD）が低いままになります。QODを向上させるためにも、今から団塊の世代は死に方、看取り方を考えておかなくてはなりません。

　そして、2013年4月に発表した報告書でいちばん力を入れた言葉は、「本人・家族の選択と心構え」です。これは戦後の日本社会ではタブーに近かったニュアンスの強い言葉だと承知しています。ただし、団塊の世代の頭数をふまえると、やはり最後は自らの選択を行い、最期に対する心構えを持つ必要性を指摘しなければならないと、研究会内の意見が一致しました。ただし、医療保険・介護保険制度、地元の医療機関や介護事業者の力が与える安心感が事前の条件ですが。幸い心配は懸念に終わり、「選択と心構え」がむしろいちばん評判のよい言葉でした。いろいろな職種の方からも「良く言ってくれた」との声が強く聞かれました（**図表11**）。

6　「植木鉢」図とそこからの進化

　以上を表した図が、2013年4月に発表した「植木鉢」図です。これはとても良くできた図だと思っています。まず「本人・家族の選択と心構え」に相当する皿が示されました。皿の上に「住まいと住まい方」を象徴する植木鉢が乗っています。植木鉢の中には「生活と福祉」を示す豊かな土が入っています。土の上にプロが受け持つサービス、医療・看護、介護・リハビリテーション、保健・予防の3つが草として描かれたのです。

　一人ひとりの利用者のためには、ケアマネジャーがケアマネジメントプロセスの土台の上に立っています。仕組み全体に対しては地域包括支援センターが目を配り、地域ケア会議が水をやっている。自治体は地域マネジメントに基づいてケア付きコミュニティを作ることを表しました。これが現在使われている「植木鉢」図です。上記が2013年度初頭の地域包括ケ

図表12　地域包括ケアシステムVer3.2「植木鉢」図（2013）

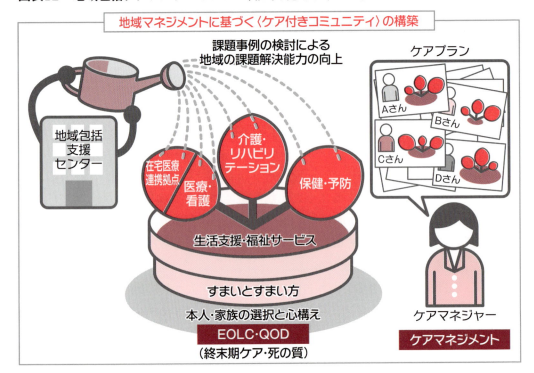

アのコンセプトでした。プロのサービスを活かすために、団塊の世代は自分たちも責任を持つ一方、サービスについては幅広いチョイスがある世界と言えるでしょう**（図表12）**。

　その後、さらに1年間、地域包括ケア研究会では議論を重ねてきました。これから、2025年までに何を進化させていくべきか。まずケア論を取り上げました。医療や介護の世界は、①ケア論、②病院経営・介護事業者経営などマネジメント論、③政策論・制度論の3層で成り立っていることを理解しなくてはなりません。

　ケア論とは、医師、歯科医師、看護師、薬剤師、PT/OT/ST、社会福祉士、介護福祉士等のプロフェッショナルが、一人ひとりの利用者・患者に対し、個人あるいはチームでいかに最善をつくすかにかかわる方法論を指します。

　それらを組織としてどのように管理および経営するかを考えるマネジメント論は、ケア論とは峻別しなくてはなりません。介護人材が足りない時に、介護の仕方で腰痛が多い事態を防ぐためにいかに器具やロボットを活用したらいいかをめぐる技術開発はケア論にあたります**（図表13）**。

　これに対し、「介護事業者の中で1／3は離職率が10％以下と低いが、1／3は離職率が3割を超えている現状は、経営の巧拙の結果であって、介

図表13　地域包括ケアシステムの進化②：ケア論

```
■ケアの科学性・プロ性・普遍性
　・家事援助→「三大介護」→悪化予防
　・行為＋身体状況観察・記録・チェック（他者の目）
　・予後予測・プラン共有→介入→効果
　・アセスメントを含めて多職種協働
■高齢期の疾病＝生活機能障害
　・医療側も生活面での原因把握
```

護人材が全部の事業所でたくさん辞めている話ではない以上、経営の能力の問題ではないか」といった議論がマネジメント論の例になります。

さらに、「トータルで介護職の専門性向上を図り、賃金・給与増となる社会的仕掛けを考えましょう」は政策論・制度論にあたります。

7 ケア論

ケア論における新たな主張はセルフケアとセルフマネジメントです。セルフケアは、単に自分で頑張れとの意味だけではなく、教育を通じて自己効力感を与える支援を含みます。自己効力感を高める方策を工夫しなくてはなりません。いずれにせよ団塊の世代は、健康に気をつけることも合わせ、セルフケアの考え方を学ぶ必要があります。

第二はプロが担当する高い専門性が期待されるサービスです。特に介護の専門職にとっては、世話をするのではなく、介護予防を含め、利用者の自己能力を支援することが専門性の中心になっていくと考えます。専門職対サービス対象の関係を超え、利用者との協働を中心におく。多職種協働は主に職種間の協働を言っていますが、次の10年では利用者との協働を中心に話を広げるべきです。

ただし何らかの仕掛けがないと介護職のプロとしての位置づけが上がりませんし、賃金も増えないので、内閣府を通じてキャリア段位制度を動かし始めました。これは世界でもっとも優れたプロセス評価の仕組みの一つと言えるのではないでしょうか。今まで介護分野においては基本的にインプット評価が主で、逆に介護のアウトカム評価はなかなか難しいと考えられてきました。介護・介護予防・自立支援はたくさんの要素が集まって成り立っています。一方、要介護度は粗い指標なので、要介護度が一定期間に改善する可能性は、要支援者はいざしらず、確率的には低いため、皆が使う評価指標が未発達でした。

図表14　地域包括ケアシステムの進化②：ケア論

■ **セルフケア、セルフマネジメント**
　・能動的教育・自己効力感
　・専門性の捉えなおし：自己能力支援
■ **専門職とサービス対象 → 利用者との協働**
■ **介護職：キャリア段位制度活用**
　・アセッサー育成
　・プロセス評価

　そこで、ケア従事者がプロセスで何ができる、何が分かるか再現性を持った形で整理しました。しかも、従事者の能力を評価できるアセッサーを先に養成し、アセスメントできるようにしておいた上で制度をスタートしました。これによって介護職の中核は間違いなくプロフェッショナルであることを世の中が理解し、その結果賃金・給与が上がると期待しています**（図表14）**。

8　地域看護

　第三は地域看護です。聞きなれない言葉かもしれません。しかし、地域看護はとても重要な概念だと訴えたい。在宅医療の実働部隊は何といっても看護師ですが、ここではそれを超えた話です。これをsocial community nurse機能と表します。オランダでも、北欧でも、言葉は違いますが、この機能を重視しています。

　訪問看護ならびに在宅医療はとても重要な業務です。しかし職業の名前ではない。在宅訪問医師なる資格は存在しません。状況に応じいろいろな業務を担当しうる医師が在宅医療も行う。医師が訪問診療も行うことができると理解すべきです。訪問看護も全く同じで、訪問看護師なる資格が必要なわけではないでしょう。状況に応じいろいろな業務を担当しうる看護師が、訪問看護という業務も行うとの認識が求められます。

　「訪問看護ステーションなる経営の単位をつくると訪問看護が増えるだろう」と考えるかぎり、数が足りないままだと思います。たしかに訪問看護を担う業務管理上の単位としてのステーションは必要です。しかしステーションは経営の単位ではない。訪問看護師が足りないと指摘されています。足りない理由は何か。根本は、今の制度のもとで訪問看護業務を行うためには、基本的に訪問看護ステーションを作らなければいけないからです。しかも今のステーションの多くは別単位の経営となっています。

訪問看護ステーションを開設するためには、資金調達を考え、マーケティングを行い、人材をリクルートして教育し、給与計算し、保険請求しなければいけないのです。これらは看護師固有の業務ではないでしょう。病院看護師は、それらを自分では担当していません。しかも、訪問看護ステーションでは医師との物理的距離が離れてしまう。

　今必要な考え方は、業務として訪問看護をも担う人をどのくらい作るかなのです。医師が手術を行ったり、病棟を訪れたり、外来ブースに出たり、訪問診療したりする多様な働き方は十分にあり得ます。地域の大きな病院で、医師が月のうち数日訪問診療する例は珍しくありません。医師が行う様々な業務の1つとして訪問診療を行っているとの理解です。

　警察官も、交番に勤務することもありますが、外国の要人が来訪するから都心の警備に駆り出される、殺人事件が起きたから捜査を手伝うとしても、いちいち職業を変えているわけでも、異なる経営体に移るわけではなく、警察官が持っている多様な機能をその時々で果たしていると捉えるべきです。

　看護師も同じで、訪問看護に年間に「何人日」必要かという数え方を採用し、病院・診療所所属の看護師が週のうち1日、あるいは月に4日とか年に4週間とかの頻度で訪問看護に従事する。老人保健施設の看護師も地域に出ていく日があってもいいと柔軟に考えて設計していくほうが、訪問看護師専業者を作るより早いはずです。

　特に脳卒中等の初回入院からの退院直後の訪問看護は病院から行ったほうが患者および家族の安心感を得やすいでしょう。地域課題を発見し、ケアマネジメントプロセスとの機能統合もしやすくなると思われます。

　定期巡回随時対応サービスと小規模多機能型居宅介護、複合型サービスは、地域包括ケアの鍵となるサービスです。これらも業務の単位ではある

図表15　地域包括ケアシステムの進化②：地域看護

- ■地域看護（Social Community Nurse）機能
- ■訪問看護・在宅医療という業務
- ■訪問看護ステーション：業務単位・経営単位
- ■多様な従事形態　ex.移行期の看護
- ■ケアマネジメントとのシステム統合
- ■リハビリテーション、栄養ケア、口腔ケア
- ■定期巡回随時対応型
- ■グリーフケア（※）

※グリーフケア＝身近な人と死別して悲嘆に暮れる人が立ち直れるように支援すること。

のだけれども、経営収支の単位と考えてしまうと広まりにくいと想定されます。つまりトータルで法人として社会に貢献し、全体として利益が上がる体制で業務を行うとの見方です。もちろん各業務を効率的にする努力は当然だけれども、「定期巡回・随時対応サービスは儲からないからどうしよう」だけが判断基準ではないでしょう。例えば特別養護老人ホームが展開する福祉業務として考えると、地域への貢献度を高めやすくなるはずです（**図表15**）。

9 医師・医療機関と特別養護老人ホーム

医師に対しては地域資源を育成する役割を期待しています。地域の介護関係者たちの在宅生活支援力、看取り力を高める。そのための教育にあたっては地域医師会が果たせる力は大きい。また地域医師会は自治体と話せる最有力集団として、自治体の地域包括ケアシステム理解を深める役割を果たす機能も責任の一部と言えます（**図表16**）。

病院と老人保健施設は、機能は施設に収容されている患者だけではなく、在宅生活者の支援のためにも提供できる存在です。病院・老健からの訪問看護と訪問リハビリテーションに加え、入退院マネジメントに関しては地

図表16　地域包括ケアシステムの進化②：医師・歯科医師

- ■**主治医機能**
  - ・長年の信頼関係
  - ・認知症者対応
- ■**地域資源育成の主体**
  - ・緩和ケア支援・「看取り力」支援
- ■**地域医師会の力**
- ■**口腔ケア・摂食嚥下リハビリテーション**

図表17　地域包括ケアシステムの進化②：医療機関・老健

- ■**病院・老健機能の地域展開**
  - ・病院・老健からの訪問看護と訪問リハビリテーション
  - ・入退院マネジメント、カンファレンス
  - ・退院後のリハビリテーション調整
  - ・診療所・介護事業所とのインターフェース
- ■**急性増悪対応**

図表18　地域包括ケアシステムの進化②：特別養護老人ホーム

- ■**機能の地域展開・協力**
  - ・多様なサポート拠点
  - ・定期巡回随時対応型との組み合わせ
- ■**地域資源の受入れと育成**
  - ・入退所マネジメント、カンファレンス
  - ・地域他資源とのインターフェース
  - ・訪問・通所事業者に対するケアの標準化指導
- ■**低所得者対応**

域の事業者と協働するありかたが当然になっていくでしょう。退院・退所後のリハビリテーション調整も、行えるのは病院や老健の力であるはずです（**図表17**）。

　特別養護老人ホームも同様に考えられます。特養は施設に収容された要介護高齢者に適切なケアを提供しています。それは誰もが認めます。日本の特別養護老人ホームにおけるケアはすばらしく発達してきました。10年前、20年前とは比べものにならないと言えるでしょう。しかし、それだけでは開設者たる社会福祉法人として非課税のステータスは続けられないかもしれません。

　医療法人の多くは（社会医療法人等を除き）課税事業者です。では特別養護老人ホームを経営する社会福祉法人はなぜ非課税なのか。同じようなケアを行っている事業者は他種別の法人形態にも存在します。非課税ステータスを守りたいのであれば、特養のケア機能がすばらしいことを前提に、サポート拠点等を活用し、地域に機能を展開する。定期巡回・随時対応サービスと組み合わせるあり方もよいでしょう。さらに特別養護老人ホームは地域の訪問・通所事業者を教育する役割も果たせます。

　医療機関と違う機能は、低所得者対応です。特別養護老人ホームは、もし社会福祉法人が果たす本質的機能に対する見返りとして非課税状態を残したかったら、低所得者・困窮者を支援する機能は不可欠です。医療機関には、日赤や済生会等を除き、この責務はない。特別養護老人ホームにはやはり低所得者対応の責務を担わなくてはなりません（**図表18**）。

10　自治体の責務

　次は自治体の話です。自治体は何をすべきか。自治体にしかできない業務は、まず地域診断です。地域診断は例えば医師会にはできません。そこ

までの権限がないからです。自治体だけが全面的なニーズ調査を行える。ニーズ調査では書面の答えが返ってこない人のところに踏み込む力が求められます。ニーズ調査でアンケートに答えを返してこない世帯を個別訪問する。最後は、家の中に入り込んでいく力、これは自治体のみが持っている権能です。それによって、地域の世帯の介護ニーズ、生活障害、経済力を把握したマップを作っておく。虚弱者、あるいはその一歩手前の人を発見すると共に、介護予防につなぐための必須の作業です。

この部分については個人情報保護法とバッティングすることを気にする方がおられますが、それを打破するためにはニーズ調査とは何かにかかわる趣旨と意味を住民に丁寧に説明した上で、住民に協力を求めなくてはなりません。いざという時、災害があった時に、ニーズ調査がなされているかいないかで全然違うし、ニーズ調査によって5年後、この地域ではどのくらいのサービスが必要になるか予測を行い、その量を減らすための介護予防を工夫できるようになります。

自治体は職員に、規範的統合によりビジョンを明確化し、共有させる姿勢が欠かせません**（図表19）**。

自治体は、これから施設をたくさん作らなければいけないと考えると、いくら予算があっても足りないでしょう。そうではなく、地域にある資源をしっかり把握し、連絡会議等を通じ、市民の中で特に団塊の世代が互助について何をしたいかにかかわる意欲を組織化し、自助と互助のマッチングを行う技法も採用すべきです。

マッチングの意義は次の通り。ボランティアをしたい人は結構いるのだけれども、どこに行って誰に会ったらいいか分からない。犬の散歩なら任せておけとか、バラの手入れならできるとか、子どもの世話なら慣れた団塊世代もたくさんおられると思います。しかし勝手に人の家に入るわけにはいきません。一方、頼みたい人もたくさんいるのだけれども、誰に頼ん

図表19　地域包括ケアシステムの進化②：自治体の責務

- ■**地域のマクロマネジメント**
  - ・地域診断：ニーズ調査による実態把握・課題分析
  - ・世帯アセスメント：介護・生活障害・経済
  - ・ニーズ調査の趣旨を住民に丁寧に説明
- ■**介護保険総合データベースやDPCデータ**（※）
- ■**基本方針の明確化と共有＝規範的統合**

※DPCデータ＝DPC（診断群包括分類）に基づく診療情報のデータ。DPCとは、「Diagnosis Procedure Combination」の略。

図表20　地域包括ケアシステムの進化②：自治体の責務

■**地域にある機能や資源のネットワーキング　＆コーディネーション**
・地域資源把握
・事業者連絡会
・個人の意欲の組織化
・自助と互助のマッチング
・NPOによる事業等も市の全体政策の中に

だらいいか分からない。

　マッチングは自治体の機能として意味をもちます。また、NPOも役に立つツールです。地域包括ケアに関係する場合、各NPOの機能を市の介護計画の中に取り入れる工夫も必要です（**図表20**）。

　地域ケア会議が法律に正式に位置づけられました。地域ケア会議を上手く使えば、市町村の政策形成のみならず、地域のケアマネジャーの資質向上や、連携体制整備につながります。逆に上手くいかないと、会議が1個増えるだけで終わるかもしれません。先進事例から学ぶべきです。先進事例担当者から指導を受ける案もありえます。地域ケア会議にはいろいろな種類があってよく、中学校区単位の会議、市全体の会議がそれぞれ存在して当然です。もちろん政令指定都市だったら行政区単位の会議もつくるべきでしょう。地域ケア会議を機能させるためには、マニュアルを作り、講習を重ね、実践事例を重ねるプロセスが欠かせません。

　自治体は、地域包括ケア体制づくりに住民を巻き込む必要があります。出前講座、健康教育、サポータ養成なども役立つツールです。団塊の世代は65歳を超えました。65歳の男性を巻き込む方法は、「あなたが要介護になったら」ではだめだと思います。「あなたは今元気だし、力もあるし、能力も高いから、サポータになりましょう」「地域開発のボランティア・マネジャーになりましょう」などのほうがよい。

　サポータになるにはいろいろな方法が考えられます。高齢者の社会参加を支援するイベントを例にすると、男性にはプロジェクトの企画案を作らせてはどうでしょう。企画書を作ることは会社で何十年と経験して慣れている人は珍しくありません。さらに予算を獲得する、市役所と交渉して補助金を取ってくる、スーパーマーケットと交渉して食材を安く手に入れる、終わったら表ソフトで決算書を作る、等々の業務を受け持っていただく、会社業務で鍛えられている人の活用です。

　自治体は、担当が2年ごとに変わってしまうケースが多い。医師はずっ

図表21　地域包括ケアシステムの進化②：自治体の責務

- ■**地域ケア会議**
  - ・地域ケア会議を通ずる政策形成
  - ・cf.資質向上
- ■**住民の理解促進：出前講座・健康教育・サポータ養成**
- ■**地域支援事業**
- ■**人員・組織体制**

と医師だし、厚生労働省の官僚は他省との人事交流は別として、基本的に厚生労働業務に従事しますが、自治体では、せっかく介護分野や地域医療分野に慣れた人が、次に教育委員会なり土木課なりに移ってしまう。やはり10年単位ぐらいの育成プランに基づき、この分野のプロを作る体制を望みます（**図表21**）。

11　交流拠点

　高齢者ケア、認知症者処遇、そして地域包括ケアシステム構築の鍵になる居場所の確保も大切です。コミュニティにおける居場所の確保を通じ、お年寄りが家の中に閉じ込もらないように働きかける、商店街の中に居場所がある、小学校の空き教室を使うなど空いたところを使えばよいと思います。そこで相談をしたり、情報交換をしたり、時に広報を役所が行ったり、認知症患者やそのケアを担う家族がそこに来てお茶を飲む、専門職が週に1回来て相談に乗る、介護予防教室が開かれる、などの場所です。臨床的機能に触れやすい場所としても使えます（**図表22**）。

　名前は、新宿の「くらしの保健室」でも、オランダ流に「アルツハイマーカフェ」でも、「オレンジカフェ」でも、「共生ステーション」でも、端的に「町のお茶飲み場」でも結構です。そこに高齢者だけではなくて、幼児を連れた親が立ち寄ったり、学童が小学校の帰りに商店街の中とか、小学校の空き教室に5時までいたりする。高齢者が碁を打つ傍らで小学生が宿題を広げる姿もよいですね。お互いにさりげなく見守っているのです。たまに宿題を手伝ってもいいし、碁を教えてもいい。

　要介護度が1、2でも、子どもを見守る機能は持っておられます。年寄りが倒れたら誰かを呼ぶぐらいの判断力は高学年の小学生なら持っています。そのようにして地域で、障がい者も含め、互いに支え手となることによる生きがいを感じる。このための場所は、商店街や空き教室以外にも、小規模多機能の一室や、グループホームの一角などで、特に社会福祉法人

図表22　地域包括ケアシステムの進化②：コミュニティの力

■**居場所の確保：交流拠点**
・相談と情報交換、広報
・認知症者とその家族、ケアを担う家族支援
・孤立感解消、閉じこもり防止
・早期発見→専門職へのつなぎ
・時に臨床的機能
・サポート拠点とのコラボレーション

図表23　地域包括ケアシステムの進化②：コミュニティの力

■**居場所の確保：交流拠点**
・「共生ステーション」「暮らしの保健室」「アルツハイマーカフェ」etc.
・小児・学童と親
・障がい者とその家族
・支え手になることによる生きがい創出

は積極的に手がけてほしい。病院の中に作ることは難しいでしょうが、地域に開かれた施設やサービス付き高齢者住宅の中にはこういう居場所の設置を期待します（**図表23**）。

12　制度論

　続いて制度論を語ります。介護保険分野は事業の種別がとても多い。医療保険の事業種別は病院、診療所、訪問看護ステーションと調剤薬局だけです。他方、介護にはたくさんの事業種別があり、この種別ごとに収支を観察しています。しかしこうした計算は費用の配賦が必要なため、人為的です。定期巡回随時対応型訪問介護看護だけを開業している事業者などめったに存在しません。定期巡回随時対応は多角的な事業の一環なので、そこの費用は一定の仮定をおいた配賦計算によって把握せざるを得ません。

　人員配置は職種によっては小学校区単位や中学校区で何人と考えるようにしないと、人員が足りなくなります。施設単位を超えてコミュニティ単位で人を数え、事業の種別も地域包括ケアステーションに集約する試みがあってもよいのではないでしょうか。病院の中のスタッフステーションは包括的です。そこには看護師も、病棟薬剤師も、リハビリ専門職も、栄養士もいて、医師と共にチーム医療が行われています。病棟の中に看護ステーション、リハビリステーション、栄養ステーションが並ぶわけではあり

図表24　地域包括ケアシステムの進化②：制度論

- ■ **機能は地域（コミュニティ）で確保**
  ・人員配置基準
- ■ **地域包括ケアステーション**　cf. スタッフステーション
- ■ **地域包括ケア事業所**　cf. 院内のチーム医療
  ・事業種別数：管理単位と経営単位
- ■ **包括支払方式**
- ■ **連携・情報提供に対するインセンティブ**
- ■ **「地域包括ケア」部・室・課・係**

ません。

　地域包括ケア事業所等の新しい形態で、事業種別は内部の管理単位としては存在するにしても、手挙げ方式で包括支払い方式を拡大する実験も考えられます。経営の安定のためにも利用者のためにもなるような実験です。個別の、事業所と重要事項説明書を取り交わす手間が減りますし、区分支給限度基準額との関係も変わります。

　自治体に対しては、地域包括ケア推進室や推進部、あるいは地域包括ケア課等の部局を作ってほしいとずっと唱えてきました。2013年から、実際にそうした動きが出始め、2014年には拡大し始めました。県・市にも、厚生労働省にも、日本医師会にも作られました**（図表24）**。

13　まとめ

　英語では地域包括ケアシステムをcommunity based integrated care systemと表します。かなり普遍性の高い言葉です。市町村ではなく、community、すなわち生活圏域をベースとする規範的統合のもとに展開される機能統合だからです。目的は、最初にお話しした、ケア付きコミュニティづくりです**（図表25）**。

　社会のベースは自助です。仕事面だけではなく生活面でもそうです。ひとりで生きる決意をしたり、結婚したり、子育てをする覚悟をしたりして生きている。こうした自助の訓練が弱いと社会が持ちません。日本のみならず世界が初めて迎えている高齢化の趨勢の下、たくさんの虚弱高齢者が75歳以上人口増とともに増える状態に備えておく。虚弱になることは確率事象ですから、介護予防によって発生率を減らしていくにしても、絶対数増はやむをえない。しかし心構えと準備は必要だし、セルフマネジメントの能力も大切です。

図表25　地域包括ケアシステム概念の要素

- ■ Community Based Integrated Care System
  - ・職種・事業種別・組織を超えた規範的統合の下に展開される機能統合
- ■ 統合・連携・リエゾン(※)
  - ・「顔の見える関係づくり」が基礎
    - **多職種連携**：Clinical Integration
  - ・患者・利用者との協働
    - **多組織間連携**：Organizational Integration
- ■ 生活の構築＝地域づくり：System Integration

※リエゾン(仏liaison)＝組織間の連絡、連携。

図表26　まとめ

- ■ 自助：心構え・セルフマネジメント
- ■ 互助：自助支援・社会参加支援
- ■ 共助①：「手遅れへの手当」→「悪化防止」
- ■ 共助②：在宅生活支援と看取り
- ■ 共助③：機能に応じた支払い・処遇改善
- ■ 公助：社会的包摂
- ■ 地域で働く＋地域の活性化：理念の共有
- ■ 地域ごとの発達経路・"ローカルルール"
- ■ 首長・医師会・団塊の世代住民の覚悟

　これは改めて、とりわけ団塊の世代に対して言うべきです。加えて地域のための互助活動に加わる人もほしい。互助を狭く考えるのではなく、企業人が得意なプロジェクトマネジメントとして捉える。市役所とかけあう。気力と仲間が得られればコミュニティ企業を作る試みもあり得ます。

　次に共助たる社会保険に触れます。1990年代に介護保険の議論をしていた時に関係者の頭の中にあった事象は、言葉は適切でないかもしれませんが、いわば「後処理行程」です。要介護状態でありながら放置されていた結果、褥瘡、寝たきりが社会問題としてとりあげられました。これらの多くは本来防げるものです。介護関係者の努力の甲斐があって、今の日本ではそうした事態は防げるようになってきましたけれども。

　このような手遅れ状態の高齢者にサービスを何とか手当てする段階が2000～2010年までの最初の10年間でした。これからは予防、悪化防止をめざす自立支援型介入が第一となっていかなくてはなりません。1990年代にも説かれたリハビリ前置主義です。

地域包括ケアシステムは、最後まで地域を支える機能を持つ点を強調しておきます。メーカーが海外へ出ていこうと、スーパーマーケットが海外に出ていこうと、地元に残る大きい事業所は病院であり、小さい事業でいえば診療所、特別養護老人ホーム、介護老人保健施設、そして訪問や通所サービスを提供する介護事業者です。それらを通じて支払われる賃金・給与の額は地域にとっては結構大きい。地域経済を支えられる、所得が与えられる産業が医療と介護です。地域ごとにローカルルールでよいから発達させていただきたいと期待しています。

　地域包括ケアシステムは、できあがるプロセスはいろいろです。厚生労働省では先進事例をネットに載せています。なおシステムの発達過程を誰がリードしていくべきかとの質問に対する答えは「誰でもいい」が正解です。医師会でも、市役所でも、社会福祉法人でも、NPOが頑張ってくれてもよいでしょう。要するに誰かが始め、フラットな仲間が増えればできていくものなのです。

　なお地域包括ケアシステム構築については首長の覚悟が不可欠です。同じく、地域の医療・介護関係者や商店街にも、そして団塊の世代住民にも覚悟を求めています（図表26）。

図表27　医療介護総合確保推進法

■**第一条**
　…地域において効率的かつ質の高い医療提供体制を構築するとともに**地域包括ケアシステム**を構築…

■**第二条**
　…地域の実情に応じて、高齢者が、可能な限り、**住み慣れた地域**でその有する能力に応じ自立した日常生活を営むことができるよう、**医療、介護、介護予防**（要介護状態若しくは要支援状態となることの予防**又は要介護状態若しくは要支援状態の軽減若しくは悪化の防止**をいう）、住まい及び自立した**日常生活の支援**が**包括**的に確保される状態をいう

図表28　地域包括ケアシステム ―上位概念は介護保険法に記載―

■**第四条**
　国民は、自ら要介護状態となることを**予防**するため、加齢に伴って生ずる心身の変化を自覚して常に**健康の保持増進**に努めるとともに、要介護状態となった場合においても、進んでリハビリテーションその他の適切な保健医療サービス及び福祉サービスを利用することにより、その有する**能力の維持向上**に努めるものとする

14 医療介護総合確保推進法

　2014年6月、医療介護総合確保推進法（正確には「地域における医療及び介護の総合的な確保を推進するための関係法律の整備等に関する法律」）が成立しました。その第一条には「地域包括ケアシステムを構築」と明記されています。まさに地域包括システムは国策なのです。
また第二条に示された地域包括ケアシステムの定義は先の**図表12**の骨格を文章化したものに他なりません。私たちは、システム構築に向かう準備段階を終え、法定化によって新たなスタートを切ったところに立っています（**図表27**）。

　そこで忘れてはならない点は、介護保険法第四条に介護予防、自己能力の活用が明記されていることです。地域包括ケアシステムが包含する領域は広いとはいえ、中核となる目標はこの第四条だと思います（**図表28**）。

参考文献 （もっと勉強したい人のために）
1) 高橋鉱士編：地域包括ケアシステム　オーム社　2012
2) 高橋鉱士編：地域連携論　オーム社　2013
3) 筒井孝子：『地域包括ケアシステムのサイエンス』　社会保険研究所　2014
4) 筒井孝子：地域包括ケアシステム構築のためのマネジメント戦略　中央法規　2014
5) 東京大学高齢社会総合研究機構：地域包括ケアのすすめ: 在宅医療推進のための多職種連携の試み　東京大学出版会　2014

第4章

住民主体の介護予防実践ガイド

住民主体の介護予防
―介護予防リーダー養成講座―

1 住民主体の介護予防推進の重要性

　今後の超高齢社会に対応していくためには、高齢者がサービスの受け手ではなく担い手として活躍できるような社会に転換を図っていくことが重要です。住民主体の介護予防の推進は、介護予防の取り組みによって元気な高齢者を増やすだけでなく、地域におけるサービスの担い手としての高齢者の役割を創造することにつながります。また、介護予防の普及啓発や各論で述べられたプログラム終了後の取り組みを支援するためには、身近な地域での介護予防の周知や、プログラム終了後に地域で取り組みを継続できるような受け皿を整備することが重要です。まさに、介護予防の定着には住民の力が不可欠と言えるでしょう。

　このような観点から、近年、住民主体の介護予防の推進が注目され、全国からさまざまな事例が報告されています[1]。住民主体の介護予防事業の実施や、体操やサロンなどの拠点（集いの場）の立ち上げ、介護予防ボランティアによる生活支援など活動形態はそれぞれ異なっていますが、このような自主的な住民活動による介護予防の推進を通して、高齢者の社会参加を促進し、地域の互助機能を高めていく活動は、地域包括ケアにおいても重要と考えられます。高齢者の社会参加・支え合い体制づくり、住民主体のサービス利用については、平成27年度から「介護予防・日常生活支援総合事業」においても明確に位置づけられています。

　こうした重要性に注目が集まる一方、前述のように活動形態がさまざまであるように、住民主体の介護予防の推進方法について系統的に整理した報告は少なく、どのように進めていくかについてのエビデンスはまだまだ不足しています。介護保険制度においても、介護予防に関するボランティアの有効的な活用や地域住民との協働による事業実施について以前から触れられてきましたが[2]、理念を示すに止まり具体的な方法の記述がなく、「重要性は理解しているが、どのように進めたらよいかわからない」という方が多いと思います。

　東京都健康長寿医療センター研究所では、「介護予防リーダー養成講座」

のカリキュラムを作成し、地域で介護予防の普及啓発活動に取り組んだり、サービス終了者の受け皿となる自主グループ活動などの地域介護予防活動を展開する、「介護予防リーダー」の養成を自治体とともに実施してきました[3]。介護予防リーダー養成講座の特徴は、行政サービスなどの補完的役割が主体のボランティアよりも、介護予防リーダーが主体的に活動できるようになることを目的としている点です。私たちは、この講座の評価や自主グループを立ち上げた介護予防リーダーへの調査を通して、住民主体の介護予防をどのように進めていくことが効果的かについて研究を行ってきました。

本章では、この講座を住民主体の介護予防実践のモデルとして紹介し、これまでの研究によって得られた知見をもとに、住民主体の介護予防を効果的に進めるためのポイントについて解説します。

2 介護予防リーダー養成講座

(1) カリキュラム

介護予防リーダー養成講座のカリキュラムは、高齢者が地域で主体的に介護予防に関する取り組みを実践していけるように、介護予防に関する知識や技術を習得することを目的として作成されています。

図1 介護予防リーダー養成講座カリキュラム

フェーズ	回	内容
介護予防に関する知識の教授	第1回（2時間）	事前説明会　総論①「介護予防リーダーとは」
	第2回（2時間）	総論②「介護予防と老年学」
	第3回（2時間）	各論①「介護予防に必要な運動学」
	第4回（2時間）	各論②「老年症候群の早期発見」
地域の課題の抽出	第5回（2時間）	各論③「筋力増強トレーニング論」
	第6回（2時間）	各論④「転倒予防トレーニング」
	第7回（2時間）	各論⑤「口腔機能の向上」
	第8回（2時間）	演習①「介護予防地域資源調査報告」
課題の解決に向けて	第9回（2時間）	各論⑥「ボランティア実践論 介護予防ネットワーク構築論」
	第10回（2時間程度×2カ所）	演習②「介護予防活動見学」
	第11回（各自作成）	演習③「活動計画作成」
介護予防活動の実践へ	第12回（2時間）	演習④「活動計画発表練習」
	活動計画発表会・修了式	

講座は約5カ月間に渡り、全12回で構成されます。知識の教授を目的とした講義（総論・各論）と地域資源調査や活動見学などの演習を行います**（図1）**。知識の教授を中心とした講義は介護予防を専門とする研究者や高齢期のトレーニングに精通した理学療法士や歯科衛生士などが講師を担当します。また、進行管理や演習のコーディネートのためにファシリテーターが講座全体を通して関わる必要があります。ファシリテーターは、講座を主催する自治体職員や介護予防を専門とする研究者などが担当します。

　本講座の特徴的な点は、知識の教授に止まることなく、介護予防活動の実践へ向けて、演習を通じて地域の課題を認識し、課題解決に向けた技術や自信を身につけていくようにする点です。

　まず、講座中盤の演習である介護予防地域資源調査では、各受講者が在住する地区の高齢者福祉に関連する施設（地域包括支援センター、健康センター、介護保険施設、社会福祉協議会、福祉会館など）へ訪問し、各地区の高齢化率や施設の概要、地域で介護予防リーダーに期待されていることを調査します。調査後にはグループワークを行い、地域の課題を整理し

図2　さあ、はじめましょう人生80年時代のまちづくりパンフレット

ます。

　次の段階では、地域の課題解決に向けての具体的な活動方法や自信を身につけるため、自主グループの設立や運営方法などの講義と、介護予防活動の実践に関する代理的経験として見学実習を行います。講義は先駆的に介護予防活動を実践している介護予防リーダーが講師を務め、見学実習先には同リーダーを始めとする先駆者が開催する地域介護予防活動を選定しています。

　最後に、受講者は、地域の課題解決に向けた自らの講座修了後の行動計画を修了論文としてまとめ、修了論文発表会においてその内容の発表を行います。

(2) 教材
①さあ、はじめましょう　人生80年時代のまちづくりパンフレット

　講座開始から修了までの流れを5つのステップで整理した内容となっているパンフレットです（図2）。後述する事前説明会にて講座の概要を説

図3　介護予防リーダー養成講座ワークブック

明する際や地域資源調査や見学実習の目的を再確認するために用います。

②介護予防リーダー養成講座ワークブック

　介護予防に関する知識の定着を確認するとともに、地域資源調査や修了論文作成を効率的に行うための支援として、各講義の要点をまとめたワークブックを用います**（図3）**。ワークブックには、地域資源調査や修了論文作成に必要な情報が項目立てて書き込めるようにしてあります。本ワークブックは以下のホームページにて閲覧可能です（http://www.tmig.or.jp/kaigoyobou/index.html）。

（3）講座の運営の流れ
①受講者の募集

　講座受講者は、自治体広報や自治体の実施する介護予防事業や福祉関連施設などにおいてちらしを配布して周知を行い募集します**（図4）**。また、地域包括支援センターや社会福祉協議会、前年度の講座修了者などからの推薦によって参加者を募ることもあります。

　介護予防リーダーの名称は住民にとってまだ十分馴染みのあるものではないので、広報だけで参加者を集めることは難しく、関連施設に対して講座の趣旨について丁寧に説明を行い、候補者を探してもらうことが重要と

図4　講座参加者募集のためのちらしの例

考えられます。しかし、行政の関連施設や関係者からの推薦者ばかりになってしまうと、講座の中での住民同士の交流が限定的になるデメリットもあるので、できるだけ多方面からの参加を募るのが望ましいと考えます。特に、本講座は介護予防によって従来はなかった新しい地域活動デビューを支援するものですので、これまでに地域活動を実施したことのない人の参加を促していくことが重要です。

受講希望者に対しては、次の事前説明会を開催し、講座の趣旨の説明と同意を得たうえで、講座受講者を決定します。

②事前説明会

事前説明会の目的は、介護予防の概念と介護予防リーダー養成講座の趣旨について説明し、講座に参加するか否かの意思決定を促すこと、講座の今後の進め方について確認することです。

前半は介護予防の必要性と介護予防リーダーの役割についての講義を、後半はカリキュラムの説明、各回の進め方、ワークブックの活用方法などに関しての説明を行います。前半は講座全体を統括する講師、後半はファシリテーターによって行います。

前述したように、本講座の特長は、介護予防リーダーが主体的に活動できるようになる点にあります。一般的なボランティア活動のように、行政から役割を与えられて行動するのではなく、自らが課題を見つけて行動するということを十分に理解してもらったうえで講座に参加してもらう必要があります。このためには、この部分を強調して、「本当に介護予防リーダーになりたい人」を募っていることを受講希望者に伝えることが重要だと思います。

講座の定員は20～40名くらいが適当ですが、設定した定員を上回る希望者があった場合には、この事前説明会において上記の内容を確実に伝えて、やる気のある人を絞り込む必要があります。

③講義

各論の講義はそれぞれを専門とする専門家（理学療法士、歯科衛生士、保健師、健康運動指導士、介護予防運動指導員などの専門職および関連職種）が担当し、講義の他、グループワーク、実技指導などを行います。

講義の狙いは知識を教授することにあります。事前説明会を経て集まった受講者は、介護予防リーダーの活動に興味・関心・意欲がある人ですが、行動を起こすためには何らかの知識が必要です。そこでここで地域活動を行うための基盤となる介護予防の知識を身につけてもらうのです。

講義の内容は、「介護予防と老年学」、「老年症候群の早期発見」、「運動学」、「筋力増強トレーニング」などを基本に、「転倒予防トレーニング」、「口腔機能向上」、「認知症予防」、「尿失禁予防」など、開催自治体の介護予防事業の状況や地域資源などを考慮して設定します。

　各論の初回となる介護予防と老年学の講義では、超高齢社会に関する人口統計学的データをもとに、自分たちにできることを考えてもらうグループワークを実施します。わが国の高齢化の問題を自らの目線で考えてもらうことや、受講者間の交流の狙いがあります。グループワークを通して、介護予防の重要性や高齢者が主体的に介護予防へ参加することの重要性を再確認した上で、介護予防を進めるうえで障壁となるエイジズムの概念と、それに対する介護予防効果についてのエビデンスを学びます。

　老年症候群の早期発見では、介護予防のターゲットである老年症候群について学習し、早期発見のためのスクリーニングツールである「おたっしゃ21」についての講義と実習を行います。

　運動学、筋力増強トレーニングの講義では、運動器の機能向上プログラムに関する理論と実技を学びます。運動学では主要な筋や関節の名称と働き、姿勢の評価方法、筋力増強トレーニングでは実技を交えてトレーニングの実際を体験します。

　講義部分における到達目標は、運動指導を行えるようになることではなく、介護予防事業で行われている運動器の機能向上プログラムの意義や実際を知ってもらい、自主活動をする際の基礎知識としてもらうことです。受講者の中にはすでに介護予防事業への参加経験のある人もいれば、全くそうした知識のない人もいるので、ファシリテーターは上記の到達目標を意識して、ポイントとなる点を受講者に伝えていく必要があるでしょう。また、おたっしゃ21の実習では、質問の仕方、体力測定の方法、採点と結果返しの方法を実際に体験し、地域での介護予防健診開催をイメージしてもらえるように進めます。

④地域資源調査

　介護予防に関する基礎知識を学習した次の段階が、地域の課題を認識するための「地域資源調査」です。受講生の在住する地域の概要や高齢者福祉関連事業について調べ、介護予防リーダーに求められる活動を考えてもらうために、地域に関する自己学習と関連施設への訪問調査を受講生に個別に実施してもらいます。

　自己学習では、地区の世帯数、人口、高齢者数（高齢化率）、地域特性などを図書館やインターネットなどで調べてもらいます。

表1 地域資源調査訪問施設と事前調整が必要な項目の例

No.	地区	施設名	日程	希望曜日	時間帯	訪問	日程
1	A地区	A地区○○センター	6/19(火)午後、6/29(金)午前				6/19 10:30～
2		A地区△△センター	6/15　6/22	金	14:00-16:00		6/22 16:30～
3		B地区○○センター	6/17-6/23	日-土	9:00-17:00		6/17 9:00
4	B地区	B地区△△センター	6/27(水)13:30-15:00 6/29(金)10:00-11:20 7/3(火)13:30-15:00				6/29 10:30
5		B地区□□センター	6/20-7/3	月、火、水	午前中		
6		B地区××センター	6/20-7/3	火　9:00-17:00 木　9:00-12:00 金　9:00-12:00 日　9:00-16:00			6/29 9:00
7		B地区＊＊センター	6/21(木)12:00-13:00 6/25(月)11:00-12:00 6/26(火)11:00-12:00				
8		B地区＃＃センター	6/20-7/3	火、水、土　13:00-17:30 日　13:00-17:00			
9	C地区	C地区○○センター	6/18(月)14:00-16:00 6/22(金)10:00-12:00 6/26(火)14:00-16:00 7/2(月)　14:00-16:00				6/18 11:00
10		C地区△△センター	6/14(木)		13:00-15:00		
11		C地区□□センター	6/22(金)、6/30(土)		13:00-15:00		済み
12	D地区	D地区○○センター				6/18 4名 6/28 2名	両日 14:00～
13		D地区△△センター	6/19(火)以外○○体育祭りのため	月-金	9:15-12:00		済み
14		D地区□□センター	6/14、20、21、27、29　7/2		要調整		済み
15		D地区××センター	6/23、6/30	土	13時以降		済み
16		D地区＊＊センター	6/29(金)		10:00-12:00		6月29日
17	E地区	E地区○○センター	6/18-23(6/20除く)		10:30-12:00	4名	6月22日
18		E地区△△センター	6/14、15、20、21、22、27、28、29	水・金木	10:00～11:30 14:00～15:30		6月15日
19		E地区□□センター	6/18、21、22、28、29　7/2	月、木、金	13:30-15:00		6月18日

訪問施設は、地域包括支援センター、介護予防事業実施施設、介護保険施設などから、開催自治体の状況を考慮し、行政担当者とファシリテーターが選定します。そして、協力依頼、訪問可能日や時間帯など、施設担当者との事前調整を行い、講座において協力施設を受講者へ提示します。その中から受講者が訪問したい施設を選択し、各自が施設担当者と連絡をとって、調査を実施します。調整が必要な項目の例は**表1**の通りです。

　調査では、「施設の役割」、「人員について（人員や職種など）」、「介護予防への取り組みについて」、「介護予防リーダーに期待すること」を1時間程度の時間をかけて聴取します。調査期間は通常講座の実施と並行して1カ月程度設けています。調査結果は各自でレポートにまとめ、講座の中の「地域資源調査報告会」にて報告します。

　報告会では、全員のレポートを冊子資料にまとめて配布し、「各地区の現状を知る」、「介護予防リーダーに求められている役割とは何か」、「各地区の介護予防に関する課題と解決策を考える」などのテーマでグループワークを行います。ファシリテーターは、地域課題の認識を深め、より具体的な解決策の提案や行動計画を考えることができるように意見交換を促していきます。これまでに整理された地域の課題の例としては、「介護予防や地域包括支援センターの普及啓発」や「体操教室などの介護予防活動を提供するための場所の確保」などが挙げられています。

⑤活動実習

　活動実習に先立ち、先駆的に介護予防活動を実践している介護予防リーダーが講師を務め、ボランティア活動やネットワーク構築をどのように行っているか実践事例を学ぶ講義を行います。この頃には受講生は、地域資源調査を通じて、地域の課題やその解決のためにどのような行動が必要か、ある程度のイメージができています。先駆者の活動例を聞くことで、そのイメージをより具体的にすることができると考えられます。

　そして、介護予防活動の実践に関する代理的経験として活動実習を行い

図5　講座の様子（筋力増強トレーニング、老年学、地域資源調査）

ます。実習先には先の講義で講師を務めたリーダーなど、先駆者が開催する自主グループ活動などの地域介護予防活動を、行政担当者とファシリテーターが選定します。地域資源調査と同様に活動実習の受け入れ先候補となる活動を講座において受講生へ提示し、受講生は、自らが認識している地域課題解決のために必要と思われ、今後の行動に参考になるであろう活動をその中から選びます。ファシリテーターの役割として、受講生が実習先を決めるにあたっての情報提供があります。**表2**は活動実習先のリストと事前調整や受講生への提示が必要な項目の例です。実施内容だけでなく、実施場所や雰囲気なども伝え、受講生が実習先のイメージを持ちやすいようにする必要があるでしょう。

　実習先の選択が完了したら、ファシリテーターが訪問日と訪問人数を協力グループへ伝え、その後、各自が活動実習を行います。活動実習期間は

表2　活動実習先リストと事前調整が必要な項目の例

市外

実習先	プログラム	日付	曜日	時間	見学者
長寿！元気クラブ A市	太極拳	8月21日	火	13:30-15:30	
		8月28日			
	園芸	8月21日		16:00-17:00	
	朗読	8月9日	木	10:00-12:00	
のびのび会 B市	料理	9月10日	月	9:30-14:00	
介護予防勉強会 C市	脳トレ班	8月8日	水	13:00-15:00	
	体操班	8月6日	月	11:00-12:00	

市内

実習先	プログラム	日付	曜日	時間	見学者
○○の会 A地区	マシンを用いた筋力トレーニング	8月、9月中	水金	10:00-12:00	
○○の会 B地区	マシンを用いた筋力トレーニング	8月、9月中	火木	10:00-12:00	
△△クラブ C地区	体操や茶話会	9月13日	木	13:30-15:30	
△△クラブ D地区		9月11日	火	14:30-16:00	
あじさい	セラバンドを用いた体操や脳トレ	9月3日	月	13:30-15:30	
スカイブルー	体操や茶話会、ウォーキング等	8月1日	水	13:30-17:00	

通常1カ月程度です。

　実習先へはファシリテーターが同行して、受講生の興味のある部分とそのヒントになる実習先における活動の工夫などについて、必要に応じて情報提供や補足説明を行うこともあります。また、私たちは、講座実施自治体の活動だけでなく、他の自治体における活動も体験してもらうように、1人あたり2カ所の活動を体験してもらっています。このことにより、また違った観点で地域課題や解決策を検討できるかと考えています。

　受講生の活動ニーズに応じて、これだけ多くの実習先を確保することは難しいかもしれません。幸い、東京都周辺には「東京の介護予防を進める高齢者の会」という地域介護予防活動を行う高齢者のゆるやかなネットワークが存在しており、私たちはこのネットワークと協力することにより、こうした活動実習を行うことができています。このようなネットワークを全国に広めていくことは今後の課題であると考えられます。

⑥修了論文作成・発表

　修了論文は、今後地域の介護予防の推進役として何ができるかを行動計画としてまとめるものです。作成に関する説明は、活動実習の以前の講義期間中に行い、実習が具体的な行動計画をまとめるための体験学習になるように進めます。

　修了論文を作成する目的は、講座修了後の具体的行動を客観的に整理することです。修了論文は、「地域の現状」、「地域における解決すべき課題」、「解決策の提案」、「解決を妨げる原因」、「解決のための具体的な行動」といった構成で作成してもらっています。それぞれの内容は以下のように説明しています。

〈論文の主な構成〉
1. タイトル
　　論文（活動計画）のタイトルを考えてください。論文が書き終わって

図6　活動実習の様子

からでも結構です。
2. 地区の概要（人口、高齢化率、地域の特徴など）
　　地域資源調査で調べていただいた方は、それを活用してください。
3. はじめに
　　介護予防リーダー養成講座を受けようと思った"きっかけ"や"将来の夢"等を記載してください（ですます調：可）。
4. 地域の現状
　　地区（お住まいの周辺でも構いません）の介護予防の現状について、自分なりに分析して記載してください。
5. 当面解決すべき課題
　　地域の現状を踏まえて、介護予防に関する課題を整理してみましょう。
6. 解決策の提案
　　課題を解決するには、どのようなアプローチが考えられるか、解決策を提案してください。先駆的に地域で活躍している方々の活動を参考に考えてみましょう。
7. 解決を妨げる原因
　　解決する際に妨げになる事項を列挙してください（なぜ、課題であると思っていても、実際に取り組むことができないのか？）。
8. 解決のための具体的な行動
　　ここ1～3カ月間ぐらいの間に、自分に出来そうなことをより具体的に列挙してください（スモールステップが大切です）。
9. おわりに
　　今後の抱負や講座の感想など記載してください（ですます調：可）。

　論文作成の過程で、受講生は、講座に携わった講師を始めとする専門家からの添削を個別に受けます。添削の方法は、面談、郵送、電話、電子メールなどの手段で平均2～3回のやりとりを行います。やりとりの内容は、「どのように書いたらよいかわからない」といった相談から、課題や解決を妨げる原因の整理、実現可能な計画とするための助言など多岐に渡りますが、講師とのやりとりを通じて、受講生自らが考えている課題解決に向けた行動計画を整理していくことが目的です。このプロセスには約1カ月を要しますが、この過程により講義や演習を通じて育まれた地域活動への「思い」が、現実味のある行動計画としてまとめられるものと考えられます。
　修了論文が完成したら、**図7**のように冊子にまとめ、修了論文発表会にて論文の内容を各自5分間で発表します（**図8**）。修了論文発表会では、他の受講者や講座を主催する自治体や地域包括支援センターなどの関係機関

職員、講座の講師、見学実習に協力した介護予防リーダーなどを前に発表を行うことで、行動計画への具体的助言や示唆を得るだけでなく、フォーマルな場で活動への決意表明を行うことで、行動を促す狙いがあります。

この修了論文発表により、介護予防リーダー養成講座の全カリキュラムを修了したことになり、いよいよ介護予防リーダーとしての活動が待っています。

（4）介護予防リーダーのその後

講座が修了する頃には、すでに介護予防活動を実践している人もいれば、

図7　修了論文の例

図8　修了論文発表会

行動計画は立てたけれど、実際の活動はこれからといった人まで さまざまです。「鉄は熱いうちに打て」というように、地域介護予防活動への思いが冷めないうちに、行動を起こすためのきっかけが用意されていると、介護予防リーダーのその後の活動の助けになるでしょう。

　最後に、このような介護予防リーダーのその後の活動を支援する取り組みとして、介護予防イベントやフォローアップ講座の例について紹介します。

①介護予防イベント

　介護予防イベントは、介護予防の地域住民への普及啓発のために、介護予防に関する情報発信や、関係者（介護予防リーダー、住民組織、行政、地域包括支援センターなど）の交流の機会を提供するものです。情報発信の方法として、講演会、自主グループによるステージ発表や展示を行います。イベントでの発表準備のための協働作業を通じて、グループ内や関係者間の結束が強まり、活動継続に必要な理念が育まれる効果があるのではないかと考えています。

　交流の機会としてもイベントは有効です。地域で介護予防に関連した活動を行っているのは介護予防リーダーだけではなく、自治会、老人クラブなどの住民組織、社会福祉協議会、生涯学習関連団体などさまざまです。こうした団体が一堂に会し、情報交換や相互研鑽を行うことで、それぞれの活動の強化やゆるやかなネットワーク形成の機会となることが期待されます。実際に、私たちが関わったイベントを通して関係ができたグループは多数存在しています。

　イベントの実施には場所の確保など行政の協力が不可欠ですが、関連団体への声かけや広報活動など、住民主体で行える点はたくさんあります。すでにイベントの企画運営を住民主体で行っている自治体もあります。イベント実施についても行政主体から住民主体へ移行させていくことができれば素晴らしいと思います。

図9　介護予防イベントの様子（講演会、ステージ発表、展示）

②フォローアップ講座

　フォローアップ講座の内容については、修了論文で書いた行動計画の実行状況の確認や、自主グループ活動のスキルアップのための実技研修、地域活動における情報交換会などさまざまですが、重要なのは前述のイベントと同様に、定期的に集まってゆるやかなつながりを保つことと、協働作業を通じて結束を強め、活動に必要な理念を育むことではないかと思います。主体的な取り組みを重視し、研修内容も介護予防リーダーからの希望により決めているという自治体もあります。**表3**は、ある自治体におけるフォローアップ講座の例です。この自治体では、定例会と広報誌（**図10**）の編集作業による顔合わせと協働作業の機会を設け、スキルアップ研修も実施しながら、年度末のイベントへ向けた準備をしていくというようなフォローアップ講座を行っていました。

　以上が介護予防リーダー養成講座の全体像です。次節では、実際の講座

表3　フォローアップ研修の実施例

月	日	会場	内容
5月	12日	会議室A	脳トレ教室　定例会
6月	2日	会議室B	定例会：認知症予防
	9日	会議室B	脳トレ教室
	16日	会議室A	フォロー講習①　おたっしゃ２１研修
	17日	A小学校	2期生養成講座：おたっしゃ21測定補助
7月	7日	会議室B	定例会：栄養指導
	14日	会議室B	広報誌○○編集作業
	21日	会議室A	フォロー講座②　セラバン体操研修
8月	18日	会議室B	広報誌○○編集作業
9月	1日	会議室B	定例会：共助・仲間づくり
	8日	会議室A	広報誌○○編集作業
	15日	会議室A	フォロー講座③　口腔体操研修
10月	6日	会議室B	定例会：体操・運動
	13日	会議室A	広報誌○○編集作業
	20日	会議室B	フォロー講座④　死生学研修
11月	10日	会議室A	定例会：口腔機能向上
12月	1日	会議室B	定例会：園芸
	8日	会議室B	広報誌○○編集作業
1月	5日	会議室B	定例会：イベントへ向けて

の成果から見えてきた、「住民主体の活動につなげるためのポイント」について紹介します。

図10　広報誌の例

広報：東京の介護予防を進める高齢者の会　　　創刊号（隔月発行）

介護予防大作戦in東京

編集・発行　東京の介護予防を進める高齢者の会　広報委員会　2007年8月1日創刊

1．介護予防シリーズ

『人生80年時代の予防』

東京都老人総合研究所介護予防緊急対策室長　大渕　修一　氏

明治期のように平均寿命が40歳の時代では、結核や赤痢などの感染症を予防することが大きな課題でした。その後、衛生状態が改善し、ワクチンが開発されるなどにより、感染症が予防できる様になって、平均寿命が60歳の時代を迎えることが出来ました。このとき、新たに課題になったのが、ガン、脳卒中や心臓病など生活習慣病でした。国を挙げての予防対策の推進で収束に近づいてきています。そして、今、人類史上はじめてと言っていい、平均寿命が80歳の時代を迎えています。この人生80年時代を自分らしく、いきいきと暮らすための新しい予防とは何かが求められています。

最近メタボリックシンドロームという言葉を良く聞きます。メタボリックシンドロームとは、内臓脂肪型肥満などによって、生活習慣病が引き起こされやすくなった状態のことを言います。高齢化社会の備えとして、ガン、脳卒中、心臓病の三大死因をできるだけ少なくするために、より厳しい基準を設けて、危険度が低いうちから半ば強制的に対策しようというのがメタボリックシンドロームの予防です。しかしながら、メタボリックシンドロームの予防は、人生80年時代の予防とはいえません。なぜか、それは生活習慣病の予防だけでは、長寿を得ることが出来ても、"元気に長生き"を得ることはできないからなのです。

元気を定義することは少々難しいのですが、要介護の原因から元気を損なう要因を見てみると、高齢による衰弱、転倒・骨折、認知症、関節疾患など病気とは呼びにくい「老年症候群」が5割以上を占めることがわかります。老年症候群とは、年をとることによってすべての人に現れる老化現象のうち、日常生活に大きな影響を与えるものです。この老年症候群は心がけである程度予防することができます。一方「年のせい」といって体や頭を動かさなくなると、拍車がかかってしまう性質も持っています。人生80年時代を元気で長生きするためには、「年のせい」とあきらめないで、老年症候群を予防していく必要があるのです。これこそが、人生80年時代の予防といえます。

ところで、感染症や生活習慣病の予防などは、先進諸国の知恵を取り入れることで解決することが出来ましたが、人生80年時代は、先進国のどこの国も経験していません。私たちがこの人生80年時代の予防をつくっていかなければならないのです。東京の介護予防を進める高齢者の会にはそのための役割が期待されています。人生80年時代の予防は、高齢者が主体なのです。

人生80年時代の予防とは

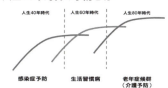

東京の介護予防を進める高齢者の会とは、
東京都内において介護予防に携わる高齢者の団体及び個人の相互の交流と連携を進め、情報を交換して活動の拡充と質的向上に努め、もって介護予防の地域づくりに寄与することを目的とする会です。

住民主体の介護予防

住民主体の活動につなげるために

1 講座修了後に設立された自主グループの調査

　講座修了後に介護予防リーダーはどのような地域介護予防活動を行うようになるのでしょうか。ここでは、実際に私たちが関わった介護予防リーダー講座の評価データ[4]をもとに、講座修了者の自主グループ活動の実施状況について紹介し、活動につなげるための効果的な講座の進め方について考えます。

(1) 評価データにおける講座修了者の属性

　評価対象の講座は、東京都A区（平成21年度：1期）、B市（平成22～23年度：2期）、C村（平成22年度：1期）と千葉県D市（平成21～23年度：3期）の4自治体、7期分の講座です。対象講座の受講者は185名で、全受講者のうち、家庭の事情や自身の体調不良で講座の継続が困難となった7名を除いた178名（96.2％）が講座を修了しました。講座の前後にアンケート実施し、性、年齢、居住年数について回答が得られた150名について、属性を**表4**に示しました。

　性別の内訳は、全体では男性が40名（26.7％）、女性が110名（73.3％）と女性の参加者が多く、各期別に見ると、平成22年度と平成23年度のD市での講座を除き、男性と比較して女性の参加者が6割以上と多数を占めていました。D市以外の地区では、講座を介護予防事業の一環として開催しましたが、D市では生涯学習を目的とした市民大学において開催したことが受講者の性別内訳に違いが生じた理由と考えられます。介護予防事業への男性の参加率が低いことが指摘されていますが[5]、講座の開催形態によっては男性の参加を促すことができることを示すものと考えられます。

　年齢では、全体では60代が83名（55.3％）と最も割合が高く、各期別に見ても60代がいずれの期においても約半数を占めていました。また、居住年数については、全体では25年以上の者が114名（76.0％）と高い割合を占めていて、各期別に見ても同区分が最も多い割合を占めていました。この理由としては、いずれの講座も受講者の募集の際に年齢制限を

表4 講座受講者の属性[4]

		21_A市 n=31(%)	21_D市 n=20(%)	22_B市 n=25(%)	22_C村 n=18(%)	22_D市 n=14(%)	23_B市 n=24(%)	23_D市 n=18(%)	合計 n=150(%)
性別	男性	7(22.6)	8(40.0)	3(12.0)	1(5.6)	6(42.9)	2(8.3)	13(72.2)	10(26.7)
	女性	24(77.4)	12(60.0)	22(88.0)	17(94.4)	8(57.1)	22(91.7)	5(27.8)	110(73.3)
年代	40代以下	0(0.0)	1(5.0)	0(0.0)	2(11.1)	0(0.0)	0(0.0)	0(0.0)	3(2.0)
	50代	6(19.4)	2(10.0)	0(0.0)	4(22.2)	1(7.1)	4(16.7)	0(0.0)	17(11.3)
	60代	17(54.8)	13(65.0)	16(64.0)	10(55.6)	6(42.9)	11(45.8)	10(55.6)	83(55.3)
	70代	7(22.6)	4(20.0)	9(36.0)	2(11.1)	7(50.0)	9(37.5)	7(38.9)	45(30.0)
	80代以上	1(3.2)	0(0.0)	0(0.0)	0(0.0)	0(0.0)	0(0.0)	1(5.6)	2(1.3)
居住年数	5年未満	1(3.2)	2(10.0)	0(0.0)	2(11.1)	0(0.0)	0(0.0)	1(5.6)	6(4.0)
	5年～10年未満	2(6.5)	2(10.0)	0(0.0)	2(11.1)	1(7.1)	0(0.0)	1(5.6)	8(5.3)
	10年～15年未満	1(3.2)	1(5.0)	1(4.0)	0(0.0)	2(14.3)	0(0.0)	1(5.6)	6(4.0)
	15年～20年未満	1(3.2)	1(5.0)	0(0.0)	2(11.1)	0(0.0)	0(0.0)	0(0.0)	4(2.7)
	20年～25年未満	2(6.5)	1(5.0)	3(12.0)	3(16.7)	2(14.3)	0(0.0)	1(5.6)	12(8.0)
	25年以上	24(77.4)	13(65.0)	21(84.0)	9(50.0)	9(64.3)	24(100.0)	14(77.8)	114(76.0)

50～60歳以上としていることや、居住年数が長い者に多いとされている地域社会に対して積極的な人、すでにボランティア活動などの地域活動に関わっている人が講座の受講を希望したことが考えられます[6,7]。

以上のことから、講座の開催形態や応募条件を工夫することによって、さらに広い対象の受講を促すことが可能であると考えられます。これまで活動をしたことがない人に対して参加を促すためには、主催者側の積極的な働きかけが必要であるということも言えます。

(2) 介護予防自主グループ活動状況の調査

講座の受講中または修了後に、対象者が中心となって設立した介護予防自主グループ活動状況を、「自主グループ活動の内容」、「設立に至った経緯」、「活動場所」、「実施頻度」、「参加者数」などについて、受講者本人や自治体の担当者や活動協力者から収集しました。

その結果、対象者が設立した介護予防自主グループは全部で35グループありました（**表5**）。地区別では、A区で7グループ、B市で18グループ、C村で2グループ、D市で8グループでした。

活動内容については、運動器の機能向上や認知症予防を目的としたグループが多い傾向がありました。B市では、18グループのうち4グループで、

表5　介護予防リーダーが設立した自主グループ[4]

実施地域	活動内容	設立に至った背景	活動場所	実施頻度	参加者数
東京都A区	体操や茶話会、介護予防講演会の開催など	平成21年度、同じ地区に在住する受講生が中心となり、包括支援センターの支援を受けて設立、運営している。	区営マンションの集会室	月2回	20名程度
	体操や茶話会、介護予防講演会の開催など	平成21年度、同じ地区に在住する受講生が中心となり、包括支援センターの支援を受けて設立、運営している。	区の福祉会館	月1回	20名程度
	体操や脳トレなど	平成22年度、同じ地区に在住する受講生が中心となり、包括支援センターの支援を受けて設立、運営している。	区営マンションの集会室	月2回	20名程度
	体操や茶話会など	平成21年度、同じ地区に在住する受講生が中心となり、区の社会福祉協議会からの支援を受けて設立、運営している。	区の福祉会館	月2回	30名程度
	ノルディックウォーキング	平成22年度、同じ地区に在住する受講生が中心となり、包括支援センターの支援を受けて設立、運営している。	区の公園など	週1回	20名程度
	ご当地体操の普及啓発	平成22年度、同じ地区に在住する受講生が中心となり、包括支援センターの支援を受けて設立、運営している。	区の福祉会館	不定期	5名程度
	マシンを用いた筋力トレーニング	平成23年度、同じ地区に在住する受講生が中心となり、包括支援センターの支援を受けて設立、運営している。	区の福祉会館	月2回	20名程度
東京都B市	ご当地体操の普及、介護予防健診の出張	平成22年度、1期生が中心となり、設立し、2期生とも協力して運営している。	要請があれば出前	要請があれば随時	市民
	体操や茶話会	平成22年度、既存の介護予防自主グループの協力を得て、1期生が設立し、2期生とも協力して運営している。	市の集会所	週1回	30名程度
	体操、合唱、朗読等	平成22年度、1期生が中心となり、設立し、2期生とも協力して運営している。	市民センター	月2回	30名程度
	手芸、サロン活動	平成22年度、既存の介護予防自主グループの協力を得て、1期生が設立し、運営している。	市の集会所	隔月1回	30名程度
	合唱など	平成22年度、元音楽教諭と市の社会福祉協議会の協力を得て、1期生が設立し、運営している。	市の集会所	月1回	30名程度
	体操や茶話会	平成22年度、既存の介護予防自主グループと市の社会福祉協議会の協力を得て、1期生が設立し、運営している。	市内の銭湯	月1回	30名程度
	体操や手芸、茶話会など	平成22年度、市の社会福祉協議会の協力を得て、1期生が設立し、運営している。	自治会の公会堂	月1回	30名程度
	体操や茶話会など	平成22年度、既存の介護予防自主グループと市の社会福祉協議会の協力を得て、1期生が設立し、運営している。	市の公民館	週1回	20名程度
	ふれあいなごやかサロン・健康体操や茶話会を実施	平成22年度、市の社会福祉協議会の協力を得て、1期生が設立し、運営している。	民間マンションの集会室	月1回	20名程度
	座位、立位での体操	平成22年度、元は1つだったグループだが、参加人数が多くなったため、既存の介護予防自主グループと市の社会福祉協議会の協力を得て、1期生が中心に3つのグループに分かれて活動するようになる。体操の負荷が異なり、参加者は希望する教室に参加することが出来る。	区の集会所	週1回	30名程度
	マットを用いた体操		区の集会所	週1回	30名程度
	座位を中心とした体操、茶話会		自治会の集会室	週1回	10名程度
	園芸教室	平成23年度、見学実習で他地区の園芸グループを見学した2期生の3名が中心となり設立、運営している。	市が管理する花壇	随時	10名程度
	体操、茶話会などを予定	平成23年度、見学実習地として参加した体操教室に修了後も参加し、設立や運営のノウハウを習得。平成24年度4月に活動開始予定。	自治会の集会室	週1回	―
	市のご当地体操	平成23年度、市の介護予防事業に1期生が協力して、ご当地体操を実施した。介護予防事業終了後、継続して教室を実施するために、1期生が中心に設立。2期生も協力して運営している。	市内の公園	週2回	50名程度
	市のご当地体操		市内の公園	週2回	50名程度
	市のご当地体操	平成23年度、1期生の協力を得て、2期生が在住地区で会場を探し、設立、運営している。	民家宅	週2回	30名程度
	市のご当地体操	平成23年度、1期生の協力を得て、2期生が在住地区で会場を探し、平成24年4月に活動開始予定。	市内の公園	週1回	―
東京都C村	体操、手芸など	平成22年度、1期生が中心となり設立し、老人クラブの協力も得て運営している。	村の公民館	月2回	20名程度
	体操、手芸など	1期生が受講前に設立しており、受講後は体操や口腔体操を取り入れた介護予防を目的とした活動となっている。他の修了者とも協力して運営している。	旧小学校	月2回	20名程度
千葉県D市	認知症予防を目指した脳トレ	平成21年度、本講座を修了した1期生が地域支援センターの協力を受け、卒業生のグループの設立に至る。グループ内ではそれぞれが活動したい内容を挙げ、班ごとに活動開始となる。月1回の定例会を介して、情報交換を行っている。2期生、3期生の多くも修了後に会に属し、それぞれの班で中心的な役割を担っている。また、3期生が中心となり、太極拳班を平成24年4月に活動開始予定。	市の健康センターや社会福祉協議会のサロンスペースなど4ヶ所	各ヶ所で月1回	会場によって、10〜30名
	ウォーキング		市内外近辺	月1回	50名程度
	栄養改善を目指した料理教室		市の健康センターや公民館など3ヶ所	各ヶ所で月1回	20名程度
	ビデオを用いた体操教室		市の公民館や健康センターなど7ヶ所	各ヶ所で週1回	年間延べ1万人程度
	気楽に談話会		要請があれば出前	随時	市民
	口腔機能向上体操やスポーツ吹き矢		出前	随時	市民
	太極拳		―	―	―
	アカデミアの活動の情報提供		市の健康センターや自宅	随時	市民

その地区で作成したご当地体操を活動の一環として加えていました（**図11**）。また、D市では、1期目の修了者が1つの自主活動グループを設立した後、グループ内で各自が活動したい内容を挙げ、希望する活動ごとに班に分かれて活動をしていました（**図12**）。

B市ではご当地体操の作成と効果検証を介護予防リーダーが行いました。

図11　B市における介護予防体操の取組

実施場所の整備

体操インストラクターも務める

効果測定会後

図12　D市における班に分かれた介護予防活動

設立に至った経緯では、同じ生活圏域に在住する受講者が、地域包括支援センターや社会福祉協議会の支援を受けて設立した例や、前年度の受講修了者や、既存の介護予防自主グループからの支援を得て設立した例が見られました。老人クラブの活動が活発な地区では、その協力を得て運営している例もありました。
　活動場所については、行政が関わる福祉施設を活動場所とするグループが16グループ（45.7%）と最も多く、次いで、マンションや自治会の集会室などを活動場所としているグループが6グループ（17.1%）、公園や花壇を活動場所としているグループが5グループ（14.3%）でした。中には地域の銭湯、旧小学校、自宅などを活用しているグループもありました。活動の実施頻度は、週2回が3グループ（8.6%）、週1回が9グループ（25.7%）、月2回が9グループ（25.7%）、月1回が6グループ（17.1%）、隔週1回が1グループ（2.9%）、不定期または随時が6グループ（17.1%）でした。
　参加人数は、20名、30名程度がそれぞれ10グループ（28.6%）と最も多く、50名程度というグループも3グループ（8.6%）ありました。また、年間で延べ1万人が参加しているというグループもありました。

(3) 自主グループ活動実施につなげるために必要なこと

　調査結果から、178名の講座修了者から35グループの介護予防自主グループが設立されたことがわかりました。自主グループ活動への講座修了者個人の参加状況については、すべての修了者に対しては調査できていませんが、ある自治体では、修了生64名中32名と半数が自主グループ活動に参加していました。これらのことから、介護予防リーダー養成講座の受講生の概ね半数くらいは自主的な活動実施につながるものと推察されます。これは従来の高齢者の自主活動を支援する取り組みと比較しても、多いと言えるのではないでしょうか。そこで、これらの講座修了者の自主グループ設立状況をもとに、自主活動実施につなげるために必要なポイントを整理しました。

①関係機関や組織からの支援

　従来の高齢者の自主活動を支援する取り組みとしては、既存のボランティア組織への介入を行い、行政担当者の協力により自主グループ化した例[8]や、介護予防一般高齢者施策の運動教室において、指導者や行政が自主化を支援した例[9,10]などがあります。これらに共通することとして、既存の組織や教室が母体となっていることや、自主化に向けて専門職や行

図13 グループ・組織の形態[11]

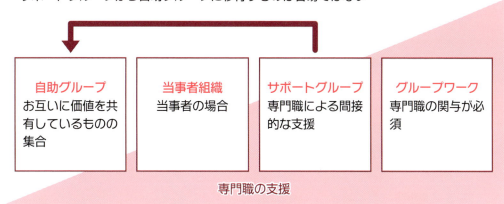

政担当者が重要な役割を占めたことなどがありました。

グループや組織の形態について岡[11]は、グループワーク、サポートグループ、当事者組織、自助グループのステップがあると述べています（**図13**）。講座修了者により設立されたグループの多くは、関係機関や組織の支援を受け設立・運営されていましたから、この定義で言うところのサポートグループと自助グループの間のグループが多いようです。特に、活動場所については行政がかかわる福祉施設を活動場所としているグループが最も多く、これらの関係機関の協力が不可欠でした。やはり、設立には地域包括支援センターや社会福祉協議会、老人クラブ、既存の自主グループなど関係機関や組織の支援が必要であろうと考えられます。

②自分で決めるプロセス

介護予防リーダー養成講座では、既存の組織や教室が母体ではなく、さまざまな活動内容のグループが立ち上がっていたことが特徴でした。これには、講座参加者が自ら地域の課題を把握し、種類の異なる先駆的な活動を見学するプロセスを経たことが影響したと考えられます。つまり、既存の組織や教室を母体とすることも自主化の近道の1つではあるけれど、介護予防リーダーの主体的な課題認識や行動計画によって、もっと多様な活動を立ち上げることも可能であるということです。

③ヘルスコミュニケーション

米国立がん研究所では、個人及び集団の健康づくりのための行動を促すことを1つの目標としている「ヘルスコミュニケーション」を効果的に推

進する方法として、対象の集団に合わせたコミュニケーションや個別化コミュニケーションの重要性を提案しています[12,13]。介護予防リーダー養成講座では個別化コミュニケーションとして、修了論文作成において個別指導の機会を設けました。

一方、集団に合わせたコミュニケーションとしては、グループの立ち上げには、開催地域の既存の組織の影響が大きく、これらとの結びつきを考慮して講座を進めることが重要ではないかと考えられます。開催地域の既存組織からの講師の招へいや組織への活動実習、イベントやおたっしゃ21の協働実施などの他、今回の活動例にも見られたような、「ご当地体操」も、修了後の活動を支えるツールとして有効であろうと考えられます。

2 自主グループ設立に至った介護予防グループへの調査

前項では、自主グループ設立に必要な要素について、設立された自主グループの状況から検討しましたが、介護予防リーダー個人がいったいどのような過程をたどり、実際に自主グループ設立に至ったか知ることも講座の進め方やリーダー個人へ支援を行ううえで重要と考えられます。そこで、本項では、実際に自主グループ設立に至った介護予防リーダーへのインタビュー調査の分析結果[14]をもとに、自主グループ設立を効果的に支援するためのアプローチについて考えます。

(1) インタビュー内容

平成22年度に講座を受講し、自主グループの設立に関わった東京都E市在住の介護予防リーダー31人から、自主グループの設立に中心的に関わった10人（男性2人、女性8人、平均年齢69歳、平均居住年数42年）を選定し、40～90分程度の個別インタビューを行いました。インタビューでは、「現在の自主グループ活動」、「自主グループ設立に至るまでの経緯」、「自主グループ設立前後の変化」について、自由に話してもらいました。

そして、話してもらった内容を記録し、質的研究法により分析しました。分析の目的が、「どのような過程（認識の変化や経験）を経て自主グループに至ったか」について知ることだったので、話してもらった内容から、特に、「講座受講前から自主グループ設立に至るまでに経験した行動、気持ちや認識の変化」に関する内容（概念）を取り出し関係図にまとめました。

図14 介護予防リーダーが自主グループ設立に至るまでの気持ちや認識の変化の過程とその関連要因[14]

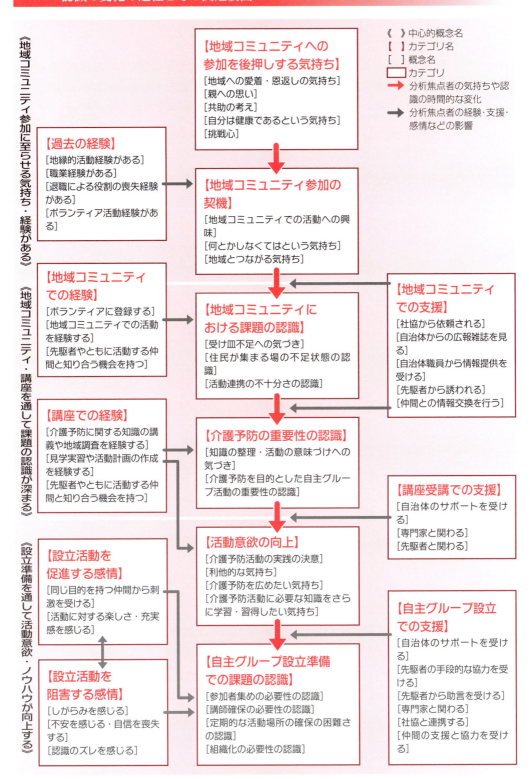

(2) 分析結果

分析結果の関係図を図14に示しました。抽出された概念は[ ]、概念をまとめた「カテゴリ」は【 】、カテゴリをまとめた「中心的概念」は《 》でそれぞれ示してあります。

介護予防リーダーが自主グループ設立に至る過程には、【地域コミュニティへの参加を後押しする気持ち】、【地域コミュニティ参加の契機】、【地域コミュニティにおける課題の認識】、【介護予防の重要性の認識】、【活動意欲の向上】、【自主グループ設立準備での課題の認識】の6つの段階的な気持ちや認識がありました。また、これらの気持ちや認識の変化の過程には経験や支援、感情といった関連要因が影響していました。

これらの段階的な気持ちや認識の変化や関連要因によって示される一連のプロセスは《地域コミュニティ参加に至らせる気持ち・経験がある》、《地域コミュニティ・講座を通して課題の認識が深まる》、《設立準備を通して活動意欲・ノウハウが向上する》の3つの中心的概念から構成されていると整理できました。

(3) 自主グループ設立に向けた段階別支援

整理された中心的概念を踏まえ、自主グループ設立に向けた段階別支援はどのように行うことが効果的か、「地域コミュニティ参加」、「地域課題の認識」、「活動意欲・ノウハウの向上」の3つの観点から考えます。

①地域コミュニティ参加段階での支援

自主グループ設立のためには、まず、地域コミュニティへ参加することが必要であり、このためには、【地域コミュニティへの参加を後押しする気持ち】を持っていることや、【過去の経験】が【地域コミュニティ参加の契機】となる気持ちに影響することが重要でした。

【地域コミュニティへの参加を後押しする気持ち】のうちの[地域への愛着・恩返しの気持ち]、[親への思い]、[共助の考え]といった概念は、地域共生意識が関係していると考えられます。[自分は健康であるという気持ち]や[挑戦心]は、健康度が高く、前向きな気持ちを持っている人を連想させます。

高齢者のボランティア活動には地域共生意識が強く関連しているという報告[15]があります。また、ボランティア活動をしている者では、主観的健康感や[16,17]、健康満足感や生きがい感が高いという報告[18]や、高齢者が自主グループを設立した背景として好奇心とチャレンジの気持ちを挙げている報告[19]もあります。地域コミュニティへ参加するためには、まず、

上記のような心身の状態であることが必要なようです。

　一方、【過去の経験】の影響については、もともと［地縁的活動経験がある］人だけでなく、周囲や［先駆者から誘われる］、［社協から依頼される］といった支援により地域コミュニティへの参加に至る人もいました。［職業経験がある］人や、［退職による役割の喪失経験がある］人では特に、［何とかしなくてはという気持ち］が契機になっていました。

　退職後の高齢者に関する研究[16,20,21]では、退職した高齢者の多くは、ボランティア活動を希望していても、ボランティア経験や地域とのつながりがないため、活動参加へのためらいがあったり、ボランティア活動への参加方法がわからないといった障壁があることが報告されています。

　このような方には、［自治体からの広報誌を見る］、［自治体職員から情報提供を受ける］、［仲間との情報交換を行う］などの情報を得る機会を提供し、身近な仲間などからの後押しが必要であろうと考えられます。

　また、［ボランティア活動経験がある］人では、ボランティア活動などを通じ、［地域とつながる気持ち］が生じていました。ボランティア活動をしている高齢者の特性に関する研究[22-24]によると、所属組織数が多いことや、過去のボランティア経験が現在の活動に関連していることが報告されています。ボランティア経験がある人には、［自治体職員から情報提供を受ける］、［仲間との情報交換を行う］など、現在の所属組織から情報を得る機会や、過去の活動での成功体験を振り返る機会を提供することが地域コミュニティ参加への後押しになると考えられます。

②地域課題を認識する段階での支援

　地域コミュニティへ参加後の、《地域コミュニティ・講座を通して課題の認識が深まる》のためには、実際の活動を通した【地域コミュニティにおける課題の認識】のための、【地域コミュニティでの経験・支援】が重要でした。地域コミュニティでの活動は、介護予防リーダーが、［先駆者やともに活動する仲間と知り合う機会を持つ］、［先駆者から誘われる］、［仲間との情報交換を行う］機会にもなっていました。

　高齢者のボランティア活動への参加意欲は高いが、自分の力量などを考慮して、なかなか行動までに至らないという報告があります[25]。また、ボランティア活動に従事している者の29％は個人的な活動を通してその機会を知ったという報告もあります[26]。このような、活動への自信がないことや情報不足が、この段階における行動の阻害要因となっていることが考えられます。つまり、地域コミュニティでの課題を認識するための支援としては、活動への自信を高めるための先駆者や専門職などとの交流や

情報交換の機会の提供が重要であろうと考えられます。

　前述の自信を高めることには、【講座での経験】も影響したと考えられます。講座前半のカリキュラムは、知識の教授や地域調査による課題の把握といった内容でしたので、地域課題の解決のための[介護予防を目的とした自主グループ活動の重要性の認識]や、[知識の整理・活動の意味づけへの気づき]が生じたと考えられます。また、講座は、前述の【地域コミュニティでの経験】と同様に、[先駆者やともに活動する仲間と知り合う機会を持つ]ことにもなっており、行動を促すために必要な交流や情報交換の機会にもなったと考えられます。

　《地域コミュニティ・講座を通して課題の認識が深まる》ためには、講座が知識の教授だけにとどまらないように、介護予防の重要性の認識や自信の向上につながるようなファシリテーターによる講座運営が求められるのかもしれません。

③活動意欲・ノウハウの向上段階での支援

　自主グループ設立のための最終過程では、対象者の【活動意欲の向上】と、実際の自主グループ活動に必要な課題を対象者が認識し、グループ運営のためのノウハウを向上させること、さらに、【設立活動を促進する感情】がより強く影響することが重要でした。活動意欲を継続させ、自主グループ設立活動へつなげるためには、[自治体のサポートを受ける]、[専門家と関わる]、[先駆者から助言を受ける]など、自治体や専門家、先駆者による【自主グループ設立での支援】が必要でした。

　自主グループ設立準備においては、対象者は、参加者集め、講師、活動場所の確保、組織化といったグループ設立・運営に必要な手段的ニーズを課題として認識しています。このためには、前述の専門家、先駆者による支援の他、助成金制度や、講師や活動場所の紹介などについて関係機関の関与が必要だろうと考えられます。

　[仲間の支援と協力を受ける]ことで、【設立活動を促進する感情】が生じますが、一方で、他者とのしがらみや認識のズレ、個人の活動への不安・自信のなさなどの【設立活動を阻害する感情】も生じることもわかりました。自主グループ設立に至った人では、設立活動を阻害する感情が生じながらも、それを乗り越えるだけの設立活動を促進する感情があったと考えられます。ファシリテーターがグループ設立当初にかかわり、恩恵が負担を上回るように支援することが必要かもしれません

3 おわりに

　本章では、住民主体の介護予防実践のモデルとして、介護予防リーダー養成講座を紹介しました。介護予防リーダーの活動は、本章で主に紹介した自主グループ活動だけではありません。自治会と協力して介護予防の普及活動を行ったり、自治体の介護予防事業の受け皿となる教室を運営したり、介護予防リーダー自身が介護予防リーダーの養成を行っているような例もあり、ますますリーダーの活動は広がっています（**図15、16**）。

　一方、こうした住民の主体的な参加は、地域の「私的社会統制」を強める負の側面があることを私たちは理解しておく必要があります。私的社会統制とは、「地域をよくしていこう」という意識を住民の多くが持っていて結束している状態を表す「集合的効力感」という指標の要素の一つです。集合的効力感は、近隣住民の一体感を示す「社会的凝集性（この地域の人々は信頼できる、等）」と、地域の問題に住民が対処しようとする意識を示す「私的社会統制（この地域の人々は学校をさぼり路上でたむろしている子供を見たら注意する、等）」の2要素に分類されます。集合的効力感が高い地域では犯罪の発生率が低いことが知られていますが[27]、私的社会統制が強くなりすぎると、要援護高齢者にとっては孤立を高める危険があります。例えば、調和がとれていることが自慢の街では、病気や障害でゴミの分別が出来なくなっただけでも、周囲から排除されなくても、引け目を感じて住みにくくなってしまいます。

　今後の地域包括ケアの推進には、私的社会統制に配慮した互助を促進し

図15　介護予防リーダーの活動例

介護予防に関する講話

介護予防事業の受け皿

リーダー養成講座の実施

図16　東京都および周辺における介護予防リーダーの活動

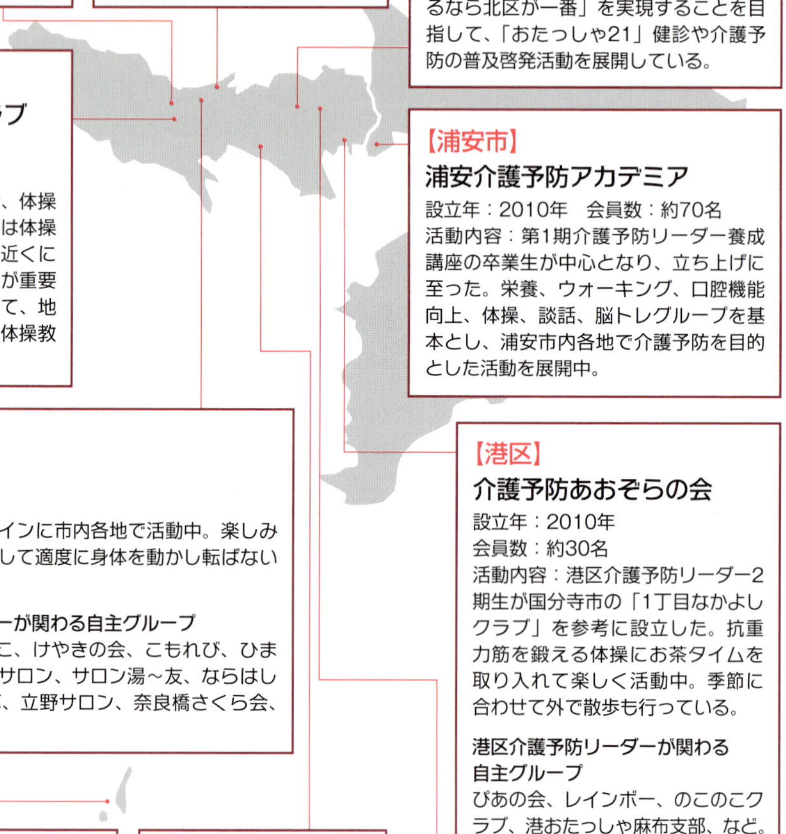

【立川市】
想年クラブ
設立年：2010年
会員数：約80名
活動内容：健康体操と脳トレを中心としたAクラスと歌に合わせた踊りの練習やおしゃべりの練習を主に行うBクラスに分かれている。「笑って健康、笑って長生き」を新たなテーマとして、市や他の団体とも連携しながら展開している。

【東村山市】
東村山いきいきシニア
設立年：2002年
会員数：500名超
活動内容：朗読や軽体操をプログラムに取り入れた「いきいき元気塾（市内15カ所）」や筋力強化を目的とした「筋力補強塾（市内3カ所）」は毎月開催されており、少し手助けが欲しいという方には「ねこの手」サービスを行っている。

【北区】
食彩
設立年：2004年
活動内容：食を通じての健康づくり活動を区内で展開している。今では、商店街事務所やレストラン、日本そば屋などと協力し、ふれあい食事会を開催している。

北区介護予防リーダーの会
設立年：2008年　会員数：約60名
活動内容：区内で最も高齢者が多い北区において、区長が目標とする「長生きするなら北区が一番」を実現することを目指して、「おたっしゃ21」健診や介護予防の普及啓発活動を展開している。

【国分寺市】
1丁目なかよしクラブ
設立年：2008年
会員数：約30名
活動内容：負担にならず、体操を継続してもらうためには体操をした後の爽快感と家の近くに体操する会場があることが重要である。自治会と協力して、地域の方々が継続しやすい体操教室を目指している。

【浦安市】
浦安介護予防アカデミア
設立年：2010年　会員数：約70名
活動内容：第1期介護予防リーダー養成講座の卒業生が中心となり、立ち上げに至った。栄養、ウォーキング、口腔機能向上、体操、談話、脳トレグループを基本とし、浦安市内各地で介護予防を目的とした活動を展開中。

【東大和市】
あすなろ会
設立年：2003年
活動内容：健康体操をメインに市内各地で活動中。楽しみながら運動を続け、意識して適度に身体を動かし転ばない体づくりに励んでいる。

東大和市介護予防リーダーが関わる自主グループ
こもれび、Teamやまびこ、けやきの会、こもれび、ひまわりの会、湖畔ふれあいサロン、サロン湯〜友、ならはし体操クラブ、南街福寿草、立野サロン、奈良橋さくら会、湖畔健康体操、など

【港区】
介護予防あおぞらの会
設立年：2010年
会員数：約30名
活動内容：港区介護予防リーダー2期生が国分寺市の「1丁目なかよしクラブ」を参考に設立した。抗重力筋を鍛える体操にお茶タイムを取り入れて楽しく活動中。季節に合わせて外で散歩も行っている。

港区介護予防リーダーが関わる自主グループ
ぴあの会、レインボー、のこのこクラブ、港おたっしゃ麻布支部、など。

【新島村】
おたっしゃクラブ
設立年：2010年
活動内容：新島本村地区と若郷地区、式根島で活動中。手芸や軽体操に加えて、季節ごとの行事によって、会員同士のコミュニケーションの向上を図る。

おたっしゃ趣味の会
活動内容：若郷地区において、わらじ作りの等の手芸をメインに活動中。

【世田谷区】
ミニデイ男の台所
設立年：2002年
会員数：約210名
活動内容：退職後の家に引きこもりがちの男性の活動拠点を作るために料理教室の立ち上げに至った。2011年現在、区内7カ所（松原、上馬、桜新町、八幡山、経堂、砧、烏山）で活動を展開中である。

【豊島区】
元気！ながさきの会
設立年：2001年　会員数：200名超
活動内容：パソコン教室や料理、太極拳、園芸、朗読など多様な活動グループがあり、認知症予防をテーマに健康な街づくり事業を展開している。WHOの提唱する「セーフコミュニティ」を導入している豊島区とも協働して事業に取り組んでいる。

ていく必要があります。そのためには、ゆるやかなつながりの重要性を理解したコーディネーターの関わりが重要となると考えます。

文献

1) 厚生労働省:第101回市町村職員を対象とするセミナー「市町村介護予防強化推進事業（介護予防モデル事業）を通して見えてきた自立支援の姿～各自治体の取組みから～」. 2014. http://www.mhlw.go.jp/stf/seisakunitsuite/bunya/02_d101.html（2014年6月27日アクセス可能）
2) 厚生労働省. 地域支援事業実施要綱, 2012. http://www.mhlw.go.jp/topics/2009/05/dl/tp0501-sonota1.pdf（2014年6月27日アクセス可能）
3) 独立行政法人 東京都健康長寿医療センター研究所 介護予防緊急対策室, さあ、はじめましょう 人生80年時代のまちづくり. 独立行政法人 東京都健康長寿医療センター研究所 2008.
4) 河合恒, 光武誠吾, 福嶋篤, 他.地域住民の主体的な介護予防活動推進のための取組「介護予防リーダー養成講座」の評価. 日本公衆衛生雑誌 2013; 60(4): 195-203.
5) 大久保豪, 斎藤民, 李賢情, 吉江悟, 和久井君江, 甲斐一郎：介護予防事業への男性参加に関連する事業要因の予備的検討 介護予防事業事例の検討から. 日本公衆衛生雑誌 2005; 52(12): 1050-1058.
6) 村山洋史, 菅原育子, 吉江 悟, 他. 一般住民における地域社会への態度尺度の再検討と健康指標との関連. 日本公衆衛生雑誌 2011; 58(5): 350-360.
7) 田中国夫, 藤本忠明, 植村勝彦. 地域社会への態度の類型化について：その尺度構成と背景要因. 心理学研究 1978; 49(1): 36-43.
8) 李 恩兒, 秋山由里, 中村好男. 高齢者の介護予防推進ボランティア活動の自主グループ設立に関する過程分析. スポーツ科学研究 2008; 5, 246-252.
9) 荒木邦子, 李 恩兒, 中村好男. 地域住民と行政の協働による介護予防活動組織の自立過程：東京都新宿区「シニア健康体操教室」の事例. スポーツ産業学研究 2010; 20(1): 109-118.
10) 木下昌代, 中村好男. 地域高齢者が設立した運動自主グループの設立経緯：千葉県市川市「はつらつ健康体操教室」の事例. スポーツ産業学研究 2012; 22(1): 111-115.
11) 米国立がん研究所, 編. ヘルスコミュニケーション実践ガイド [Making Health Communication Programs Work]（中山健夫, 監修, 高橋吾郎, 杉森裕樹, 別府文隆, 監訳）. 東京：日本評論社, 2008.
12) National Cancer Institute. Theory at a Glance: A Guide for Health Promotion Practice (2nd ed). Bethesda, MD: National Cancer Institute, 2005. http://www.cancer.gov/cancertopics/cancerlibrary/theory.pdf（2013年2月28日アクセス可能）
13) 岡知史.「自助グループを活用した相談援助」.社会福祉士養成講座編集委員会編.『相談援助の理論と方法Ⅱ』.東京:中央法規出版,2009; 63-71.
14) 福嶋 篤, 河合 恒, 光武誠吾, 大渕修一, 塩田琴美, 岡浩一朗：地域在住高齢者による自主グループ設立過程と関連要因. 日本公衆衛生雑誌, 2014; 61(1), 30-40.
15) 金貞任, 新開省二, 熊谷修, 他. 地域中高年者の社会参加の現状とその関連要因：埼玉県鳩山町の調査から. 日本公衆衛生雑誌 2004; 51(5): 322-334.
16) 岡本秀明. 高齢者のボランティア活動に関連する要因. 厚生の指標 2006; 53(15): 8-13.

17) Choi LH. Factors affecting volunteerism among older adults. The Journal of Applied Gerontology 2003; 22(2): 179-196.
18) 島貫秀樹, 植木章三, 伊藤常久, 他. 転倒予防活動事業における高齢推進リーダーの特性に関する研究. 日本公衆衛生雑誌 2005; 52(9): 802-808.
19) 植村直子. 高齢者が自主グループを立ち上げた背景と継続参加する要因. 滋賀医科大学看護学ジャーナル 2010; 8(1): 22-25.
20) Tang F, Morrow-Howell N. Involvement in Voluntary Organizations: How Older Adults Access Volunteer Roles?. Journal of Gerontological Social Work 2008; 51(3-4): 210-227.
21) Cole MB, Macdonald KC. Retired Occupational Therapists' Experiences in Volunteer Occupations. Occupational Therapy International 2011; 18: 18-31.
22) Okun MA. Predictors of volunteer status in a retirement community. International Journal of Aging and Human Development 1993; 36(1): 57-74.
23) Herzog AR, Morgan JN. Formal volunteer work among older Americans. In Bass SA, aro FG, Chen YP. Achieving a Productive Aging Society. Westport CT: Auburn House, 1993 119-142.
24) Peters-Davis ND, Burant CJ, Baunschweig HM. Factors associated with volunteer behavior among community dwelling older persons. Activities, Adaptation & Aging 2001; 26(2): 29-44.
25) 木下康仁. 高齢者の社会参加としてのボランティア活動の役割. 老年精神医学雑誌 2003; 14(7): 859-864.
26) Black B, Kovacs PJ. Age-Related Variation in Roles Performed by Hospice Volunteers. Journal of Applied Gerontology 1999; 18(4): 479-497.
27) Sampson RJ, Raudenbush SW, Earls F.: Neighborhoods and violent crime: a multilevel study of collective efficacy. Science. 1997; 277 (5328): 918-924.

第5章

世代間交流による介護予防実践ガイド

世代間交流と介護予防

1 世代間交流とはなにか

　世代間交流とはなにか、この分野の第一人者であるピッツバーグ大学のサリー・ニューマン 名誉教授は、「異世代の人々が相互に協力し合って働き、助け合うこと、高齢者が習得した知恵や英知、ものの考え方や解釈を若い世代に言い伝えること」と定義しています。本稿の主旨は、世代間交流を介護予防の視点から捉えることですから、本稿では、ニューマンら（上述）の言う、「世代間交流とは最高齢世代と最年少世代を結びつける社会現象を表す」との定義に従い、高齢者と子ども（若年者）の交流を首座におき話を進めることとします。

　本来、我が国では、三世代同居の家庭が大半であったことを思うと、祖父母と孫といった親族・家族内の関わりが、世代間交流の核として位置づけられるべきです。昨今は「育ジー」とか「孫育て」といった用語もマスメディアにおいて散見されるようになりました。しかし、紙面の都合上、これらは別稿に譲り、地域やボランティア活動を通じた血縁に依らない世代間交流について主に論じることにします。なぜなら、近年、高齢者の家族構成をみると一人暮らしまたは、高齢夫婦のみの割合が50％を占めており、世代間交流のニーズや場が家庭を離れて、地域へと変遷しつつあること、また、介護予防への応用を含めて世代間交流を支援する実務者や研究者にとって、家庭内よりも地域でのプログラムのほうが、企画・評価しやすいと考えられるからです。

　一方、核家族化、プライバシー保護・匿名化のもとコミュニティの崩壊が進むわが国においては、一度疎遠となった世代と世代をつなぐには自然発生的でインフォーマルな交流のみでは不十分で、熟慮された「仕掛け（プログラム）」を必要とします 。本稿ではこのような仕掛けを「世代間交流プログラム」と呼びます。地域では行政・NPOや住民グループにより世代間交流をコンセプトにした多様なプログラムが事業化され企画されています。

2 なぜ、今、世代間交流なのか

(1) 世代間の断絶が生む、高齢者世代への偏見・差別（エイジズム）

米国の精神科医バトラー（1969）は、「高齢であるという理由で、人々を体系的に類型化し、差別するプロセス」をエイジズム（ageism）と定義しました。IT・ハイテク化に代表されるように一般的に文化・経済は、青壮年層を中心に目まぐるしく変化するため、高齢になるにつれ、社会に取り残されがちになります。

わが国におけるエイジズムの原因として、家父長制に基づく孝養を説く儒教思想にかわる価値観が創出されないことや、家庭内や地域社会において世代間の交流が疎遠になったことなどが指摘されます。近年、少子高齢化や若年層のニート・フリーターが深刻化するにつれ高齢者施策を支えるための若年層の負担が問題視される中で、高齢者が自己の利益のみを追求するアドボカシー活動を活発化させることは公共政策において世代間の対立を導きかねません。こうした指摘は米国ではすでに1990年代初頭から提示され、その解決を模索すべく、地域における世代間の共生・共益'Win-win state'をねらったパイロット事業が、保健・福祉・教育分野で進められてきました。

(2) 高齢者のいきがい・健康づくりからみた世代間交流

老年学や公衆衛生学の学術的背景からすると、急速に少子高齢化が進むわが国においては、高齢者の社会活動をいかにして社会全体の活性化につなげるかが問われています。1990年代初頭から欧米では高齢者に潜在する生産的な側面をプロダクティビティ（productivity）と呼び、高齢者の望ましい老いの姿であるサクセスフル・エイジング（successful aging＝望ましい老い）の必要条件の一つとして位置づけています。そして、「有償労働」「無償労働」とともに「ボランティア活動」はproductivityを構成する社会活動の一つとして重視されてきました。

筆者はわが国における地域保健事業のプログラムの一つとして高齢者ボランティアの活用を提案してきました。その際に、ボランティア自身の健康への影響に関する北米での研究を概観しました。その結果、ボランティア活動に参加すると心理的、身体的及び社会的要因が改善することにより心身の健康度が高まると考えられてきましたが、そのメカニズムに関しては未解明の点が多いことがわかりました。従って、優先されるべき研究課題は高齢者世代の健康増進にとって望ましいボランティア活動のプログラムを考案し、それが健康に及ぼす影響を実証することですが、こうした介

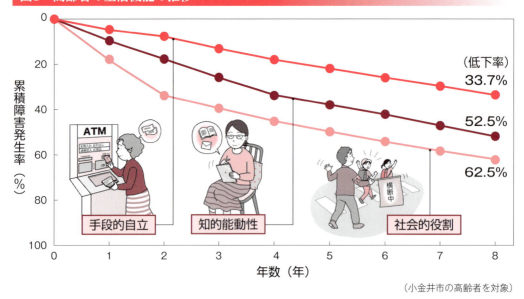

図1 高齢者の生活機能の推移

（小金井市の高齢者を対象）

入研究はこれまでのところ極めて少ないのです。

　一方、筆者らはこれまで地域で暮らす、自立高齢者の8年間の追跡研究を通じて、successful agingの条件といえる生活機能の維持に関して老研式活動能力指標での「社会的役割」や「知的能動性」に関わる能力の低下が「手段的自立」障害の予知因子であることを報告しました（図1）。換言すると「社会的役割」と「知的能動性」を伴う社会活動を行うことが要介護状態発生・増悪の予防、つまり介護予防に寄与する可能性があります。筆者はこの仮説をもとに、世代間交流を通じたボランティア活動を「社会的役割」のひとつと位置づけた高齢者の介護予防プログラムを推奨してきました。筆者がボランティア活動として、とりわけ世代間交流をコンセプトとしたプログラムを推奨する理由は、以下のとおりです。

(3) 高齢者における次世代への継承感

　昼間人口としての地域住民の大半は、高齢者と子どもおよびその親です。少子化問題に代表されるように、子どもや子育てについての諸問題は今や、高齢者問題を凌駕し、緊喫の社会問題となっています。地域社会からの期待と自らの健康やいきがいに寄与するボランティア活動の内容として、高齢者こそが、次世代の育成や支援に関わるプログラムに参画することを推奨したいと考えます。その理由の一つは、世代間で交流することにより高齢者に潜在する「generativity（ジェネラティビティ）」と称される、個人を超えて次世代を支援し、責任を果たそうとする意思を呼び戻せるので

はないかと期待するからであります。

心理学者のエリクソンによると、ジェネラティビティとは、中高年期のライフステージにおいて成熟した人間に備わる本質的な意思であるとし、ジェネラティビティを発達させることができなければ、自分本位や自己陶酔に陥ると指摘している。我々が日常感動するシーンを振り返ると、いかにジェネラティビティが根底に流れているかがよくわかります。例えば、一流のスポーツ選手は、現役を引退すると、自身のテクニックや戦術さらには、心構えなどを次世代に伝授しようと、少年チームの指導の場に身を移し、後進育成に目を輝かせます。戦争体験を語り継ごうとする高齢者やボランティア活動として史跡や町並み、自然環境の保護に参加する高齢者は少なくないが、いずれも次世代への継承願望がその根底にあります。高齢者に潜在するジェネラティビティを呼び起こすことによって、高齢になってもボランティア活動を長期的に継続するモチベーション（動機づけ）を保つことが期待できるのではと考えます。

一方、子どもや若者にとって、高齢者は、かくも「生きにくい世の中を生き抜いてきた」成功者です。長い人生の中、さまざまな失敗や辛い経験を知恵と勇気で克服してきた英知の宝庫です。また、高齢者は青少年期とは異なり、同年齢、同性であっても風貌や姿勢、声色、身のこなしといった特徴が実に多様であり、子どもたちが人間の多様性を学ぶ上でも最適な人材と言えます。

このように、世代間交流は高齢者にとっても子どもにとっても、身近にありながら計り知れない意義があります。

3 世代間交流プログラムの類型

世代間交流とは本来、高齢者と若者の互恵的な交わりであるべきです。そして、その対象と交流様式は、多種多様であり高齢者がボランティアとして子どもの育成を支援する形式のものや、子どもが高齢者施設を慰問するなどして、高齢者を情緒的に支援する形式のものがあります。また、近年は大学生がキャンパスに高齢者を招いたり、自ら、地域のサロンや集会所に出向き、高齢者とともに地域おこしや町づくりのための活動を企画・運営する事例も散見されます。

世代間交流プログラムの主たる目的や効果もおのずと異なります。

また、世代間交流プログラムはその交流期間の長短により、地域の祭りや小学校での交流給食会等のイベント型プログラムや、総合の学習の時間や夏休みなどの休暇を活用した体験学習にみられる短期間の集中的な交流

型のプログラムや、小学校での学習支援・図書活動や剣道教室や少年野球、囲碁将棋等の地域のスポーツ・趣味サークルといった長期継続型交流プログラムに分類できます。

さらに、世代間交流プログラムの内容は、学習サポート・学校支援など教育関連、高齢者施設への慰問や障害児へのサポートなど福祉関連、食やスポーツなど保健・健康づくり関連、アートや音楽関連、地域の祭りや文化の継承活動など日常生活のさまざまな分野に関わり多岐にわたります。

このように世代間交流プログラムは多種多様であるが、いかなるプログラムも目指すべき共通した目的および効果は、参加する高齢者と若者・子ども、さらには主催者あるいは支援者である職員やコーディネーターなど関与する者すべてに何らかの恩恵がもたらされることです。

4 "REPRINTS" プログラムを開発した背景

少子高齢化に加えて人口減少社会の到来を迎える我が国においては、高齢者の社会活動をいかにして社会全体の持続につなげるかが問われています。一方、高齢者のサクセスフル・エイジング(望ましい老い)を推進する上で、社会参加の重要性が提唱されてきました。中でも、近年、高齢者によるレクリエーションやボランティア活動を通じた「生きがいづくり」が注目され、広義の介護予防事業の一環としても全国各地で多彩なプログラムが展開されています。しかし、高齢者の社会活動の有効性や科学的根拠に基づいた活動プログラムのあり方については未だ十分に検証されていません。そこで、私たちは、2004年6月より社会的役割と知的能動性を継続的に要求するような知的ボランティア活動を介入手段とする研究"REPRINTS"(Research of productivity by intergenerational sympathy)を開始しました。本節ではその研究デザインと評価を紹介します。

5 米国の先進モデルを応用して導入

介入プログラムのコンセプトは世代間交流としました。最近、子どもを取り巻くさまざまな社会問題に危機感を感じる、高齢者が少なくないと考えたからです。

そのモデルは既に米国において推進されている、高齢者による学校ボランティアプログラム「Experience Corps®」です。同事業は貧困地域の小学校・幼稚園で子どもに対して授業中に読み書き、計算のサポート等を

行うものです。筆者は2003年、そのプログラムや介入効果の評価について主任研究者のLinda Fried 教授（コロンビア大学、元ジョンズ・ホプキンス大学加齢・健康研究所）のもとで研究しました。パイロット研究は1994年より全米5市において開始され、1999年よりBaltimore市内の6つの公立小学校において対照群を設けた150名規模の介入研究が進められており、高齢者ボランティア自身の心身への好影響（健康度自己評価、手段的自立能力(IADL)、知的能動性、歩行能力の改善）および児童の基礎学力の向上、問題行動の減少といった効果が報告されています。しかしながら、一般に米国のボランティア活動は宗教や人種による影響が極めて大きく、社会・文化的な背景の異なるわが国にそのまま米国での知見を適用することは早計だろうと考えました。そこで、私たちは学校ボランティアをわが国に応用する際に、総合学習や朝読書の時間等を利用した高齢者による絵本の「読み聞かせ」をメインプログラムとしました。

　筆者らの仮説はボランティア活動に参加することにより社会貢献(生産活動)＋生涯学習＋グループ活動の3要素が高まり、楽しみながら認知・心理機能および身体機能を維持・改善できるというものです。ここで言う3要素とは、1つは「子ども世代への社会貢献」、2つ目の「生涯学習」は無数に出版されている絵本の中から対象年齢や時節等の状況を考慮しつつ、子どもにとって望ましい絵本を吟味し、熟読することで、高度の知的活動と言えます。3つ目のグループ活動とは「高齢者ボランティア同士のグループ活動」を意味します。そのねらいはボランティア活動で知り合う仲間による社会的サポート・ネットワークが広がることで、高齢者ボランティアの心身の健康に寄与するというものです。これら3つのコンセプトを包括するプログラムが、子どもへの「絵本の読み聞かせ」を題材とした世代間交流型ヘルスプロモーション研究"REPRINTS"です。"REPRINTS"とは、「復刻版、別刷り」を意味し、「名作絵本が復刻するように、高齢者も人生を復刻しよう」という願いを込めて命名しました。

　筆者らが提唱する、上記の3つのコンセプトの中でも、特に、グループ活動を設定した理由は、閉じこもりのリスク要因として高齢者の陥りやすい心理・社会的健康問題が重視されるからです。

6　"REPRINTS" プログラムのプロセス

　対象地域は都心部（東京都中央区）、住宅地（川崎市多摩区）、地方小都市（滋賀県長浜市）を選び、一般公募で集まった60歳以上の住民計70名

にまずベースライン健診（心と生活のアンケート、物忘れ検査、健診、体力測定、一部に脳画像検査など）を行いました。その後、2004年7月から3カ月間（週1回2時間）のボランティア養成セミナーを開講しました。セミナーの内容は優良な絵本の選び方の学習が中心となります。絵本の世界は実に深いものです。地元の図書館、読み聞かせの専門家や先輩ボランティアの指導により膨大な児童図書の中から優良かつ高齢者ならではの「味」が出せそうな作品を吟味し、読み合わせを行いました。セミナーでは高齢者にとってのボランティア、世代間交流やグループ活動の意義、子どもを取り巻く現状と課題そして、ベースライン健診の結果にもとづく健康学習など多彩なプログラムを盛りこみ生涯学習として位置づけました。セミナー後半からは高齢者ボランティアとしてデビューする施設を想定し6～10人単位のグループワークに移ります。小学校、幼稚園、児童館（以降、受け入れ施設と呼びます）へ視察に行き、職員から今後活動を行う上でのルール等について学びデビューに備えます。

　2004年10月以降、グループ別に受け入れ施設への訪問を始めました。「読み聞かせ」の方法は受け入れ施設や子どものレベルに合わせてケース・バイ・ケースですが、例えば幼稚園児1クラス（20人程度）を前に実演する場合は、グループ全体で30分ほどの時間をもらい、手遊びから始めて、1人1冊ずつ計3、4冊読んで、再び手遊びで終わるといったプログラムが一般的です。小学校の場合は「朝読書の時間（8:30～8:45）」が設けられており、ボランティア1人が1クラスを受け持ち1～2冊の絵本を読み聞かせます。また、図書室において図書の貸し出し・整理や、中休みや昼休み（20～30分）に希望する児童に対して読み聞かせを行う場合もあります。児童館・放課後学童クラブの場合には「読み聞かせ」を30分程度行った後、ゲーム等を用いて児童の遊び相手となり自由に交流します。他に、反省会、ミーティング、準備も入念に行います。各施設での「読み聞かせ」による交流活動の前後には、子どもの反応や絵本の内容・読み方等についての意見交換、活動計画、予行練習のためのミーティングを小グループ単位で開きます。
　また、1～2カ月ごとに地域別に全体ミーティングを開き、他のグループや筆者ら研究チーム、行政担当者との情報交換を行うとともに、「読み聞かせ」の知識や技術をさらに向上させるためインストラクターによるアドバンス研修をおこなっています。これまでの世代間交流プログラムは年に1、2回程度のイベント的なものが多く見受けられますが、本研究では高齢者と子どもが定期的かつ頻繁に接触を持つことが双方にとって最も重

要と考えます。従って、週1回の実演とそれ以外にも図書室など施設内のスペースを拠点としてボランティア間の準備や打ち合わせ、子どもへの図書の貸し出しのサポートを行うなど積極的な交流活動を促しています（図2）。

7 ボランティア活動の多面的な効果の評価

活動開始後、9カ月後（その後は12カ月ごと）に事業評価のためのフォローアップ健診による評価を行っています。その際、比較対照群としてボランティアの友人で趣味サークルや他のボランティア活動を行っている方などを設定しています（現在、ボランティア群、対照群とも約150名登録中）。

一方、教育現場から見たボランティア活動の効果を評価するために、子ども、保護者、教職員に対するアンケートを行ってきました。そこでは、高齢者についての一般的なイメージ、ボランティアに期待する効果などについて尋ねています。

(1) 高齢者ボランティアへの効果

"REPRINTS" プログラムの効果を評価する項目として主観的健康感は「とても健康」から「健康でない」の4段階の選択肢に順に3〜0点を配点しました。社会的ネットワークは、日頃つきあいのある人の数を「近所の人」「友人」の主体別に「0人（いない）」から「50人以上」を6段階の選択肢に分け順に0点から5点を配点しました。接触頻度は「近所の子ども」、「近所以外の子ども」「友人・近所の人」の主体別に「まったく会わない」「1カ月に1回未満」「1カ月に1回程度」「1カ月に2、3回」「1週間に1回程度」「1週間に2回以上」の6段階の選択肢に順に0点から5点を配点しました。計60人のシニアボランティアが数人単位のグループに分かれ、定期的に幼稚園、小学校を訪問し、絵本の読み聞かせを行ったところ、9カ月間のボランティア活動後、主観的健康感と子どもならびに友人の社会的サポート・ネットワークにおいて、ボランティア群は対照(非ボランティア)群に比べ得点が改善しました。さらに、1年間、観察期間を延長したところ、週1時間以上、小学校を訪問し、交流を行った人は、好成績を維持しました。高齢期であっても、新しい社会活動を始めることにより、異世代のみならず、同世代のネットワークが広がり、さらには主観的健康感を高く維持できることがわかりました。部分的ではありますが「Experience Corps®」の知見をわが国においても確認することができました。

(2) 児童への効果

　児童への効果については"REPRINTS"ボランティアの1年間の活動により、対象児童の高齢者イメージがどのように変化したかを検証しました。最も早期に"REPRINTS"ボランティアを受け入れた川崎市立A小学校（住宅地、児童数470人）では、ボランティア4〜6人が週2日訪問し、絵本の読み聞かせを継続しています。これら2校の協力によりボランティア試験導入開始1カ月後に初回調査、その後、6カ月ごとに第2回、第3回調査（集合・自記式アンケート）を行いました。調査項目は、基本属性（性、学年、同居家族数）、SD（Semantic Differential）法による高齢者の情緒的イメージ尺度10項目短縮版（「温かい―冷たい」といった「評価性」因子6項目と「強い―弱い」といった「活動性・力量性」因子4項目）、祖父母との同居経験、祖父母等の高齢者との交流経験（以降、高齢者との交流経験総得点とよぶ）、ボランティアから読み聞かせをしてもらった経験（以降、読み聞かせ経験とよぶ）、社会的望ましさ尺度短縮版です。

　次に、初回、第2回（6カ月後）、第3回調査（12カ月後）のうち、2回以上の調査で、「読み聞かせ、あり」と回答した児童を読み聞かせ経験の高頻度群（170人）、1回以下の児童を低頻度群（175人）とし、これら2群の「評価性」因子と「活動性・力量性」因子の得点変化を一般化線形モデル（学年、性、高齢者との交流経験総得点、社会的望ましさ尺度短縮版を調整）により評価したところ、「評価性」因子の群間と調査回数に交互作用がみられた（$p=0.012$）。結論として、高齢者イメージは児童の成長とともに低下する可能性あるが、"REPRINTS"ボランティアとの交流頻度が高い児童では、1年後も肯定的なイメージを維持しうることが示唆されました。

認知症予防を目指す「絵本の読み聞かせプログラム」への展開

　筆者らは、上述のREPRINTSの経験から、高齢者が世代間交流に基づくボランティア活動を実践することにより、本人の健康づくり・介護予防の効果ならびに子どもへの波及効果がみられることを報告してきました。この経験を通して、筆者らは介護予防の視点に立ち、改めて介入プログラムの開発を試みました。その結果、認知症予防に着目して、REPRINTSにおけるボランティア養成研修プログラムを再構成し、介入プログラムの開発に至りました。本章では、この「絵本の読み聞かせプログラム」の背景、目標、認知症予防の効果や、プログラムの進め方のポイントについて解説します。

1 認知症を予防する認知的アプローチ

　認知機能の低下を防ぐこと、いわゆる認知症予防のアプローチとしては、脳の生理状態の改善を目指す生理的アプローチと、脳の神経ネットワークの強化を目指す認知的アプローチの2つが挙げられます。認知症予防という観点からはどちらも重要ですが、認知機能そのものを直接、刺激するような手法は高齢者の好む趣味・稽古ごとやボランティアなど多種多様な社会活動プログラムの中に、そのエッセンスがあります。「絵本の読み聞かせプログラム」は後者の認知的アプローチに該当します。

2 「絵本の読み聞かせ」ってどんな活動？

　本章で取り上げる、一般的な「絵本の読み聞かせ」活動について、上述の、子どもへの絵本の読み聞かせボランティア養成プログラム(通称REPRINTS、りぷりんと)を基に詳細に説明を加えます。

　ボランティア数人で地元の小学校、幼稚園・保育園、児童館など一つの活動施設を担当し、定期的に訪問します。「読み聞かせ」の方法は訪問施設や聞き手である子どものレベルに合わせてケース・バイケースですが、

図2　読み聞かせボランティアの1週間の活動例

　例えば幼稚園児1クラス（20人程度）を前に実演する場合は、グループ全体で30分ほどの時間をもらい、手遊びから始めて、1人1冊ずつ計3、4冊読んで、再び手遊びで終わるといったプログラムが一般的です。小学校の場合は「朝読書の時間（8:30～8:45）」が設けられており、ボランティア1人が1クラスを受け持ち1～2冊の絵本を読み聞かせます。また、図書室において図書の貸し出し・整理や、中休みや昼休み（20～30分）に希望する児童に対して読み聞かせを行う場合もあります。児童館・放課後学童クラブの場合には「読み聞かせ」を30分程度行った後、ゲームや折り紙・工作を用いて児童の遊び相手となり自由に交流します。

　その他には、反省会、ミーティング、準備も入念に行います。各施設での「読み聞かせ」による交流活動の前後には、子どもの反応や絵本の内容・読み方等についての意見交換、活動計画、予行練習のためのミーティングを小グループ単位で開きます。そして、これらの一連の活動を1～2週間単位で繰り返しながら継続していきます**（図2）**。

3　「絵本」は高齢者にとっての上質の介入教材

　認知症予防を進める際に、「生涯学習」プログラムを取り入れることで「知的能動性」を継続的に賦活します。具体的には、「絵本」を題材としました。本来、子どもを対象とする絵本は純文学など成人を対象にした図書には馴

染みの薄い高齢の初心者にとっても比較的親しみやすいものと思われます。一方、絵本とは人生で3度読み返すべきとの提言もあります。3度とは、幼少期、子育て期、高齢期を指しています。特に人生経験豊かな高齢者にこそ、共感しうる感銘があると、高齢期における絵本の鑑賞を推奨しています。確かに、不況で書籍全体の発行部数が減るなか、絵本の推定発行部数は最近の「大人の絵本ブーム」を反映した結果であるとも言われています。以上から、絵本を題材とすることが広く高齢者の支持を得るものと考えました。また絵本は、芸術性やメッセージ性が豊かであるとともに童話・民話、科学、歴史、外国文化などテーマが幅広いです。これら無数に出版されている絵本の中から子どもや老人ホームの入居者など聞き手の対象年齢や時節等の状況を考慮しつつ、望ましい絵本を吟味し、熟読することは高度に知的能動性を高めます。

4 「絵本の読み聞かせプログラム」の目標

(1) 選書と自己表現を中核としてプログラムを編成

　これまでに私たちが実施してきた「絵本の読み聞かせプログラム」は、即、読み聞かせボランティアを養成するためのプログラムですから、読み聞かせの技術や知識といった読み聞かせ法の訓練だけでなく、ボランティアとしての心得やルールについてもカリキュラムに入れていました。一方、基礎となる読み聞かせ法の訓練には、認知機能を刺激する内容が多く含まれています。そこで、これまでの読み聞かせボランティア養成プログラムを基盤に、一旦、ボランティアになることを想定した心得やルールについてのカリキュラムは割愛し、認知症予防の側面を更に強化した読み聞かせ法の訓練に特化したプログラムへと改編しました。

　具体的には、読み聞かせに適した絵本の選び方（選書）の習得、聞き手に向けて、「読み」「語る」ことを実演する自己表現をプログラムの中核とします。それにより、参加者が楽しみながら、結果として認知機能を向上させることをめざします。

(2) エピソード記憶と実行機能を鍛える

　健常な高齢者が認知症へ移行する過程にある軽度認知障害の段階では、主として3つの認知機能の低下がみられます。まずは、エピソード記憶（いつ、どこで、誰が、どうしたといった出来事を記憶してそれを思い出す機能）です。神経心理学的検査により評価すると、単語の記憶や物語の記憶についての検査の成績が低い人において健常者から認知症へと移行しやす

いことがわかりました。

次に、計画・実行機能と注意分割機能（いわゆる「ながら」の能力、複数の作業を並行して行うときに適切に注意を振り分ける機能）です。

5 「絵本の読み聞かせプログラム」の進め方のポイント

「絵本の読み聞かせ」プログラムでは、講座の最終段階では4～5人のグループに分かれて、発表会に向けた実践練習を行います。これは幼稚園や保育園でのお話会を想定した30分程度の出し物を制作し、実演するというものです。読み手の役割を分担し、制限時間内で出し物の構成を考え、リハーサルを繰り返すという作業は、計画・実行機能を鍛えます。

講座が修了した後、希望者は自主グループを結成し、念願の読み聞かせボランティアとしてデビューします。その後、学校や幼稚園など訪問先施設の要望に応えて、定期的・継続的な読み聞かせを通した認知症予防活動を行えます。

3 「絵本の読み聞かせプログラム」の実践

1 「絵本の読み聞かせプログラム」の内容

　本節では「絵本の読み聞かせプログラム」の内容についてご紹介します。参加者の人数にもよりますが、プログラムは基本的に全12回の講座で構成されています。絵本の読み聞かせプログラムは認知機能の低下抑制を目的にしていますが、その内容としては絵本の読み聞かせ方法の習得を目指すものになっています。絵本の読み聞かせ方法を学ぶ中で結果的に認知機能が鍛えられているという状況を作ることが本プログラムの特徴です。下記の講座の概要を見ても分かる通り、講座の内容は認知機能を鍛える！ということよりも、あるいは、1対1で孫に絵本を読むといったことよりも、「ボランティアとしてプログラムにのっとり絵本の読み聞かせが出来るようになる！」ということに重きが置かれています。

■講座の概要

第1回　今読まれている絵本について
第2回　忘れられない絵本
第3回　思い出の絵本を読む
第4回　読み聞かせに必要な体づくり"その1"
第5回　読み聞かせに必要な体づくり"その2"
第6回　読み聞かせの練習
第7回　読み聞かせ個別発表会"その1"
第8回　読み聞かせ個別発表会"その2"、読み聞かせ発表会の振り返り
第9回　グループ発表会の準備
第10回　グループ発表会の練習
第11回　グループ発表会の最終練習
第12回　グループ発表会／修了式

■インストラクターについて

　シニアを対象とした絵本の読み聞かせのインストラクターには、特別な

資格は必要ありません。すでに、地域で読み聞かせの活動を長年続けてきた人ならプロ、アマを問いません。しかし、①絵本の選書方法や読み聞かせ技術に熟知・精通していること、②発声や滑舌などの高齢期に必要な体力づくりの指導、③講座を展開するうえで必要な、高齢者に関する身体的及び認知的な特徴の理解、それらを踏まえたうえでの④シニアとのコミュニケーション力が求められます。また、⑤プログラム修了後の自主グループ活動を進めるにあたり、地域の学校等の訪問施設とも連携しながら、シニアの健康づくりを目的とした絵本の読み聞かせ活動が出来るよう継続的に支援することも期待されます。地域には、上記の①〜⑤のいずれかの資質を持ち合わせた方は散見されますが、実際に「絵本の読み聞かせプログラム」を実施する際には、地元の図書館やボランティアセンター等を通じてこれらの条件を満たす適任者を探す必要があります。

図3　絵本の読み聞かせ方法の習得

図4　10分間認知機能トレーニング

第1回　今読まれている絵本について

■第1回の目的

　講師の体験談などを通して、子どもたちや地域の今を知り、絵本の読み聞かせ活動がどのような意義を持つのか、人にとってどのような存在になりえるのか、絵本の世界の可能性について学びます。また、参加者の中には絵本の読み聞かせについて全く経験がない方や、イメージすらつかめない人もいると思いますので、小学校などでどのような絵本を読まれているかを知り、実際に絵本の読み聞かせに触れることで、絵本の魅力を感じることを目的とします。

■第1回の展開

1. 講師の自己紹介
2. 絵本と学校や地域の今について
3. 絵本のリストの紹介―講師による読み聞かせと解説など
4. 10分間トレーニング『記憶の仕組み』

■展開の詳細

1. 講師の自己紹介

　講師のこれまでの読み聞かせの経験や絵本に対する考えなどを、自己紹介を兼ねて話します。自身の幼少期の絵本の思い出や、親に読んでもらった記憶を本の題名やその頃感じた気持ちなども交えて話します。また、読み聞かせの活動などを経験している場合や、子どもとの交流、お年寄りとの交流などがある場合には、そのような経験や今行っている読み聞かせ活動などを紹介します。

2. 絵本と学校や地域の今について

　高齢者の絵本の読み聞かせが主に保育園・幼稚園や小学校で行われることから、保育園・幼稚園や学校で行われている絵本の読み聞かせの現状やこれらの施設と子どもの現状、地域の関わりについて体験などを交えて紹介します。受講生が子どもだった頃、子育て中だった頃とは違う学校や子どもの現状について認識してもらいます。ただし、違いばかりを強調するのではなく、昔から変わらない子どもや学校の様子なども交えて、受講生がその後ある絵本の読み聞かせの活動に対して不安を抱くことがないような配慮も必要です。

3. 絵本のリストの紹介

　絵本のリストは実際に保育園・幼稚園や小学校、さらには中学校ま

で読み聞かせで使われている絵本のリストを紹介し、それぞれの絵本がどのような意味を持っているかについて具体的に紹介します。例えば、小学校入学直後の子どもが抱える心理的不安などを反映した絵本を読み聞かせで使うことによって、子どもの不安解消などにつなげていることなどが挙げられます。

4. 10分間トレーニング『記憶の仕組み』

　認知機能の低下抑制を目指す「絵本の読み聞かせプログラム」では、絵本の読み聞かせの学習に加えて、脳をさらに活性化させるように講座の中に脳のトレーニング（いわゆる脳トレ）の要素を加えます。このトレーニングは、高齢者の心身の活性化を促し認知機能の低下を抑制することはもちろんのこと、絵本読み聞かせ技術の向上にも役立ちます。より良い読み聞かせを行うためには、あらかじめ物語を覚えるための記憶力や、聞き手の反応に合わせて読み聞かせの方法をその場で工夫するなどの注意力・判断力が求められます。これらの能力はまさに認知機能の働きによって成り立っていますので、認知機能の働きを保つことは、読み聞かせの成功と直結していると言えます。

　認知機能の中でも、特に記憶の機能が維持・向上することは、絵本の物語を覚える際にも役立つため、講座の中には出来る限り記憶トレーニングを盛り込むことが期待されます。また、記憶トレーニングの実施にあたっては、記憶の仕組みの基礎知識を学ぶことで、効果的に機能を活性化させることが出来ます。

第2回　忘れられない絵本

■第2回の目的

　絵本の読み聞かせでは、さまざまな状況や時間に合わせて読み聞かせを行うことがあります。エクササイズを通して「時間」を体感し、聞き手に伝えるために必要な注意点や技術について理解することを目的とします。

■第2回の展開

1. 自己紹介と絵本にまつわるエピソード
    - Ⅰ．エクササイズ1「時間を体で覚えよう」
    - Ⅱ．エクササイズ2「自己紹介をしよう」
2. 聞き手に伝えるための技術について
3. 10分間トレーニング『伝言ゲーム』

■展開の詳細

1. 自己紹介と絵本にまつわるエピソード

　絵本の読み聞かせでは、さまざまな状況や時間に合わせて読み聞かせを行うことがあります。絵本を読み聞かせる際の所要時間や、読み聞かせを開始してからの経過時間を体で覚えると、時間配分にゆとりが生まれます。ここでは次に続く自己紹介のための時間の把握をします。

1）エクササイズ1「時間を体で覚えよう」

　1分がどのくらいの長さなのかを感じ、自分の感覚のずれを理解する。読み聞かせにどのくらいの時間がかかるのか、時間の長さについての感覚を身につける。また、自身の性格を知る機会でもあります。

用意するもの：タイマー

①全員に座ったまま目をつむっていただく。
②講師の合図で1分間を計測し始める。
③自分で1分たったと思ったら、手をあげてもらう。
④講師は、受講者がどの時点で手をあげたか記憶する。
⑤講師は、一番早く手を挙げた受講者が何秒で、一番遅かった人が何秒か教える。（参考：一番早くて45秒と遅くて1分15秒でした。）

2）エクササイズ2「自己紹介をしよう」

　自己紹介をとおして昔の記憶を掘り起こしてもらいます。参加者

同士の理解を深めることもねらいとなります。2分（または3分）で自己紹介をすることによって、相手に伝えたいことを決められた時間で伝えることの難しさを体感してもらいます。

　自己紹介の内容には必ず名前、出身地、思い出の絵本を入れるよう強調します。思い出の絵本の名前など具体的になくても、読んであげた時のことなどの思い出などについて話すようにしてもらいます。思い出の絵本がないという人が多いですが、何か絵本や本にまつわるエピソードや、過去の記憶をよみがえらせるようにします。

用意するもの：タイマー
① 名前、出身地、思い出の絵本を必ずいれた自己紹介をする。
② 2分または3分でベルを鳴らし、必ず終了させる。

　自己紹介において、話し方、経験などその人の特徴をとらえる。客観的に自分の中で整理できて話すことが出来たか、絵本の読み聞かせに客観性が重要である点を伝える。参加者の共通性を把握します（出身地など）。

2. 聞き手に伝えるための技術について

絵本の読み聞かせに必要な基本的な技術のポイントについて紹介します。絵本の理解から、部屋の大きさに合わせた声量の必要性など、講座のみならず絵本の読み聞かせの実践において理解しておくべきポイントについて紹介します。

① 目的に沿って、自分の中で整理できているか？
　短い自己紹介の中でも、出身地のこと、思い出の絵本など起承転結がわかりやすく伝える必要がある。絵本も同じ！

② 強調部分 ＝ 感情移入→リアリティにより感動を与える
　受講者の話題の中からリアリティがあるエピソードなどを引用しながら、話題の中で強調したかったことには感情が入る、だからリアリティがあり、感動を与えるものです。読み聞かせでは絵本を借りて、私たちの真実を伝える作業をします。

③ 聞き手に届く音量と滑舌
　部屋の面積や構造を把握して声の大きさとテンポを考える。声量も部屋の大きさに合わせる必要があります。そして、声量を維持するには発声方法を学び、体力も鍛えなければなりません。大きすぎると前に発した声に後ろの声がかぶってしまいます。

④ 時間配分
　大切なことは客観性：冷静に、かつ時間配分を計算して読み聞

かせを行います。

　自分が聞き手からどのように観えるか⇒自分をどう観せるか、事前に把握します。

3.　10分間トレーニング『伝言ゲーム』

　伝言ゲームを通して、情報を伝えることの難しさ・情報の変わり方を学びます。

　用意するもの：メガホン、伝言カード、A4用紙（最後の人が内容を書く用）

①２－３グループに分かれる（１グループを6人程度）
②教室の端から端に等間隔に1列に並ぶ。
③各グループの最初の人に伝言するお題（カード）を見せる。
④お題を見たら、用意ドンの合図で次の人へ順に伝言を続ける。
⑤最後の人までいったら、他のチームが終わるまで待つ。
⑥全てのチームが終わったら、それぞれのチームの最後の人はお題を発表する。

第3回　思い出の絵本を読む

■第3回の目的

　自分の人生を振り返りながら紹介した思い出の絵本を実際に読んでみることにより、さらに絵本にまつわる記憶やその頃の思い出を蘇らせていただきます。また、絵本を実際に読むことにより、今自分が持っている絵本を読む力がどの程度のものか感じ、講座の中での学びに生かしていくことを目的とします。

■第3回の展開

1. エクササイズ「自分で選んだ絵本を読んでみよう」
2. 7つのポイント（読み聞かせの注意点）と自己採点
3. 10分間トレーニング『新聞記事の記憶ゲーム』

■展開の詳細

1. エクササイズ「自分で選んだ絵本を読んでみよう」

1人3分以内　全体1時間程度

座ったままで読む

ねらい：持ってきた絵本をみんなに3分以内で読む。講師は受講生それぞれの絵本の読み方を観察し、その後の指導の参考にする。

　各受講生の呼吸法を確認します。

　胸呼吸、口呼吸など呼吸が浅い場合は指摘し、腹式呼吸を意識するように指導。声量と滑舌とその本に合ったテンポで話せているか確認します。部屋の大きさに合わせて話しているか？　人数に合わせているか？

　絵本を用意出来なかった人はインストラクターに申告します。絵本が見つからなかった人、忘れた人がいるので、スタッフは事前に絵本の準備をしておきます。

2. 7つのポイント（読み聞かせの注意点）と自己採点

1. 絵本の見せ方
2. 声の大きさ
3. はっきりと読めたか
4. 本の内容に合ったリズムで読めたか
5. 顔の向き

6. 姿勢
7. 本を大切に扱う

3. 10分間トレーニング『新聞記事の記憶ゲーム』

用意するもの：新聞記事、筆記用具

　スタッフが300字程度の新聞記事を読み上げて、参加者には聞いた内容を覚えてもらいます。もちろん300字も覚えることは難しいので、『覚えられる部分だけ覚えてみてください』という事を伝えます。新聞記事を読み上げた後で、その時に覚えている内容を用紙に書き出してもらいます。その後、覚えていた内容をひとことずつ口頭で言ってもらいます。最後に答え合わせを行って、どんな内容だったかを確認します。

　狙いとしては、みんなに同じ話を伝えても、覚えている内容には個人差があることを分かってもらいます。記憶の仕方は人それぞれであり、細かい情報を覚えるのが得意な人もいれば、話しの全体像をとらえるのが得意な人もいることを理解し、記憶する時の自分の癖を把握してもらいます。

第4回　読み聞かせに必要な体づくり"その1"
■第4回の目的
　絵本の読み聞かせに必要な基本的な体力づくりを行うにあたり、高齢者の身体的特徴を踏まえ、生活の中で出来るエクササイズなどを行います。柔軟体操や姿勢など絵本に必要な体づくりについて学び、継続的に行うことの必要性を理解することを目的とします。ここで学んだエクササイズを、講座の教室に来場した際に準備運動として自主的に行うように指示します。

■第4回の展開
1. 柔軟体操
2. 姿勢の矯正
3. 10分間トレーニング『あいうえおの歌の暗唱に挑戦』

■展開の詳細
1. **柔軟体操**
   - ■首と肩の柔軟
   - ■前屈から横への曲げ伸ばし
   - ■ゆっくり「スクワット」とゆっくり「ももあげ」

2. **姿勢の矯正**
　姿勢の矯正をする。足は肩幅、肛門をしめる。力を抜く。
　甲骨をしめて、アゴを引く。そして胃をななめ後ろにひっぱるイメージ

3. **10分間トレーニング『あいうえおの歌の暗唱に挑戦』**
　北原白秋の『あいうえおの歌』を覚えて暗唱出来るようにします。下記のように空白を入れた『あいうえおの歌』を3段階用意して、1つずつ練習します。一度に全てを覚えるのは大変ですが、少しずつでいいので覚えてもらいます。『あいうえおの歌』を覚えればどこでも発生練習ができるようになり、一石二鳥です。

■宿題
　習ったエクササイズを毎日実践してもらいます。

第5回　読み聞かせに必要な体作り"その２"
■第５回の目的

　絵本の読み聞かせに必要な基本的な体力づくりを行うにあたり、高齢者の身体的特徴を踏まえ、生活の中で出来るエクササイズなどを行います。呼吸法、発声など絵本に必要な体づくりについて学び、継続的に行うことの必要性を理解することを目的とします。ここで学んだエクササイズを、講座の教室に来場した際に準備運動として自主的に行うように指示します。

■第４回の展開
1. 滑舌
2. 発声
3. 10分間トレーニング『伝言ゲーム"その２"』

■展開の詳細
1. **滑舌**

　　口を動かす。「ウー」、「イー」。口角の筋肉を使う。

　　滑舌訓練：口の体操（アエイウエオアオ青い鳥……）

　　あいうえおの歌（あめんぼ赤いなアイウエオ……）

2. **発声**

　　鼻で息を吸い込んでおなかを膨らませ、ゆっくり吐きます。

　　右手を前に伸ばし、息を手の甲に向かって吹きかける。手の甲に息を感じられるように吹きます。

　　口をすぼめて、大量に一気に吹くように指示します。

3. **10分間トレーニング『伝言ゲーム"その２"』**

　　第2回の時に実施した伝言ゲームと同じお題で伝言ゲームを行う。その際に、今までにこのプログラムで学んだことを生かしてやってみましょうと声をかけて下さい。同じ手順で伝言ゲームを行い、前回の結果と違いがあるか見比べてみましょう。

■宿題

　次回から個別発表会に向けての練習を行っていくため、自分が読む本を選書してもらいます。さらに、その本がどれくらいの時間で読めるかを自分で計測するように指導します。

第6回　読み聞かせの練習

■第6回の目的
　個別発表に向けて選書した絵本を用い7つのポイントを確認します。さらに文章理解を深めるため、絵本を読み込むエクササイズを通して作者の意図や聞き手のことを意識した絵本の読み込みを理解することを目的とします。

■第6回の展開
1. 柔軟から発声までの復習
2. 7つのポイントの再チェック
3. エクササイズ「絵本を読み込む」
4. 10分間トレーニング『イメージ訓練』

■展開の詳細

1. 柔軟から発声までの復習
　前回の復習をして、エクササイズの手順を身につけます。

2. 7つのポイントの再チェック
　第3回で学習した絵本の読み聞かせをする上での以下の7つのポイントを各自実際に選書した絵本を使いながら確認します。①絵本の見せ方、②声の大きさ、③はっきりと読めたか、④本の内容にあったリズムで読めたか、⑤顔の向き、⑥姿勢、⑦本を大切に扱う。

3. エクササイズ「絵本を読み込む」
　絵本の内容の理解を深めます。作者の考え、強調したい箇所やセリフ、特に見せたい絵がどこにあるかを考えることにより、その絵本の思いなどを理解し、絵本の読み聞かせで表現出来るようにします。

　用意するもの：書き込み余白付き付箋（赤、青、緑、黄色、橙の5色）
①一番面白いと思ったところに赤い付箋を付ける。
②一番見せたい絵に青の付箋を付ける。
③一番聞かせたい言葉に黄色の付箋を貼り付ける。
④一番子どもたちが喜びそうなところに緑の付箋を貼り付ける。
⑤　一番むずかしいと感じるところに橙の付箋を貼る。
　それぞれの付箋の余白に、どのように表現すれば良いかをメモする。

読み込みのポイント
●貼る場所が同じところになってもよいので必ず貼るように指導す

る。
- ●おもしろいところ、見せたいところがはっきりしてきているかを確認する。
- ●一番おもしろいところをクライマックスにする。面白いところと絵が一緒の人は最高のクライマックスです。
- ●赤を頂点にして、1冊の本を立体化する。ここで大きな声を出してみようとか、話に凹凸ができる。これが読み込みの基礎です。
- ●表現するのに重要なのは感情移入。そこで役立つのは経験。悲しみや喜びの経験がたくさんあるシニアだからこそ、絵本の素晴らしさを伝えることができます。
- ●観察力を重視ます。こういう時、人はどうするか？　人のことを観察することから学びます。
- ●聞き手の子どもたちに、この表現で理解できるのであろうかということを爪に意識しながら読み込みを続けていきます。読み聞かせで重要なのは、事前に何度読み込んでも、読み聞かせをするときには、初めて読む様な新鮮な気持ちで臨むことです。

■宿題
自分が選んだ絵本の読み聞かせ練習を1日5回以上行いましょう。

1.　10分間トレーニング『イメージ訓練』
　スタッフが任意の絵本を選んで、絵を見せずに1ページ分の文章を読んで聞かせます。その文章から絵本にはどのような風景が描かれているかを参加者に想像してもらいます。その後実際の絵を提示し、自分のイメージと合っていたかを確認してもらいます。さらに、次のページにはどのような風景が描かれているかを想像してもらい、同様にイメージと合っていたかを確認してもらいます。

第7回　読み聞かせ個別発表会 "その１"
■第７回の目的

　１人7～8分あたりの絵本の読み聞かせの個別発表を企画します。実際に本番に近い絵本の読み聞かせを体験し、これまでの学習の成果を発表すると同時に、良く出来た点や上手く出来なかった点について考えます。

　全員が1人7～8分あたり個別発表を終了した後にインストラクターが個別に講評を行います。

第8回　読み聞かせ個別発表会 "その２"

■第８回の目的

　前回に引き続き、1人7分～8分の絵本の読み聞かせを行い、全員が終了した後にインストラクターが個別に講評を行います。

図5　自己チェックカードのサンプル

```
                                            第8回資料

           ★自己チェックカード★
  基礎の７つのポイントについて          点
  ① 絵の見せ方              (    /100)
  ② 声の大きさ              (    /100)
  ③ はっきりと              (    /100)
  ④ 本の内容に合わせたリズム  (    /100)
  ⑤ 顔の向き                (    /100)
  ⑥ 姿勢                    (    /100)
  ⑦ 本を大切に使う          (    /100)
  表現の５つのポイントについて          点
  ① おもしろいところ        (    /100)
  ② 見せたい絵              (    /100)
  ③ 聞かせたい言葉          (    /100)
  ④ 子どもが喜ぶところ      (    /100)
  ⑤ むずかしいところ        (    /100)
3.　自己採点　(    )点/100点
4.　次への努力として
```

第9回　読み聞かせ発表会の振り返り、グループ発表会の準備
■第9回の目的
　個別発表を振り返り、どのような点が良かったのか、反省すべき点なのか客観的に発表を振り返るようにします。その後に最終回に向けたグループ発表の準備を始めます。

・自己採点
　自己チェックカードを使用して自分の発表について振り返ってもらいます。1週間前の出来事を詳細に思い返してもらいます。最終的に100点満点のうち何点であったかを各自発表してもらいます。

・グループ発表の話し合い
　4〜6人で1つのグループを作るようにします。各グループでプログラムの作成や、名札の作成を行いやすいようにテーブルを用意します。
　グループ発表に向けて役割分担、どのようなテーマで発表を行うのか、どのような絵本を読むのかなどについて検討します。発表会で使用する名札などの小道具作りも始めます。
※第9回からはグループワークが中心となります。

第10回　グループ発表会の練習
■第10回の目的
　グループ発表に向けて参加者間でミーティングを開き読む絵本を確定します。発表会で使用するプログラムなどの作成を始めていきます。

第11回　グループ発表会の最終練習
■第11回の目的
　グループ発表に向けて最終的な構成などを確定し、本番にむけたグループ発表のリハーサルを行います。講師はグループごとにリハーサルをチェックし、必要な修正やアドバイスを提供します。リハーサル中、他のグループはプログラム作りなどの準備を進めます。

第12回　グループ発表会／修了式

■第12回の目的

　最終回の成果発表として絵本の読み聞かせをグループで行います。各グループで準備した成果と個人でそれまで学んだ絵本の読み聞かせの技術についての成果を披露し、より実践的な絵本読み聞かせの活動につなげるきっかけを作ります。グループ発表終了後は講師による好評を行い、その後に修了式を行います。

図6　絵本の読み聞かせ―個別発表会とグループ発表会

「絵本の読み聞かせプログラム」の評価

　絵本読み聞かせプログラムの認知機能への効果を検証するため、東京都在住の高齢者を対象に無作為化比較試験を実施しました。ここでは、2つの地区で行ったプログラムの結果をまとめて、その成果について述べます。

1 「絵本の読み聞かせプログラム」の評価方法

(1) プログラムの参加者

　東京都の2つの地区にて、もの忘れに不安のある方を募集し、前期群（以後、介入群）と後期群（以後、対照群）に無作為に割付けた。介入群に割付けられた方は29名であり（男性2名、女性27名、平均年齢73.0歳）、対照群に割付けられた対象者も同様に29名でした（男性3名、女性26名、平均年齢73.3）。

(2) 評価時期

　広報などを利用してプログラムの参加者を募りました。参加希望者の方に、事前評価として1回目の健康調査に参加してもらいました。調査結果から、介入群と対照群の間に年齢や活動能力に偏りがないことを確認しました。その後、介入群には週に1回の「絵本の読み聞かせプログラム」に

図7　介入事業評価のデザイン

参加してもらいました。平均出席率は93.9%でした。対照群には基本的に通常通りの生活を送ってもらい、待機中の近況報告も兼ねて一般的な健康講座に月に1回参加してもらいました。介入群の講座修了後に事後評価として2回目の健康調査を実施しました。

(3) 評価内容

健康調査会場にて個別面接式の認知機能検査を実施しました。

ここでは主要な評価指標である言葉の記憶力に関する検査については、物語の記憶検査（ウェクスラー記憶検査法の論理的記憶）を実施しました。物語の記憶検査では、25項目の内容から構成される物語を2つ口頭で読み上げ、それを記憶するように求めました。物語を聞いてからおよそ30分後に思い出せた項目の数を得点としました。

動作性の注意分割・実行機能課題としてはTMT（Trail making test）を実施しました。TMTは数字と数字を繋げるTMT Part A、および数字と文字を交互に繋げるTMT Part Bを実施し、課題の遂行時間を記録しました。

言語性の注意分割・実行機能課題として仮名ひろいテストを実施しました。仮名ひろいテストは、紙面に印刷された物語を音読しながら、その物語文の中からターゲット文字である「あ・い・う・え・お」の5文字も見つけて丸をつけるよう求める課題で、制限時間は2分間でした。音読終了後、文の内容把握に関する質問を行いました。2分間で読み進めたところまでに含まれるターゲット文字の数を作業数、実際に丸を付けることが出来たターゲット文字の数を正解数として得点化しました。

また、認知機能障害のスクリーニング検査であるMMSE(Mini-Mental State Examination)と、軽度認知機能障害（Mild Cognitive Impairment,

図8　介入効果の評価に向けた認知機能検査のイメージ

絵本の読み聞かせプログラム
効果の評価

物語の記憶検査などで効果を確認

以下MCI)の鑑別にはMoCA-J(日本版Montreal Cognitive Assessment)(Fujiwara,2010)を用いました。

2 「絵本の読み聞かせプログラム」の評価結果

(1) 評価の結果

年齢と教育年数を調整して介入群と対照群を比較すると、対照群の成績は変化がない一方で、介入群の得点は統計学的に意味のある数字で事後評価で向上しました(**図9**)。これは、絵本の物語を記憶し、読み聞かせるという本プログラムの内容が直接影響し、検査の得点の向上をもたらしたと考えられます。

さらに、本プログラムの記憶機能への影響について詳細に検討するために、記憶の保持率というものを算出し、得点の変化を検討しました。記憶の保持率とは、物語を聞いた直後に覚えていた項目のうち、30分後に思い出すことができた項目はいくつであったかという割合を求めたものです。本プログラムに参加することで、物語を聞いた直後に覚えられる量が増えることで得点が向上したのか、それとも最初に覚えたものを長く保っておくことができるようになったことで得点が向上したのかが明らかになります。記憶の保持率でも介入群の得点の向上が示されました(**図10**)。これは、物語の記憶検査における得点の向上は、一度に覚えられる内容の量が増加したわけではなく、一度覚えた内容を長く保っておく能力が向上したためと考えられます。

本プログラムに参加することで多くの物語に触れ、それを記憶するという作業を行う中で、覚えたものを効率よく保つ能力が向上したと考えられます。

(2) 操作的MCIによる分析

MCIの人に限ってさらに分析を進めました。ベースライン時のMoCA-Jの得点により、MoCA-J得点26点未満の対象者を操作的MCIとして、本プログラムの介入効果について検討しました。全対象者による分析では交互作用が有意傾向にあったTMT Part Bおよび「仮名ひろいテスト」では有意な交互作用がみられました。また、MMSEとTMT Part Aにおいても新たな有意な介入効果が得られました。これらのことから、MCIの方では特に有効であると考えられました。

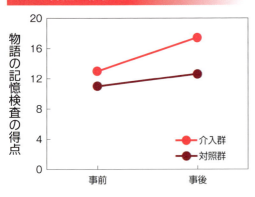

図9　各群の物語の記憶検査の得点の推移

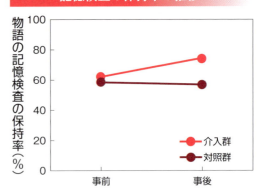

図10　各群の物語の記憶検査の保持率の推移

（30分に思い出す事が出来た項目の数を、直後に思い出すことが出来た項目の数で除すことにより算出）

3 「絵本の読み聞かせプログラム」修了後のボランティアへの移行

　講座修了後、1カ月後には自主ボランティアグループ結成に向けた初めての話し合いが行われ、グループへの参加を希望する人（修了者の70％）が参加して、代表の選出や活動の日時、およびその場所が決定されました。

　2カ月後には副代表以下の役員が決定し、グループの規約や会費の決定、連絡網の作成、読み聞かせの継続的な指導を依頼するインストラクターが決定されたほか、ボランティアとして活動を行う上でのエチケットやマナーに関する勉強会が設けられました。

　その後、ボランティア活動の実践に向けた読み聞かせの練習を経て、4カ月後には、地域の保育園において初めての絵本読み聞かせボランティアとしての活動が開始し、講座修了後1年が経過した現在も、活動場所のさらなる拡充や、読み聞かせの内容の一層の充実を目指して活動が継続されています。

　読み聞かせ講座では実践を前提としたプログラムが用意されているため、すぐに自主グループとしての活動を開始させることができるという強みがあります。

文献

1) Newman S. History and evolution of intergenerational program. Newman S、Ward CR、Smith TB、et al. (Eds.)、Intergenerational programs: past、present、and future、Washington DC: Taylor、& Francis、1997.
2) 杉岡（矢島）さとる, 倉岡正高. 今、なぜ世代間交流なのか. 社会教育 2006;61:30-33.
3) Rowe JW, Kahn RL. "Successful aging". Gerontologist 1997, (37), pp.433-440.
4) 柴田博. サクセスフル・エイジングの条件、日本老年医学雑誌、2002;(39)、152－154頁.
5) 藤原佳典、杉原陽子、新開省二.（2005）. ボランティア活動が高齢者の心身の健康に及ぼす影響―地域保健福祉における高齢者ボランティアの意義. 日本公衆衛生雑誌、2005;52, 293-307.
6) Koyano, W., Shibata, H., et al. Measurement of competence: Reliability and validity of the TMIG Index of Competence. Archives of Gerontology & Geriatrics, 1991;13, 103-16.
7) Fujiwara Y, Shinkai S, Watanabe S, et al. Longitudinal changes in higher-level functional capacity of an older population living in a Japanese urban community. Arch Gerontol Geriatr 2003; 36: 141-153.
8) 西平直著「＜発達＞を＜世代継承＞につなぐ論理―ライフサイクルと世代継承サイクルとはいかに重なり合うか」（西平直『エリクソンの人間学』, 東京, 東京大学出版会、2001;pp.93-115
9) 藤原佳典:絵本読み聞かせ法の習得による認知機能低下抑制プログラムの開発. 厚生労働科学研究費補助金・認知症対策総合研究事業「認知症早期発見のためのツール開発と認知機能低下抑制介入に関する研究」平成23年度総括・分担報告書（研究代表者 高橋龍太郎）pp45-61
10) 藤原佳典:絵本読み聞かせ法の習得による認知機能低下抑制プログラムの開発と長期効果の検証. 厚生労働科学研究費補助金・認知症対策総合研究事業「認知症早期発見のためのツール開発と認知機能低下抑制介入に関する研究」平成24年度総括・分担報告書（研究代表者 高橋龍太郎）pp146-162
11) 藤原佳典, 鈴木宏幸: 社会活動をめざす「絵本の読み聞かせプログラム」の実際と評価. 楽しくいきいき、認知症予防！（高橋龍太郎編）, インターメディカ 2013;pp26-59.
12) Fujiwara Y, Suzuki H, et al: Brief screening tool for mild cognitive impairment in older Japanese: validation of the Japanese version of the Montreal Cognitive Assessment (MoCA-J). Geriatr and Gerontolo Int, 2010;10:225-232.
13) Fujiwara Y, Sakuma N, Ohba H, et al: Intergenerational health promotion program for older adults "REPRINTS": the experience and its 21 months effects. J of Int Relationship, 2009;7,17-39,
14) 藤原佳典：世代間交流プロジェクト・りぷりんと・ネットワーク（編著）, 藤原佳典（監修）「子どもとシニアが元気になる絵本の読み聞かせガイド」, 東京, 2008, ライフ出版

第6章 介護予防 柏モデルの実践

予防重視型システムの重要性

1 人口ピラミッドから見る超高齢化の波

　わが国日本においては世界に例のない高齢化が進んでおり、それはすぐ目の前に迫ってきています。**図1**の日本の人口ピラミッドの推移が示すように、団塊の世代が2025年には75歳以上に到達し、高齢者人口がピーク（約3500万人）を迎え、後期高齢者人口も倍増し人口の20%を占めると予想されている。さらには、その大部分は大都市圏で著明となり、この超高齢化の現象は日本列島において万遍なく一様に起こるものではありません。そして、大都市圏の問題は、すでに高齢化問題を抱えていた地方

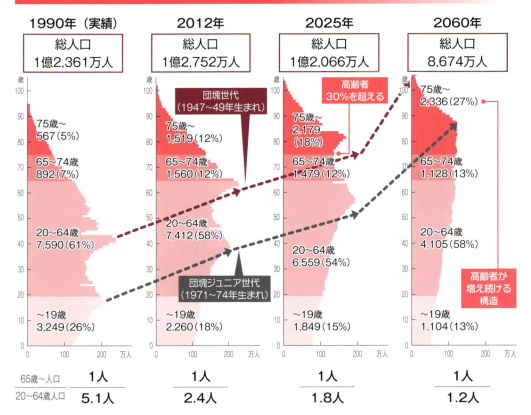

図1　人口ピラミッドの推移：騎馬戦型から肩車型へ

出典：総務省「国勢調査」及び「人口推計」、国立社会保障・人口問題研究所「日本の将来推計人口」（平成24年1月推計）

圏におけるこれまでの対策の延長だけでは限界です。また、半世紀前には高齢者1人をおよそ9人の現役世代で支える「胴上げ」型の社会だったが、近年3人で1人の「騎馬戦」型の社会になり、このままでは、2060年には、国民の4割が高齢者となって、高齢者1人を1.2人の現役世代が支える「肩車」型の社会が到来することが見込まれております。

こうした急激な人口構成の変化に対応し、医療・介護・社会保障・居住環境・社会的インフラ・就業形態をはじめとした社会システムを組み替える必要性が目前に迫っています。この社会全体の変化を見通し、超高齢社会にむけて社会システムを「リデザインする取り組み」を直ちに開始し、若い人～現役世代～高齢者の誰もが、人間としての尊厳と生きる喜びを享受しながら快活に生きて行ける、活力ある超高齢社会の実現に向けて挑戦していかなければなりません。そこで、高齢者が「尊厳と希望」を持って生きられる社会をどう実現できるのか、それが今改めて問われております。

2 世界の長寿トップランナー・日本：だからこそ

世界の高齢化の状況をみると、日本の高齢化の状況は世界でも最も進みました。韓国、シンガポールなどのアジア諸国は日本に追随する形で急速な高齢化の道を辿ることが予測されております。その意味も合わせて、アジア諸国をはじめとする世界各国は、来るべき自国の将来に重ね合わせ、長寿のフロントランナーである日本の高齢化対応を注視しています。この課題に対して、わが国は高齢者の健康寿命を延ばし、経済活動・地域活動への参加を促すことによって高齢者も社会の支え手とする新しい社会システムを追い求める必要があります。一方で、活動レベルが低下して介助が必要になった後でも、施設収容により対応するだけではなく、住み慣れた地域社会の中で安心してできるだけ自立的に活力を維持しながら暮らせる社会システムと居住環境システムを実現するなど、世界に先駆けてその解決策の先進的モデルを生み出すことが求められております。

3 介護保険を取り巻く課題

(1) 多死時代

前述のように、高齢化が進むにあたり、要介護にならないための施策（予防やリハビリテーション）の重要性が今まで以上に必要となります。しかし、同時に後期高齢者人口が1,160万人（2005年）から2,266万人（2030

年）に急増します。すなわち、年間死亡者数も急増（現在約100万人強→2025年には約160万人）となり、言い換えれば「多死時代」を迎えることにもなります。

（2）認知症の激増

　高齢化が進めば、同時に認知症も激増することが容易に予想できます。ちなみに、2005年は約205万人、2015年には1.5倍の約302万人に、2035年には2.2倍の約445万人と推測されています。医療・介護双方のニーズが増加することは間違いなく、また、BPSD（Behavioral and Psychological Symptoms of Dementia）も含めた周辺症状で悩む介護者も急増することが予想され、早期発見・早期対応からケアまでを包括的に対応する地域でのケア体制の推進が強く求められます。

（3）独居高齢者・老夫婦世帯が激増

　さらには、2025年には高齢世帯が約1900万世帯となりますが、そのうち独居高齢者もしくは老夫婦のみ世帯が約7割を占め、家族の介護力の低下や地域コミュニティのサポート体制の脆弱化が進んできている中、介護保険サービスのみならず、地域の互助の推進も強く求められます。同時にそこには介護サービスの質を高めるための介護従事者の処遇向上と人材確保も必然的に必要となってきます。さらに、医療・介護連携に加え、見守り等生活支援サービスとバリアフリーに配慮された高齢者の住まい・居住環境が生活圏域で用意され、さらに住まい方にも工夫が施され、包括的・継続的に提供出来るような地域での体制構築が急務です。

4 虚弱（フレイル）

　人間は加齢とともに様々な形で心身の機能を低下させていきます。この一連の過程と現象は老化と呼ばれるのですが、その過程において（成年期に比し）高齢期になればなるほど個体差の大きいことが最たる特徴です。すなわち、加齢変化による機能低下が比較的緩やかな元気高齢者から、逆に機能低下が顕著で、衰えの目立つ虚弱高齢者まで存在しており、その分布はほぼ正規分布しているようです。この心身機能の（平均値を超えた）著明な低下を示す者を「虚弱（frailty）」と一般的に呼んでいます。2014年日本老年医学会から予防意識を高めるため、虚弱のことを「フレイル」と呼ぶことも提唱されました。虚弱（フレイル）は多くの生理機能が加齢により累積的に減退することにより生じる老年症候群の一つであり、

図2 「虚弱」と言っても様々：ヒトはどの側面が弱っていくのか？

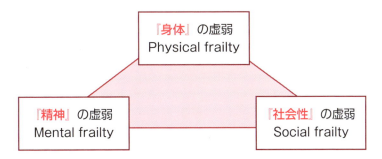

虚弱（frailty）は骨格筋を中心とした「身体の虚弱（physical frailty）」だけではなく、精神心理的要因（psychological problems）を背景とする「こころ・精神の虚弱（mental frailty）」および社会的要因（social problems）を含む多次元の「社会性の虚弱（social frailty）」が存在します。（筆者・作図）

ホメオスターシスの障害やストレス対応能の減少を伴います。従って、虚弱とは「老化に伴う種々の機能低下（予備能力の低下）を基盤とし、多様に出現する健康障害（adverse health outcome）に対する脆弱性vulnerabilityが増加している状態」とも表現できます。

しかし、虚弱（frailty）は骨格筋を中心とした「身体の虚弱（physical frailty）」だけで考えられがちであるが、それだけではなく、**図2**に示すように、精神心理的要因（psychological problems）を背景とする「こころ・精神の虚弱（mental frailty）」および社会的要因（social problems）を含む多次元の「社会性の虚弱（social frailty）」が存在します[1]。よって、今後の高齢化を見据えると、「いつまでも心身ともに健全で自立し続けられるように」という視点を国民全体が意識することが必要であり、少なくともこれら全て（3種類の虚弱）においてバランスの取れた評価や指導が強く求められます。

5 避けられない心身の老い：75歳以上の自立度低下

ここで日本人の高齢期の老いの姿を考えてみる。**図3**に約20年間にわたり約6000人の高齢者の機能的自立度（ADL）の推移を追跡したパネル調査の結果（男性）を示します[2]。日本人高齢者の自立度を完全自立、手段的ADLの低下、基本的ADLの低下、死亡という尺度で大きく分け、その自立度の変化パターンをみたものです。男性の場合（左図）においては、2割弱が60歳以降に急速に自立度が低下し、重い要介護の状態になって

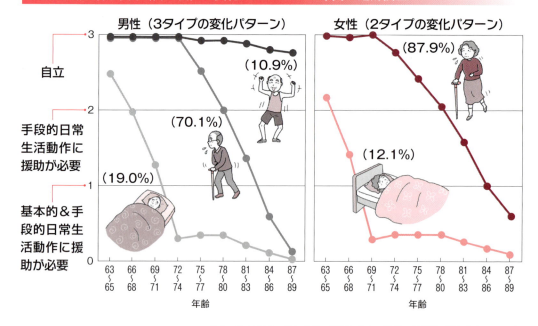

出典：秋山弘子　長寿時代の科学と社会の構想　『科学』岩波書店, 2010年

おります。この集団には、メタボリック症候群を背景とした脳心血管疾患の発症が関係している可能性が高いと思われます。このように脳血管疾患や神経筋疾患の発症に伴う摂食機能の低下は急速な低栄養を招くことが多く、いわゆる「直下型フロー」とも表現できます。そして7割程度が75歳頃を境に徐々に自立度が低下しています。

　これらは廃用症候群領域としてロコモティブ・シンドロームやサルコペニア、認知症などで個々に自立度が低下していく可能性を多く含みます。虚弱により転倒、入院、施設入居、死亡などの有害な転帰をとる可能性が高くなり、最終的な生活機能低下といった負のスパイラルがいくつかの段階を経て時間軸を伴い進行するものであり、いわゆる「廃用型フロー」と言っても良いと思います。ちなみに、約1割が90歳まで概ね完全自立の状態を維持していました。一方、女性では男性よりも少ないとはいえ1割強が60歳以降に急速に自立度が低下しており、そして9割弱の女性が廃用型フローとして徐々に自立度が低下しております。

　75歳以上の後期高齢者はやはり心身ともに虚弱化しやすいため、医療を提供する形も必然的に変わってきます。虚弱予防（元気な高齢者の健康増進）と在宅ケア（虚弱な高齢者の生活支援）の両面が存在し、地域コミ

ュニティの活動として、医療・介護を中心とした多くの職種が連携し、各自治体で医療政策をしっかり展開する必要があります。言い換えれば、2025年から2040年の間に超高齢化に対応するための社会システムを整えることが必要であり、その入り口の2025年に向けて、社会システムを改革できるかどうかがポイントとなると考えられます。

6 強く求められる予防重視型システム

　以上のような状況を目前にして、どのような高齢者像を追い求め、また医療提供側としてどのようなサポートを求められているのでしょうか。まず、元気でできる限り自立し続けるためには、生活習慣病への一次予防対策が第一であることは言うまでもありません。次に必要なのは介護予防です。かつては寝たきり老人対策という言葉があったように、年をとれば寝たきりになると考えていましたが、現状では「生活の質」が大きく鍵を握っていることは間違いありません。介護の必要のない状態を維持するために、生活する力、つまり食べる、動く、出かけるといった力を維持するための予防政策により社会的に自立した状態の継続を目指すことが重要なのでしょう。したがって、寝たきり予防を中心に介護予防によりできる限りの自立を目指すという予防政策が重要となってきます。

　しかし、前述したように、全ての人が亡くなる前まで自立生活を可能にできる訳ではなく、むしろ大半の高齢者が虚弱な期間を経ることになります。むしろ地域の中で、それまでのその人らしい生活スタイルが「生活の場」で継続できるよう支援システムが構築されることこそが一番の課題です。

　図5に今後の医療政策の骨格を示します。特に虚弱型フロー（frailty虚弱モデル）としてのイメージ図の中で考えてみますと、『健康（no frailty)』の状態には完全に健康体である場合と一方で様々な変化が起こっていますが本人は健康であるという自意識のもとで生活している場合など複数存在します。とはいえ、図4に示すように、メタボリック症候群を中心とした生活習慣病予防をしっかり行うことが必要です。それは、しっかりとした運動と適正なダイエットの両立であることは間違いではなく、それを保健指導も徹底的に行いながら国民全体が意識啓発される必要があります。次の『虚弱（frailty)』の時期には、介護予防（虚弱化予防）として「①しっかり歩く（運動する）、②しっかり噛んでしっかり食べる、

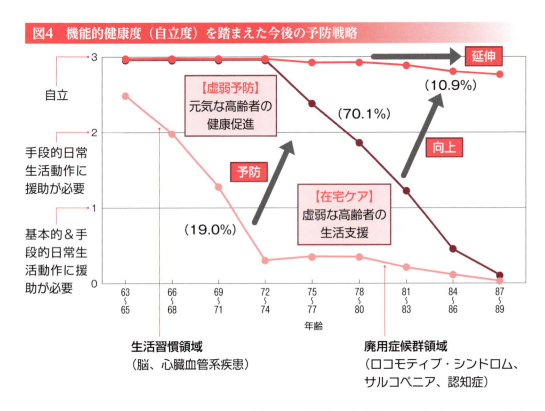

図4 機能的健康度（自立度）を踏まえた今後の予防戦略

出典：秋山弘子　長寿時代の科学と社会の構想　『科学』岩波書店，2010年

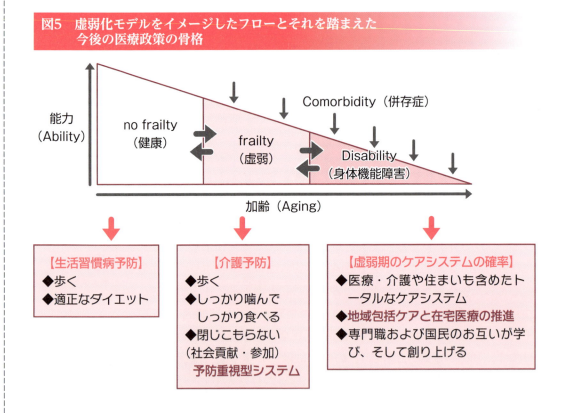

図5 虚弱化モデルをイメージしたフローとそれを踏まえた今後の医療政策の骨格

③閉じこもらない（社会参加・社会貢献）」という三本柱による予防重視型システムを展開していく必要があるのでしょう。最後に『身体機能障害(disability)』の時期においては、ケアシステムの確立が求められ、各地域単位で地域包括ケアシステムの構築を目指し、そこには在宅医療の推進も求められます。そして、専門職および国民のお互いが学び、そして創り上げる場が必要です。

7 地域包括ケアシステム、そして地域完結型医療への進化

　現在、国が推し進める「地域包括ケアシステム」とは、住居の種別にかかわらず、おおむね30分以内（日常生活圏域）に生活上の安全・安心・健康を確保するための多様なサービスを24時間365日を通じて利用しながら、病院や施設だけに依存せずに住み慣れた地域での生活を継続できる体制を指しています。そこには、地域ニーズを踏まえ急性期病床（病院）も視野に入れた上での機能分化が改めて求められていることは言うまでもありません。さらに、あえて言えば、地域を慢性期向けの病床と見立て、生活の場に今まで以上に医療自体が及ぶこと、すなわち在宅医療の体制の底上げと質の向上も求められております。

　そして、従来の病院完結型から、今こそ個々人の生活に密着した形で生から死までを地域全体でみて（診て・看て）ゆくという「地域完結型医療」への進化、そして機能分化・連携型のシステム型医療への転換が求められています。しかも、様々な大きな連携（例えば、市区町村の行政主導の下、医療・介護・福祉の連携、各地区医師会を中心とした各職能団体の連携、大学などの教育機関、急性期から慢性期管理のできる病院の連携、等）も今まで以上に強い絆と円滑な役割分担（機能分化）が必要になってきます。とりわけ、在宅医療を担うかかりつけ医や在宅医を専門医や多職種が連携し、生活者でもある患者さんを中心にしてシームレス（切れ目のない）な現場を作り上げる必要があります。疾病ごとの急性期の治療と回復期のリハビリなどを連携させ、治療後の高齢者の生活能力をできる限り回復させ、生活の場である在宅へ戻し、その人らしい生活を持続させる方向で分化連携することが求められております。

柏モデルの実践

1 地域包括ケアシステムのモデル的取組み「柏モデル」

(1) 講座修了後に設立された自主グループの活動状況から

　ベッドタウンとして急速に人口が流入した大都市圏においては、今後20年程度の期間に急速な高齢化が進み、入院需要は急速に増大するため、極めて深刻な様相を呈する可能性があります。よって、大都市圏から医療改革が始まると推測されると言っても過言ではありません。筆者が所属する東京大学高齢社会総合研究機構（Gerontologyジェロントロジー：総合老年学）は、高齢社会に対する学部横断型の研究組織です。その活動の中で、『い・しょく・じゅう』という3分野にわたり重点を置きながら、千葉県柏市をフィールドとして課題解決型の研究（アクションリサーチ）を展開しています。具体的には、い（医：ケア・サポート・システム）、しょく（食/職：ソーシャル・サポート・システム）、じゅう（住：空間的サポート・システム）を意味しています。国の方針である地域包括ケアシステムを確実に達成していくためには、前述のように地域完結型の医療への大きなパラダイムシフトが求められています。

　われわれ東京大学高齢社会総合研究機構はこの柏モデルを通じて『Aging in Place』をモットーとし、「少しでも弱らないように、また弱っても安心して住み慣れたまちに生活し続ける」ということを目指しており、まさに地域包括ケアの理想とすべき方向性と同じです（**図6**）。その中で、以下の3つのコンセプトが並列で活動されています。

> ①いつまでも元気で活躍できるまち（生きがい就労、健康増進）
> ②いつまでも安心して在宅で暮らせる医療・介護システム
> ③安心安全な暮らしを可能にするまち・家（住まいと移動）

図6 『Aging in Place』:柏モデルを通じて
「住み慣れた場所で安心して自分らしく」を目指す

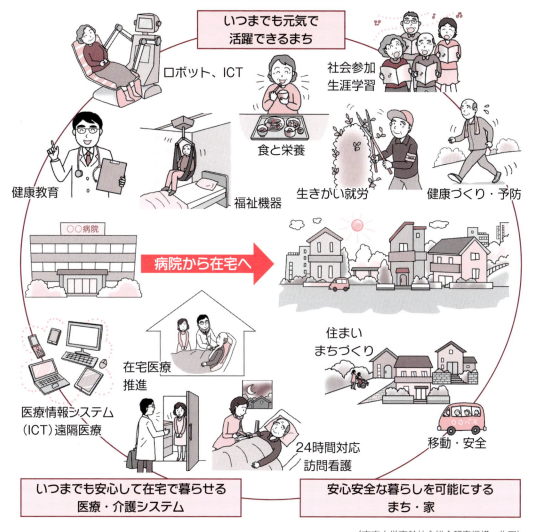

(東京大学高齢社会総合研究機構・作図)

2 真の"生涯現役社会"に向けて:柏モデルの中の「生きがい就労プロジェクト」

　本格的な高齢化が進む我が国において、安心で活力ある豊かな超高齢社会を築いていくには、高齢者が年齢に関わらず社会に参加し活躍し続けられる"生涯現役社会"を真に築いていく必要があります。その意義として、本人にとっての健康・生きがいへの寄与、および介護予防効果、社会にとっての生産性拡大および予防効果に伴う医療介護費の好転などにつながる可能性があります。2012年から団塊世代(1947-49年生まれ)が65歳に到達し始め、退職後地域に戻り新たな社会参加の場を求める高齢者が急

増していますが、「やることがない、行くところがない、会いたい人がいない」と"ない・ない"づくしのために自宅に閉じこもる生活を余儀なくする人は少なくありません。

（1）社会参加への無関心をどう克服するのか

　生涯現役社会創造に向けて重要な課題の一つは、"社会参加に対して意欲がない人"をどこまで意識変容させ参加に向かわせられるかということです。50～69歳・6500名（全国）を対象にした調査（平成25年度老人保健健康増進等事業）によれば、現在の中高齢者は「2：3：5」の割合に区分できます。退職後の地域社会への参加に関して参加意欲があり実績のある2割、参加の関心はあるが実績のない3割、関心がない5割です。前者の2割はおそらく既存のシステムの中でも社会参加に辿りつける期待が持てる可能性がありますが、後者の3割、5割の計8割の層は新たな仕組み、しかけが必要と考えられます。彼らをどのように社会参加に興味を持たせ、結果的に結び付けるのかが、日本社会にとって極めて重要な課題になってきます。

（2）動機づけ・マッチング機能に課題

　前述の8割層を生涯現役社会へ誘うためには、高齢期の社会参加に向けた「動機づけ」と、本人のニーズ・特性等応じた活躍フィールドへの「マッチング」が非常に重要となってきます。しかしながら、退職後の生活に関する動機づけ機会（企業内研修等）は、なかなか現実的な側面が含まれていないのが事実です（形式的かつ情報が限定的で実効性に欠ける、など）。実際には、社会保険の制度や年金等の老後資産に関する話が中心で、生活設計（具体的な活躍フィールドへのナビゲート）の話は希薄の現状にあります。また、「マッチング」に関しては、科学的な根拠にもとづく実施は行われておらず、大きな課題として残っております。

（3）参加者の固定化解消と制約的な受け皿

　さらに、生涯現役社会実現に向けて一番の大きな問題が、高齢者が活躍できる「受け皿」における課題です。既存の退職後の活躍機会としては、就労の継続および新たな就労への移行と、地域社会への参加に大別できます。しかし、いずれにおいても課題が多く含まれています。前者の就労に関しては高齢者の雇用市場が極めて限定的で制約的なこと（高齢者が求める雇用市場は極めて狭い）、後者については、敷居の高さ（参加者の固定化傾向）と参加に向けた魅力不足があります（既存の老人会等の組織には

一部の固定された人しか参加しない。新参者には敷居が高く、かつ魅力が極めて薄い)。

3 ワークシェアリングでの就労：究極の健康増進

　以上の課題を解決することが、真の"生涯現役社会"の創造につながる第一歩と考えられます。こうした高齢者の社会参加問題（言い換えれば、セカンドライフのあり方問題とも言える）について、東京大学高齢社会総合研究機構は2009年度以降、千葉県柏市をフィールドとして生きがい就労事業を手がけることを通じて、「生涯現役社会の実現、およびそのプラットフォームの構築」を目指し、取り組んでいます。

　また、社会参加（就労）に関する効果測定についても先行的な取組を行っています。具体的には、定年退職を迎えたシニアを対象に、地域コミュニティで就労をすることが身体活動量の上昇や余暇活動などの社会参加を促すかどうかを検討してみました。千葉県柏市在住で定年退職後の60歳以上のシニア12名（平均年齢66.7±5.7歳、男性7名、女性5名）を対象に、

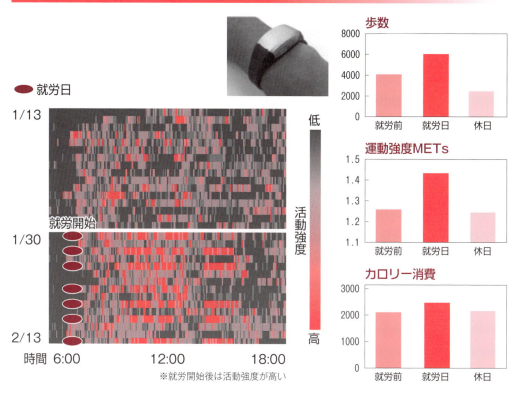

図7　ある1例（68歳男性）の就労（園芸作業）開始前後の活動量の変化

※就労開始後は活動強度が高い

図8　就労開始前後の歩数、活動量、カロリー消費量の検討

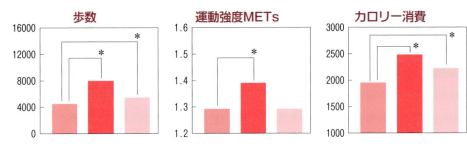

	歩数			運動強度METs			カロリー消費		
	就労前	就労日	休日	就労前	就労日	休日	就労前	就労日	休日
平均	4495.4	7998.8	5467.6	1.29	1.39	1.29	1961.4	2486.2	2225.1
SD	3132.4	4487.1	4219.6	0.09	0.10	0.10	507.7	488.9	426.9

＊$p<0.05$　vs.就労前

　様々な就労（英語塾の講師や福祉施設での清掃業、園芸作業など）を開始するにあたり、その就労前後にわたり日記による行動記録及び携帯型活動量計を装着し、身体活動量（歩数、運動強度（metabolic equivalents; METS）、消費カロリー）の3項目を測定した。**図7**にある代表例（68歳男性）の就労（園芸作業）開始前後の活動量の変化を示す。就労前には起床時間もまちまちで一日全体の活動量も低くバラバラでした。しかし、就労開始後には起床時間が比較的一定化され、3項目の評価による活動量も上昇していました。**図8**にシニア12名のデータの解析結果を示します。就労前と比較し、就労日（出勤日）には3項目の活動量も著明に上昇し、また面白いことに休日（非就労日）にも活動量が増加し社会参加の機会が増えていることが示されました[3]。セカンドライフのための就労へ積極的に取り組むことは地域コミュニティとの繋がりも強め、Aging in Placeを実現するだけでなく、結果的に生活の質の向上を通じて、より最高の虚弱化予防（介護予防）にもつながる可能性があることが分かりました。

　人生90～100年時代、20～30年にも及ぶ長い高齢期をより健康のまま暮らし続けるためには、社会に参加し生きがいに溢れる暮らしを続けることが極めて効果的です。究極の介護予防は「生涯現役社会の実現」、すなわち高齢期の社会参加と言っても過言ではありません。特に今後高齢期を迎える層に対する高齢期の社会参加促進策への反映が大いに期待されます。

4 『食力』向上から健康長寿社会を目指す：「食の虚弱」を再考

栄養と運動をバランスよく維持しなければ、早々に虚弱（フレイル）に向かってしまいます。高齢期での従来のメタボ概念（カロリー制限）からどう切り替え、周囲の医療専門職や地域リーダーのサポートを得ながら、国民自身がより早期から「しっかり噛んで、しっかり食べ、しっかり動く」という基本的な概念を改めて再認識し、結果的に行動変容に繋げられるのかが鍵となると思われます。すなわち国民目線での活動（自助・共助・互助）を通して国民運動にまで発展させることは、最終的には包括的な介護予防等の施策改善に資すると考えられます。

そこで、我々は高齢者の食の安定性を『食力（しょくりき）』として位置づけ、本研究において「高齢者における食力を今改めてどう考えるか」という点から出発しました。そのためには、高齢者の食力がどのような要素によって下支えされているのかをしっかり考える必要があります。図9に示すように、1）残存歯数や咀嚼力低下、嚥下機能低下、咬合支持喪失も含めた口腔機能低下などを代表とする歯科口腔機能も重要ですが、並行して複数の基礎疾患（多病）により結果的に多剤併用（polypharmacy）の状態となってしまうものも食欲減退につながる危険性が高い。また、身体的なサルコペニア（全身・口腔）の問題もあり、さらには栄養（栄養摂取・バランス等の偏りも含めた食事内容、現在の栄養状態）などの要素も関与は大きい。そして、それら以上に重要な要素が「社会とのつながり、人とのつながりに代表されるような社会性・生活・ライフイベント等の精神心理面・認知機能」等の要素であります。当然、食環境の変化も含まれます。

別の角度から高齢者の食を考え直してみると、高齢者が低栄養に傾いて

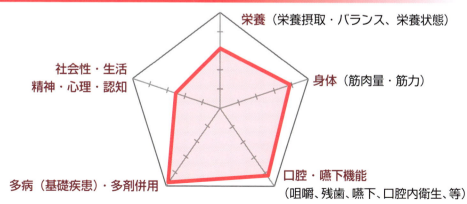

図9　高齢者の『食力（しょくりき）』を下支えしているもの

しまう原因には、様々な多岐にわたる危険因子があります。
①認知機能障害・うつ状態
②独居・要介護（食事介助，買物や家事ができない）
③多剤薬物服用（副作用）
④口腔内の問題（残存歯や義歯の不具合、咀嚼力の低下、嚥下機能障害など）
⑤経済的問題
⑥臓器機能の低下（腎不全，慢性呼吸器疾患など）
⑦胃腸障害（便秘・下痢）
⑧併発する感染症・癌・糖尿病の存在

などがあります。これをみると、いかに医学的な要素以外にも多くの食欲減退因子が包含されていることが分かります。

5 柏モデルの中での虚弱予防研究：「柏スタディ」とは

高齢者になると、栄養低下（タンパク質不足、ビタミンD低下）、ホルモン変化（テストステロン、エストロゲン、IGF-1など）、代謝性変化（インスリン抵抗性）、炎症性変化などが併存し、骨格筋の筋線維の減少と萎縮が起こります。そこに身体活動の低下も加わり、骨格筋の「加齢性筋肉減弱症（サルコペニア）」が惹起されます。すなわち、筋肉量と筋力の両面を失うこととなり、これらは負の連鎖を起こします。サルコペニアに関して、高齢者の生活の場（コミュニティ）において、より早期からの虚弱予防研究がまだ不十分であることから、千葉県柏市をフィールドとする虚弱予防研究（柏スタディ）は多角的側面から評価する形で「高齢者における食を改めてどう考えるか」という点から出発しました。

また、研究を立ち上げることにおいて、精度の高い検査による骨格筋への評価も学術的アプローチからは避けて通れませんが、一方で、国民自身が早期の気づきを得ることが出来、意識変容そして行動変容へと移り変わるためには、「汎用性の高い簡便なスクリーニング指標」を確立することも必須な条件であると思います。すなわち、今まで研究や地域活動としても踏込の弱かったより川上（上流）の時点（no frailty［健康］からpre frailtyの手前の段階）で、いかに国民自身が虚弱化を予防したいか、そのためには何が必要なのか、それらを自助・互助・共助の精神の下に意識する必要があります。その簡便なスクリーニング指標を創出することによって、より早期からの介護予防を含む健康増進（特に一次予防）の手法、医

療機関等における健診などに応用され、筋肉減弱や消化吸収不良といった生活機能を著しく低下させる恐れのある基準を設定し公表することが出来るのではないかと考えています。

〈本研究の特徴と目指す目標〉

①分かりやすい基準値（スクリーニング指標）
　→上流からの早期介入：0次・1次予防へ
　　（介入ポイントを見つけ、国民目線での早期の「気づき」を与えるための国民運動論へ）
　→市民の手による、市民のための健康増進
　　（地域に根づく事業へ）
　　（地域健康づくりリーダー養成も兼ねる）
②栄養・口腔・運動の包括的介入プログラムの構築（1次予防を視野に）
　（運動・栄養／口腔・社会性からの視点）
③高齢期における食の重要性の再認識
　→啓発（早期の気づき・意識変容）と誤認識の是正
　→メッセージ（標語）の創造・構築
④良好な社会環境の実現
　→健康のための支援（保健・医療・福祉等サービスへのアクセスの改善、および地域の絆に依拠した健康づくりの場の構築、等）
⑤医科・歯科・栄養連携の底上げ
　→栄養＆口腔ケア・咀嚼＆社会性からの視点
⑥産学連携：ヘルスケアに対する企業側の参画

6 簡便なサルコペニア危険度のスクリーニング指標

　前述したように、精密機器による測定をしなければ骨格筋の減少・減弱状態を評価することが出来ないということになると、なかなか汎用性に乏しいです。よって、いかに大きな精密な機器を必要とせず、簡便にサルコペニアに対する危険度を評価し得るのかが鍵になります。我々は千葉県柏市における無作為抽出された65歳以上の介護を要しない自立高齢地域住民を対象とした柏スタディの結果（平成24年度：参加者1,971名（男性977名、女性994名）、うち後期高齢者は約35%を占める）を用いて、握

力と下腿周囲長の2つの測定のみによる簡易サルコペニアスクリーニング法を開発しました[4]。サルコペニアの診断にはEWGSOPの基準を準じ、筋肉量の基準として生体インピーダンス法を用いて四肢筋量の測定（skeletal muscle mass index (SMI)：kg/m^2）を用い、筋力の評価には握力、身体能力の評価には通常歩行速度を用いました。

この結果、サルコペニアは14.2%の高齢男性、22.1%の高齢女性に認められ、サルコペニアのスクリーニングに用いる指標としては特別な医療機器やトレーニングを必要とせず簡便かつ安価に測定できるものを要件として年齢、BMI、握力、大腿周囲長、下腿周囲長、上腕周囲長の6変数を予め選択し、これらを用いてサルコペニアスクリーニングが行えるかどうか検討しました。これらの6変数を予測変数、サルコペニアを従属変数とした多変量ロジスティック回帰に対して変数選択法を用いたところ、男性、女性共に年齢、握力、下腿周囲長の3変数が選択されました。この3変数を用いた予測式では予測力の指標であるArea Under the Curve（AUC）が男性0.939（95%信頼区間0.918-0958）、女性0.909（95%信頼区間0.887-0.931）と優れた予測力があることが示されました。このスクリーニングモデルを臨床現場で容易に用いるため、多重ロジスティック回帰に収縮法を用いて外的妥当性を高めたモデルの回帰係数を用いてスコア

図10　サルコペニア危険度の簡易スクリーニング法の開発とスコア表

（例）男性におけるスコア表

年齢【76歳】
握力【26kg】
下腿周囲長【30cm】

変数	値												
	男性												
年齢			<66	66	68	70	72	74	76	78	80	82	84	86≦
スコア（年齢）				1	1	2	3	4	5	6	7	8	9	10	11
握力		<20	20	23	26	29	32	35	38	41	44	47	50≦	
スコア（握力）		99	90	81	72	63	54	45	36	27	18	9	0	
下腿周囲長	<26	26	28	30	32	34	36	38	40	42≦				
スコア（下腿）	81	72	63	54	45	36	27	18	9	0				
予測されるサルコペニアの危険率（%）														
合計スコア	70	80	90	95	100	105	110	115	120	125	130	135	140	145
危険率（%）	1	2	5	8	13	19	28	39	51	64	74	83	89	93

危険率74%

チャート（早見表）を作成しました（**図10**）。

例えば、76歳男性で握力26kg、下腿周囲長30cmであるケースの場合、年齢、握力、下腿周囲長それぞれの値に該当するスコア点数をスコアチャートから読み取るとそれぞれ6, 72, 54であり、合計スコアは132となります。ここでスコアから予測されるサルコペニアの確率の欄を参照すると、サルコペニアの予測確率は74％であることが読み取れます。

サルコペニアスクリーニング法を実際に臨床現場で運用するためには、幾つかの問題を解決する必要もあります。本研究で用いたEWGSOPが提唱したサルコペニアの基準は未だ診断基準として確定していないこともあり、また他地域在住の高齢者や肥満、著明な浮腫を持つ患者においてもこのスクリーニングモデルが有効であるか等、今後の課題は残っています。しかし、容易に得られる変数によってサルコペニアを高い精度で予測できることが我々の研究によって示されました。今後サルコペニアの診断基準が変更、あるいは診断に用いる検査のカットオフ値が変更になるとしても、同様の手法を用いてサルコペニアスクリーニング法を開発することが可能であると考えられます。そして、コミュニティの場において、たとえ専門職が不在の状態であっても、このような簡便なアプローチによって市民自身の意識啓発につながる可能性は大いにあると期待しています。

7 虚弱・サルコペニアの前段階、すなわち食力の偏りの段階から腰をあげる

これらの不具合が顕在化する前段階から、医療関係者だけではなく、国民にも早期の気づきを与えることも必要であり、かつ最優先されるべき課題です。その啓発のために、我々は虚弱・サルコペニアの前段階にも大きく焦点を合わせた新たな概念を新規に考案しております。これは、前述したように、不健康な食環境からくる栄養の偏り、それに引き続く筋肉減少、消化吸収不全、そして加齢とともにいくつかの段階を経て最終的な生活機能低下に向かっていく廃用型フローとも表現できます。

大半の高齢者は大なり小なり加齢変化を背景として徐々に虚弱化が進みます。従来の虚弱研究および医療機関における医科側・歯科側が治療介入を行っていたのは、ある程度虚弱化が顕著になった高齢者を対象としてきた経緯があります。今後は医療従事者だけが高齢者の食力を維持するための対応策を幅広く学習するではなく、高齢者自身が、もっと言えば壮年期

の時点から、いかに早期から「虚弱予防のために何をすべきか」を自己認識し、その中での食の重要性を啓発することが重要です。また、そのためには、より早期からの介入ポイントとなる指標も必要になってきます。すなわち、口腔・栄養の問題を「高齢者の食環境」といった日常生活および運動器も包含した包括的な視点からとらえ、問題が顕在化する前段階からのパスを試案し、国民運動論にしていく必要があるのでしょう。よって、二次予防だけでなく、より早期からの一次予防といった予防戦略的介入の意義が今後非常に大きい役割となり、特に医療保険・介護保険にかかる費用への抑制にもつなげられると考えられます。

　そのためには、早期介入ポイントとなる簡便なスクリーニング指標の存在も必要となってきます。国民自身が自助・互助・共助の精神の下、いかに身近な評価方法で「自らの食力が大丈夫なのか」を意識できるようにする工夫が求められます。

　不健康な食環境（口腔環境、生活環境などの変化も含む）およびそれに伴う栄養低下といった一連の要因を背景としており、一度発症すると負の連鎖に陥りやすく、最終的には経口摂取が困難になり健康寿命の短縮につながりやすいです。実際、先行研究において在宅高齢者における低栄養状態が咬合支持喪失の放置やライフイベント（死別による独居など）による食環境の変化により大きく影響を受けることの報告があります[5, 6]。一方、すでに介護予防サービスが導入されていますが、口腔および栄養に関しては高齢期の重要な問題にもかかわらず参加が不十分であり、十分な効果が得られていないのも現状です。この要因の一つとして、「口腔・栄養に関する不具合の構造が不明確であること」、また一方で「これらの事象の不具合が顕在化した時点での対応では、その改善効果が十分に現れにくいこと」が挙げられます。大半の高齢者は加齢変化を背景として徐々に食力が低下していきます。

　本研究（柏スタディ）の中で位置づけた概念では、些細な食欲減退因子を持ち合わせるだけで既に不健康な食習慣であると位置づけ、高齢者個々人に「虚弱予防の最上流における食の重要さ」をより早期から気づきとして与えることを一つの目的としています。

8 基盤となる社会性とこころの重要性

　2012年度調査から始まった本研究はまだ追跡期間が短く、長期的な視点からの新たな知見を生み出す必要があります。健康寿命の延伸や、人々

の健康維持には適正な食生活を送ることが必要であり、また生活の質（QOL）を維持するためにも健全な食生活の維持が重要な役割を果たすことはこれまでの数多くの疫学研究（実態調査）によって明らかです[7-11]。しかし、これらの高齢者の食生活に関する研究は摂取エネルギーや栄養素の充足率、食品の摂取量から評価したものが大半を占め、高齢者が健全な食生活を送ることが出来るようにするための具体的な「健康栄養教育・啓発」といった観点から考えると、まだ不十分と言わざるを得ません。そのためには、高齢者の食生活・食習慣・食環境、ひいては取り巻く社会環境や精神状態など、それらを全て包含しながら評価することが強く求められます。

　また、急速な高齢化に伴って高齢者の生活様式も変化し、食生活のスタイルも変化してきていることが予測され、特に独居高齢者による「孤食」などもその一例です。この柏スタディの結果からも、社会性の虚弱（ソーシャルネットワークの低下と孤食の両面）は、かなり身体の脆弱な状態と相関が強いことが分かってきています。さらには、食生活のスタイルが高齢者の食品選択状況（すなわち食品群別の摂取多様性の状況）に及ぼす影響は、社会的要因、精神的身体的要因などとも強く密接に関連しており、各食品群の充足率との関連について検討することは、今後のより早期からの虚弱予防を目指す上での「健全な食生活の在り方」を考える際の根本をなすものであると考えられます。

9 虚弱予防はまちづくりそのもの

　加齢変化に伴い、生理的な機能低下の範疇を超すレベルの虚弱、あるいはその中心的コンポーネントとなるサルコペニアをいかに早期から少しでも食い止めるのかは、今後の超高齢社会に向けての大きなポイントとなります。特に加齢性のサルコペニアは後期高齢者において有症率が上昇し、身体機能の障害や死亡と強く関連していることが明らかになっています。それに関連する要因は多岐にわたり複雑ではありますが、低栄養（早期の考えで言えば、あえて栄養の偏りとも言えます）や低活動などを代表とする『可変要因』が大きな背景になっていることも間違いないです。

　本項で述べた簡便な評価指標を上手く活用しながら、その可変要因に対して個々人の意識変容を促した上で、しっかりと焦点を当てた形でのサルコペニア予防策が期待されます。それらの取り組みの結果として、骨格筋

量および筋力の増加あるいは生活機能維持に必要な運動能力の向上につなげたいものです。そこには個人の意識変容・行動変容を強力に促すための「良好な社会環境の実現（健康のための支援［保健・医療・福祉等サービス］へのアクセスの改善と地域の絆に依拠した健康づくりの場の構築、等）」も併存することが必須です。すなわち、「まちづくり」そのものです。

10 地域包括ケアシステムは住宅政策も十分加味したまちづくり

　前述したように、我々の柏モデルの中での様々な介護予防に通じる取り組みを踏まえて、まず自立期を中心に考えてみますと、要介護にならない時期を継続し、生活する力（つまり食べる、動く（歩く）、出かける・社会参加活動をする）を維持するための予防政策により社会的に自立した状態の継続を目指すことが重要です。近年、スマートウエルネスシティ構想が提示され、健康寿命を延長するための地域ぐるみでのダイナミックな発想とアグレッシブな活動が展開されつつあります。

　一方、虚弱期を中心とした在宅療養を考えるにあたっては、真の地域包括ケアシステムを達成することが求められます。すなわち、各地域において、医療・介護に留まらず、住まいと生活支援の両課題に対しても、各地域の諸事情に合わせて一体的に提供される必要があります。ちなみに、「福祉は住宅に始まり、住宅に終わる」という考え方があるように、住まいに関する保障は地域包括ケアシステムの円滑な運営の基盤をなします。高齢期の住まいはサービス付帯の仕組み（自宅・住宅系サービス・施設系サービス）に大別されます。今後、その人らしい生活の出来る住まい環境を保障するためには、ニーズにあった住居の選択が出来、同時に必要なサービスが過不足なく提供され、さらには最終的に住居への愛着も高められるようにならなければなりません。すなわち、在宅医療を基盤とした地域包括ケアシステムを構築していくにあたり、住宅政策もセットで考える必要があります。自宅だけでなく、グループホームやケア付き住宅などを含む「多岐に渡った生活の場」での在宅生活を支えるための住宅政策および包括的な在宅ケアシステムを確立することも非常に重要です。

　このような考え方の背景として、高齢者は住まいの中での「住まい方」にも大きく影響を受けることが分かってきております。実際に、虚弱高齢者の介護施設処遇を見てみても、従来の大規模な入所施設（例えば通常50人以上で、多床室、いわゆる大部屋）では、高齢者はそれまでの生活

スタイルを継続できず、自立度が結果的に低下します。自宅以外であっても、むしろ地域の中で、それまでの生活スタイルが継続できるような小規模で家庭的な環境（典型的にはユニットケアやグループホーム）でその人らしい生活を支援することが、最もその人の自立を維持する方法であることが分かってきております。このように多様な高齢者の住まいの確保を図るとともに、24時間対応の在宅医療・介護サービスの進展と相まって、地域において自宅はもとより様々な住まい方が出来るような体制作りが求められていると言っても過言ではありません。

11 住み慣れたまちが支える豊かなエイジング

介護保険の導入を経て10年余りが経過しましたが、団塊の世代が後期

図11　住み慣れたまちが支える豊かなエイジング

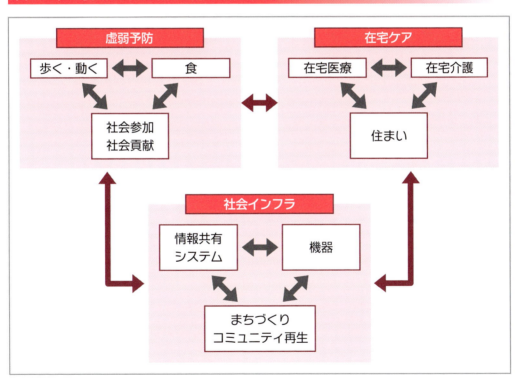

産学官民の皆が創り上げるAging in Placeを目指すために、①自立期からの虚弱予防、②安心した在宅療養を視野に入れ、住居環境も包含した在宅ケアシステム、③これらを支えるICT（Information and Communication Technology）等の社会インフラ、この３つが上手くバランスを取る形で底上げされる必要がある。これは「新しい価値感の創造」による新社会システムづくりであるといえる。

（東京大学高齢社会総合研究機構における産学連携Healthcare Innovation Project（HIP）による活動資料から引用）

高齢者を迎えるまでの10数年のうちに、このような方向性の下で、「いつまでも元気に自立して」という健康増進の軸と「弱っても安心」という在宅ケアの軸の2つの底上げが急がれるということを強く訴えたい。

図11に示すように、産学官民の皆が創り上げるAging in Placeを目指すために、①自立期からの虚弱予防、②安心した在宅療養を視野に入れ、住居環境も包含した在宅ケアシステム、③これらを支えるICT（Information and Communication Technology）等の社会インフラ、この3つが上手くバランスを取る形で底上げされる必要がある。これは「新しい価値感の創造」による新社会システムづくりであるといえます。

12 おわりに：今後の展望

2025年には高齢者世帯のうち子世代との同居世帯は、たった3割となると見込まれております。これからの超高齢化を考えると、入所施設を整備しきれない都市部において、子ども世代のいない老夫婦だけの高齢者世帯や独居高齢者をいかに在宅において24時間体制で支えるシステムを構築できるかが重要です。さらに、いつまでも弱らず自立した生活を維持し、『支えられる側ではなく、今度は支える側に』という目標をまちづくりを通していかに達成していくのか、全ての市民を抱えたコミュニティそのものの大きな課題であるとともに、わが国は大きな転換期を迎えていると言っても過言ではないでしょう。

今後の医療改革はまちづくりの一環として大きな役割を担っており、住宅政策ともセットで考え、ソフト面だけではなくハード面（住まい、住まい方）も包含した形での新しい社会システム構築も急務です。そして、予防とケアの両面がバランスの取れた住み慣れたまちを目指したいものです。全国の様々な地域において目に見える形でこれらの介護予防活動・虚弱化予防活動が実際に生まれ、そしてその地域に根付き、最終的には次の世代へ引き継がれることになって初めて意味のあるものになると思います。

文献

1) 谷雅文. 老年医学におけるSarcopenia&Frailtyの重要性. 日老医誌. 2009;46:279-285.
2) 秋山弘子　長寿時代の科学と社会の構想.『科学』岩波書店, 東京, 2010年
3) 柴崎孝二, 飯島勝矢, 菅原育子, 矢冨直美, 前田展弘, 秋山弘子, 後藤純, 廣瀬雄一, 笠田幹弘, 佐藤祥彦, 辻哲夫, 鎌田実. セカンドライフ就労を介したシニア世代の身体活動量の変化に対する検討：Aging in Placeを目指して. The J of JPN Mibyou System Assoc. 2013;19(2):107-111.
4) Ishii S, Tanaka T, Shibasaki K, Ouchi Y, Kikutani T, Higashiguchi T, Obuchi SP, Ishikawa-Takata K, Hirano H, Kawai H, Tsuji T, Iijima K. Development of a simple screening test for sarcopenia in older adults. Geriatr Gerontol Int. 2014;14:93-101.
5) Yoshida M, Kikutani T, Yoshikawa M, Tsuga K, Kimura M, Akagawa Y. Correlation between dental and nutritional status in community-dwelling elderly Japanese Geriatr Gerontol Int 2011;11:315-319.
6) Yoshitake Oshima, Kaori Kawaguchi, Shigeho Tanaka, Kazunori Ohkawara, Yuki Hikihara, Kazuko Ishikawa-Takata, Izumi Tabata, Classifying household and locomotive activities using a triaxial accelerometer, Gait & Posture. 2010;31:370-374.
7) Walker D. and Beauchene RE.: The relationship of loneliness, social isolation, and physical health to dietary adequacy of independently living elderly, J Am Diet Assoc. 1991;91:300-304.
8) 永井晴美, 柴田博, 芳賀博: 地域老人における咀嚼能力と栄養素ならびに食品摂取との関連. 日本公衆衛生雑誌. 1991;38:853-858.
9) 池田順子, 浅野美登里, 木谷輝男: 高齢者の食品摂取頻度の実態調査,栄養学雑誌. 1991;49:257-271.
10) Posner BM, Jette AM, Smith KW, Miller DR.: Nutrition and Health Risks in the Elderly: The Nutrition Screening Initiative, Am J Public Health. 2006;83:972-978.
11) 湯川晴美, 鈴木隆雄, 吉田英世, 熊谷修, 岩間範子, 柴田博: 都市部在住の健康高齢者におけるエネルギー充足率に及ぼす社会・心理・生活身体状況の影響. 栄養学雑誌. 2001;59 ,117-125.

第7章

お達者健診の成果と老年健診

健康寿命を伸ばすための高齢者健診のあり方

1 要介護予防のための包括的健康調査「お達者健診」の目的

　これまで行われてきました長期縦断研究による老化の実態調査等より、新しい世代の人々が高齢者になっていくなかで、平均寿命が伸び、若々しく活力があり、しっかりとした生活機能をもった元気な高齢者が生まれてくることが明らかになっています。なかでも、65歳から74歳の「前期高齢者」での健康度は極めて高く、社会的活力もあり、もはや高齢者とは呼べないような集団を形成しています。

　他方で、75歳を超える「後期高齢者」は、やはり老化に伴う心身の機能や生活機能の低下が少しずつ顕在化してくることも明らかです。特に、平均寿命の長い女性では、不健康寿命もまた長く、生活機能が減弱し、周りの人々による支えや介護が必要となる期間が大きくなります。これは、女性における不健康寿命長期化の最大の理由が、筋骨格系の老化であり、男性よりも顕著だからです。

　一方で、男女ともに不健康寿命を増大させる原因として老年症候群があげられます。これは高齢者に特有にあらわれ、しかも必ずしも病気という訳ではありません。しかしながら、日々の「生活の質（QOL）」を障害するような状態を指します。特に、地域高齢者において問題となる老年症候群としては、転倒（骨折）をはじめ、失禁、低栄養、閉じこもり、睡眠障害、うつや軽度の認知症（認知機能低下）そして生活機能低下（生活体力の全体的な衰え）などが代表的です。

　これらの老年症候群は日々の生活において健康度を低下させ、自立を阻害し、生活の質（QOL）を著しく損なうことは明らかであり、これらの早急な対策が必要となります。

　このような観点から、我々は高齢者の健康長寿を目的とし、要介護予防（老年症候群の予防）のための包括的健康調査「お達者健診」を企画し実施してきました。これまでの健診（検診）は主として中高年齢層を対象、そして、生活習慣病を対象として、早期発見、早期治療を目的として行なわれてきました。そして、わが国ではこのような全国民を対象とする効率

的な健診システムを発展させ実施してきたことが、国民の健康の総合的な改善と向上に結びついてきたという誇るべき実績があります。

しかしながら、前述のごとく高齢期の健康と生活機能の維持、そして生活の質（ＱＯＬ）の向上のためには、現在の疾病だけを対象とする検診だけは十分であるとは言えません。つまり、高齢期には日々生活での障害要因を早期に発見し、早期に対処し、健康を維持するための、新しい健診システムの構築が必須の状況となっています。「お達者健診」では、罹患率の高い慢性疾患についてもチェックしますが、より重点的な取り組みとして、転倒、失禁、低栄養、生活体力低下、軽度の認知機能の障害やうつ、睡眠障害、口腔内清潔と咀嚼能力の保持などについて、詳細な検査によるスクリーニングを行うことを目的としています。

2 「お達者健診」に関わる全般的な研究の成果

(1) 健診受診者と非受診者の特性[1]

健診の前年に実施した健診対象者に対する健康調査を基に、健診受診者と非受診者の特性を比較したところ、健診の受診者と非受診者の平均年齢は、受診者の75.3歳に比べて、非受診者は76.4歳と有意に年齢が高く、非受診者では、受診者に比べて、健康度自己評価（低い）、生活機能（低い）、うつ状態（高い）、主観的幸福感（低い）傾向がみられました。一方で、握力や、慢性疾患（高血圧症、糖尿病）の有病率には違いはありませんでした。

健診の対象者である70歳以上の高齢期においては、「お達者健診」などへの受診行動や、社会参加を妨げている要因として、単に身体機能の老化や疾病ではなく、むしろ心身の総合的老化や、精神的機能の減衰が大きな要因となっていると言えます。さらに、その後３年間の追跡調査においては、受診者に比べ非受診者の死亡率が有意に高いという結果がみられています。

このようなことから、心身の生活機能やＡＤＬ、ＱＯＬをさせる老年者特有の症候（老年症候群）を早期に発見し、早期に対応することの重要性が高いといえます。

(2) 老年症候群[2,3]

お達者健診受診者のうち、老年症候群保有者と非保有者との様々な健康状態について詳細に比較したものです。

老年症候群保有者に関しては、老年症候群として「転倒、尿失禁、うつ、

低栄養」のうち、いずれか一つ以上を保有する割合は、男性で33.6％、女性で42.4％と女性で高く、内訳は、転倒（男性；16.2％、女性；19.3％）、尿失禁（男性；13.4％、女性；28.0％）、うつ（男性；2.0％、女性；3.4％）、低栄養（男性；9.5％、女性；6.8％）でした。そして、老年症候群保有者では、健康度自己評価（低い）、転倒恐怖感（高い）、老研式活動能力指標（低い）、握力や通常および最大歩行速度などの身体機能（低い）という特徴がありました。

また、老年症候群の複数徴候保有者の特徴として、高次生活機能、転倒、尿失禁の3徴候のうち2つ以上の徴候保有者では、身体機能が低く、なかでも「高次生活機能（低下）と転倒」群が最も低いという結果があり、老年症候群の複数徴候と関連する要因としても、転倒恐怖感や歩行速度が挙げられました。

こうした結果より、老年症候群保有者に対しては、要介護化の危険性を多く抱えている現状から、それらの危険因子を改善するための方策（プログラム）を講じる必要性が高いといえます。

(3) 転倒[4]

地域高齢者の転倒経験に関わる要因の検討では、過去1年間の転倒発生率は、男性が15.5％、女性が19.9％と、女性で明らかに発生率が高くなっていました。そして、転倒経験と関連する要因には、「転倒恐怖感」、「年齢」、「老研式活動能力指標」、「握力」、「通常歩行速度」、「最大歩行速度」が男女共通して関連性が示されました。さらに、これらの6項目のうち、最終的に多変量解析にて抽出された項目は、「転倒恐怖感」と、「握力」でした。

本研究においては、この「転倒恐怖感」の有訴率が、男性が39.7％、女性が65.2％と高率で、転倒恐怖感を有する者のうち男性で7.1％、女性で10.4％が外出を控える状況でもあることから、老年症候群の包括的予防と基本的生活機能を高めるためには、転倒および転倒恐怖感を低減させることが必須です。

(4) 低栄養[5]

地域在住高齢者における低栄養の健康状態および体力との関連について検討したところ、血清アルブミン値（3.8g/dl）以下の、低栄養高齢者は、男性が9.5％と、女性の5.2％より高く、世帯構成別では、子供との同居では、3.8％に対して、独居あるいは高齢夫婦のみ世帯では、7.8％と高い結果でした。そして、同様の栄養指標である血清コレステロール、血色

素量（ヘモグロビン）の平均値が、男女ともに低栄養高齢者では、有意に低くなっていました。さらに、運動機能測定の結果では、特に男性において、低栄養高齢者は、握力や膝伸展力といった筋力が明らかに低い結果でした。

したがって、低栄養高齢者が、地域で自立して生活していく上では、栄養状態と体力の改善を効果的に実施することが必要と考えられます。

（5）認知機能[6]

高齢者が自ら記憶力低下について自覚することを記憶愁訴と呼びますが、この記憶愁訴の出現頻度（「ときどきある」もしくは「しょっちゅうある」）は、男性で、26.8％、女性では31.6％にみられました。そして、記憶愁訴の主な症状は、「人名を忘れる」が約25％、「物品をどこに置いたか（しまったか）忘れる」が約20％、「物品をどこかに置き忘れてくる」が約15％を占めていました。

さらに、記憶愁訴の関連要因を探索し検討したところ、男性は、健康度自己評価（悪い）、認知機能低下（あり）において、女性では、聴覚機能障害（あり）、健康度自己評価（悪い）において、記憶愁訴と明らかな関連が認められています。よって、男性において記憶愁訴と認知機能低下の関連が認められたことから、記憶愁訴は、認知機能低下の有用かつ簡便な指標として男性において有用である可能性があります。

「お達者健診」の実際

1 「お達者健診」実施の概要

(1) 健診の受診対象者；健診会場に来場可能な高齢者。ただし、実施除外条件対象者や全項目実施不可能な高齢者があります。

(2) 健診内容；以下に、主な測定・調査項目の例を示します。

①身体計測（身長、体重、体脂肪）
②血圧測定（安静時、座位、2回測定）
③採血（血算、血清総コレステロール、血清アルブミン等）
④骨密度測定（前腕部や踵骨部測定）
⑤口腔内診察（咀嚼圧測定含む）
⑥身体機能（握力、通常および最大歩行速度、開眼片足立ち、TUG等）
⑦面接聞き取り調査（個人属性、生活機能としてのADL、I-ADL、健康度自己評価、転倒、失禁、食品摂取頻度調査、認知機能、うつ傾向、外出頻度、社会参加状況等）

(3) 健診会場；受診者の来場が容易な場所に位置し、広さ200〜300㎡が望ましい。

(4) 受診者数・所要時間；1日あたり80〜100名程度は実施可能（会場の広さ、機材・スタッフ数 による）、1人あたり1時間30分〜2時間程度

(5) 緊急時の対応

①役割分担等を含めた当日の体制について、緊急事態の程度に応じていくつか定めます。
②可能であれば、事前に緊急時の医療機関の確保が望まれます。
③参加者の氏名、年齢、連絡先等のファイルが速やかに確認できるよう用意します。
④緊急事態発生時は当事者や周囲に不安が広がらないよう、スタッフは慌

てずに冷静に行動します。
⑤施設傷害保険やスポーツ傷害保険などに、事前に加入しておくことが望ましいといえます。

2 「お達者健診」実施の流れ

（1）健診前

　健診実施前には、①会場・人員・機材の確保、②事業および健診の広報と申し込み受付、③健診日時の健診受診者への周知、④健診の事前準備などがあります。

　まず、スタッフが会場と機材を確保して健診日程を決定した上で、受診者の都合のよい日時を選択してもらいます。日程に余裕のない場合には、あらかじめ指定することもやむを得ません。

　受診者への周知方法は、郵送、電話などで漏れなく伝えることが大切です。

　健診日時の周知の際に、健診当日の服装（運動のできる服と靴）や必要なもの（老眼鏡など）についても連絡します。

　健診の事前準備には、健診受診者の名簿、受診者タックシール作成、健診用紙やアンケート票の作成、スタッフの緊急時対応の徹底（保険加入含む）や役割分担・担当箇所の把握など数多くあります。

　また、実際に健診を実施する場合には、更に受付・誘導や最終チェックなど運営する上での事項が加わります。

　当日に事故なくスムーズに健診が進行するために思いつくことは全て準備しておくことが必要です。

（2）健診当日
●健診全体の注意
①高齢者はちょっとしたことで大きなケガになるため、細心の注意を払います。また、具合が悪くなった人がいたら、直ちに医師または現場責任者に連絡し事故防止に努めます。
②検査を実施する場合、必ず本人であることを確認します。
③受診者に声を掛ける際には必ず氏名(姓または姓名)で呼ぶようにします（「おじいちゃん」、「おばあちゃん」と呼ばない）。
④受診者の待ち時間をできる限り少なくすることに各自スタッフが努めます。

● **受付**
① はじめに挨拶をして本人確認。受診者を識別するためのタックシールを身体機能検査用紙やアンケート用紙（質問票）に貼り付けます。
② クリアファイルに、用紙一式をまとめて入れ、本人を間違えないように受診者に渡します。
③ 受診者の服装をチェックして、運動に適当でない靴の場合(革靴、ヒール、サンダル、下駄、スリッパなど) は運動靴に履き替えてもらいます。外套、靴、荷物などは、状況に応じて預かりまたは指示をします。

● **運動機能検査**
① はじめに挨拶を行い、受診者と受診票を照合し、本人であることを確認します。さらに、身体機能検査実施前に、血圧測定や既往症の問診を行い、運動機能検査の実施の可否を確認します。
② 各測定の概略を簡単に説明します。
③ 各測定の手順に従って測定します（教示は正確に与えます）。
④ 測定値を受診票に記入します。

● **面接調査**
① 調査員は、調査の始めと終わりに受診者に挨拶をします。
② アンケート用紙の名前が受診者本人と間違いがないか確認します。
③ 基本的に、書いてある文章をそのまま読み上げますが、意味が伝わりにくい場合はもとの意味を損なわない形で適宜表現を変えて構いません。
④ 質問を全て終えたら、記入した後に、調査員は用紙に記入漏れがないか確認します。

● **最終チェック**
① 全ての調査終了時に行います。測定検者・調査員と異なるスタッフが、測定用紙やアンケート用紙の記入漏れをチェックします。記入されていない箇所がある場合には、測定検者または調査員に確認します。何か事情があったのかを訊き、その理由を書き留めます。
　単なる記入漏れであるならば、記入する又は受診者に再度測定あるいは回答してもらいます。
② 健診結果は、後でお知らせすることを受診者に伝えて終了します。

（3）健診後
受診した高齢者に対しては、健診の結果を返す必要があります（健診結

果のフィードバック)。そして、例えば、健診の結果は老年症候群のリスクの把握による介護予防プログラムへの参加者決定、参加者の初期状態の把握、プログラムの進め方を考える資料として用いられます。

※次に、高齢者を対象とした健診で用いられる一般的な測定・調査項目について例示し、解説します。

3 運動機能検査

(1) 体力測定

「体力」とは、筋力・バランス・柔軟性・協調性などの個別の体力要素の集合体です。このため、受診者の体力(の変化)を漏れが少ないよう把握するために、体力測定には(高齢者にとって過度の身体的負担にならない範囲内で)複数の体力構成要素を含めたほうがよいと思われます。

高齢者の体力測定(検査)では、概念的には若年者に対するそれと同じですが、高齢者にとっては、例えば「垂直跳び」や「反復横跳び」は危険を伴ったり、難易度が高すぎたりすることから、これまで老年学などの領域で広く使用され、安全性が高い種目から測定項目を構成することが重要です。また、検査として妥当性(測定しようとしている対象に対し、きちんとそれを測定できているかという性質)・信頼性(同じ条件で測定が繰り返された場合、その結果が同様に繰り返されるかという性質)も担保されていることも大切です。

これまで、我々が総合的な高齢者用運動機能検査項目を用いて作成した「基礎的運動能力」を(**図1**)に示しますが、このモデルの構成要素は、

図1 高齢者の「基礎的運動能力」モデル

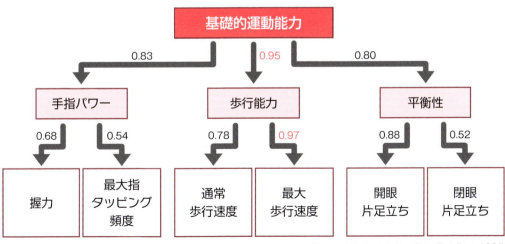

Nagasaki et al., Aging Clin. Exp Res., 1995

筋力、歩行能力、平衡性から成り立っており、特に「基礎的運動能力」と関連が強い単一検査項目としては、歩行能力の最大歩行速度であり、この最大歩行速度をもって「基礎的運動能力」（図1の赤い数字）を代表しうることがわかっています。[7]

よって、以下に高齢者の運動機能測定に推奨される測定の組（テストバッテリー）としては、握力（上肢の筋力）、開眼片足立ち（平衡性）、通常歩行・最大歩行（歩行機能）が挙げられます。

（2）体力測定における全体的な注意点

体力（運動機能）測定にあたっては、何よりも受診者の体調に留意して、測定をすすめていくことが大切です。受け付けや問診時に不調を訴えてなくても、健診や測定の途中で急に不調になる場合も考えられます。受診者の息づかい、顔色、呼びかけや教示に対する応答などに十分な配慮が必要です。

体力測定では、ほとんどの測定に「できるだけがんばって！」と最大努力を受診者に要求します。これは、そもそも運動機能自体が「受診者によって調節可能」であることによります。つまり、"適当に流して測定をうける"ことをできるだけ排除して、正確に測定を行うために必要であるからです。

〈リスク管理；血圧・問診〉

①血圧を測定する。実施除外条件は、収縮期血圧180mmHg以上、または拡張期血圧110 mmHg以上の場合です。
②本日の体調、降圧剤、既往歴（特に循環器疾患）について聴取します。

表1　性・年齢階級別体力測定値

	測定項目	年齢階級					全体
		65〜69歳	70〜74歳	75〜79歳	80〜84歳	85歳以上	
男性	握力(kg)	35.4±5.8	32.7±6.6	30.2±6.1	27.7±5.9	23.2±5.3	31.7±6.7
	通常歩行速度(m/秒)	1.39±0.22	1.33±0.23	1.26±0.24	1.16±0.25	1.11±0.28	1.29±0.25
	最大歩行速度(m/秒)	2.09±0.36	2.00±0.36	1.87±0.36	1.73±0.37	1.65±0.41	1.94±0.38
	開眼片足立ち(秒)	46.9±20.6	41.7±21.9	33.2±22.9	26.0±22.5	21.9±23.5	39.3±23.0
女性	握力(kg)	22.8±4.4	21.2±4.5	19.1±4.8	17.4±4.3	15.2±4.8	20.4±5.0
	通常歩行速度(m/秒)	1.39±0.22	1.31±0.23	1.18±0.25	1.05±0.28	0.92±0.25	1.25±0.27
	最大歩行速度(m/秒)	1.92±0.30	1.79±0.31	1.64±0.33	1.48±0.35	1.33±0.37	1.73±0.36
	開眼片足立ち(秒)	48.5±18.7	38.9±22.7	28.4±22.4	20.0±19.9	10.6±15.2	36.8±23.4

※平均値 ± 標準偏差　　　　　　　　　　　　　　　　　　　　　　　（文献8より）

表2　性・年齢階級別体力測定値の五分位

	測定項目	五分位レベル	年齢階級					全体
			65〜69歳	70〜74歳	75〜79歳	80〜84歳	85歳以上	
男性	握力 (kg)	5 第5五分位	40.0以上	39.0以上	35.0以上	32.0以上	27.0以上	38.0以上
		4	37.0-39.9	35.0-38.9	32.0-34.9	29.0-31.9	25.0-26.9	34.0-37.9
		3	34.0-36.9	31.0-34.9	29.0-31.9	26.0-28.9	22.0-24.9	30.0-33.9
		2	31.0-33.9	27.0-30.9	25.0-28.9	23.0-25.9	19.0-21.9	26.0-29.9
		1 第1五分位	30.9以下	26.9以下	24.9以下	22.9以下	18.9以下	25.9以下
	通常歩行速度 (m/秒)	5 第5五分位	1.56以上	1.52以上	1.47以上	1.36以上	1.31以上	1.49以上
		4	1.43-1.55	1.39-1.51	1.32-1.46	1.25-1.35	1.15-1.30	1.35-1.48
		3	1.35-1.42	1.28-1.38	1.20-1.31	1.11-1.24	1.08-1.14	1.25-1.34
		2	1.22-1.34	1.16-1.27	1.10-1.19	0.96-1.10	0.90-1.07	1.11-1.24
		1 第1五分位	1.21以下	1.15以下	1.09以下	0.95以下	0.89以下	1.10以下
	最大歩行速度 (m/秒)	5 第5五分位	2.38以上	2.27以上	2.17以上	2.00以上	1.91以上	2.27以上
		4	2.17-2.37	2.08-2.26	1.92-2.16	1.85-1.99	1.80-1.90	2.00-2.26
		3	2.00-2.16	1.92-2.07	1.80-1.91	1.67-1.84	1.61-1.79	1.85-1.99
		2	1.86-1.99	1.72-1.91	1.61-1.79	1.45-1.66	1.32-1.60	1.68-1.84
		1 第1五分位	1.85以下	1.71以下	1.60以下	1.44以下	1.31以下	1.67以下
	開眼片足立ち (秒)	5 第5五分位	60.0以上	60.0以上	60.0以上	60.0以上	56.0以上	60.0以上
		4	60.0以上	60.0以上	42.0-59.9	28.0-59.9	15.0-55.9	60.0以上
		3	60.0以上	40.0-59.9	22.0-41.9	12.0-27.9	5.0-14.9	33.0-59.9
		2	25.0-59.9	15.0-39.9	7.0-21.9	4.0-11.9	3.0-4.9	10.0-32.9
		1 第1五分位	24.9以下	14.9以下	6.9以下	3.9以下	2.9以下	9.9以下
女性	握力 (kg)	5 第5五分位	26.0以上	25.0以上	23.0以上	21.0以上	20.0以上	24.0以上
		4	24.0-25.9	23.0-24.9	20.0-22.9	19.0-20.9	16.0-19.9	22.0-23.9
		3	22.0-23.9	20.0-22.9	18.0-19.9	17.0-18.9	14.0-15.9	19.0-21.9
		2	19.1-21.9	18.0-19.9	15.0-17.9	14.0-16.9	11.0-13.9	16.0-18.9
		1 第1五分位	19.0以下	17.9以下	14.9以下	13.9以下	10.9以下	15.9以下
	通常歩行速度 (m/秒)	5 第5五分位	1.55以上	1.52以上	1.39以上	1.28以上	1.15以上	1.47以上
		4	1.43-1.54	1.39-1.51	1.25-1.38	1.14-1.27	0.94-1.14	1.32-1.46
		3	1.34-1.42	1.27-1.38	1.14-1.24	1.00-1.13	0.83-0.93	1.20-1.31
		2	1.22-1.33	1.14-1.26	0.98-1.13	0.80-0.99	0.70-0.82	1.05-1.19
		1 第1五分位	1.21以下	1.13以下	0.97以下	0.79以下	0.69以下	1.04以下
	最大歩行速度 (m/秒)	5 第5五分位	2.13以上	2.04以上	1.89以上	1.79以上	1.66以上	2.00以上
		4	2.00-2.12	1.85-2.03	1.72-1.88	1.61-1.78	1.40-1.65	1.85-1.99
		3	1.85-1.99	1.72-1.84	1.59-1.71	1.39-1.60	1.20-1.39	1.67-1.84
		2	1.72-1.84	1.5-1.71	1.39-1.58	1.21-1.38	0.96-1.19	1.47-1.66
		1 第1五分位	1.71以下	1.55以下	1.38以下	1.20以下	0.95以下	1.46以下
	開眼片足立ち (秒)	5 第5五分位	60.0以上	60.0以上	60.0以上	39.0以上	17.0以上	60.0以上
		4	60.0以上	60.0以上	30.0-59.9	17.0-38.9	5.0-16.9	60.0以上
		3	60.0以上	31.0-59.9	14.0-29.9	8.0-16.9	3.0-4.9	26.0-59.9
		2	29.0-59.9	12.0-30.9	6.0-13.9	3.0-7.9	2.0-2.9	9.0-25.9
		1 第1五分位	28.9以下	11.9以下	5.9以下	2.9以下	1.9以下	8.9以下

(文献8より)

→上記の内容を考慮して、運動機能項目の全実施や、循環器系に負荷が係る握力や最大歩行などを除いた一部未実施の判断をします。

(3) 体力基準値[8]

　この標準値は、東京都健康長寿医療センター 研究所（東京都老人総合研究所）において、2000年以降に65歳以上の地域在住高齢者を対象とした介護予防を目的とした健康調査（6地域；東京2地域、秋田、群馬、新潟、埼玉各1地域）に参加した約5,000名の運動機能測定データを統合して、性・年齢階級別の体力基準値を作成したものです。

　以下に、男女、年齢階級別（5歳階級）に、体力測定値（4項目；握力、開眼片足立ち、通常歩行速度、最大歩行速度）の平均値±標準偏差を示しました（**表1**）。

　さらに、これらの体力測定値について、男女・年齢階級別に5分位（1；0%以上～20%未満、2；20%以上～40%未満、3；40%以上～60%未満、4；60%以上～80%未満、5；80%以上～100%以下）を表してあります（**表2**）。

(4) 体力測定の留意点

●握力

〈測定要素〉筋力（上肢筋力）
・使用器具；スメドレー式握力計
・受診者1人あたりに要する時間；1分

〈測定手順および注意点〉

①スメドレー式握力計を使用して、利き手で1回測定します。
　受診者毎に握力計の「握り幅」を調整します。（人差し指の第二関節が直角になるように）。

②測定姿位は、両足を自然に開いて安定した直立姿勢とし、握力計の示針を外側にして体に触れないようにして力いっぱい握力計を握ってもらいます（**図2、3**）。

③測定の際は腕を自然に伸ばし、握力計を身体から手を離し、握る際に手を振らないように注意します（**図4**）。

④検者は、受診者が力を入れるのに合わせて「かけ声」をかけます。

〈記入の注意点〉

①測定値は、小数点第一位を四捨五入し整数で記入します（例：35kg）。
②測定した側（左右）を記入します。

図2 握力の測定姿位	図3 握力測定時の悪い例	図4 握力測定時の悪い例
両足を自然に開いて安定した直立姿勢をとる	握力計の示針は外側にして手は体に触れないようにする	握るときに手を振り下ろさない

● 片足立ち検査（開眼）

〈測定要素〉静的バランス

・使用器具；ストップウォッチ
・受診者1人あたりに要する時間；1〜3分

〈測定手順および注意点〉

① 目を開けた状態で、片足だけでどのくらいの時間立っていられるかをストップウォッチを用いて測定します。
　測定は硬い床面で指定の運動靴を履いて行います。
② 挙げる足は、好きな側で構いません。足の挙げ方は最も安定する形でよいが、反対側の足に付けたり支えたりしてはなりません（**図5**）。
③ 測定は、片足を挙げたときから足が床に着くまでの時間を測定します。
④ 軸足が動いた時（ずれたとき）はその時点までの時間を計測します。
⑤ 測定時間は60秒までとし、60秒経過した者はそこで打ち切ります。
⑥ 1回目で目標時間（60秒）に達しなければ、2回目の試行を行います。
⑦ 受診者が倒れる可能性があるため検者は細心の注意を払い、受診者がよろけた時は即座に保持できるようにします。
⑧ 目標時間に達せず2回試行した場合は、大きい値の方を採用します。

〈記入の注意点〉

・立った（支持している）側の左右を記録します。
・片足で全く立てない（足が挙げられない）者は0秒、片足を一瞬しか挙げられない（1秒未満）者は、1秒、けがや障害などで測定が不能な場合や拒否した場合は空白です。

図5　片足立ち測定時の悪い例

挙げている足を反対側の足につけたり支えたりしない。なお、挙げる足の左右、高さ、挙げ方はやりやすい方法でよい

・読みとりは小数点第二位を四捨五入して小数点第一位まで記入します（例：18.1秒）。

● 歩行テスト（通常歩行）

〈測定要素〉移動能力
・使用器具：ストップウォッチ、ビニールテープ
・受診者1人あたりに要する時間：1～3分

〈測定手順および注意点〉
① 検者は1名です。
② 受診者に、11mの歩行路上を教示に従い歩いてもらいます。
③ 教示は、「いつも歩いている速さで歩いてください」に統一します。
④ 検者は、受診者の体幹の一部（腰または肩）が手前のテープ（3m地点）を超えた地点から8m地点のテープを身体の一部が超えるまでの所要時間をストップウォッチを用いて0.1秒単位で測定します（例：4.2秒）。
⑤ 受診者との間隔は、あまり遠すぎずかつ受診者の歩行の邪魔にならない程度で、転倒しそうになったらすぐに支えられる距離を保ちます（**図6、7**）。
⑥ ただし、受診者より前に歩くことは、誘導することになるので避けます。1回実施し、明らかに通常歩行速度よりも速すぎると判断される場合は、本人に確認した上で再度測定します。

〈記入の注意点〉
・測定値は、小数点第二位を四捨五入して小数第一位まで記入します。

● 歩行テスト（最大歩行）

〈測定手順および注意点〉
① 測定は、1回ではなく2回あり、教示が「できるだけ速く歩いてください」に変わること以外は、通常歩行と同じです。
② 通常歩行の場合よりも被験者がよろけたり転倒する危険性が高くなるため、検者は転倒しないように最善の注意を払います。できれば補助員1名を加えて2名の検者で実施するのが望ましいと言えます。
③ 2回測定した歩行時間のうち、小さい値（速い時間）の方を採用します。

図6　歩行テストの測定風景

図7　歩行テスト測定時の悪い例

検者と被験者との距離は何かあった場合に対処できるよう遠すぎないようにする

4　栄養状態の評価[9)、10)]

●体格指数 (Body Mass Index: BMI, Quetelet's index)[10,11)]

肥満度を表す指標や、栄養状態（不良）の指標として用います。評価方法は、身長（m）と体重（kg）をそれぞれ測定記録し、BMI＝体重（kg）/身長（m）^{2} により算出します。

〈身長、体重の測定上の注意〉

①身長計で身長を計測し、正面から見て身長計の測定部が頭頂からずれてないことを確認して、目盛りを（測定部と水平に）真横から読み取ります。

②体重計で体重測定を行い、計測が終了するまで体重計から降りないよう指示します。

　肥満の程度は、日本肥満学会(日本人基準)とＷＨＯの基準(世界基準)とは一段階ずれています。すなわち日本では25以上で"肥満症"とされますが、ＷＨＯ基準においては30以上とされます。また、ＷＨＯは年齢・性別は考慮されていない点に注意が必要です。一般に、高齢者においてはBMIが18.5未満であれば低栄養や消耗性疾患を疑う必要があります。

●生化学的検査項目[11,12)]

　生化学的検査値として、タンパク質代謝の中・長期的な指標として血清アルブミン、短期的指標としては、トランスフェリン、プレアルブミンなどがあります。

　また、総コレステロール、ヘモグロビンや、Ｃ反応性蛋白（ＣＲＰ；C-reactive protein）も用いられます。

①**血清アルブミン**

アルブミンは、血液中の主要なたんぱく質で、3.5g/dL以下では、生理学的には、内臓タンパクの減少が認められ、また、疫学的には、総死亡率（全死因）危険因子とされます。

②**総コレステロール**

コレステロール値が高すぎる場合は危険ですが、高齢者においては、低すぎても総死亡率が高くなります。また、総コレステロールが低い高齢男性では、抑うつ傾向が進行しやすいとの報告もあります。

③**血色素量（ヘモグロビン）**

ヘモグロビンは、赤血球中の酸素を輸送するたんぱく質で、貧血の指標です。高齢になると、食事内容のバランスが悪かったり、摂取量が少ないと貧血になりやすくなりますが、一方で、基礎疾患として、消化管からの出血や腎機能の低下による貧血があります。

● **食品摂取の多様性評価票（表3）**[13]

食品摂取の多様性を評価に用います。対象者は高齢者で、評価方法は、自己記入式であり、すべての回答に要する時間は約5分です。評価票は、10項目（食品群）より構成され、その内容は、肉類、魚介類、卵類、牛乳、大豆製品、緑黄色野菜類、海草類、果物、芋類、および油脂類で、ここ1週間の食品摂取について把握します。各食品群についての配点は、「1.ほぼ毎日食べる」が1点、「2.2日に1回食べる」、「3.週に1～2回食べる」、「4.ほとんど食べない」はいずれも0点で、合計得点は10点、範囲は0点～10点です。合計得点が高いほど食品摂取の多様性が高いことを示しています。

わが国の地域在住高齢者男女別の平均得点は6.5±2.2点／10点（男性；n=235）、6.7±2.2点／10点（女性；n=373）であり、食品摂取の多様性は食品摂取習慣の総合的な評価指標のひとつと考えられます。さらに、この食品摂取の多様性と高次生活機能低下との関連が指摘されており、後述の老研式活動能力指標の下位尺度である「知的能動性」と「社会的役割」の1年後の得点低下に対して、多様な食品を摂取することが、それらの低下を予防することが示唆されます。

5 高次生活機能の評価[14]

高齢者の生活機能に関する有用なモデルとして、Lawton(1972)が提唱した「高齢者の能力の7段階モデル」**(図8)** があります。図に示される

表3 食品摂取の多様性評価票

問　ふだんの食事についてお伺いします。あなたは次にあげる10食品群を週に何日ぐらい食べますか。ここ一週間ぐらいの様子についてお伺いします。

①魚介類（生鮮，加工品を問わずすべての魚介類です） 　　1. ほとんど毎日　2. 2日に1回　3. 一週間に1～2回　4. ほとんど食べない
②肉類（生鮮，加工品を問わずすべての肉類です） 　　1. ほとんど毎日　2. 2日に1回　3. 一週間に1～2回　4. ほとんど食べない
③卵（鶏卵，うずらなどの卵で，魚の卵は含みません） 　　1. ほとんど毎日　2. 2日に1回　3. 一週間に1～2回　4. ほとんど食べない
④牛乳（コーヒー牛乳，フルーツ牛乳は除きます） 　　1. ほとんど毎日　2. 2日に1回　3. 一週間に1～2回　4. ほとんど食べない
⑤大豆・大豆製品（豆腐，納豆などの大豆を使った食品です） 　　1. ほとんど毎日　2. 2日に1回　3. 一週間に1～2回　4. ほとんど食べない
⑥緑黄色野菜類（にんじん，ほうれん草，かぼちゃ，トマトなどの色の濃い野菜です） 　　1. ほとんど毎日　2. 2日に1回　3. 一週間に1～2回　4. ほとんど食べない
⑦海草類（生，乾物を問いません） 　　1. ほとんど毎日　2. 2日に1回　3. 一週間に1～2回　4. ほとんど食べない
⑧いも類 　　1. ほとんど毎日　2. 2日に1回　3. 一週間に1～2回　4. ほとんど食べない
⑨果物類（生鮮，缶詰を問いません。トマトは含みません。トマトは緑黄色野菜とします） 　　1. ほとんど毎日　2. 2日に1回　3. 一週間に1～2回　4. ほとんど食べない
⑩油脂類（油炒め，天ぷら，フライ，パンに塗るバターやマーガリンなど油を使う料理です） 　　1. ほとんど毎日　2. 2日に1回　3. 一週間に1～2回　4. ほとんど食べない

（文献13より）

ように、生活機能として最も低次（単純）な「生命維持」の段階から、最も高次（複雑）な「社会的役割」としての機能です。このなかで、真ん中に位置するのが「身体的自立」です。これには、移動（移乗）、入浴、トイレの使用、更衣などの日常生活動作能力（ADL）であり、特に、これらは、基本的なADL（BADL；basic activities of daily living）とよばれます。すなわち、この基本的なADLが自立していないと、いわゆる介護を必要とする要介護状態に該当することになります。

　こうした意味で、基本的なADLの自立（維持）が重要な点です。しかしながら、今日のように高齢者世帯や一人暮らしが増えている中では、さらに上位の生活機能が必要となってきます。これが、手段的ADL（IADL；Instrumental activities of daily living）で、これには、買い物をする、食事の用意をする、金銭管理をするなどの行為が含まれます。そして、さ

らに高度な生活機能となると、状況に対応する能力や社会活動をする能力です。

このような能力を測る方法として、下記で示す「老研式活動能力指標（13項目）」や「新活動能力指標（JST版）」、「基本チェックリストの一部（問1～5）」があります。

●老研式活動能力指標
(The Tokyo Metropolitan Institute of Gerontology Index of Competence: TMIG-IC)（表4、5）[15,16]

地域在住日本人高齢者における手段的ADL以上の高次生活機能における実際の活動能力の測定に用います。

言い換えれば、前述のLawtonの高齢者の7段階モデルにおいて、手段的自立、状況対応、社会的役割のすべてを評価しうる尺度です。評価方法は自己記入式であり、すべての回答に要する時間は約5分で、調査票の構造は13項目の2件法（はい、いいえ）となっています。配点は「はい」が1点、「いいえ」が0点で、合計得点は13点、範囲は0点～13点となっており、合計得点が高いほど能力が高いことを示します。下位尺度として

図8　高齢者の能力の7段階モデル（Lawton1972）

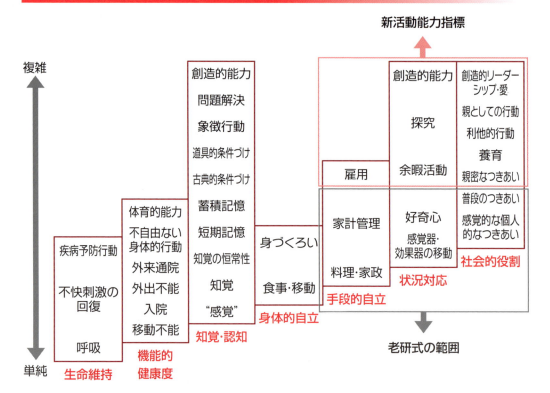

項目番号1～5は、「手段的自立（IADL）（配点：0～5点）」、項目番号6～9は「知的能動性（配点：0～4点）」、項目番号10～13は「社会的役割（配点：0～4点）」です。

65歳以上日本人高齢者男女別の平均総合得点は、11.3±2.8　男性；n=3083），10.8±3.5　女性；n=3690）と報告されています。[17]

表4　老研式活動能力指標

質問項目	回答
1. バスや電車を使って一人で外出ができますか	1. はい　0. いいえ
2. 日用品の買い物ができますか	1. はい　0. いいえ
3. 自分で食事の用意ができますか	1. はい　0. いいえ
4. 請求書の支払ができますか	1. はい　0. いいえ
5. 銀行預金、郵便貯金の出し入れが自分でできますか	1. はい　0. いいえ
6. 年金などの書類が書けますか	1. はい　0. いいえ
7. 新聞などを読んでいますか	1. はい　0. いいえ
8. 本や雑誌を読んでいますか	1. はい　0. いいえ
9. 健康についての記事や番組に関心がありますか	1. はい　0. いいえ
10. 友達の家を訪ねることがありますか	1. はい　0. いいえ
11. 家族や友達の相談にのることがありますか	1. はい　0. いいえ
12. 病人を見舞うことができますか	1. はい　0. いいえ
13. 若い人に自分から話しかけることがありますか	1. はい　0. いいえ

（文献15より）

表5　老研式活動能力指標 の各質問項目の留意点

①「1人で外出」	自力で（介助なしで）外出が可能かどうかを問います。補助具を使用する場合や、自家用車による外出も「自力で外出可能」に含めます。"バスや電車がないので分からない" などの回答が返っていた場合には、「もしバスや電車があるとしたら、」という言葉を頭につけて再度質問します。
②「日用品の買い物」	"普段は本人以外（例えば奥さん）がやるから分からない" 等の答えの場合には「ご自分でやるとしたらできますか？」と再度聞きなおします。店までの距離は問いません。
③「食事の用意」	食事仕度の能力の有無について問います。"普段は本人以外（例えば奥さん）がやるから分からない" 等の答えの場合には、「ご自分でやるとしたらできますか？」と聞きなおします。それでも回答に困る場合には、「やかんを沸かすことができますか？」や「ご飯を炊くことができますか？」等の設問にアレンジを入れ、能力の有無を聞き出します。

④「請求書の支払い」	"普段は本人以外（例えば奥さん）がやるから分からない"等の答えの場合には、「ご自分でやるとしたらできますか？」と聞きなします。
⑤「預貯金の出し入れ」	ATM、窓口でおろす場合でも、可能であれば「できる」と判定します。"普段は本人以外（例えば奥さん）がやるから分からない"等の答えの場合には、「ご自分でやるとしたらできますか？」と聞きなおします。
⑥「年金などの書類記入」	伝わりにくい場合には、「役所などに提出する書類を書くことが出来ますか？」と改めます。"普段は本人以外がやるから分からない"等の答えの場合には、「ご自分でやるとしたらできますか？」と聞きなおします。
⑦「新聞を読む」	新聞を読んでいる／いないを問います。"新聞をとっていないから…"等の回答の場合でも、読んでいなければ「いいえ」とします。
⑧「本や雑誌を読む」	⑦と同様に、本や雑誌を読んでいる／いないを問います。
⑨「健康の記事番組に関心ある」	思い浮かばなくて回答に困るような場合は、TVの番組名などを挙げても構いません。
⑩「友達の家を訪ねる」	"友達の家はみんな遠いから…""友達はみんな死んだから…"等の回答が返ってきた場合でも、訪ねることがなければ「いいえ」とします。
⑪「家族友達の相談にのる」	"家族は一緒に住んでいないから…""友達はみんな死んだから…"等の回答の場合でも、相談にのることがなければ「いいえ」とします。
⑫「病人を見舞う」	"病人を見舞うことのできる能力を問います。"病人は周りにいないからしない（または分からない）"などの回答の場合は、「もしお近くに病人の方がいらっしゃったらお見舞いすることができますか」等のアレンジをして、病人を見舞う能力を聞き出します。
⑬「若い人に話しかける」	若い人とは、対象者の子供世代よりも下の年代の者のことであり、家族（孫など）も含みます。

●新活動能力指標（JST版）（表6）

　この「新活動能力指標（JST版）」は、老研式活動能力指標を基盤としつつ、現代そして近い将来の日本の高齢者における高次生活機能の中でもより高い能力、すなわち「一人暮らし高齢者が自立し活動的に暮す」ために必要な能力を測定する尺度として開発したものです。これまでの老研式活動能力指標になかった内容；新しい機器の利用、情報の利用、社会貢献・社会参加を盛り込んでいます。

　調査票の構造は、各項目、「はい」が１点、「いいえ」が０点で、合計得点は16点満点（配点：０点～１６点）であり、下位尺度として、項目番号１～４は、「新機器利用（配点：０～４点）」、項目番号５～８は、「情報

収集（配点：0〜4点）」、項目番号9〜12は、「生活マネジメント（配点：0〜4点）」、項目番号13〜16は、「社会参加（配点：0〜4点）」となっています。いずれも得点が高いほど、それぞれの領域の活動能力が高く、積極的に活動していることを意味します。

これらの4領域のうち「新機器利用」は生活に使う新しい機器を使いこなす能力、「情報収集」はより良い生活を送るため自ら情報収集し活用する能力、「生活マネジメント」は自分や家族、周辺の人々の生活を見渡し管理（マネジメント）する能力、「社会参加」は地域の活動に参加し地域での役割を果たす能力を表しています。

表6 新活動能力指標（JST版）

領域名	質問項目	回答
新機器利用	1. 携帯電話を使うことができますか	1. はい　0. いいえ
	2. ATMを使うことができますか	1. はい　0. いいえ
	3. ビデオやDVDプレイヤーの操作ができますか	1. はい　0. いいえ
	4. 携帯電話やパソコンのメールができますか	1. はい　0. いいえ
情報収集	5. 外国のニュースや出来事に関心がありますか	1. はい　0. いいえ
	6. 健康に関する情報の信ぴょう性について判断できますか	1. はい　0. いいえ
	7. 美術品、映画、音楽を鑑賞することがありますか	1. はい　0. いいえ
	8. 教育・教養番組を視聴していますか	1. はい　0. いいえ
生活マネジメント	9. 詐欺、ひったくり、空き巣等の被害にあわないように対策をしていますか	1. はい　0. いいえ
	10. 生活の中でちょっとした工夫をすることがありますか	1. はい　0. いいえ
	11. 病人の看病ができますか	1. はい　0. いいえ
	12. 孫や家族、知人の世話をしていますか	1. はい　0. いいえ
社会参加	13. 地域のお祭りや行事などに参加していますか	1. はい　0. いいえ
	14. 町内会・自治会で活動していますか	1. はい　0. いいえ
	15. 自治会やグループ活動の世話役や役職を引き受けることができますか	1. はい　0. いいえ
	16. 奉仕活動やボランティア活動をしていますか	1. はい　0. いいえ

（JST版活動能力指標利用マニュアルより）

以下に、新活動能力指標の合計点および下位尺度の得点（4項目）の全国標準値（65歳〜84歳の全国の高齢者2580名）を、年齢階級・男女別に示します（**表7**）。

表7 新活動能力指標（JST版）の年齢階級別・男女別の全国標準値

	全体 (2580名)	65-74歳男性 (731名)	65-74歳女性 (774名)	75-84歳男性 (468名)	75-84歳女性 (606名)
新活動能力指標合計	9.7±4.2	11.0±3.9	10.6±3.8	8.9±4.4	7.7±4.2
新機器利用	2.3±1.5	2.9±1.3	2.6±1.3	2.0±1.5	1.4±1.4
情報収集	2.9±1.3	3.1±1.2	3.1±1.2	2.8±1.3	2.5±1.5
生活マネジメント	2.8±1.2	3.0±1.2	3.1±1.1	2.5±1.3	2.5±1.3
社会参加	1.7±1.6	2.0±1.6	1.8±1.5	1.6±1.6	1.2±1.4

注）平均値±標準偏差　　　　　　　　　　　　　　　　　　　　（JST版活動能力指標利用マニュアルより）

図9　同一対象者に実施した際の老研式活動能力指標（上）と新活動能力指標（下）の得点分布

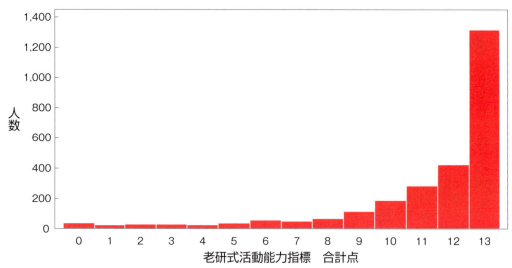

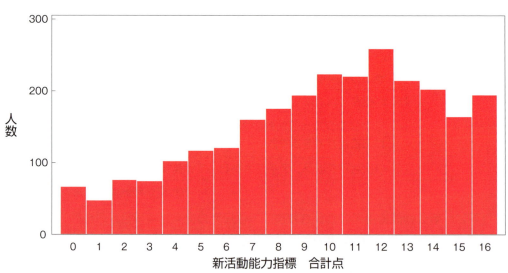

さらに、新活動能力指標と老研式活動能力指標との関係では、同一次元で能力を測定した結果、老研式活動能力指標の合計点の分布は満点の13点付近に極端に集中していた一方で、新活動能力指標の合計点の分布は得点の低い方に移動しており、新活動能力指標は、老研式活動能力指標に比べて、高いレベルの活動能力を測ることができると考えられます（**図9**）。

●基本チェックリスト[18]

地域在住の65歳以上の高齢者で、要支援・要介護状態となるおそれの高い虚弱高齢者のスクリーニング（介護予防事業の二次予防対象高齢者の選定）に用いられます。

評価方法は自己記入式であり、すべての回答に要する時間は約10分です。アンケート調査表の構造は、24項目の質問項目及びBMI算出のための体重・身長を加えた全25項目の2件法（はい、いいえ）となっています。配点は、問1～8、16、19は、「いいえ」が1点で、これら以外の、問9～11、13～15、17、18、20～25は、「はい」が1点である。また、BMIは、18.5未満が1点となる。合計得点は25点、範囲は0点～25点であり、得点が高いほど生活機能が低いことを示します。

下位尺度としては、問1～5は、手段的な日常生活活動（IADL）、問6～10までは、運動機能、問11と12は、栄養、問13～15は、口腔機能、問16、17は、閉じこもり、問18～20は、認知機能、問21～25は、うつを、それぞれ評価するものとなっています。

二次予防対象高齢者は、以下の①～④選定基準があり、これらのいずれかに該当する者です。
①問1～20までの20項目のうち10項目以上に該当する者
②問6～10までの5項目のうち3項目以上に該当する者
③問11、12の2項目すべてに該当する者
④問13～15までの3項目のうち2項目以上に該当する者

そして、上記に該当する者のうち、基本チェックリストの問16に該当する者は、「閉じこもり」、問18～20のいずれかに該当する者は、「認知機能の低下」、問21～25までの項目のうち2項目以上に該当する者は、「うつ」についてそれぞれの予防や支援にも考慮する必要があります。

そして、この基本チェックリストの要介護認定に対する予測精度に関しては、遠又らの報告（※）によれば、宮城県O市における1年間の要介護認定等の発生状況を追跡した調査によると、「二次予防事業対象者」の1以内の要介護認定を受けるリスクは、その対象者以外と比べて、3.8倍高いと述べています。また、「二次予防事業対象者」の基準の要支援・要介

護認定に対する感度・特異度は、それぞれ78.1%、63.4%と高い値を示しています。

このように、基本チェックリストは、要支援・要介護状態となるおそれの高い状態のスクリーニングに有用と言えます。

※引用文献＝遠又靖丈,寳澤 篤,他：1年間の要介護発生に対する基本チェックリストの予測妥当性の検証．大崎コホート2006研究．日本公衆衛生雑誌2011;58(1):3-13

なお、個々の質問項目に関しては、下記に詳細に記されています。

表8　基本チェックリスト

No.	質問項目	回答　（いずれかに〇をお付けください）	
1	バスや電車を使って一人で外出ができますか	0. はい	1. いいえ
2	日用品の買物をしていますか	0. はい	1. いいえ
3	預貯金の出し入れをしていますか	0. はい	1. いいえ
4	友人の家を訪ねていますか	0. はい	1. いいえ
5	家族や友人の相談にのっていますか	0. はい	1. いいえ
6	階段を手すりや壁をつたわらずに昇っていますか	0. はい	1. いいえ
7	椅子に座った状態から何もつかまらずに立ち上がっていますか	0. はい	1. いいえ
8	15分位続けて歩いていますか	0. はい	1. いいえ
9	この1年間に転んだことがありますか	1. はい	0. いいえ
10	転倒に対する不安は大きいですか	1. はい	0. いいえ
11	6ヵ月間で2～3kg以上の体重減少がありましたか	1. はい	0. いいえ
12	身長　　　cm,　　体重　　　kg（BMI＝　　　）（注）		
13	半年前に比べて固いものが食べにくくなりましたか	1. はい	0. いいえ
14	お茶や汁物等でむせることがありますか	1. はい	0. いいえ
15	口の渇きが気になりますか	1. はい	0. いいえ
16	週に1回以上は外出していますか	0. はい	1. いいえ
17	昨年と比べて外出の回数が減っていますか	1. はい	0. いいえ
18	周りの人から「いつも同じ事を聞く」などの物忘れがあると言われますか	1. はい	0. いいえ
19	自分で電話番号を調べて、電話をかけることをしていますか	0. はい	1. いいえ
20	今日が何月何日かわからない時がありますか	1. はい	0. いいえ
21	（ここ2週間）毎日の生活に充実感がない	1. はい	0. いいえ
22	（ここ2週間）これまで楽しんでやれていたことが楽しめなくなった	1. はい	0. いいえ
23	（ここ2週間）以前は楽にできていたことが今ではおっくうに感じられる	1. はい	0. いいえ
24	（ここ2週間）自分が役に立つ人間だと思えない	1. はい	0. いいえ
25	（ここ2週間）わけもなく疲れたような感じがする	1. はい	0. いいえ

（注）BMI＝体重（kg）÷身長（m）÷身長（m）が18.5未満の場合に該当とする

（文献18より）

〈基本チェックリストの考え方〉
http://www.mhlw.go.jp/topics/2007/03/dl/tp0313-1a-11.pdf
pp151-154

6 地域参加の評価

●日本語版Lubben Social Network Scale短縮版（LSNS-6）（表9）[19]、[20]

　2003年にLubbenは、この前身のLSNSを上回る実用性と心理測定的特性を有する短縮版のスクリーニング尺度；Lubben Social Network Scale-6（LSNS-6）を開発し、その後日本語版LSNS-6が作成されました。日本人高齢者の社会的孤立のスクリーニング尺度．ネットワークのサイズや接触頻度とともに、情緒的・手段的サポートについて、家族・非家族ネットワークの両方を評価するのに用います。対象者は高齢者で、評価方法は質問紙調査であり、すべての回答に要する時間は約10分です。質問票の構造は、6項目の6件法となっています。配点は情緒的・手段的サポートにおける家族ネットワークに関する3項目（0～15点）、非家族ネット

表9　日本語版Lubben Social Network Scale 短縮版（日本語版LSNS-6）

○**家族**　ここでは、家族や親戚などについて考えます。

1. 少なくとも月に1回，会ったり話をしたりする家族や親戚は何人いますか？ 　　0＝いない　1＝1人　2＝2人　3＝3,4人　4＝5～8人　5＝9人以上
2. あなたが，個人的なことでも話すことができるくらい気楽に感じられる家族や親戚は何人いますか？ 　　0＝いない　1＝1人　2＝2人　3＝3,4人　4＝5～8人　5＝9人以上
3. あなたが，助けを求めることができるくらい親しく感じられる家族や親戚は何人いますか？ 　　0＝いない　1＝1人　2＝2人　3＝3,4人　4＝5～8人　5＝9人以上

○**友人関係**　ここでは、近くに住んでいる人を含むあなたの友人全体について考えます。

4. 少なくとも月に1回，会ったり話をしたりする友人は何人いますか？ 　　0＝いない　1＝1人　2＝2人　3＝3,4人　4＝5～8人　5＝9人以上
5. あなたが，個人的なことでも話すことができるくらい気楽に感じられる友人は何人いますか？ 　　0＝いない　1＝1人　2＝2人　3＝3,4人　4＝5～8人　5＝9人以上
6. あなたが，助けを求めることができるくらい親しく感じられる友人は何人いますか？ 　　0＝いない　1＝1人　2＝2人　3＝3,4人　4＝5～8人　5＝9人以上

ワークに関する3項目（0〜15点）の合計6項目であり、「いない」が0点、「1人」が1点、「2人」が2点、「3、4人」が3点、「5〜8人」が4点、「9人以上」が5点で、合計得点は30点、得点範囲は0点から30点です。合計得点が高いほどソーシャルネットワークが大きいことを示しています。55歳以上のわが国の中高年者(平均年齢67.0±6.8歳)における性別の平均得点は16.5±5.6（男性；n=80），16.0±4.9（女性；n=152）と報告されています。[19]

また、社会的孤立（social isolation）は、12点未満が該当するとされており、同報告によれば、社会的孤立は、男性；20.0%、女性；19.1%でした。

7 心理・精神機能の評価

●MOS 36-item Short Form Health Survey (SF-36®: SF-36v2™日本語版) [21-23]

医療評価のためのQuality of Life（QOL）尺度として、個人の健康に由来する事項に限定した概念健康関連ＱＯＬ（HRQOL）の測定に用いられます。

SF-36の対象とする年齢は、16歳以上で、回答方法には自己記入式が一般的で、面接法の評価表もあります。すべての回答に要する時間は約10分で、国民標準値に基づいたスコアリングにより偏差値として各領域をスコア化することが可能です。

このSF-36は、8つの下位尺度より構成されており、それらは、①身体機能、②日常役割機能（身体）、③体の痛み、④全体的健康感、⑤活力、⑥社会生活機能、⑦日常役割機能（精神）、⑧心の健康である。各尺度において、スコアが高いほど機能が高いことを示しています。さらに、これらの尺度を統合し、身体的側面，精神的側面のサマリースコアを算出することができます。

なお、SF-36の日本語版の使用申請に関する手続きは、NPO健康医療評価研究機構（iHope International）が行っており、オンライン（http://www.sf-36.jp/）等で使用許可を得る必要があります。そして、調査票およびスコアリングプログラムも入手可能です。

●WHO-5（表10）[24-26]

日常生活における気分状態を問う5つの質問項目から構成されます。各質問項目への回答は、「いつも」(5点)〜「まったくない」(0点)の6件

表10 WHO-5 精神的健康状態表（1998年版）

質問項目 （最近2週間，私は－…）	いつも	ほとんど いつも	半分以上 の期間を	半分以下 の期間を	ほんの たまに	まったく ない
1. 明るく、楽しい気分で過ごした。	5	4	3	2	1	0
2. 落ち着いた、リラックスした気分で過ごした。	5	4	3	2	1	0
3. 意欲的で、活動的に過ごした。	5	4	3	2	1	0
4. ぐっすりと休め、気持ちよくめざめた。	5	4	3	2	1	0
5. 日常生活の中に、興味のあることがたくさんあった。	5	4	3	2	1	0

（文献26より）

法となっています。粗点の範囲は0～25点で、0点はQOLが最も不良で、25点はQOLが最も良好であることを示します。13点未満の得点は精神的健康状態が低いことを示し、ICD-10に基づくうつ病のためのテストの適応となります。なお、質問表記入時には、最近2週間の状態について質問します。

●高齢者抑うつ尺度短縮版
（Geriatric Depression Scale：GDS-15）（表11）[27-31]

高齢者のうつ状態の評価に用います。この尺度は、1983年にイエサベージがGDS開発したもので、当初は、30項目の質問からなっていましたが、1986年に、15項目からなる短縮版（GDS-15）が発表され、その後標準的なうつ尺度評価として用いられています。

評価方法は自記記入式であり、すべての回答に要する時間は約10分で、質問票の構造は15項目の2件法（はい、いいえ）となっています。

配点は、問1、5、7、11、13が、「はい」が0点、「いいえ」が1点で、問2、3、4、6、8、9、10、12、14、15は、その逆で、「はい」が1点、「いいえ」が0点となり、合計得点は15点です。範囲は0点～15点であり、合計得点が高いほど抑うつ度が高く、5点以上が「うつ傾向」、10点以上が「うつ状態」とされています。

表11 Geriatric Depression Scale（GDS）簡易版

質問項目	回答	
1. 毎日の生活に満足していますか	はい	いいえ
2. 毎日の活動力や周囲に対する興味が低下したと思いますか	はい	いいえ
3. 生活が空虚だと思いますか	はい	いいえ
4. 毎日が退屈だと思うことが多いですか	はい	いいえ
5. 大抵は機嫌良く過ごすことが多いですか	はい	いいえ
6. 将来の漠然とした不安に駆られることが多いですか	はい	いいえ
7. 多くの場合は自分が幸福だと思いますか	はい	いいえ
8. 自分が無力だなあと思うことが多いですか	はい	いいえ
9. 外出したり何か新しいことをするよりも家にいたいと思いますか	はい	いいえ
10. なによりもまず、物忘れが気になりますか	はい	いいえ
11. いま生きていることが素晴らしいと思いますか	はい	いいえ
12. 生きていても仕方がないと思う気持ちになることがありますか	はい	いいえ
13. 自分は活気にあふれていると思いますか	はい	いいえ
14. 希望がないと思うことがありますか	はい	いいえ
15. 周りの人があなたより幸せそうに見えますか	はい	いいえ

8 認知機能の評価[32-34]

●Montreal Cognitive Assessment日本語版（MoCA-J: Version 2.2）（図10）[28-30]

　軽度認知機能低下（mild cognitive impairment；MCI）の鑑別に用います。このMoCAはカナダのNasreddineらによって作成された認知機能評価検査です。評価方法は、面接式ですべての回答に要する時間は約10分です。配点は、正答は1点、誤答は0点で、合計得点は30点、範囲は0点〜30点であり、得点が高いと認知機能が高いことを示しています。なお、教育年数が12年以下なら1点を追加することになっています。

　検査は、記憶、言語、実行機能、ワーキングメモリ（注意機能）、視空間認知、概念的思考、見当識など認知機能を多面的に評価する課題よりなりたっています。下位項目としては、Trail Making Test B簡略版（1点）、立方体の図形模写（1点）、時計描画（3点）、命名課題（3点）、数字の順唱と逆唱（2点）、Target Detection課題（アルファベットをランダムに読み上げ、そのなかにターゲットとなるアルファベットが現れたら手を叩くよう求めます：1点）、計算（3点）、復唱課題（2点）、音韻語想

起課題（1点）、類似課題（2点）、5単語遅延再生課題（5点）、見当識（6点）があります。従来の簡易な認知症スクリーニング検査の難易度を高くしたような内容となっています。

　Nasreddineらの報告によれば、健常高齢者のなかからMCIを、MoCAを用いてスクリーニングしたところ、カットオフ値が25/26点では、MCIの感度・特異度は、それぞれ90％と87％と極めて高い値でした[33]。また、MoCAは軽度のアルツハイマー型認知症（Alzheimer disease；AD）のスクリーニングにも適していることが示されており、同様に、その感度は100％であると報告されています。

図10　Montreal Cognitive Assessment日本語版（MoCA-J: Version 2.2）

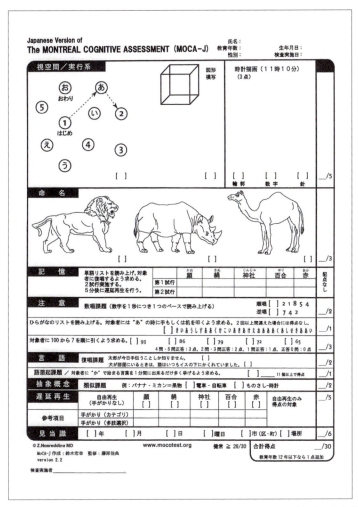

http://www.mocatest.org/pdf_files/test/MoCA-Test-Japanese_2010.pdf よりダウンロード可能
（文献34より）

表12 MoCA-Jの各質問項目の留意点

1. Trail Making	教示	数字からひらがなへ順番通りに線で結んでください。ここから始めて（"1"を指す）、"1"から"あ"へ、そして"2"へと線を描いていって、ここで終ってください（"お"を指す）。
	採点	線が交差することなく、"1－あ－2－い－3－う－4－え－5－お"の順に結ぶことができたら1点を与える。 直後の自己修正以外のエラーがある場合には0点となる。
2. 視空間認知機能（立方体）	教示	これ（"立方体"を指す）を出来るだけ正確に、下のスペースに書き写してください。
	採点	正確に描くことができていたら1点を与える。次の条件を1つでも満たしていない場合には0点となる。 ①3次元として描かれている。②全ての線が描かれている。③余計な線が加えられていない。④線の並行関係が保たれており、それら長さが類似している（四角柱となっている場合は問題ない）。
3. 視空間認知機能（時計描画）	教示	時計を描いてください。文字盤に数字を全て描き、11時10分を指すよう針を描いてください。
	採点	次の3つの基準で採点を行い、それぞれに対して1点を与える。 ①輪郭（1点）：時計の文字盤が円形であること。わずかな歪みであれば問題ない（例えば、円を閉じるところが僅かに不完全でも問題ない）。 ②数字（1点）：数字が過不足無く描かれていること。正しい順番であり、かつ正しい位置に描かれていること。数字がローマ数字であっても問題はない。 ③針（1点）：長針、短針ともに正しい数字を指していること。短針は長針よりもはっきりと短くなくてはならない。 2つの針が文字盤の中心でつながっていること。 それぞれの基準において、条件が満たされていない場合には0点となる。
4. 命名	教示	この動物の名前を教えてください（左から順に指していく）。
	採点	動物の名前を正しく言えればそれぞれに対して1点を与える。 (1) ライオン、(2) サイ、(3) ラクダ
5. 記憶	教示	これから記憶の検査をします。今から単語をいくつか読み上げますので、それをよく聞いて憶えておいてください。私が読み終えましたら、その時に憶えている単語を私に教えてください。順番は気にしなくて構いません。 （1秒につき1つのペースで単語を読み上げる。対象者が再生した単語について"第1試行"の欄にチェックを入れる。対象者が全ての単語を再生するか、それ以上再生できなくなったら、次の教示を与える。） 同じ単語を読み上げますので、もう一度それを憶えてみてください。私が読み終えましたら、最初に憶えた単語も含めて、その時に憶えている単語を全て教えてください。 （再び単語を読み上げ、対象者が再生した単語について"第2試行"の欄にチェックを入れる。対象者が全ての単語を再生するか、それ以上再生できなくなったら、次の教示を与える。） 検査の終り頃に、これらの単語をもう一度思い出して頂きます。

5. 記憶	採点	第1試行、第2試行とも得点は与えない。
6. 注意	順唱教示	これからいくつかの数字を読み上げます。私が読み終えましたら、私と同じように繰り返して言ってください。（5つの数字を1秒につき1つのペースで読み上げる）
	逆唱教示	それでは、またいくつか数字を読み上げます。今度は私が読んだ順番と逆から繰り返して言ってください。（3つの数字を1秒につき1つのペースで読み上げる）
	採点	正しく繰り返すことができたらそれぞれ1点を与える。（逆唱では2-4-7が正答）
	ビジランス教示	これから、ひらがなを読み上げていきますので、私が"あ"と言うたびに手を叩いてください。私が"あ"以外のひらがなを言う時には、手は叩かないでください。 （検査用紙に書かれたひらがなを1秒につき1つのペースで読み上げる） ※マヒなどで両手を使う事が困難な場合には、手を叩く代わりに片手で机などを叩くよう求める。
	採点	エラーが1回以下の時に1点を与える。 （エラー："あ"の時に手を叩かない、もしくは他のひらがなの時に手を叩く）
	計算	私が"止め"というまで、100から7を順に引いていってください。（必要であればこの教示を2回与える）
	採点	3点満点で採点を行う。正答がない時には0点、正答が1つの時には1点、正答が2つから3つの時には2点、正答が4つか5つの時には3点を与える。100から7を減算していく際の、それぞれの計算において正誤を判断する。例えば、1回目の計算が間違っていても、2回目の計算において正しく7が引かれていれば、2回目の計算は正答とする。
7. 復唱	教示	これから文章を読み上げます。私が読んだ後に、正確に繰り返してください。（間をとる）太郎が今日手伝うことしか知りません。（対象者が繰り返した後に次ぎの教示を与える）それでは、もうひとつ文章を読み上げます。先ほどと同じように正確に繰り返してください。 （間をとる）犬が部屋にいるときは、猫はいつもイスの下にかくれていました。
	採点	それぞれの文章を正しく復唱できていれば1点を与える。復唱は正確でなければならない。 （言葉を省略するなどの細かいエラーにも注意を払う）
8. 語想起	教示	これから私が言うひらがなで始まる言葉を、出来るだけたくさん言ってください。言葉であれば何でも構いません。時間は1分間です。準備はよろしいですか？（間をとる）それでは、"か"で始まる言葉を出来るだけたくさん言ってください。（60秒計測）止め。
	採点	言葉を11個以上生成出来れば1点を与える。対象者の生成した語は下部もしくは側部の余白に記録し、生成した総数についてもカウントしておく。

9. 抽象的思考	教示	（単語のペアに共通するものを表す言葉をたずねる。例題から始める。）"バナナ"と"ミカン"はどのように似ていますか？（もし対象者が具象的な共通部分を挙げた場合には、一度だけ次の教示を与える）他の言い方はありませんか？（対象者が適切な反応（果物）をしなかった場合には次の教示を与える）そうですね、また両方とも果物でもあります。（他の教示や明確な説明は与えない） （例題実施後）それでは、"電車"と"自転車"はどのように似ていますか？（回答後に次の問いを与える）それでは、"ものさし"と"時計"はどのように似ていますか？（追加の教示や手がかりは一切与えない）
	採点	それぞれの問題で次のような適切な反応が得られれば1点を与える。 電車-自転車＝交通手段、旅行の手段、乗り物 ものさし-時計＝測るもの、計測に使用するもの、計測器具 車輪がある、数字があるなどの反応は適切なものとみなさない。
10. 遅延再生	教示	先ほどいくつかの単語を憶えて頂きました。今憶えている単語をできるだけ私に教えてください。（手がかりのない状態で憶えていたものとして"自由再生"の欄にチェックを入れる）
	採点	手がかりなく再生できた単語それぞれに1点を与える。
11. 見当識	教示	今日の日付を教えてください。（対象者の回答が完全でない場合には次の教示を与える）今日は何年、何月、何日、何曜日ですか？（回答後に次の教示を続ける）それでは、ここは何市（区・町）ですか？（回答後に次の教示を続ける）それでは、この場所（建物）の名前は何ですか？
	採点	正しく回答できた項目それぞれに1点を与える。日付や名前については正確な回答でなくてはならない。
合計得点		検査用紙の右側に記入した得点を全て合計する。教育年数が12年以下の場合には1点を加える（最高30点）。合計得点が26点以上であれば健常範囲と考えられる。

●Mini Mental State Examination（MMSE）35-37)

　入院患者の認知機能障害の測定に用いられます。評価方法は対面式であり、すべての回答に要する時間は約15分です。配点は、正答が1点、誤答が0点で、合計得点は30点、範囲は0点-30点であり、得点が高いと認知機能が高いことを示します。下位項目としては、日時（0-5点）、現在地（0-5点）、記憶（0-3点）、7シリーズ（0-5点）、想起（0-3点）、呼称（0-2点）、読字（0-1点）、言語理解（0-3点）、文章理解（0-1点）、文章構成（0-1点）、図形把握（0-1点）からなります。

　各設問がとりうる最高点を各設問のはじめのカッコの中に示してあります。

表13 Mini-Mental State Examination（MMSE）

設問	質問内容	回答	得点
1（5点）	今年は何年ですか 今の季節は何ですか 今日は何曜日ですか 今日は何月何日ですか	年 曜日 月 日	0 1 0 1 0 1 0 1 0 1
2（5点）	この病院の名前は何ですか ここは何県ですか ここは何市ですか ここは何階ですか ここは何地方ですか	病院 県 市 階 地方	0 1 0 1 0 1 0 1 0 1
3（3点）	物品名3個（桜、猫、電車） 《1秒間に1個ずつ言う。その後、被験者に繰り返させる。正答1個につき1点を与える。3個全て言うまで繰り返す（6回まで）》		0 1 2 3
4（5点）	100から順に7を引く（5回まで）		0 1 2 3 4 5
5（3点）	設問3で提示した物品名を再度復唱させる		0 1 2 3
6（2点）	（時計を見せながら）これは何ですか？ （鉛筆を見せながら）これは何ですか？		0 1 0 1
7（1点）	次の文章を繰り返す 「みんなで、力を合わせて綱を引きます」		0 1
8（3点）	（3段階の命令） 「右手にこの紙を持ってください」 「それを半分に折りたたんでください」 「それを私に渡してください」		0 1 0 1 0 1
9（1点）	（次の文章を読んで、その指示に従ってください） 「右手を上げなさい」		0 1
10（1点）	（何か文章を書いてください）		0 1
11（1点）	（次の図形を書いてください）　←（重なり合う五角形です）		0 1
		得点合計	

(Folstein et al. J Psychiatr Res 12:189,1975)　　　　　　　　　　　（文献37より）

表14　MMSEの各質問項目の留意点

設問1	はじめに「今日は何日ですか」とたずね、続いて被験者が答えなかった箇所について追加の質問をする。 年、季節、曜日、月、日のそれぞれについて、正答なら1点、誤答なら0点を与える。
設問2	各項目について1つずつたずねる。（例：「この病院の名前は何ですか」） 県、市、病院、階、地方のそれぞれについて、正答なら1点、誤答なら0点を与える。
設問3	記憶力の試験をしてもよいかを被験者に確かめたうえで、相互に関係のない物品名3個を明瞭かつゆっくりと、1語におよそ1秒ぐらいで言う。 3個の物品名をすべて言ったあとで、被験者にすべて繰り返させる。この段階で得点を与える。 しかし、1つでも誤答もしくは無答であれば、同じ作業を繰り返す。この作業は6回までとし、作業回数を記入する。 6回行ってもなお全部正答できない場合は、設問5は無意味となる。
設問4	被験者に100から順に7を引くように指示する。5回まで行ったところで中止する（93,86,79,72,65）、正答の数を本設問の得点とする。 指示は最初に与え、計算の途中で、たとえば「72から7を引くと……」などと指示したり、促してはいけない。 この項は計算力の検査を目的としているのではない。もし被験者がこの作業ができない、もしくはしたがらない場合は「フジノヤマ」を逆唱させる。 正しい位置にある文字の数を得点する。（例：マヤノジフ5点、ヤマノフジ1点、マヤジフ2点、フジ……0点）。
設問5	設問3で記憶させた3個の物品名をここで再び言わせる。 各正答ごとに1点ずつ与える。
設問6	腕時計を被験者に見せたうえで、それが何かを問う。同様に鉛筆についても行う。 各正答ごとに1点を与える。
設問7	文章を反復させる。1回のみで評価する。
設問8	何も書き込んでいない紙を与え、命令を与える。各段階ごとに正しく作業した場合1点とする。
設問9	被験者が見るのに適した大きさで「「眼を閉じなさい」と書かれたボードを示し、それを読みそのとおりにするよう指示する。被験者が実際に閉眼した場合のみ1点を与える。
設問10	何も書かれていない紙を与え、文章を書くよう指示する。自発的な文章でなければならず、検者が例文などを与えてはいけない。 文章は主語と述語があり、意味のあるものでなければならないが、文法や読点が不正確でもよい。
設問11	重なった2個の五角形を書き込んだボードを示し、それを模写させる。模写は角が10個あり、2つの五角形が交差していることが得点の条件である。手指の震えなどは、無視する。

〈判定方法〉

　各設問の得点の単純加算がMMSEの総合点です。MMSEは総合点が低いほど認知障害の存在が推定できます。Folsteinらによれば、MMSEの総合点が20点以下の者は、認知症、せん妄、統合失調症感情障害の可能性が高いが、正常被験者、神経症、性格障害の者で20点以下のことはまれです。

文献

1) 鈴木 隆雄, 岩佐 一, 他：地域高齢者を対象とした要介護予防のための包括的健診（「お達者健診」）についての研究　受診者と非受診者の特性について.日本公衆衛生雑誌.2003;50, 39-48.
2) 權 珍嬉, 吉田 祐子, 他：都市部在住高齢者における老年症候群保有者の健康状態について　介護予防事業推進のための基礎調査（「お達者健診」より）. 日本老年医学会雑誌.2007;44, 224-230.
3) 金 憲経, 鈴木 隆雄, 他：都市部在住高齢女性における老年症候群の複数徴候保持者の諸特性と関連要因　要介護予防のための包括的健診「お達者健診」. 日本公衆衛生雑誌.2007;54, 43-52.
4) 鈴木 隆雄, 岩佐 一, 他：地域高齢者における転倒と転倒恐怖感についての研究　要介護予防のための包括的健診（「お達者健診」）調査より. Osteoporosis Japan.2004;12, 295-298.
5) 權 珍嬉, 鈴木 隆雄, 他：地域在宅高齢者における低栄養と健康状態および体力との関連.体力科学.2005;54, 99-105.
6) 岩佐 一, 鈴木 隆雄, 他：地域在宅高齢者における記憶愁訴の実態把握　要介護予防のための包括的健診（「お達者健診」）についての研究（3）. 日本公衆衛生雑誌.2005;52,176-185.
7) Nagasaki H, Itoh H, Furuna T.: A physical fitness model of older adults. Aging. 1995;7: 392-7.
8) Seino S, Shinkai S,et al: TMIG-LISA Research Group. Reference values and age and sex differences in physical performance measures for community-dwelling older Japanese: A pooled analysis of six cohort studies. PLOS ONE. (in press).
9) 松澤 佑次, 井上修二, 他：新しい肥満の判定と肥満症の診断基準. 肥満研究. 2000;6: 18-28.
10) Obesity: Preventing and managing the global epidemic; Report of a WHO consultation on obesity Geneva 3. Global prevalence and secular trends in obesity. 1997
11) 成田美紀, 新開省二：ベッドサイドの高齢者運動器の診かた. 南山堂.2014; pp278-284.
12) Kronmal RA, Cain KC, et al : Total serum cholesterol levels and mortality risk as a function of age. A report based on the Framingham data. Arch Intern Med.1993;153:1065-73.
13) 熊谷 修, 渡辺 修一郎, 他: 地域在宅高齢者における食品摂取の多様性と高次生活機能低下の関連. 日本公衆衛生雑誌.2003;50: 1117-1124.
14) Lawton MP: Assessing the competence of older people. In: Kent DP,

Kastenbaum R, Sherwood S (eds): Research, planning, and action for the elderly: the power and potential of social science. Behavioral Publications, New York.1972;pp.144-165

15) 古谷野 亘, 柴田 博, 他: 地域老人における活動能力の測定 老研式活動能力指標の開発. 日本公衆衛生雑誌.1987;34, 109-114.

16) Koyano W, Shibata H, et al: Measurement of competence: reliability and validity of the TMIG Index of Competence. Arch Gerontol Geriatr. 1991;13, 103-16

17) 古谷野亘, 橋本 迪生,他: 地域老人の生活機能-老研式活動能力指標による測定地の分布-日本公衆衛生雑誌 1993;40, 468-473.

18) 厚生労働省: 基本チェックリストの考え方について. http://www.mhlw.go.jp/topics/2009/05/dl/tp0501-1_01.pdf pp16, 介護予防マニュアル(改訂版:平成24年3月)について. , http://www.mhlw.go.jp/topics/2007/03/dl/tp0313-1a-11.pdf pp151-154

19) 栗本 鮎美, 粟田 主一, 他: 日本語版Lubben Social Network Scale短縮版(LSNS-6)の作成と信頼性および妥当性の検討. 日本老年医学会雑誌. 2011;48: 149-157.

20) Lubben J, Blozik E, et al.: Performance of an abbreviated version of the Lubben Social Network Scale among three European community-dwelling older adult populations. Gerontologist. 2006;46: 503-13.

21) Fukuhara S, Bito S, et al.: Translation, adaptation, and validation of the SF-36 Health Survey for use in Japan. J Clin Epidemiol.1998; 51: 1037-44.

22) Fukuhara S, Ware JE Jr, et al.: Psychometric and clinical tests of validity of the Japanese SF-36 Health Survey, J Clin Epidemiol.1998; 51: 1045-53.

23) McHorney CA, Ware JE Jr, et al.: The MOS 36-Item Short-Form Health Survey (SF-36): II. Psychometric and clinical tests of validity in measuring physical and mental health constructs. Med Care.1993;31: 247-63.

24) Awata S, Bech P, et al: Validity and utility of the Japanese version of the WHO-Five Well-Being Index in the context of detecting suicidal ideation in elderly community residents. Int Psychogeriatr.2007;19: 77-88

25) Awata, S, Bech P, et al: Reliability and validity of the Japanese version of the World Health Organization-Five Well-Being Index in the context of detecting depression in diabetic patients. Psychiatry Clin Neurosci.2007;61: 112-119.

26) WHO-5ホームページ. www.who-5.org/

27) Yatomi N: The factor structure and item charactristics of the GDS short version in a Japanese elderly sample. Tokyo Metropolitan Institute of Gerontology.1994;16: 29-36.

28) Niino N, Imaizumi T, et al.: A Japanese Translation of the Geriatric Depression Scale. Clinical Gerontologist. 1991;10: 85-86. (*full versionの日本語翻訳)

29) Sheikh JL, Yesavage JA : Geriatric Depression Scale (GDS): recent evidence and development of a shorter version. In Clin Gerontology: A Guide to Assessment and Intervention, Brink TL(ed.). Haworth: New York1986;165-173.

30) Brink TL, Jerome A, et al.: Screening Tests for Geriatric Depression. Clin Gerontol.1982;37-43.

31) Schreiner AS, Hayakawa H, et al.: Screening for late life depression: cut-off scores for the Geriatric Depression Scale and the Cornell Scale for Depression

in Dementia among Japanese subjects. Int J Geriatr Psychiatry.2003;18: 498-505.
32) Fujiwara Y, Suzuki H, et al.: Brief screening tool for mild cognitive impairment in older Japanese: Validation of the Japanese version of the Montreal Cognitive Assessment. Geriatrics & Gerontology International.2010;225-232.
33) Nasreddine ZS, Phillips NA, et al.: The Montreal Cognitive Assessment (MoCA): A Brief Screening Tool For Mild Cognitive Impairment. J Am Geriatr Soc.2005;53: 695-699.
34) 鈴木宏幸, 藤原 佳典：Montreal Cognitive Assessment (MoCA) の日本語版作成とその有効性について. 老年精神医学雑誌.2010;21: 198-202.
35) 森悦郎, 三谷洋子, 山鳥重: 神経疾患患者における日本語版 Mini-Mental State テストの有用性 神経心理学. 1985;1: 82-89.
36) Folstein MF, Folstein SE, et al.: "Mini-mental state". A practical method for grading the cognitive state of patients for the clinician. J Psychiatr Res.1975;12: 189-98.
37) 大塚俊男、本間昭：高齢者のための知的機能検査の手引き.ワールドプランニング 1991;pp35-38.

第8章

高齢者向け
筋力向上トレーニング

高齢者の筋力向上トレーニング

1 筋力低下と専門職の支援

　筋力は20歳から30歳代で最大となり、その後60歳ぐらいまでは年間2％〜3％程度低下[1]、60歳を超えると15％、70歳を超えると30％と等比級数的に筋力が低下していきます[2-5]。一方、1990年代の集中的な実験研究によって、高齢期であっても適切に筋力向上トレーニングを行えば、筋力が向上し、安全性も高いことが明らかとなり[6-10]、高齢期の筋力低下は可逆的と考えられるようになりました。つまり、加齢により筋力が低下した分だけ、トレーニングを加えれば、長寿命化しても移動能力に障害を持つ者が増加しないと考えることができます。地域には、体育館・フィットネスクラブなど高齢者でも筋力向上トレーニングを行える環境が整備されていますが、高齢者を受け入れる知識と技術に乏しいのが現状です。超高齢社会では高齢者が筋力向上トレーニングに手軽に取り組めるように、どのくらいの負荷で始めればいいのか、痛みがあるときにはどうすればいいのか等々の支援ができる専門職が求められます。

2 筋力向上トレーニングの背景

　これまで高齢者に筋力向上トレーニングは禁忌であると信じられてきました。しかし、1990年にFiatarone[11]が90歳を超えるナーシングホーム居住者に、高負荷の筋力向上トレーニングが有効性を示したことをきっかけに、多くの追試が行われ、現在では高齢者においても筋力向上トレーニングが禁忌ではなく推奨されるようになってきました。日本においてもウエートトレーニングマシンを使った筋力向上トレーニングが厚生労働省の介護予防モデル事業で実施され、複数の自治体で有用性が示されたことから[12]、筋力向上トレーニングは禁忌という考え方は薄れ、いまでは高齢者でもやればよくなるのは当たり前といわれるほどになっています。

表1　CGTの身体機能改善効果（未発表データ）

	実施前		実施後		t値	自由度	P値
	平均値	SD	平均値	SD			
開眼片脚立ち時間（秒）	29.5	23.0	34.1	23.1	−8.641	981	<0.001
閉眼片脚立ち時間（秒）	4.2	3.7	4.9	4.4	−3.504	409	0.001
TUG（秒）	7.2	3.1	6.5	2.2	11.735	981	<0.001
膝伸展力（N）	138.8	115.3	148.6	117.1	−4.184	508	<0.001
5m通常歩行時間（秒）	4.1	1.6	3.8	1.0	5.478	575	<0.001
5m最大歩行時間（秒）	3.1	1.3	2.9	1.2	10.216	927	<0.001

TUG：Timed up & go　SD：標準偏差

表2　CGTの健康関連QOL改善効果（未発表データ）

	実施前		実施後		t値	自由度	P値
	平均値	SD	平均値	SD			
身体機能	39.4	11.8	42.2	11.3	−6.465	487	<0.001
日常役割機能（身体）	29.8	17.6	32.7	18.5	−5.178	466	<0.001
身体の痛み	40.1	13.3	41.6	14.1	−3.460	472	0.001
社会生活機能	39.9	14.6	42.1	14.6	−5.096	472	<0.001
全体的健康感	43.6	9.8	45.4	10.3	−5.067	471	<0.001
活力	45.5	10.1	48.0	11.1	−6.074	467	<0.001
日常役割機能（精神）	36.1	15.7	38.3	15.8	−4.677	466	<0.001
心の健康	41.5	16.5	44.1	17.3	−6.087	479	<0.001
身体的総合	32.6	15.4	34.9	15.4	−4.731	452	<0.001
精神的総合	44.9	13.5	47.0	14.1	−5.663	452	<0.001

3　筋力向上トレーニングへの疑念

　しかし、「やればよくなるのは当たり前」という言葉に、揶揄が感じられるように、効果が一般的な事実であったとしても、高齢期のこうした積極的な身体介入への懐疑的な見方は依然存在します。人はいつか死を迎える。つまり身体機能が0になるという事実が、高齢者が筋力トレーニングに取り組むことへのあきらめにつながっているのかもしれません。虚弱高齢者では、家族も含めてなおさらこの傾向が強くなってしまいます。

　これに対し新井、大渕ら[13]は、マシンを使った筋力向上トレーニングの参加者256名の事前・事後データを分析し、効果が期待できる年齢の

限界はあるか、あるいは、身体機能に限界があるかを調べました。結果は、年齢は無相関かつ心身機能が低いほど効果が高いことがわかり、年齢や身体機能に制約がないことが明らかになりました。高齢期に運動を始めることは怪我などのリスクを増やすことにもつながりますが、現在は長寿命化に伴い生活機能障害を持つものが増加しているのですから、デメリットよりメリットが高くなってきたといえるでしょう。今後ますます、長寿命化が予測されていますが、ますますメリットが高まるといえるでしょう。

包括的高齢者運動トレーニング
(Comprehensive Geriatric Training, CGT)

　筋力向上トレーニングの有効性の背景に虚弱高齢者を対象に行う筋力向上トレーニングを包括的高齢者運動トレーニング（Comprehensive Ceriatnic training，以下CGT）として体系化しました。

　CGTとは、**医療と体育の専門職**によって、**虚弱高齢者**を対象に、**集中的**に筋力、バランス、機能的動作の**体力の諸要素を包括的にトレーニング**し、運動器の**機能向上を図る**ものです。またCGTには事前・事後の客観的な運動機能の評価が含まれます。

1　CGTの特徴

　CGTは、虚弱高齢者のための5つの特徴を持っています。

(1) 身体機能の向上を目標

　CGTは、体力の"維持"を目標とするのではなく、さらに踏み込んで"向上"させることを目標とします。体力が向上しなければ、虚弱高齢者は虚弱高齢者のままです。生き生きとした生活を取り戻すには体力を向上させなくてはいけません。このためには通常の体操などよりさらに積極的な運動が必要になります。

(2) 体力の要素を包括的にトレーニング

　CGTは、ウエートトレーニングマシンを使った筋力向上トレーニングが中心ですが、それに加えてバランスや柔軟性などの体力を構成する諸要素を包括的にトレーニングします。特異性の原則として知られますが、筋力を鍛えれば筋力が、バランスを鍛えればバランス能力といったように、トレーニング内容に特異的に効果が認められます。高齢期には体力の諸要素が全般的に衰えてくるのですから、いわゆる"筋トレ"だけでは生活機能を改善させることができません。体力の諸要素を包括的にトレーニングする必要があります。

(3) 医療と体育の専門職の協働

　虚弱高齢者は慢性疾患を抱えている場合が多いので、疾患への配慮が必要となります。このため理学療法士や看護師など医療専門職の関与が不可欠と考えられます。しかし、病気の治療ではありませんから、地域での運動を継続させるという視野に立つとフィットネスクラブや体育館などで働く体育専門職との協働も必要です。CGTの基本理念を双方の専門家が学び連携しながら取り組みます。

(4) 期間を限定した集中トレーニング

　CGTは期間を限定した集中したトレーニングです。虚弱高齢者の身体機能を改善し、自立した健康増進活動を維持することを目的にします。つまりトレーニング依存になってしまっては、自立した健康増進活動とはいえません。トレーニングを通して自分の体を理解し、自分に必要な運動が習得できれば、地域の様々な資源を活用し、自らの体を維持することができます。このためにはデイサービスのプログラムなどの一般的なプログラムとは違ってあらかじめ期限を示し、これに向けて自立への支援を計画的にしていきます。CGTは巣立つイメージです。通常3カ月で基本的な手技の習得、効果の実感が得られるので、これを目安に集中的なトレーニングを行います。まれに、脳卒中後遺症などにより、基本的な手技の習得、効果の実感が3カ月で得られない場合には延長することもあります。

(5) 客観的評価

　CGTでは、評価もトレーニングの一部ととらえます。事前2回、事後2回としっかりと時間をとって客観的な評価を行います。評価はCGTの根幹をなすところです。これは参加者や主催団体などにCGTの有用性を示すとともに、専門職が手技を見直すときの参考になります。評価は、効果、効用、便益の三つの側面から行います。効果とは、筋力、バランス能力など機能的な変化のことです。効用とは、歩く速度、疲れやすさ、主感的健康観など能力的な変化です。また、便益はこれらの効果を金銭に置き換えたものです。老年学で一般的に使われる、共通の評価項目を用いることによって、CGT以外のプログラムとの比較や研究者によって行われる科学的評価に耐えられるものとすることをねらっています。

2 CGTのトレーニング

(1) トレーニングの概要

　CGTのトレーニングは、1回最大挙上筋力（以下1RM）の60％以上の高負荷筋力向上トレーニングを行うことが特徴です。しかし、トレーニング開始当初から高負荷でトレーニングをすると怪我の危険が高まってしまいます。そこでCGTでは、期分けと呼ばれるトレーニング進行の目安があります。最初の1カ月は筋肉や関節のコンディションを整えるコンディショニングトレーニング、2カ月目は、筋力の強化を目的とした高負荷の増強トレーニング、最後の1カ月は、得られた筋力を日常生活に生かす機能的トレーニングの3期に分けて行います。これによって関節や筋肉の脆弱化が著しい虚弱高齢者でも安全にトレーニングに取り組むことができます。ところで、筋力の強化だけでは生活機能の改善は望めません。これらを主運動とすると、補助体操の中で柔軟性やバランス機能を高めるトレーニングを多く導入します。1回2時間のプログラムですが、補助運動は主運動と同じくらいの時間を費やして、体力の諸要素をトレーニングすることを意識します。また、3カ月の介入後は自立してトレーニングを行うことが目的ですから、最初の1カ月は十分な支援を行いますが、徐々に支援の量を減らし、最後にはすべてのトレーニングを個人であるいは集団でできるようになることを目指します。

　終了時には、修了証の授与と評価結果の説明を行い、3カ月間の努力をたたえるとともに効果を確認します。その後の運動を継続するかどうかは、参加者にとってトレーニングの有用感が最も重要な要因です。有用感がなければ、どのように環境を整えても利用しません。逆に有用感があれば、トレーニングを継続する環境がなくても工夫をします。これがトレーニングの意欲を高めるのに有効です。

　有用感が不十分な場合は、一緒に市（区）町村の運動施設や事業を見学するなどして、申し込みに至るまでの不安や面倒さを軽減するようにします。マシンを使った筋力向上トレーニングでなくても、地域には向上した体力を維持する活動は多くありますから、地域の資源に目を開かせる働きが必要です。決して、CGTに固執するべきではありません。この意味では、ボランティアなどに参加することも継続の形です。閉じこもりがちな虚弱高齢者がCGT終了後は地域に再デビューするイメージをもって、地域の資源に合わせて助言を行います。

3 CGTの運営

1 スタッフと参加者数

　CGTは、介護予防運動指導員の認定を受けている理学療法士など高齢者の運動療法に詳しい医療専門職1名と同認定を受けている体育の専門職でプログラムを運営します。介護施設で実施する場合には、これに認定を受けている介護福祉士などが参加することもあります。さらに、在宅での健康増進活動を継続してもらうために、保健師など地域活動とのコーディネータ役が加わることもあります。基本的に3名のスタッフに対して、8名の参加者数で実施します。参加者に比較して指導者が多い印象を与えますが、短期間に集中的に介入を行い、状態の改善を目指すためには必要不可欠な人員数です。

2 設備・機材

　場所は、狭すぎるとトレーニングマシンがおけませんし、あまり広すぎると参加者が不安に感じるので80㎡以上100㎡程度のスペースを確保します。床上での運動を取り入れるのでカーペットを敷くなどの改装ができれば会議室を利用することも可能です。機器は特に限定するものではありませんが、虚弱高齢者が段階的に負荷量をあげることができるようにきめ細かな調整が可能なものの利用が望まれます。単に筋力増強を目指すのであればセラバンドなどの活用も考えられます。しかし、トレーニング負荷が同定しにくいことからウエートトレーニングマシンを利用することを勧めます。ウエートトレーニングマシンの中には、若年者を対象として開発されているものもあり、最低負荷が小さい、関節可動域に対する配慮があることを基準に選択するとよいでしょう。

　CGTでは抗重力筋のトレーニングを重点的に行いますので、下肢のトレーニング目的のマシンを中心に用意します。CGTではレッグプレス（**図1**）、レッグエクステンション（**図2**）、ヒップアブダクション（**図3**）に体幹肩甲帯の筋をトレーニングするローイング（**図4**）を加えた4機種を

図1　レッグプレス

図2　レッグエクステンション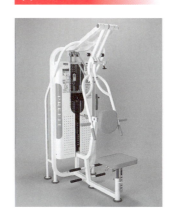

図3　ヒップアブダクション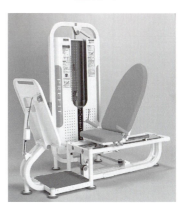

図4　ローイング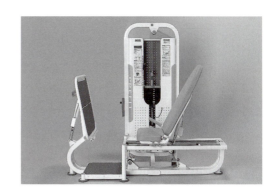

使用します。ほかの機器の利用も可能ですが、限られた時間の中でスムーズに運営するにはこれくらいが限界と考えられます。その他、機能的なトレーニングの際に必要なストレッチマット、バランスパッドや評価に必要な膝関節伸展計、ストップウォッチなどが必要となります。

3 トレーニングマシン利用の利点

　一般にウエートトレーニングマシンは、その外観から若年者や元気な高齢者に適応になると考えがちですが、実際には虚弱高齢者であればあるほど適応となります。たとえば、スクワットで膝折れをしてしまう人であってもリカンベントスクワットを利用することによってトレーニングが可能になります。高齢者向けのリカンベントスクワットは最低負荷が10kg程度に設定されていますので、60kgの参加者であれば体重の6分の1の負荷から始められますので立った姿勢を保持できない人こそトレーニングマシンを利用すべきです。また、いずれの運動も座った姿勢で行うので転倒による危険もありません。

4 CGTの評価

　これまで自治体で広く行われてきた「転倒予防教室」や「体操教室」では、どのような身体特性を持った高齢者が参加し、介入の結果どのように身体特性が変化したかについて系統的に評価されてきませんでした。これにより教室の効果が不明で積極的な予防施策の普及を阻んでいました。CGTでは、一定の書式に基づいた、事前・事後評価を義務づけています。身体機能の変化を数値で示すまでがCGTです。

1 効果の判定の3つの領域

　CGTにおける効果は次の3つの領域で判定します。このように三領域を測定することによって、有効性をより確実に示すことができます。例えば、歩行速度が早くなっても、それによって生活機能が改善しなければ、介護予防に寄与するとはいえません。効果はあっても効用がないということになります。一方、これらの効果を得るために費用が大きくかかるのも現実的とはいえません。介護保険費用の削減ということが大きな目標ですが、それぞれの教室でその効果を示すことは容易ではありません。そこで参加者が体感した効果をお金に換算し、その金額と実際に必要とした費用のバランスを評価します。

- 効果：個々の機能的帰結　　　　→身体機能測定
- 効用：能力的帰結　　　　　　　→ SF-36®
- 便益：経済効果としてのおきかえ →終了時アンケート

2 評価の利用

　参加者からの評価は個人の変化をフィードバックに利用できるだけでなく、教室やインストラクターの質の向上に利用することも可能です。また、CGTで用いられる評価指標は、老年学で一般的な項目ですから、ほかの方法による教室との効果の比較もできます。専門職が参加して行うCGTですから、それぞれの専門に基づく評価を導入しがちですが、それでは全

図5　レーダーチャート例

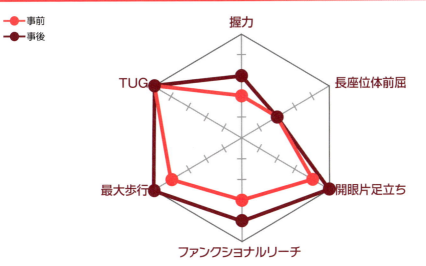

国でCGTを行っている仲間やマシンを使わない方法で実施している筋力向上トレーニングなどと比較することはできません。多少の評価項目の追加は許されますが、ここで示した評価項目を削除したり、ほかの項目に置き換えたりすることは避けるべきです。

(1) 参加者へのフィードバック

　図5のように測定値をレーダーチャートの形式にして、参加者へフィードバックを行います。事前評価では、参加者がプログラムに入る前に体力の諸要素の中で、どの能力が相対的に劣っているのかあるいは優れているのかを示し、3カ月のプログラムの中で改善を目指す体力の要素を参加者と共有します。この例では、片足立ち、TUGなどは優れていますが、ファンクショナルリーチや握力、長座位体前屈などは劣っています。柔軟性や動的なバランスの能力を高めることが目標となることを参加者と共有しました。3カ月のプログラムで目標となっていたファンクショナルリーチの改善は得られましたが、残念ながら長座位体前屈の改善は得られませんでした。全般的に1ランク体力のレベルが改善しています。これからの課題は柔軟性の獲得にあることを伝えて、今後の生活での意欲をひき出し自己管理につなげます。

(2) 参加者像の把握

　参加者の「最大歩行速度」を集計すると参加者の特徴が大まかに把握できます。われわれの65歳以上の地域在住高齢者を対象とした疫学調査で

図6　地域在住高齢者の最大歩行速度の分布

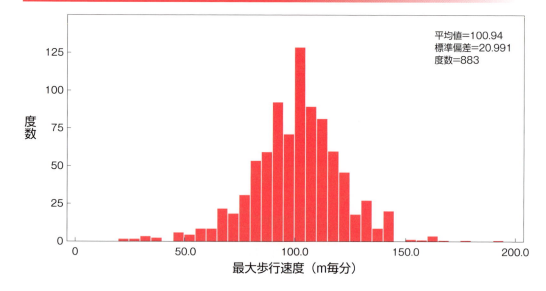

は、最大歩行速度は100m毎分を中心として±20m毎分（1標準偏差）で分布しました。CGTでは、虚弱高齢者の定義の一つに最大歩行速度80m毎分未満を採用していますが平均値−標準偏差で求めました。これは疫学的に求められた基準ですが、面白いことに不動産業の徒歩何分と表記するのかを計算する基準と一致しています。つまり、最大歩行速度80m毎分未満とは、がんばって歩いても周りの人の歩く速さについていけない速度といえます。この基準を参考に教室の参加者がどのあたりに位置するかを見ると参加者の体力を大まかに把握することができます。80m毎分以下の方々で教室が運営されているのであれば、CGTの対象者に合致しているといえるでしょう。しかし100毎分程度の方々が多いのであれば一般的な参加者が多い教室ともいえ、わざわざ医療・体育の専門職が集まって、さらに高価なトレーニングマシンを利用して支援するほどでもないかもしれません。あるいは80m毎分より明らかにおそい方々が多くいる場合は、体育の専門職に代えて福祉の専門職の関わりを求めた方がよいかもしれません**（図6）**。

(3) 脱落の分析

　脱落、低出席率は効果判定に影響を与えるだけでなく、それ自身で事業成否が判定できます。脱落する方は往々にして参加してみたにもかかわらず、効果を感じないのでやめてしまったという方々です。ですから、残った人だけで集計して効果があったとしても、効果を認めた人だけが残っているのですから無意味ということになってしまいます。東京都の協力自治

図7 参加回数の集計

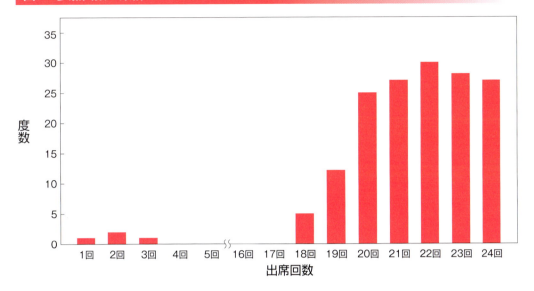

体で実施されている筋力向上トレーニングの参加者の脱落率は8％程度です。例えば10名の教室だとして脱落者が1名以下ということですから非常に低い脱落率といえます。これらと比べて、自分の教室の脱落者が多い場合には、何が原因であったのかプロセスの見直しをしてみるといいでしょう。また、脱落者が20％を超えるような場合は、以降に紹介する集計は行いません。

(4) 教室の効果の把握

　参加者の身体機能や健康関連QOLの測定を集計することで、教室の効果が判定できます。累積の参加者がおおよそ30名以上となったところで、集計を行うとより統計学的に妥当な結果を得ることができます。さらに累積の参加者がおおよそ100名を超えると統計学的に有効と判断されやすくなりますので、効果量と呼ばれる統計値を加えることによって臨床的な効果の感覚と統計学的な判断が一致します（**図7**）。

　図8は参加者数が20名でやや統計学的な検出力に欠ける集計です。まずは事前と事後の平均値を比べます。例えばファンクショナルリーチでは30.0cmが36.7cmに増加しています。つまり参加者の平均で6.7cmほど腕がよく伸びるようになったことを示しています。また、p値は0.001で0.05より小さく（※統計学的なきまり、5％水準で有意であることを示す）、この平均値の差は統計学的に意味がある、すなわち効果があると判断できます。一方、開眼片足立ちは事前が41.5秒と事後が44.1秒と2.6秒の改善を認めていますがp値は0.368で0.05より大きいので、この差は統計

図8　身体機能や健康関連QOLの測定（20名参加）

	事前		事後		N	p値	変化方向	統計的有意性 *p<.05 **p<.01	符号付効果量(r)	効果量の目安
	平均値	標準偏差	平均値	標準偏差						
握力（kg）	24.7	6.4	26.4	6.6	18	0.018	改善	*	0.537	大
長座位体前屈（cm）	30.7	12.0	34.2	12.4	15	0.416			0.219	小
開眼片足立ち（秒）	41.5	24.3	44.1	19.0	20	0.369			0.207	小
ファンクショナルリーチ（cm）	30.0	4.2	36.7	4.9	17	0.001	改善	**	0.734	大
最大歩行時間（秒）	2.71	0.67	2.48	0.77	17	0.001	改善	**	0.720	大
TUG（秒）	5.08	1.24	4.77	1.47	18	0.001			0.379	中

　学的には意味のない差ということがわかります。ただし、この場合無効ということではなく証拠不足と判断します。解析対象者数が増えれば意味のある差と判断される可能性が残されています。

　前述のように効果量は参加者数が多い場合に用いられる手法ですが図8には効果量も含めました。効果量は0.1-0.3までが効果小、0.3-0.5が効果中、0.5以上が効果大と判断します。

　統計はなじみがないかもしれませんが、表計算ソフト(Excel)などに簡易な計算マクロが用意されています。それを用いてp値を計算するといいでしょう。繰り返しになりますが、p値が0.05以下の場合、統計学的に有効であったと判断します。正確な計算には統計専用ソフトを利用します。

(5) 便益

　参加者が感じる効果をお金に換算するとどれくらいになるのかをアンケートで答えてもらいます（図9）。事業に対する価値を参加者がどの程度認めるのか直接的な指標になります。

　自治体の事業として行う場合には、基本チェックリストの改善率などを示すことによって、便益の代用になります。図10の例では、いずれの年度も基本チェックリストで運動器機能低下のリスクありと判断されて参加された方々の50％以上がリスクなし状態まで改善したことがわかります。

図9　効果をお金に換算すると？

問1．このプログラムの効果はありましたか？　効果の程度を下線に示してください。

全く効果がなかった　　　　　　　　　　　　　　　　　　　大変効果があった

問2．このプログラム（3カ月全部）に値段を付けるとしたらいくらですか？

　　　　　　　　　　　　　　　　　　　　　　　　　　　　　円

問3．このプログラムはあなたのそのような活動費と同じくらいの価値があると思いますか？（例：美容院、マッサージ、国内旅行など）

図10　基本チェックリストの分析例

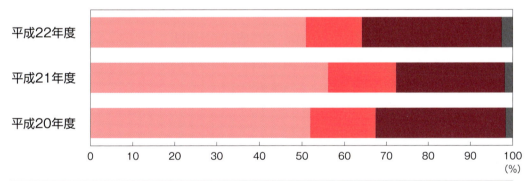

	平成20年度（人）	平成21年度（人）	平成22年度（人）
■該当から非該当	153	231	180
■非該当から非該当	40	67	54
■該当から該当	100	106	107
■非該当から該当	8	8	6
改善率	50.8%	56.1%	51.9%
維持率	46.5%	42.0%	46.4%
悪化率	2.7%	1.9%	1.7%

プログラムの実施

1 対象者の選択

　CGTは若干の認知機能低下を含むすべての高齢者で適用可能です。しかし身体機能や認知機能の低下が著明な場合にはCGT単独で効果を上げることは難しく、福祉や医療などの複合的な介入が必要です。一方、身体機能レベルが高い高齢者は、CGTで紹介するほどのスタッフ構成、プログラム内容でなくても、通常のフィットネスクラブなどの利用で十分に所期の目標を達成できます。ですから、CGTの対象者は、軽度の要介護者（要支援〜要介護2程度まで）、およびこれより軽度の虚弱高齢者とします。筆者はIADL障害と歩行速度から虚弱高齢者を定義しました。IADL障害は老研式活動能力指標のIADL5項目（**表3**）を用い、ひとつ以上障害がある

表3　老研式活動能力指標　手段的自立5項目

1．バスや電車を使って一人で外出ができますか
2．日用品の買い物ができますか
3．自分で食事の用意ができますか
4．請求書の支払いができますか
5．銀行預金、郵便貯金の出し入れが自分でできますか

表4　CGTの除外基準

最近6カ月以内に心臓発作、脳卒中発作を起こした
急性の肝機能障害、または慢性のウイルス性肝炎の活動期である
糖尿病が有り 　・過去に低血糖発作を起こしたことがある 　・空腹時血糖が200g/dl以上である 　・網膜症、腎症などを合併している
収縮期血圧が180mmHg以上、拡張期血圧が110mmHg以上である
慢性閉塞性肺疾患で息切れ・呼吸困難があるもの
急性期の関節痛・関節炎・腰痛・神経症状があるもの

か、困難を感じる場合を対象とします。歩行速度は、最大歩行速度が80m毎分未満の者を対象とします。一方、重篤な疾病など、医療的な介入を必要とする場合には除外します**（表4）**。

2 アセスメント

アセスメントでは、個人の体力レベルの把握とともに体力の諸要素の低下度合いの乖離を調べます。また、除外基準に該当しない、関節痛や関節可動域制限、病的な筋力低下、姿勢の異常などを評価し、筋力増強トレーニングに際して個別の配慮が必要な状態を把握します。

(1) 痛みの評価
① 痛みの分類

発症からの時間を基準に急性・亜急性・慢性を分けます。おおむね1カ月以内を急性、1～3カ月を亜急性、3カ月以上を慢性と判断します。急性の場合は、CGTの対象にはなりません。医療機関での受診を促します。

痛みの性質によって痛んでいる部位を推定します。鋭い痛み、刺すような痛みの場合、痛覚の受容器が密集した表在部の痛みと考えることができます。一方、遅い鈍い痛みは痛覚の受容器が未分化の深部の痛みと考えます。

痛みが運動時のみなのか、安静時もあるのか、さらには夜間にもあるのかは重要な評価になります。安静時にも痛みがみられる場合は痛みの程度が重篤と判断できます。保護的なトレーニングが必要なサインの一つです。また、夜間に痛みがあり、痛みで目が覚めてしまうような場合は特に注意が必要です。悪性新生物などによる痛みの可能性もあります。医療機関への受診を促すサインと考えたほうがいいでしょう。

②痛みの部位

痛みが発生している部位を聞き取り人体図に書き込みます**（図11）**。痛

表5　評価項目

問診	既往歴、高次生活機能（老研式活動能力指標）、健康関連QOL、生活歴
バイタルサイン	心拍数、血圧、可能であれば心肺負荷試験
理学検査	痛み、関節可動域、感覚検査、徒手筋力テスト、姿勢評価など
運動能力テスト	長坐位体前屈、膝関節伸展筋力、片足立ち時間、Functional Reach、Timed Up & Go、歩行速度（通常・最大）など

図11　痛みの部位の評価

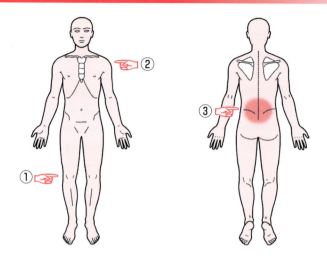

みが複数有る場合は、痛みの強い順に番号を振ります。痛みの部位を聞き取る場合は、参加者に指一本で示してもらいます。例えば、肩の痛みといっても、滑液包、靭帯、上腕二頭筋腱など様々な部位で痛みが発生していることが考えられます。そして同時に複数の部位の痛みが総合して肩の痛みと表現されます。痛みの一つ一つを分けてトレーニングへの反応を観察するとよりよい指導につながります。指一本で示すことで痛みの部位をより詳細に評価できます**（図11）**。

③痛みの経過

　痛みがいつ頃、何を契機として始まったのか、発症から現在までの痛みの変化を聞き取ります。快方に向かっている場合は多くの考慮は必要としませんが、悪化に向かっている場合には原因を探るとともにトレーニングの種目や負荷の調整が必要になります。明確な機転がなく、痛みの改善と増悪を繰り返すような場合は、心因性の痛みである可能性があります。トレーニングによる改善可能性の判断や支援方法の選択の判断に活用します。

　治療経過の聞き取りも必要です。慢性的な痛みを持つ場合、様々な治療を試していることがあります。治療と効果の関係を整理しながら聴き取ります。とくに運動療法の効果がみられなかったり逆効果であったりした場合は、その内容、頻度を詳細に聞き取ります。痛み止めの服用は多くの場合著効を示します。痛み止めの効果をトレーニングの効果と錯誤しないよう注意が必要です。痛み止めの薬の効果が認められない場合は、中枢性の痛みを疑います。

④**痛みの時間**

　症状の聴き取りの一部ですが、次の3つの時間について聴き取ります（**表6**）。T1：ある動作を開始してから痛みが始まるまでの時間（単位分）、T2：痛みが始まってから痛みの動作を続けられる時間（単位分）、T3：痛みが緩和する努力をしてから痛みが消失するか元の状態に戻るまでの時間（単位分）をそれぞれの痛みごとに聴き取ります。T1やT2が0の場合は、たとえ発症から3カ月を経過した慢性痛であっても反応性が高い痛みで急性痛と同じような対処をします。つまり、安静を保ちながらトレーニングを実施できる工夫が必要です。T1やT2は0ではないけれども、T3が30以上の場合は、やや反応性が高い痛みです。同程度のトレーニングを続けると徐々に痛みが増強してくる危険があります。トレーニングの種目や回数を痛みが発生しない程度に調整する保護的トレーニングを行います（**表7**）。それ以外の場合は、通常のCGTトレーニングが可能と判断できます。

表6　痛みの時間

T1	ある動作を開始してから痛みが始まるまでの時間 （例：歩き始めてから約30分で痛みが始まる）
T2	痛みの出る動作を続けられる時間 （例：膝が痛くなり始めても30分は歩ける）
T3	痛みが緩和する努力をしてから痛みが消失するまでの時間 （例：10分休むと痛みが落ち着く）

表7　痛みの判断

症状	痛みの判断	処置
T1=T2=0	急性痛	安静、RICE処置
T1≠0 かつ T2≠0 かつ T3>30	亜急性痛	保護的トレーニング
T1≠0 かつ T2≠0 かつ T3<=30	慢性痛	積極的運動トレーニングの対象

⑤**痛みの可動域**

　トレーニングを開始してから、トレーニングの種目、回数が適当であるのかを判断するには、関節可動域の事前事後の変化が参考になります（**表8**）。トレーニング実施後に関節可動域が拡大するようであれば、そのトレーニングは適当と判断されます。逆に縮小するようであれば不適当と判断します。このとき通常の関節可動域の測定は、痛みで動かせなくなる角度（P2）を基準にして測定しますが、CGTでは痛みの始まる角度（P1）

表8　関節角度の評価

P1	痛みが始まる角度
P2	痛みで動かせなくなる角度

トレーニング後にP1が悪化した場合は内容を修正する。トレーニング後にP1が維持・改善した場合は内容を継続する。P2は測定しません。

を基準にして測定します。P2の測定は、痛みを増悪させる危険があります。P1の測定でトレーニングの適用の判断に十分な情報が得られますので、P2の測定は行いません。

⑥Visual Analogue Scale: VAS)

痛みは主観的なものだけに、痛みの程度を客観的に評価することはできません。しかしこうした主観を定量化する方法としてVASがよく使われ

図12　痛みの程度の評価

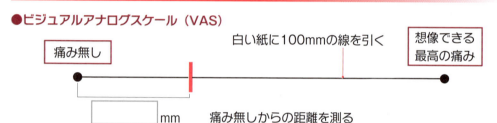

図13　痛みの記録

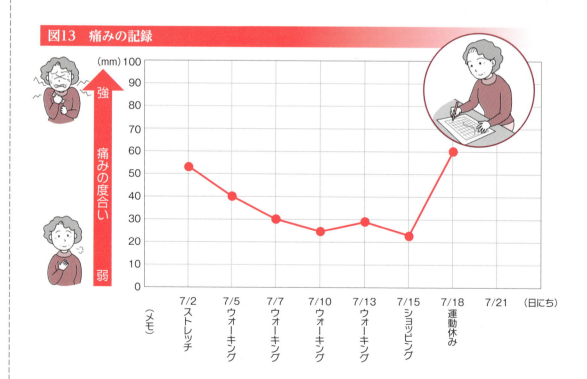

ます。白い紙に100mmの横の直線を引き、左の端を全く痛くない状態、右の端をこれまで最も痛かった状態を仮想してもらい、現在の痛みを直線のどのあたりになるのか分断線を引くことで表現します。測定は左の端から定規で測定しmm単位で痛みを客観的に示します（**図12**）。

このビジュアルアナログスケールを毎日記録することによって、トレーニングの痛みへの影響をより客観的にみることができます。痛みの多寡と行った活動の関係を明示することで参加者の痛みのコーピング能力が高まります（**図13**）。

(2) 身体アライメント評価

痛みは、疾患や機械的ストレスによって生じるものがあります。特に機械的ストレスは身体のアライメント（体節間の位置関係）に関係していることが多くあり、運動時の姿勢や運動方向に注意を払うと、痛みを生じることなく目標となるトレーニングを行うことができます。身体アライメントは、静的・動的・疲労時のアライメントの3つに分けて評価します（**図14**）。

①静的アライメント

静止しているときの姿勢の評価です。横から見たときには、耳の穴の中心に垂線をおろしたときに、肩峰、股関節のやや後方、膝蓋骨の後面、足関節の前方を通るのが標準的なアライメントです。後方からみた場合は、左右が対象かどうかをみます。ただし、骨盤は観察がしにくいので腸骨陵に手を添えて左右の高さを比較します。脊柱の側弯を観察したい場合には、

図14　身体アライメント

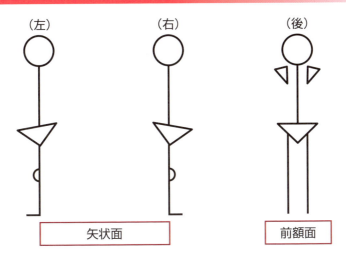

図15　動的アライメント

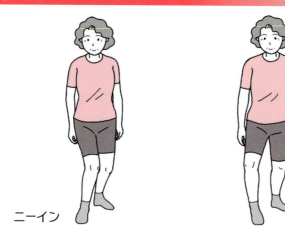

ニーイン　　　　　　　　　ニーアウト

立位で体幹を前傾させ、お辞儀をした姿勢にして肩甲骨の高さを比べます。

②動的アライメント

　静的アライメントが正常であっても動作をしたときのアライメントが不良ということがよくあります。典型的なのはニーイン（knee in）、ニーアウト（knee out）と呼ばれる現象で、立位で膝を屈伸したときに膝が内側に入ってしまったり、逆に外側に向いてしまったりすることがあります（図15）。このように下肢を中心に歩行も含めて、いくつかの動作をさせて、体節間のねじれが大きい動きを調べます。軽微なねじれであっても同様の動作を繰り返すことによって痛みの原因となることがあります。

③疲労時のアライメント

　動的なアライメントと同じ評価ですが、数回の動きでは異常はみられないのですが、疲労をしたときに著明になる場合があります。これを疲労時のアライメントと呼びます。マラソンランナーが、走り始めは姿勢よく走っていても疲労してくると姿勢が悪くなるのはよく観察されます。同じように、動作を10分程度続けさせてから観察するとアライメントの異常が発見されやすくなります。特に、歩く姿勢のような場合は顕著です。

(3) バランス能力の評価

　バランス能力もアライメントと同様に、静的バランス、動的バランス、機能的バランスの3つの領域で評価します。パーキンソン病のような固縮を特徴とする病気や怪我で足関節の可動性が減っている場合などでは、動的バランスは低下しているが、静的バランスは健常者以上に良好である場

合があります。3つの能力は独立していると考えて評価します。

①静的バランス

　静的バランスとは、支持基底面（**図16**）の中で重心をできるだけ動かずに保っておける能力です。片足立ち時間を測定することで評価ができます。ところで、支持基底面とは体重を支持するもので構成される面のことです。例えば両足でたっている場合には、両方の足だけでなく、両方の足の間も支持基底面になります。支持基底面の中に重心が落ちていれば転倒しません。ところで、杖をついた場合には、両足と杖とでつくる面も支持基底面に加わり面が著しく広くなります。ですからバランスが悪い人でも杖をつくことによって転ばずに歩けるようになります。

②動的バランス

　動的バランスとは、支持基底面をいかに有効に使って重心を移動させることができるのかの能力です。高齢者では少し遠くのものを取ろうとしてバランスを崩して倒れることがありますが、支持基底面を有効に生かしきれていない例です。前後であれば踵からつま先まで、左右であれば両方の足の外側まで広く重心を移動させても転ばないというのが動的バランスが高い状態です。しかし、動的バランスが低いと少し体の重心を移動しただけでもバランスを崩してしまいます。CGTではファンクショナルリーチでこの能力を評価します。

③機能的バランス

　人間が活動しているときには支持基底面内に重心が落ちていることはむしろまれです。重心を積極的に支持基底面の外に出して、倒れないように

図16　支持基底面

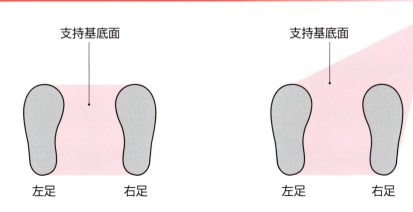

次の足を出すことで転倒を防ぎます。二足歩行ロボットが話題になっています。そんなの昔からあったという人がいますが、昔のロボットは一方の足の支持基底面内に重心を落としつつ、次の足を出して徐々に重心を移動させて次の足の支持基底面内に収まったときに後ろの足をあげるといったように、動作の中では支持基底面から重心が離れることはありませんでした。言って見れば抜き足差し足しかできませんでした。新しいロボットは予測制御で一気にバランスを崩し、一歩足をだして立ち直るという離れ業をやってのけています。同じように人がダイナミックに動くときには、重心の移動を待ってはいられません、積極的にバランスを崩しても倒れない立ち直り能力の評価になります。前後左右に足を素早く移動させバランス移動の巧緻性を評価します。

3 個別プログラムの作成

高齢者の体力は個人差が大きいことに特徴があります。高齢者の体力は若年者よりも全般に低い水準にあるのは当然ですが、体力水準を横軸にした正規分布を想定すると山の形が低く、横に広がってつぶれたような分布をとります（**図17**）。つまり、若年者の場合は平均を捉えて運動プログラムを作成すれば、多くの人にとって適度な運動になるのに対して、高齢者の場合は裾野が広い分、運動が物足りなかったり、反対に多すぎたりする人が出てきてしまいます。高齢期の運動トレーニングは個別プログラムの作成にポイントがあります。CGTでは重りの重量を調整することで個別に対応することが可能ですが、それに加えて、評価を元に補助運動を変化させます。

図17　高齢者の体力の特徴

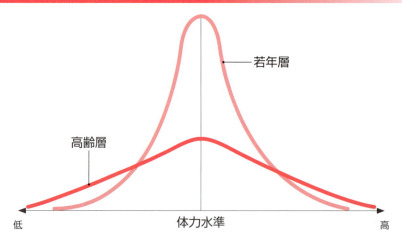

図18　体力要素の評価

●体力諸要素のレベルをレーダーチャート化する
　・強化すべき体力要素を抽出する
　・個別プログラム作成に反映させる

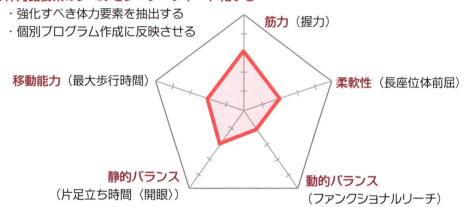

図19　評価に基づく個別プログラム作成

評価に基づいた個別対応の例

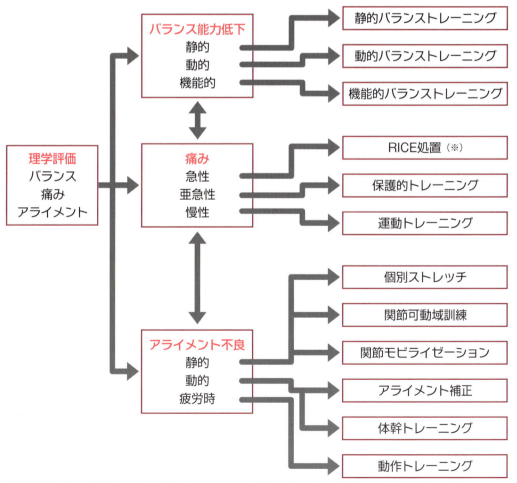

※RICE処置：Rest（休息），Ice（冷却），Compression（圧迫），Elevation（挙上）による急性炎症への処置。

まず体力の要素を分析します。体力は、筋力、柔軟性、バランス能力などの要素によって構成されます。これをレーダーチャートにして、劣っている部分優れている部分を評価します（**図18**）。衰えている部分は基本となる筋力増強トレーニングに加えて強化を図ります。

次に理学評価のうち、主にバランス、痛み、アライメントに着目し、どのようなトレーニング要素を加えるべきなのかを判断します。例えば、急性の痛みであれば、痛んでいる関節はRICE処置を行い、局所の安静を保ちながらもトレーニングできる方法を探します。静的アライメントが悪く関節モビライゼーションなどの処置が必要な場合はそれを加えます（**図19**）。

4 期分け

CGTの特徴でも説明しましたが、トレーニングの負荷を3つの時期に分けて使い分けることは虚弱高齢者のトレーニングを安全に行うためにとても大事です。虚弱高齢者では関節構成体の全てに脆弱化がおこっています。ですから十分なコンディショニング期間がなければ高負荷の筋力トレーニングは耐えられません。十分に関節のコンディションが整ってから、高負荷・低反復のトレーニングに入り、筋力の増強度合いに応じて階段昇降な

表9　CGTの進行と期分け

内容	内容	実施回数
初回評価	問診、理学検査、体力測定	2回
第1期	コンディショニング期 ・筋、腱、関節を徐々に負荷にならすとともに組織の栄養状態を改善する ・筋力トレーニングの基礎的知識を習得する	8回
第2期	筋力増強期 ・筋力増強の原則に基づき、高負荷低反復の筋力トレーニングを行う ・機能的トレーニングにより下肢筋群の協調動作を習得する	8回
第3期	機能的トレーニング期 ・前期の筋力増強を継続しながら、生活動作の機能向上に向けてより実際的なトレーニングを行う	8回
最終評価	体力測定、便益アンケートなど	1回
修了式	改善点の確認、その後の継続場所の紹介など	1回

ど生活に密接した動作を取り入れた機能的トレーニングを追加していきます**（表9）**。

(1) 第1期　コンディショニング期

　コンディショニング期は、組織の強度と高めるとともに、筋力トレーニングの知識を得ることによって意欲を高めることを目標にします。トレーニングの負荷は、低負荷・高反復（軽いと感じる負荷で20から30回の反復を1〜2セット）で行います。また、トレーニングの基礎的技能（フォーム、呼吸法、スピードなど）を反復練習によって習得し、高負荷になっても正しい手技でトレーニングできるように体の準備状態を高めます。

　ところで膝痛、腰痛など参加者の状態によっては、コンディショニングトレーニングに先立って、関節のアライメントの調整、補助動作の導入など、運動療法の技術が必要となる場合があります。このような場合、理学療法士など医療専門職が中心となり、医療的な配慮に基づく個別の運動プログラムを実施します。

　また、体育専門職が中心となって、筋肉の名前と動作、筋肉痛の種類や超回復の原理など、実際のトレーニングと関連づけて理解できる情報をコンパクトにまとめて提供します。

　注意：トレーニングの基礎的技能が習得されていない場合には、高負荷のトレーニングは行わない。麻痺や認知機能低下で基礎的な技能が習得できていない場合は、筋力増強期になっても低負荷・高反復を継続する。

(2) 第2期　筋力増強期（中期1カ月）

　筋力増強期は、筋力を向上させることを目標とします。トレーニングの負荷は、高負荷・低反復（1回最大挙上力の60％以上）で行います。おおよそ2週間に1回の頻度で、負荷の見直しを行って、常に1回最大挙上力の60％以上になるように負荷量を調整します。ところで、この時期には筋肉の張りや筋肉痛が起こることがたまにあります。しかし、高負荷の筋力強化トレーニングを行っているのですから、筋肉の張りや筋肉痛は正常な反応であり、この筋肉が強くなる過程である理解が指導者、参加者ともに必要です。つまり、この時期のCGTは、負荷に対する体の反応を楽しめるようにする配慮が必要です。また、徐々にバランストレーニングなど機能的トレーニングも加え、次の期へのスムーズな移行を目指します。

　この時期には主動筋、拮抗筋の働き、痛みのモニタリング方法など自立したトレーニング継続に必要な情報を提供します。

　すなわち、運動のスムーズさ、肩に力が入ってしまうなど代償動作が現

れていないか、マシンを押すときと引くときで速度が極端に違っていないか、顔色はどうか、呼吸は止まっていないかなど、参加者が発する兆候に敏感になる。

　注意：この時期には、参加者、指導者ともにトレーニングに慣れ、運動の観察が不十分となりやすい。しかし、虚弱高齢者に高負荷の筋力トレーニングの提供をしていることの危険性を再認識し、動作の観察に注意を払う。

(3) 第3期　機能的トレーニング期

　機能的トレーニング期（1カ月）は、得られた筋力を日常生活に応用することを目標とします。第1期、第2期と進行すると、トレーニングに慣れ時間に余裕が生まれます。この余裕を使って機能的トレーニングを行います。マシントレーニングは、単純なゆっくりとした反復動作ですから、日常生活を想定して、スピードを速めたり、複合的な動作を行ったり、できるだけ機能的な動作を行うようにします。ポイントは参加者のニーズに即すことです。たとえば、階段から下りることが難しい、ゆっくりだといいけど早くできないなど不便に感じている動作を聞き取って、その動作が

図20　各期トレーニングの時間配分

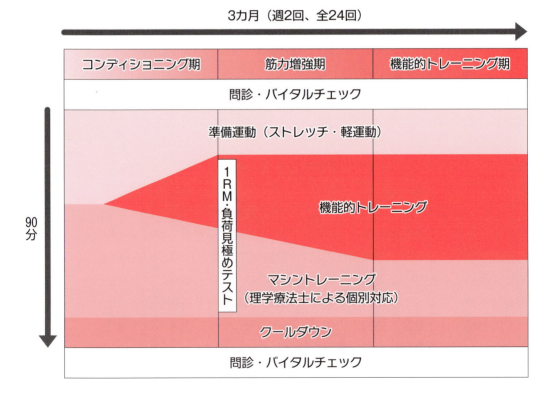

楽にできるようになるために必要なトレーニングを繰り返し行います。また、日常生活の変化点を意識させることもこの時期に重要です。効果があればあるほどトレーニングが目的化しがちですから、生活機能を改善させる所期の目標に立ち戻らなければなりません。

　トレーニングの知識の提供は、主に地域でトレーニングを継続できる環境について情報を提供します。参加者に施設を見学しその印象をメンバーに話してもらうなど、能動的な働きかけも有用です。

　注意：CGTは、コンディショニング期、筋力増強期、機能的トレーニング期の3つの区分で実施するが、この3つは独立したものではない。時期に合わせて、**図20**のように配分を変え提供する。

(4) 負荷の見極め

　筋力増強期に移行する際には、1回最大挙上力テスト（1RMテスト）を実施します（**表10**）。普段と同じフォーム、スピードで実施させ、徐々に負荷量を増加させ以下の基準で最大負荷量を決定します。ところで最大挙上力は、持ち上げられる最大の力ではないことに注意が必要です。重たすぎるものを持ち上げると肩に力が入るなど、いろいろな筋肉の代償作用を使って持ち上げるようになります。このようなときには逆に主動作筋の活動が低くなってしまうこともあります。また、いろいろな体の部位にストレスがかかりますから、怪我をする危険が高まってしまいます。ですから、1回最大挙上力とは代償動作を伴わずに持ち上げられる最大の力であることであることを特に理解しておく必要があります。この考え方の徹底によって、CGTの対象となる不活発な生活歴を持つ参加者であっても心血管系の過反応や受傷を防ぐことができます。種目ごとに1RMテストを行い、その挙上力の60％以上を以降のトレーニング負荷とします。

表10　1RMテスト判定基準

●力を入れてから動き出すまでの時間が明らかに遅くなる
●挙げるとき、降ろすときの速さが違う
●息む
●正しいフォームで行う事ができない

6 マシントレーニングの指導

1 マシントレーニング指導の心得

(1) 不安感を取り除く

　参加者の中にはマシンをみただけで「こんな機械にのっておもりを持ち上げるのは無理」と考える方もいます。そのためまず指導者が実演をする、類似の動作を行わせて動きのイメージをつくる、参加者のタイミングに合わせてマシンの動きを補助するなどの配慮をします。特に初回で簡単に動かせることがわかれば、無理と思っていればいるほど大きな成功体験につながります。「できない」ことを実感させないことが大切な要件です。特に医療専門職の場合は「こうしないように」、「…してはだめ」と抑制的に接しがちです。できる項目を提供してできたことをほめる事が大切です。例えば動作の中で膝の過伸展を防ぎたいのであれば、マシンに手を添えるなどして動作の終了時期をよりわかりやすくする工夫をしてできたことをほめます。「そうじゃなくて、こうですよ」→「こうすると効果的ですよ」、「おもりが重すぎますから軽くしましょう」→「おもりを軽くすると動きがスムーズになりますね」など言い換えをします。

　別の視点で高齢者の運動指導でよく見られるのが、指導者がしゃべり過ぎという現象です。スクワット一つをとっても、背中はのばす、お尻は落とす、膝は前に出ない…と指導ポイントをマシンガンなみに説明している指導者が多くみられます。これでは虚弱高齢者は一つも理解できません。まずやってもらって、ポイントを一つずつ改善していきます。虚弱高齢者の指導では「過ぎたるはなお及ばざるが如し」を肝に銘じておく必要があります。

(2) 指導手順

　使用筋群、目的などを説明します。マシンを使わずに類似の動作を行わせてどのような動きを意図しているのかを参加者にイメージしてもらいます。マシンの乗り降りの手本を見せます。マシンに乗せシートのポジションを設定します。声をかけてマシンを動かしてもらいます。このときに指

導者はマシンに手をかけて動きを補助します。10回ほど繰り返して、負荷やシートのポジションを微調整します。また動きを開始してもらい、動作が安定してきたら補助をやめ自立してトレーニングをしてもらいます。低負荷・高反復ですから、30回を目安に動作をしてもらいます。最初の20回で動きを作り最後の10回でフォームを固める意識で30回の動作の中で理想的な動きを作り出すことを目指します。指導者は、表情、おもりのプレートの動き、関節の動きを観察し、参加者の発する非言語的なサインを見逃さないようにします。

　テンポ・スピードは4カウントでもちあげる、4カウントで下げる程度のゆっくりしたスピードで行います。初期には下げるときの動作が早くなりがちですから、指導者は手を添えるなどしてゆっくりと動かすようにガイドします。呼吸は、あまり意識すると動作がぎくしゃくしますので、コンディショニング期では特に強調しません。しかし、基本的におもりをあげるときに吐き、おもりを下げるときに吸うように指導します。ポイントは息を止めないことです。息を止めてしまうと心血管系の負荷を高くしてしまいます。

　休息はセット間で1分から2分を目安にします。種目間は5分程度を見込むといいでしょう。

(3) 運動種目

　虚弱高齢者の生活機能改善には、特に移動能力の向上に資する抗重力筋の筋力増強を図る種目を選択します。90分のトレーニング時間では4種目程度が実施できます。

図21-①　レッグプレス

下肢伸筋（大殿筋、大腿四頭筋、下腿三頭筋）全般の筋力増強を目指します。足の位置を非対称にする事によって各肢にかかる負荷量を調整することができます。足を引いた方の負荷が高くなります。

図21-②　レッグエクステンション

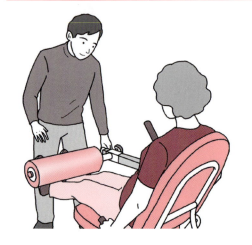

大腿四頭筋の選択的なトレーニングです。さ最大可動域まで完全伸展することによって大腿四頭筋の中でも内側広筋、外側広筋の筋力増強効果が高まります。腿が固定されていて脛が動くオープンキネティックチェイントレーニングになるので、膝関節の安定性が得られにくく、膝関節痛がある場合などでは負荷量や可動範囲に特別の配慮が必要です。

図21-③　ヒップアブダクション

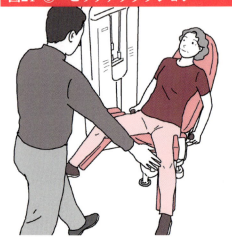

中殿筋の選択的なトレーニングです。とくに、臥位をとるように股関節伸展位で開排すると中殿筋のトレーニング効果が高まります。虚弱高齢者では、股関節外転の可動域制限が見られるものが多いので、少しの外転でも代償動作が現れてしまいます。代償運動を許したまま運動させると股関節の痛みにつながるので、参加者が思っている以上に可動域を狭く動かすように示し、代償動作が無く運動できるようにします。

図21-④　ローイング

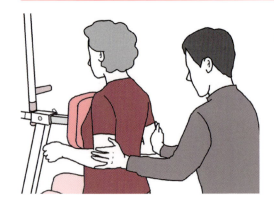

脊柱起立筋と菱形筋など肩甲骨内転筋の選択的なトレーニングです。体幹の屈曲伸展を利用してこの動作を行うと腰痛が発生しやすくなります。補助体操で体幹の固定をイメージさせ（コアマッスルトレーニング）、よい姿勢をとることと腹筋と背筋の緊張をしっかりイメージさせた上で、ローイング動作を行わせます。肩甲骨を大きく動かすイメージで行うと体幹の代償運動が少なくなります。肩甲骨の動きがうまく引き出せない場合は、支援者が肘を後ろから支え運動方向に抵抗を加え正しい軌跡に誘導します。

機能的トレーニングの指導

　マシントレーニングによる筋力向上が直ちに生活機能の向上をもたらす訳ではありません。筋力の向上は動作の中の一つの部品で、そのほかに感覚器や関節の状態、神経の伝達、脳での処理など様々な部品が連携して初めて動作になります。ですから、機能的トレーニングは、これらの部品をシステムとして動かすトレーニングを意味します。体育専門職の得意な分野ですから、一つ一つの運動を紹介することは無意味、というよりむしろ専門職の工夫を阻害したくないので割愛しますが、機能的トレーニングを組み立てるときのポイントについてのみ記述します。最も重要なことは、参加者一人一人が日々の生活の中で不自由に感じている動作や「こういう動作ができるようになったらいいな」と感じている動作を中心にプログラムを作成することです。CGTの参加者は、日常的な動作の不具合を感じ、こうした不具合の解決にニーズが高い対象であるといえます。このニーズを解決することが、参加者の成功体験につながり、その後のトレーニング継続の意欲を高めることになります。機能的トレーニングのプログラムを作る、主に体育専門職は、できるだけ早い時期に参加者一人一人の生活課題を把握し、課題解決のための要素を機能的トレーニングに盛り込みます。

1　基本的な考え方

　機能的トレーニングの組み立て方の基本的な考え方は、簡単から複雑、安全から機能性という考え方です。マシントレーニングは、負荷量は変化するものの、スピードは単調で関与する関節も限られます。機能的トレーニングでは徐々に動きを複雑にします。たとえばレッグプレスがうまくできるようになったら、膝を曲げながら歩く（ニーベントウォーク）トレーニングを導入して股関節、膝関節、足関節を調整しながら歩くトレーニングを加えるといったように、マシントレーニングの要素を生活動作に発展させます（図22）。
　ところで等尺性収縮は術後のリハビリテーションでもよく使われるように比較的安全なトレーニング方法です。一方、筋肉を外力によって急速に

伸長しその反発力を使って大きな筋収縮を引き出すプライオメトリックトレーニングは、機能性は高いものの危険性の高いトレーニングです。しかし、日常生活の中ではこのような要素は必ず必要とされ、等尺性収縮だけで生活を成り立たせることはできません。これらは両極に位置するトレー

図22　ニーベントウォーク

図23　参加者の状態に合わせたトレーニング

機能性

プライオメトリックスを取り入れたトレーニング
等運動性の遠心性筋収縮をもちいたトレーニング
等運動性の求心性筋収縮をもちいたトレーニング
等張性の筋収縮をもちいたトレーニング
等尺性の筋収縮をもちいたトレーニング
コンディショニングトレーニング

安全性

用語解説
- **プライオメトリックス**＝筋の伸張と収縮を短時間に繰り返し行うことで、走り高跳びの踏み切り時の筋収縮などがこれにあたる。
- **等運動性トレーニング**＝運動中のすべての範囲において、常に同じ運動速度で行われるトレーニング。運動速度を一定にすることで、関節周囲にかかる負荷が一定に保たれ、効率よく筋力増強を図ることができる。
- **等張性トレーニング**＝ダンベルを持ち上げるなど、運動中に一定の重りを用いて行うトレーニング。マシントレーニングは、ほぼこれにあたる。
- **遠心性筋収縮**＝イスに腰かけるときに使われる大腿四頭筋など、筋肉が伸ばされながらも収縮する状態を遠心性筋収縮という。筋の収縮だけでなく、筋繊維の粘弾性が必要とされる。
- **求心性筋収縮**＝床から片手で体を持ち上げるときの上腕二頭筋など、筋肉が中心に向かって収縮する状態を求心性筋収縮という。
- **等尺性収縮**＝四つばいの姿勢を保持するときの腹筋群など、筋の長さを変えないで収縮する状態を等尺性収縮という。姿勢保持に用いられる収縮様式である。

ニングですが、図のように間にはいくつかの段階がありますので、参加者の状態にあわせて徐々に機能性を高めていきます（図23）。

　マシントレーニングはほぼ等張性の筋収縮のトレーニングに相当します。次の目標はややスピードを速くすること、次の目標は力に逆らって筋肉が引き延ばされる遠心性収縮のトレーニングといったように、動作が確実に行えているのかどうかを基準に徐々に機能性を高めていきます。

　また、バランスは重心が低いときが安定で、高くなると不安定になります。ですから初期にはマット上の膝立ち位でのトレーニングなどを導入しますが（図24）、徐々に立位でのトレーニングに移行していきます。さらには、不安定マット（バランスマット）などの上で動作をさせることによって必要とされるバランス機能はさらに高まります（図25）。このような工夫によって機能的なトレーニングを組み立てます。

図24　マットの上のトレーニング

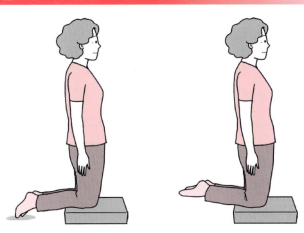

図25　バランスマットの上のトレーニング

文献

1) Bassey EJ, Harries UJ: Normal values for handgrip strength in 920 men and women aged over 65 years, and longitudinal changes over 4 years in 620 survivors. Clin Sci. 1993 ; 84:331-337.
2) Danneskiold-Samsoe B, Kofod V et al.: Muscle strength and functional capacity in 78-81-year-old men and women. Eur J Appl Physiol Occupational Physiol. 1984;52:310-314.
3) Harries UJ, Bassey EJ: Torque-velocity relationship for the knee extensors in women in their 3rd and 7th decades. Eur J Appl Physiol Occupational Physiol. 1990;60:187-190.
4) Larsson L: Morphological and functional characteristics of the ageing skeletal muscle in man. A cross-sectional study. Acta Physiol Scand Suppl .1978;457:1-36.
5) Murray MP, Duthie EH Jr et al.: Age-related differences in knee muscle strength in normal women. J Gerontol. 1985;40:275-280.
6) McCartney N, Hicks AL et al.: Long-term resistance training in the elderly: effects on dynamic strength, exercise capacity, muscle and bone. J Gerontol A Biol Sci Med Sci. 1995;50:B97-104.
7) McCartney N, Hicks AL et al.: A longitudinal trial of weight training in the elderly: continued improvement in year 2. J Gerontol A Biol Sci Med Sci . 1996;51:B425-433.
8) Valkeinen H, Hakkinen K et al.: Muscle hypertrophy, strength development, and serum hormones during strength training in elderly women with fibromyalgia. Scand J Reumatol. 2005;34:309-314.
9) Ferri A, Scaglioni G et al.: Strength and power changes of the human plantar flexors and knee extensors in response to resistance training in old age. Acta Physiol Scand.2003;177:69-78.
10) Adams KJ, Swank AM et al.: Progressive strength training in sedentary older African American women. Med Sci Sport Exer. 2001; 33:1567-1576.
11) Fiatarone MA et al. Exercise training and nutritional supplememtation for physical frailty in very elderly people. New Engl J Med. 1994;330(25). 1769-1775.
12) 大渕修一. 地域・虚弱高齢者を対象とした包括的高齢者運動トレーニング (Comprehensive Geriatric Training、CGT) の効果. 別冊総合ケア　介護予防　元気高齢者をつくろう、医歯薬出版、2002.
13) 新井武志、大渕修一他：地域在住高齢者の身体機能と高齢者筋力向上トレーニングによる身体機能改善効果との関係。日老医誌,2006;43:781-788.

第9章

転倒予防プログラム
―自己管理型筋力向上プログラムを利用して―

"健康寿命"を伸ばすために
―高齢者における筋力向上トレーニングの系譜と自己管理型筋力向上トレーニング―

1 ひとりでも仲間とでもできる身体づくり

(1) 高齢者の筋力トレーニングの系譜

　高齢者に対する運動の効果は1994年にFiatarone[1]が記した「マシンを利用した高負荷トレーニングの高齢者に対する効果」を記した論文が契機となり、以後、この種の論文が多数報告され、高齢者を対象としてマシンを利用した高負荷トレーニングを行うことの効果は、科学的証拠の水準（エビデンスレベル）が高く、もはやその効用を疑う段階にありません。本邦においては、大渕らが包括的高齢者筋力向上トレーニングを開発・マニュアル化し、高齢者におけるトレーニングの効果を示すとともに、プログラムの一般化をはかってその後の介護予防の普及に大きな影響を与えました。平成15年度になって、筋力向上トレーニングが介護予防・地域支えあい事業の包括メニューに加えられ、さらに平成18年の介護保険の改正時には、様々な介護予防の方法がマニュアル化されました。「運動器の機能向上トレーニング」もその中に位置づけられて、「高齢者の筋トレは要介護状態を予防するための一手段として、広く認知されて現在に至っています。

(2) 自己管理筋力向上トレーニングの必要性

　マシンを使った筋力向上トレーニングの有効性は揺るぎないのですが、これで介護予防に関わる問題が全て解決するというわけではありません。平成18年の介護保険改正により、国が主導して介護予防を推進する枠組みが作られましたが、軽度介護者増加の抑制などの効果[2]をあげる一方で、二次予防者（旧特定高齢者）≒虚弱高齢者の参加率が想定よりも低いまま推移したなどの問題点も認められました。また、厚労省は団塊の世代が全て75歳に達する2025年を見据え、増大する高齢者の諸問題を解決しようと、新たに「地域包括ケアシステム」の枠組みを提示しています。トレーニングマシンを利用した筋力向上トレーニングは、このシステム下でも（科学的証拠の強さから）その重要性は変わることはありませんが、

従前の枠組みになじまない高齢者（二次予防対象者や候補者であっても事業に参加しない高齢者）や将来の機能低下予防を指向する比較的元気な高齢者など様々な高齢者に対して運動器の機能の向上を促すトレーニングが提供される必要があります。

　自己管理型筋力（維持）増強プログラム（Self-Organized Muscle Activating Program: SOMAP）は、上述したようなマシンによる筋力向上トレーニングが第一選択肢にならない、すなわち虚弱がそれほど高くない地域在住高齢者（元気高齢者を含む）を対象に、筋力やバランスなどの運動機能の維持・向上をはかること、また、健康づくりのための運動の習慣化を促すことを目的として、「自重を利用した運動」「健康・運動に関する学習」「行動介入」を実施する"包括的な運動プログラム"として開発されました。SOMAPでは、従来の内容に加え、高齢者の要介護原因の上位にある「転倒」を予防する目的で、転倒に関する内容を追加し改編を加えました。これによって、本プログラムは、実施期間や頻度などを変えることで、地域在住高齢者はもちろん、施設入所高齢者に対しても筋力維持・向上および転倒予防を目指すプログラムを提供します。

　SOMAPプログラムの詳細に入る前に、高齢者の運動機能と生活機能の関係などを説明いたしますが、これはSOMAPを用いて運動を指導していくにあたり、指導者に押さえていただきたい（最低限の）知識です。もし、実際にSOMAPを導入することになりましたら、プログラムを走らせる前に振り返ってご一読いただくことをお勧めいたします。なお、本プログラムは、アメリカ老化研究所による運動ガイドブック[3]を一部参考にしたことを付記しておきます。

2 生活機能と運動機能の関係

　介護予防になぜ筋力トレーニングなどの運動介入が有効であるのか、必要であるのか、高齢者の運動機能と生活機能の関係から探ってみることにします。10年以上におよぶ高齢者の健康度と運動の追跡研究（東京都老人総合研究所特別プロジェクト、中年からの老化予防総合的長期追跡研究、2001-2010年）によって[4-7]、高齢者の運動機能の実態、そして運動機能と生活機能の関係が明らかになっています。

　図1は筋力（握力）、**図2**はバランス（開眼片足立ち）の加齢変化（約1000人の平均値）を示したものです。いずれも65歳を超えても低下し続ける様が見てとれます。このほか、歩行機能や手指の巧緻性なども同様に加齢により低下することがわかっています。平均値が低下することと同

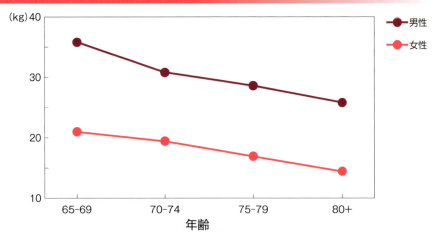

図1 筋力(握力)の加齢変化

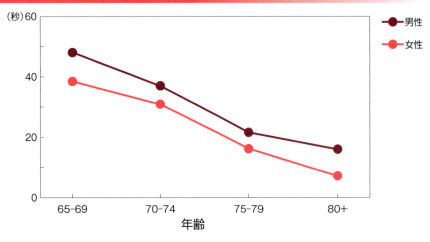

図2 バランス(開眼片足立ち)の加齢変化

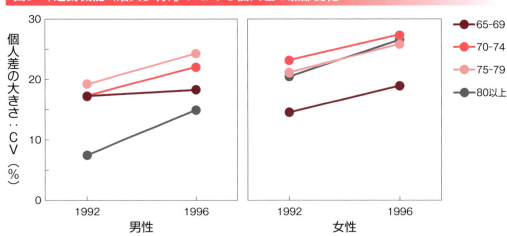

図3 「運動機能(最大歩行)」における個人差の加齢変化

表1　高齢者における運動機能の特徴

> 1）運動機能は加齢に伴って低下し、その低下は65歳以上を超えてもなお進行する
> 2）運動機能の個人差は、年齢が進むにつれ大きくなる
> 3）運動機能は、歩行機能を見ることでおおまかに把握できる
> 4）運動機能は将来の生活機能に影響をおよぼす

時に個人差が大きくなることも、運動機能の加齢変化を押さえるうえで大切な特徴になります。

　図3は4年間追跡し（どちらの測定年も対象者の数は等しい）、歩行速度の個人差の変化を表したものですが、はじめは同程度の歩行機能を有していた人々も、4年を経過すると歩行機能を相変わらず維持している人とそうでない人とに分かれること、つまりその個人差が大きくなることが明らかになっています（なお、個人差は"CV＝標準偏差／平均値"の大小で見ています）。このことは、運動機能に及ぼす加齢による影響は、一人一人を考えた場合には異なるということを示唆しています（**表1**）。

　さて、運動機能といっても、筋力、バランス、柔軟性、敏捷性、…といろいろな機能があり、それら全てを評価しなければ全体は把握できないのでしょうか。これについては次の特徴が参考となります。運動機能全体の得点に相当するもの（体力に相当するもの）を統計学の力を借りて算出し（共分散構造分析）、次にその値（運動機能全体）をどの個別の（握力や片足立ちなどの）機能がもっともよく説明するかを見ると、歩行機能（歩行速度）がもっとも説明力が高いことが見出せます（Nagasaki 等、文献5）。このことは、高齢者の運動機能というものを調べよう、評価しようとする場合には、歩行関連の検査は「はずせない」という根拠の一つになっています。

　要介護に陥ることを予防すること、つまりは入浴・着替えなどの日常生活活動（ADL）と社会生活を円滑に営むための手段的日常生活活動（IADL）の自立を維持することであると言い換えることができますが、これらの生活機能の維持に運動機能が関与していることもわかっています。高齢者の初年度の歩行速度を4段階に区分し、その後4年間にIADLを維持できた、つまり生活機能を維持できたかどうかを見てみると、歩行速度が速い（運動機能が高い）ほど、4年後の生活機能を維持している割合が高くなっていることが明らかになっています（**図4**：同じ速度範囲に属する10人に

図4　運動機能と生活機能の関係

対する割合で示しています）。同様に、運動機能は"転倒"、"栄養状態"などとの関連も認められ、介護予防の重要な鍵を握っていると言って差し支えないでしょう。

3　SOMAP運動のターゲット＝抗重力筋 ―生活を支える下肢の筋―

　要介護状態に陥る原因の上位には、虚弱（高齢による衰弱）や転倒・骨折が並び、これらの背景には運動機能の低下があることを想起させます。虚弱の一つの定義として「ADLは自立しているが、IADLが非自立である」がたびたび使われますが、前述したようにIADLの低下には歩行機能が関与しています。転倒・骨折に関しては、言わずもがなでしょう。したがって、（本邦の）高齢者に運動介入を行うにあたっては、歩行機能の維持・向上を念頭におき下肢の筋をトレーニングにすることは、極めて合理性が高いと言えるのです。とりわけ、日常生活や社会生活を支える、立つ・歩くといった動作に中心的に活動する「抗重力筋」と呼ばれる筋に狙いをつけてトレーニングすることが大切です。SOMAPにおいても、大殿筋（おしり）・大腿四頭筋（もも前面）・下腿三頭筋（ふくらはぎ）などの抗重力筋を中心にしてプログラムが構成されています。

4　転倒の理解

　SOMAPを利用して転倒予防を目指す場合は、転倒の発生状況や転倒予防に特化した介入の（科学的証拠水準を含めた）理解が必要です。

(1) 転倒の疫学

わが国の地域在住高齢者における転倒発生状況は、過去1年間の転倒発生率に関する複数の調査によると、15～30%程度となっています[8-10]。また施設入居高齢者の転倒発生率はさらに高く、50%の人が転倒するという報告があります[11]。性差については、男性よりも女性の方が多く、屋内より屋外で転倒発生が多いと報告[11]されています。

転倒が発生すると、骨折などの怪我、転倒恐怖感、日常生活活動の制限、さらには寝たきりなどを引き起こすと言われています[12,13]。施設入所者では転倒により男性は65%、女性は76%が怪我をし、そのうち両者とも約20%が骨折するという報告があります[11]。特に、転倒に対する過度な恐怖（以下、転倒恐怖感）が増大すると言われており、転倒恐怖感は「身体の遂行能力が残されているにも関わらず、移動や位置の変化を求められる活動に対してもつ永続した恐れ」と定義されています[14]。この転倒による転倒恐怖感の増大は転倒後症候群と呼ばれ、先行する転倒自体で大事に至らなくともこれにより機能低下や活動量の減少といった悪循環を招き高齢者のADLやQOLを脅かす恐れがあります[15]。従って、転倒恐怖感を少なくする行動・心理的なアプローチも転倒予防の重要な要件となります。

(2) 転倒の原因と介入の効果

転倒の原因、もしくは危険因子は、身体的要因（運動機能や感覚機能）による内的因子と環境などの外的因子に大別され、それらは多様で複雑で

表2　転倒の危険因子[16]

危険因子	有意な結果／全体の報告数	相対リスクまたはオッズ比	範囲
筋力低下	10／11	4.4	1.5-10.3
転倒歴	12／13	3.0	1.7-7.0
歩行機能低下	10／12	2.9	1.3-5.6
バランス機能低下	8／11	2.9	1.6-5.4
補装具の使用	8／8	2.6	1.2-4.6
視覚障害	6／12	2.5	1.6-3.5
関節炎	3／7	2.4	1.9-2.9
ADL障害	9／8	2.3	1.5-3.1
抑うつ傾向	3／6	2.2	1.7-2.5
認知機能低下	4／11	1.8	1.0-2.3
80歳以上の高齢	5／8	1.7	1.1-2.5

表3 介入の組み合わせ（運動・視力補正・家屋調整）による転倒予防効果

介入方法	転倒者数 人数（％）	相対オッズ比 （95%CI）
介入しない	87／137（63.5）	1
運動	76／135（56.3）	0.82（0.70-0.97）
視力補正	84／139（60.4）	0.82（0.75-1.04）
家屋調整	78／136（57.4）	0.92（0.78-1.08）
運動＋視力補正	66／136（48.5）	0.73（0.58-0.91）
運動＋家屋調整	72／135（53.3）	0.76（0.60-0.95）
視力補正＋家屋調整	78／137（56.9）	0.81（0.65-1.02）
運動＋視力補正＋家屋調整	65／135（48.1）	0.67（0.51-0.88）

す。これは加齢による身体機能の変化や、個人の有する疾患、物的環境といった多くの要因が相互に関連し合っていることによります[16,17]。例えばアメリカ老年医学会、イギリス老年医学会、アメリカ整形外科医学会が発表した「高齢者転倒予防ガイドライン」では、多くの研究論文を吟味し、11項目の転倒の危険因子をリスクの高い順番に挙げています（表2）。

　転倒予防のためには、これらのリスクを少なくする方略がすなわち転倒予防の方法になります。筋力、歩行機能、バランス機能などの運動機能はいずれもがリスクの上位に位置し、これらを向上させることは転倒予防の有力な方法となります。また、運動の介入を単独で実施するよりも、視力補正、家屋調整などを組み合わせて実施するほうが、予防効果が高いことがわかっています（表3）[18]。転倒予防教室（転倒予防介入）を実施する際には、対象者のリスクを正確に把握し包括的なプログラムを提供することが大切です。

（3）認知機能と転倒

　認知機能の低下も転倒と関連することが明らかとなっています[16,19]。頻回の転倒を繰り返す認知機能障害を有する高齢者では、反応時間や動的バランス学習といった機能に低下が認められています[20]。歩行中に話しかけられた時に立ち止まってしまう高齢者は転倒の発生率が高いという有名な研究[21]があります。これは、認知機能の一つである"注意分割機能"が低下していて、同時に実行される二つの課題（歩行と会話）にうまく注意をふりわけられないことを示しています。この特徴を利用して、運動課題中に認知課題を付加することで運動中の課題の同時処理能力を評価すること、つまり、より日常生活を想定した場面の運動および認知機能の評価

が可能となります。歩行を用いた二重課題歩行の研究では、歩行速度の低下や歩幅のばらつきの増大といった変化が出現します[22]。このようなパフォーマンス変化は転倒とも関連が深く[23]、新たな転倒リスク評価としても有用な指標として期待されています。また、行動の生成や動作の抑制といった"実行機能"の障害が転倒リスクとして挙げられており、実行機能が低下している高齢者では転倒リスクが高くなります[24,25]。

プログラム内容

1 プログラムの特徴

・特別な器具を必要としない
・場所の制約が少ない
・運動機能の向上が期待できる
・運動の習慣化が期待できる
・グループでも個人でも実施できる

　SOMAPの特徴は「運動プログラム（実技）」と「講義プログラム（理論学習）」を併用して、高齢者が運動の効用・身体の仕組み・運動の方法・転倒のメカニズムなどを理解していただくことにあります。また、SOMAPによる運動の習慣化を図るために、行動介入も取り入れます。
　SOMAPでは、高齢期になると足腰が衰え転倒しやすくなる、という事象をもとに運動を勧めるだけでなく、日常生活を支えている、立ったり・歩いたりするような基本動作を踏まえて、その時に働く筋はなんという筋か？を覚え、それを鍛えるフォームを学習していきます。これによって、参加する高齢者は身体の仕組みや運動の効用、そして転倒についての知識を獲得し、高齢者が自身（の生活）を見直すきっかけを与え、運動の習慣を促すことが期待できます。また、その知識は高齢者の情報収集力を高めることになり、有益な健康情報を積極的に日常生活に取り込むことも可能にするでしょう。

2 スタッフ

　1グループを10-20人の参加者で構成した場合、以下のスタッフ構成を推奨します。
○医師1名（常駐する必要はない）
　主にSOMAPに参加できるか否かの医学的判断を行います（参加除外基準は下を参照のこと）。医師はSOMAP（で行う運動）を理解し、他のス

表4 参加除外基準

①最近6カ月以内に心臓発作、脳卒中を起こした
②急性の肝機能障害、または、慢性のウィルス性肝炎の活動期である
③糖尿病があり、
　・過去に低血糖発作を起こしたことがある
　・空腹時血糖200mg/dl以上である
　・網膜症、腎症などを合併している
④血圧値が収縮期血圧180mmHg以上、または、拡張期血圧110mmHg以上である
⑤脳血管疾患やアルツハイマー病などで認知障害があり、事業参加が不可能と思われる（面接者の判断で可）
⑥何らかの心臓病がある
⑦急性期の整形外科的疼痛、および、神経症状がある
⑧骨粗鬆症で、かつ、圧迫骨折の既往がある
⑨参加が困難であると医師が認めたもの

タッフとプログラムに関する情報を共有する必要があります。

○保健師1名

　事業の目的（虚弱者・自立判定者など）に応じた対象者の募集、選定を行います。プログラム実施中においては、対象者の健康管理・相談を主に担当し、行動介入も行います。

○理学療法士、介護予防運動指導員、健康運動指導士など1名

　実技指導を担当します。これには、運動プログラムの進行・管理、および行動介入も含まれます。特に職種は問いませんが、老年学・運動学の知識を有することが必要です。

　以上の基本的スタッフのほか、必要に応じて地域のボランティアなどを、補助員（例えば虚弱者が多い場合には介助者）として参加させてもよいでしょう。

3 プログラムの流れ

　トレーニングプログラムは、基本的には毎週1回3カ月としています（事前・事後評価を入れて14回）。ただし、状況によっては頻度（週2回）や期間（6カ月）を変えて行うことも可能です。以下の**図5**は事業の広報からプログラム実行のフローチャートの一例です。

図5　プログラムの進め方

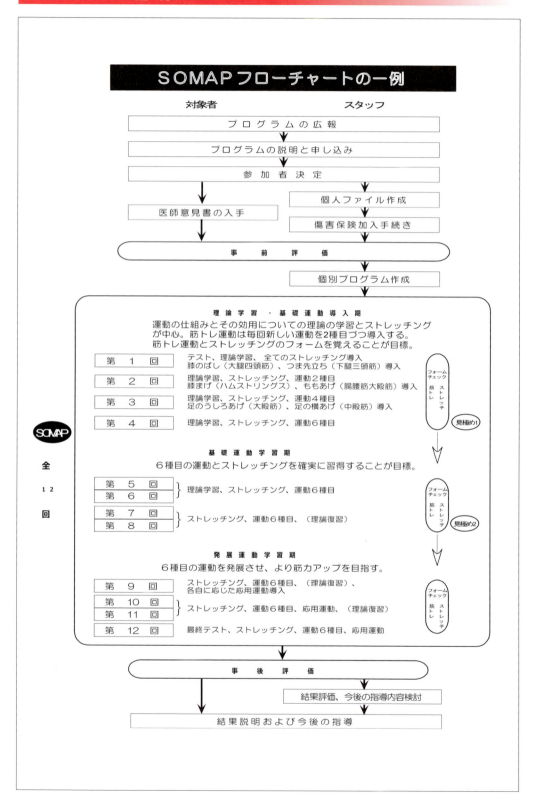

4 事前・事後評価のポイント

事前・事後に運動機能評価などを実施して効果を判定します。

1）問診（※は初回評価のみ）

医師・保健師が、現病歴、既往歴などを聴取し、用紙に記入します※。また、対象者の選択や機能状態を把握するために、老研式活動能力指標、Motor Fitness Scaleを聴取します。

2）運動機能評価

バイタルサイン（血圧・脈拍など）のチェック、形態測定（身長・体重）、運動機能評価から構成します。

運動機能評価は、握力・膝伸展筋力、長座体前屈、ファンクショナルリーチ、歩行テストを基本とし、余裕があればTimed up & GO test、など妥当性、信頼性が担保されている測定を追加します。

5 プログラムの進め方

(1) 長期的な進め方

SOMAPプログラム（3カ月）では、1カ月ごと3期にわけておおよその目標を設定しています。なお、対象者の習熟度によりプログラムの進め方は調整しますが、その場合は章の巻末**「資料1　SOMAPの進行表」**を参考にしてください。

①**基礎学習期（1-4回）**
- ・介護予防における運動（活動）の大切さを理解する
- ・抗重力筋の大切さを理解し、そのトレーニング方法を学ぶ
- ・運動負荷量（自覚的作業強度）を把握できるようにする
- ・筋力づくりのフォームを固める
- ・ストレッチの基本を学ぶ

②**基礎運動学習期（5-8回）**
- ・ストレッチを習得する
- ・筋力作りのための基本種目を習得する
- ・運動負荷量を調節できるようにする

③**発展運動学習期（9-12回）**
- ・負荷強度、難易度の高い種目を選択し実行する
- ・静的な運動から動的な運動の実施を増やす
- ・自主化を目指して運動を行う

・知識の再確認

(2) 1回ごとの進め方

1回の講義、ストレッチ、筋力づくり、行動介入は**図6**のように構成します。1週間の過ごし方は、はじめは「次回までに、1回でよいので運動（復習）してみましょう」などのように働きかけ、最終的には「（運動を行ったときに）ややきついと感じる運動を行ってみましょう」と指導するとよいでしょう。行動介入も最初は簡単にして対象者の負担をできるだけ軽くし、徐々に複雑にしていきます（**資料2　目標記録シート〈見本〉**）。

図6　一回ごとの進め方

3 トレーニング指導ガイド

1 柔軟な身体づくり（ストレッチ）

(1) ストレッチの注意点

　ストレッチとは、やさしく、しかししっかりと筋肉を伸ばすことです。ストレッチは筋力づくりなどの運動時の「怪我」防止に役立ちます。筋肉は「ゴム」のように伸ばせば伸びる性質があります。放っておくと伸びにくくなるばかりか、固くなってしまいます。筋肉が固くなると身のこなしにも支障をきたし、いろいろな動作が行いにくくなります。ただし、やみくもにただ伸ばせばよいというものでもありません。伸ばしすぎると筋を傷つけてしまう場合もあり、注意が必要です。

　以下にストレッチを行う際の注意点を列挙します。この注意点はどんなストレッチを行うにせよ、大切なことばかりです。また、高齢者でも理解しやすいように専門用語を平易な言い方で使用していることにご留意ください。

1. ゆったりとした気持ちで
2. 呼吸をとめない
3. ゆっくりと伸ばす
4. 伸ばす時間は5-8秒
5. 筋が伸びているという感覚（伸張感）を大切に

　5.の伸張感は、ストレッチを実施している人自身にしかわからない感覚です。関節・筋肉の形やつき方には個人差があります。「人は人、自分の身体が発している『感覚（伸張感）』を大切にするように指導します。立って行うものは、椅子などの支えを上手に利用してもらいます。また、個々のストレッチ方法に習熟したら、どういう順番で行えば効率よく、つまり姿勢の変化を少なく実施できるかを、参加者の皆さんと考えてみましょう。

（2）下肢のストレッチ

図7　ストレッチ1　ふくらはぎ（下腿三頭筋）

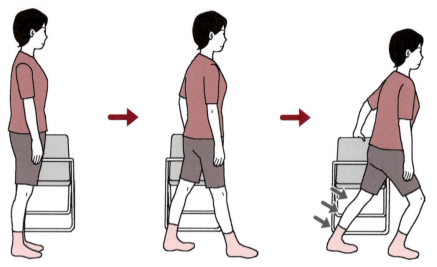

①まっすぐに立ってどちらかの足を一歩前に出します。

②後ろ足のつま先は正面に向け踵を床にぴったりとつけます。

③アキレス腱は伸ばしたままゆっくりと体重を前足に移します。

確認　つま先の方向・踵の接地・背筋（背中を曲げない）

図8　ストレッチ2　太ももの後ろ（ハムストリングス）

つま先の方向・踵の接地・背筋（背中を曲げない）

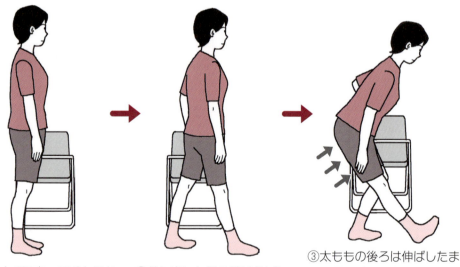

①まっすぐに立ってどちらかの足を前に一歩出します。

②前に出した足の膝は伸ばしたままつま先を天井に向けます。

③太ももの後ろは伸ばしたまま前かがみになり、ゆっくりと体重を後ろの足に移します。

確認　前に出したつま先の上げ・背筋（背中を曲げない）

図9　ストレッチ3　太ももの前（大腿四頭筋）

太ももの前を伸ばします。

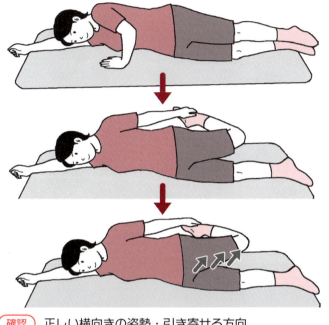

①伸ばしたい方の足を上にして横向きに寝ます。

②上になった足の膝を曲げて後ろから足首を掴みます。

③体が反ったり股関節が外に開いたりしないようにしながら踵をゆっくりとお尻に近づけます。
④足首に手がとどかないときはタオルを足首にかけひっぱるとよい。

確認　正しい横向きの姿勢・引き寄せる方向

図10　ストレッチ4　内もも（内転筋）

太ももの内側を伸ばします。

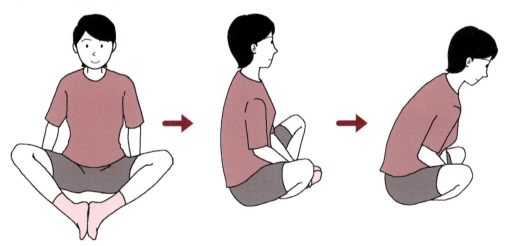

①床に座って両方の膝を曲げたら足の裏と裏を合わせます。

②足を両手でつかんで、おへその方へ引き寄せ、そして背すじを伸ばします。

③膝が持ち上がらないように肘でももを押さえながらゆっくりと前かがみになります。

確認　両足の引き寄せ・背筋（背中が曲がらないように）

（3）体幹のストレッチ

図11　ストレッチ5　腰の筋肉（腰部筋）

腰の筋を伸ばします。

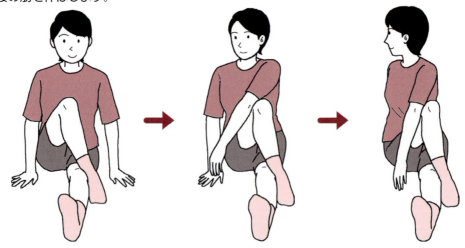

①床に両足を投げ出して座り、片方の足をもう片方の足をまたいで立てます。

②立てた膝の反対側の腕を膝の外側に掛けます。

③立てた膝の股関節が外に開かないように腕で押さえながらゆっくりと上体を後ろにひねります。

（確認）しっかりと膝を立てる・立てた膝と反対側の手を使う・ゆっくりと行う

図12　ストレッチ6　腰と背中の筋肉（腰背部筋）

背中、腰、そして太ももの後ろを伸ばします。不安定な姿勢になりますので注意が必要です。

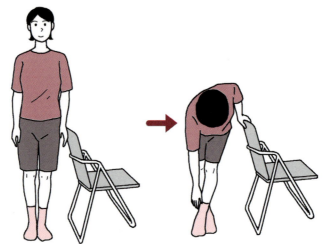

①まっすぐに立って一方の足をもう一方の前に出し交差させます。

②前に出した足と反対側の手の指先をつま先の方向にゆっくりと近づけていきます。

（確認）安定した姿勢の確保・交差のために出した脚と反対側の手を近づける・ゆっくりと行う

（4）首、肩、上肢のストレッチ

図13　ストレッチ7　首と肩の筋肉

首から肩にかけて伸ばします。

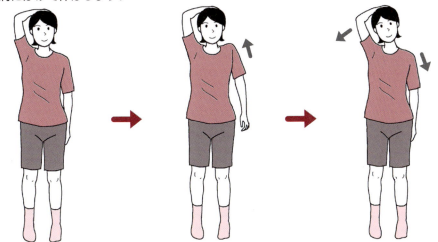

①手を頭の上にまわし、反対側の耳の上あたりにかけます。
②反対側の肩をゆっくり上げます。
③上げた肩をゆっくり下ろして首から肩にかけて伸ばします。

（確認）安定した姿勢の確保・頭は傾けない（傾けてもほんのわずか）・肩の重さを利用する

図14　ストレッチ8　肩甲骨のまわりの筋肉

肩甲骨のまわりから肩にかけて伸ばします。

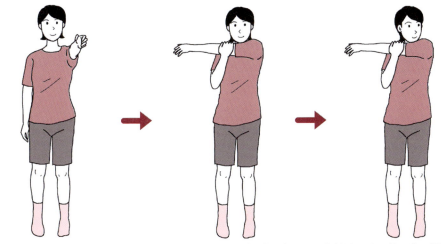

①まっすぐに立ち、片方の腕を前に上げます。
②もう一方の手で上げた腕の肘をつかみ身体のほうへ引き寄せます。
③顔を、あげた手の指先が指す方向とは逆に向けます。
④手を引き寄せた方向に頭と身体が回旋しないようにします。

（確認）安定した姿勢の確保・挙げた腕の肘は伸ばす・できるだけゆっくりと行う

転倒予防プログラム

2 筋力づくり

(1) 筋力づくりの注意点

1回、一日がんばったからといって魔法のように筋肉がつくということはないので、日常生活の中に筋力づくりをとりいれ習慣化することが大切であるということを強調して指導します。

以下に筋力づくりを行う際の注意点を列挙します。この注意点はすべての筋力づくり種目にも共通することです。

1. ゆったりとした気持ちで
2. 呼吸をとめない（「いち、にー、さん、よん」と数をかぞえる）
3. ゆっくりと運動する（"行き"に4カウント、"帰り"に4カウント）
4. 動かしている筋肉を意識する
5. 筋や関節に違和感があるときには無理しない

筋力づくりは、「なぜ筋力づくりが必要か？」などの"理屈"も運動方法に合わせて指導すると効果的です。自重を使った運動は、トレーニングマシンを利用した運動ほどではありませんが、ゆっくりと運動を行うことで筋が発達することが報告されています。これは、ゆっくりと運動を行っている間は筋肉収縮中の血流が乏しくなるために局所的にアシドーシスになり、成長ホルモンの分泌が促されるというメカニズムによります[27,28]。数を数えながらゆっくり運動を実施することは、呼吸を止めにくく（息をつめにくく）することに加え、筋を発達させるためにも有用であることを念頭において指導することが大切です。また、実技を指導しながら「これは大腿四頭筋で、立ち上がるときに働きます」など、運動と働く筋を示しながら行うとよいでしょう。

(2) 筋力づくりの進め方

基礎学習期（最初の1カ月）は、「下肢6つの筋の働きとそのトレーニングの仕方を結びつけること」が、指導上、もっとも大切なポイントになります。

基礎運動学習期（次の1カ月）は、最初の1カ月で学習した運動フォームを洗練させ、基本種目の組み合わせ運動を導入してプログラムに変化を持たせます。また、立位で行う運動では、（フォームが安定している限り）支え量をできるだけ少なくするように促します。対象者のスキルが高い場合は、応用運動（スクワット）をとりいれます。

発展運動学習期（最後の1カ月）は、運動の負荷を増し、動的な運動を行う頻度を高めます。

(3) 下肢の基本6種目

図15　筋力づくり1　膝伸ばし（大腿四頭筋）

ももの前（大腿四頭筋）を強くする運動です。

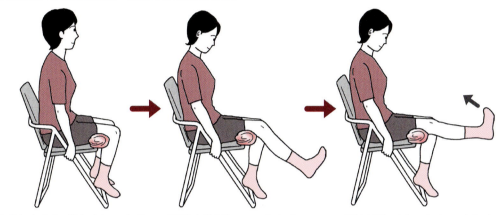

①背もたれに背中をしっかりつけて深く椅子に座ります。　②膝を伸ばしていきます。　③膝が伸びきったらつま先をしっかり天井に向けます。

注）足裏全体が床についているようなら膝の下にタオルを入れてわずかに床から浮かします。

（確認）つま先の方向

（難易度を上げるには）・椅子の背もたれを使わずに上体をまっすぐにして実施します。

図16　筋力づくり2　つま先立ち（下腿三頭筋）

ふくらはぎ（下腿三頭筋）を強くする運動です。

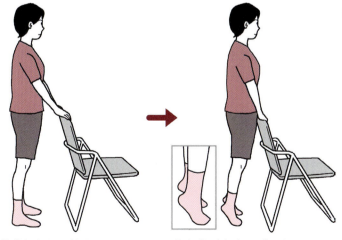

（確認）
安定した直立姿勢・充分な踵上げ

（難易度を上げるには）
・右足と左足にかかる体重を変えて（片足にかかる負荷を増やして）実施します。
・片足で実施します。

①背もたれの端をつかみまっすぐに立ちます。　②身体が出来るだけ高くなるようにつま先立ちします。　③踵を床に降ろします。

図17　筋力づくり3　膝曲げ（ハムストリングス）

太ももの後ろ（ハムストリングス）を強くする運動です。

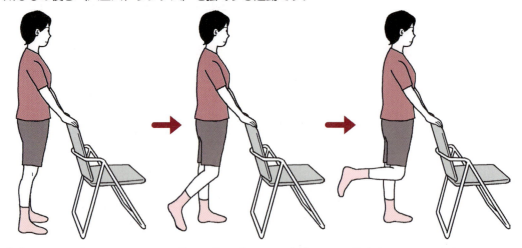

①背もたれの端をつかみまっすぐに立ちます。

②股関節は動かさず膝だけを曲げふくらはぎが太ももにつくまで動かします。

③膝を元に戻します。

（確認）両ひざの位置

（難易度をあげるには）・片足で膝曲げをしつつもう一方の足はつま先立ちを行います。

図18　筋力づくり4　もも上げ（腸腰筋・大腰筋）

股関節の前面（腸腰筋・大腰筋）を強くする運動です。

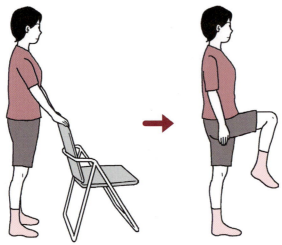

①背もたれの端をつかみまっすぐ立ちます。

②膝を曲げながら股関節を太ももと床が平行になるまで曲げていきます。

③元に戻します。

（確認）直立した姿勢（身体は前にも後ろにも傾けない）

図19　筋力づくり5　脚の後ろ上げ（大殿筋）

ヒップ（大殿筋）を強くする運動です。

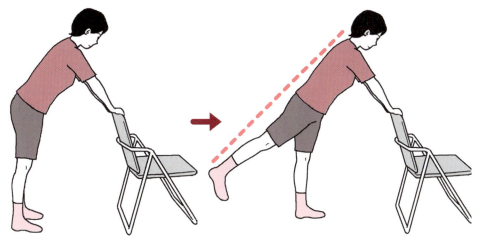

①椅子から30〜40cm離れて立ち上体だけ前に傾けながら背もたれの端をつかみます。

②膝は伸ばして背中は反らないようにしながら股関節を真後ろに上げていきます。
③股関節を元に戻します。

（確認）支持脚は床に垂直・背中は反らない

図20　筋力づくり6　脚の横上げ

ヒップの横（中殿筋）を強くする運動です。

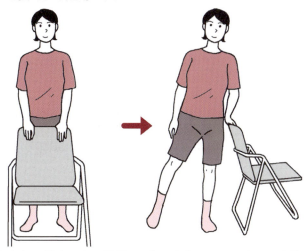

①背もたれの端をつかみ肩幅くらいに足を広げてまっすぐに立ちます。

②つま先は正面に向けて上体はまっすぐに保持し、股関節を真横に上げていきます。
③股関節を元に戻します。

（確認）つま先の方向・身体は傾けない

(4) 応用編

基礎種目からの発展

　基本種目のフォームが固まったら、以下のことを念頭において運動プログラムに変化を持たせます。ガイドにこだわらずいろいろな種目を試してみるのもよいでしょう。

- ・自重を使った軽運動から中・高負荷の運動へ
- ・簡単な運動から複雑な運動へ（単関節運動から多関節運動へ）
- ・バランスマットなどの不安定な床面での実施
- ・静的な運動から動的な運動へ（スクワット→ニーベンドウオーキング）

基礎種目の組み合わせ

　基礎6種目の一つ一つのフォームが固まったら、その組み合わせを実施します。

1) 連続的組み合わせ

- ・もも上げ（右）→膝曲げ（右）→もも上げ（左）→膝曲げ（左）
- ・もも上げ（右）→膝曲げ（左）→もも上げ（左）→膝曲げ（右）　など。

2) 同時組み合わせ

- ・つまさき立ち+もも上げ
- ・つまさき立ち+膝曲げ　など。

図21　筋力づくり9　スクワット（抗重力筋）

ヒップ（大殿筋）・太もも（大腿四頭筋）・ふくらはぎ（下腿三頭筋）を強くする運動です。

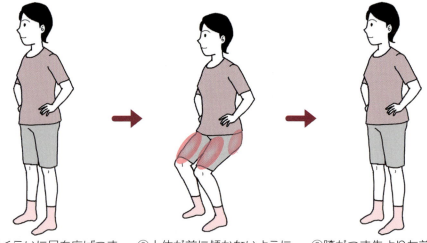

①肩幅くらいに足を広げつま先はやや外に向けてまっすぐに立ちます。

②上体が前に傾かないようにしつつ膝はつま先の方向にゆっくり曲げていきます。

③膝がつま先よりも前に出過ぎないように膝が45〜60度になるまで曲げます。
④元の姿勢に戻ります。

（確認）胸を張って行う・外股にも内股にもならないように

筋力づくり10　その他
腹筋やニーベンドウオーキングなどを、適宜導入します。

（5）転倒予防の運動
　標準的なSOMAPプログラムだけでも少なからず転倒予防の効果を期待できますが、さらに転倒予防を目指すためには発展運動学習期に下記のようなプログラムを導入します。いずれも難易度が高くなりますので、監視者・介助者を配置するなど転倒予防の対策は充分に施して実施します。

1）立位で実施する運動をバランスマット（不安定マット）上で行う
2）バランスマットと床の間を交互に足踏みを行う
3）運動時に数字の逆算課題（100から順に7を引くなど）や言語流暢性課題（よく知っているもの、例えば国名や果物の名を出来るだけ多くあげる）などの認知課題を付加し二重課題のパラダイムで運動を行う

4 講義資料

1 学習の進め方

　実技の指導にあわせて講義を行います。学習資料は、事前に全てを提供するのではなく1回ごとに配布するようにします。そうすることで、参加者の関心を講義資料にできるだけ向くように仕向けるのです。講義資料は、次に紹介するものに必ずしもとらわれる必要はありません。地域や事業の実情にあわせて変更してもよいでしょうし、たとえば栄養などの話題を追加してもかまいません。1回の講義時間はおよそ10〜15分くらいになるように、資料は作られています。

2 講義資料〈計9回分〉

自己管理型筋力増強プログラムⅡ
講義プログラム

1. **準備**
   運動を行っていくうえで準備するものを理解する。
   自己管理型運動で行うこと（筋トレ、ストレッチなど）を理解する。

2. **運動の自己管理**
   運動量の自己管理法（脈拍・自覚的作業強度・痛み）を学習する。

3. **転倒を含めた「老年症候群」・「運動‐加齢連鎖」の理解**
   健康維持のため、運動（筋力維持・増強）の必要性を理解する。

4. **運動機能の見方と加齢変化**
   筋力・バランスなどの運動機能の諸要素を理解する。
   運動機能の加齢変化と個人差を理解する。

5. **下肢の6筋の運動学**
   運動学、トレーニング法、基本動作の関係を理解する。

6. **筋力増強のメカニズム**
   筋力増強に必要な強度・頻度を理解する。

7. **バランス向上のトレーニング**
   バランストレーニングの方法について理解する。

8. **環境調整**
   転倒を予防するための環境づくりについて理解する。

9. **注意機能と運動、"ながら動作"の危険性**
   注意が運動にどのように関わっているのか、ながら動作がなぜ危険か理解する。

第一回：
これから"行うこと"についての理解・準備　1

- 運動を行うにあたり準備するものを理解する。
- 自己管理型運動で行うこと（筋トレ、ストレッチなど）を理解する。

ストレッチとは？

ストレッチ：ストレッチとは文字通り身体各部の筋（筋肉）や腱を引き伸ばすことをいいます。
筋肉や腱をのばすと伸ばされた感じ（伸張感）が生まれ、それと同時に"気持ちよい"感覚も生まれます。

自己管理型運動プログラムの中では、ストレッチは「準備体操」「整理体操」的な位置づけで実施します。

筋力増強トレーニング（筋トレ）とは？

　歳をとると、筋（筋肉）がやせ細り力が弱くなり日常生活に支障をきたすようになります。
　ところが、適切な運動を行えば筋が若返る（筋力が増す）ことが可能です。
　これを目標にして行われる訓練を「筋力増強トレーニング」、略して筋トレと呼びます。

自己管理型運動参加に際し準備するもの

- 運動靴
- 運動に適した服
- タオル（手ぬぐい）

- 水分（お水、お茶など）
- （配布された）記録簿

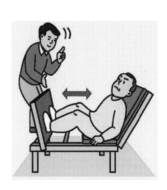

第二回　運動の自己管理

運動量の自己管理法（脈拍・自覚的運動強度・痛み）を学習する

運動の自己管理法を学ぶ

　要介護状態に陥るのを予防するためには、積極的に「運動」を行うことが大切です。

　運動にともなって発生する危険を少なくするため、"行っている運動の強さ" "自身の身体の状態（反応）"を運動者自身が管理することが望まれます。

自覚的運動強度

　身体を動かした時に、自分で感じる運動の強さを"自覚的運動強度"と呼びます（右表）。

　運動を行うときには、必ずこの自覚的運動強度を意識するように心がけてください。

　自覚的運動強度と心臓の働き具合（脈拍）には、強い関連があります。

　ややきつい（12-14）ぐらいの強さで運動を行うと効果的です。

20	最大運動
19	非常にきつい
18	
17	かなりきつい
16	
15	きつい
14	
13	ややきつい
12	
11	楽である
10	
9	かなり楽である
8	
7	非常に楽である
6	安静

[筋肉痛の原因]

　筋肉は働きすぎると疲労し、"筋肉痛"になります。筋肉痛は、負荷がしっかりとかかっている証拠ですので、1-2日後に消失するものは問題ありません。
　その痛みが3日以上痛みが続く場合は、適切な対処が必要です。また、そのような運動は強すぎるので避けなければいけません。
　痛みが発生し、持続するときにはかかりつけの医師に相談してください。

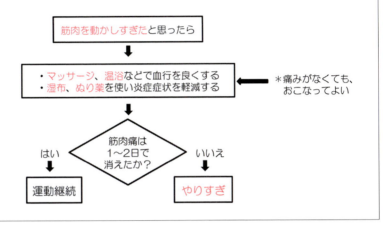

第三回　老年症候群と運動の効用

老年症候群とは何か、またそれはどのように生じてくるのを理解して予防法としての運動の大切さを学びます。

[要介護（寝たきり）に陥る理由]

　要介護（寝たきり）に陥る原因の2位以下は、病気ではない"老衰（虚弱化）""転倒""認知症"などです。
　ですから、介護予防には病気（生活習慣病）の予防とは異なる対策が必要になります。

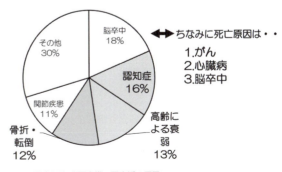

平成25年度要介護・要支援の原因

転倒のメカニズム

3+

一年あたり、高齢者の3人〜4人に一人は転倒を経験します。転倒は年齢が増すごとに増えていき、転倒時に骨折などの怪我を発生することも稀ではありません。骨折は日常生活の低下を招き、重症な場合は寝たきりにつながってしまいます。

転倒の主たる原因は筋力やバランスなどの運動機能の低下によるものですが、視力や環境（の煩雑さ）なども転倒を招く原因となることを理解しましょう。

転倒恐怖感

転倒しても幸いに大事に至らなかった場合でも、その後に"転倒恐怖感"が起こり、活動を低下させてしまうことがあります。転倒は予防できても活動低下や閉じこもりのためにやはり要介護状態を招く恐れがあります。

転倒予防の方法をよく学び、必要以上の転倒恐怖感を減らすことが大切です。

老年症候群

「老年症候群」＝認知症・転倒・失禁・低栄養など

病気ではないが"日常生活の不具合"が生じているような状態

老年症候群を予防することこそが、「介護予防」にほかなりません。

運動－加齢連鎖

年をとると陥りやすい悪循環を断ち切るためには、運動（活動度を上げること）が大切であることを理解してください。

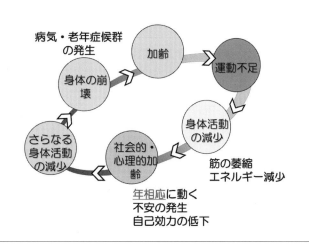

第四回　運動機能の見方と加齢変化

筋力・バランスなど、運動機能がどのような要素から成り立っているかを理解する。
運動機能に起こる加齢変化を普遍的なものととらえ、その実態を理解する。

運動機能の見方：構成要素

- 筋力： 筋の縮みにより発揮する力（握力、膝伸展力など）
- 平衡性： 重力方向に対して身体を一定に保持する能力
  （片足立ち検査、ファンクショナルリーチなど）
- 協調性： 異なる身体部位間の連鎖の特性
  （歩行テスト、Timed Up and Go テストなど）
- 敏捷性： すばやく動ける特性
- 柔軟性： 体の柔らかさ、関節可動域の大きさ（長座体前屈）
- 持久力： ある一定の全身運動を持続できる特性（ステップテスト）

運動機能の加齢変化

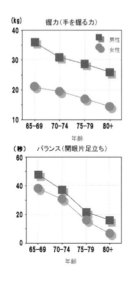
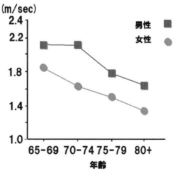

第五回　脚の筋肉とその働き

日常の生活を支える動作にはどのようなものがあるかを把握し、それがどのような器官・働きによって生み出されるかを学ぶ。

日常生活を支える脚の筋肉

　下肢の筋肉は、立ち上がったり、歩いたりのような基本的な「日常生活」を支えています。
　下肢の筋肉を鍛えると、日常生活の活動が円滑に行えるようになります。

運動をすることによる良い流れ

1）筋肉をつける運動→からだのエネルギーを使う→食欲が出る→低栄養の予防

2）筋肉がつく→身体がしっかりする→生活活動の拡大→心理・社会的老化の予防

脚のおもな筋肉

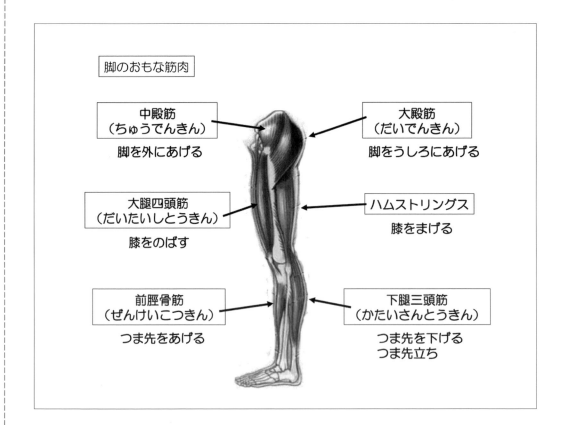

中殿筋（ちゅうでんきん）　脚を外にあげる
大殿筋（だいでんきん）　脚をうしろにあげる
大腿四頭筋（だいたいしとうきん）　膝をのばす
ハムストリングス　膝をまげる
前脛骨筋（ぜんけいこつきん）　つま先をあげる
下腿三頭筋（かたいさんとうきん）　つま先を下げる　つま先立ち

とくに大切な"抗重力筋"

重力に抗して、身体を支える筋肉を「抗重力筋」とよびます。
これらは、立ったり歩いたりするときに働く重要な筋肉です。

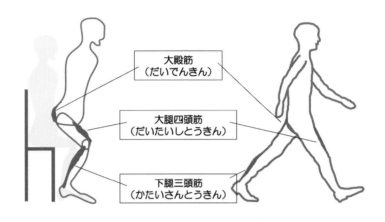

- 大殿筋（だいでんきん）
- 大腿四頭筋（だいたいしとうきん）
- 下腿三頭筋（かたいさんとうきん）

第六回　筋力増強の一般原則

積極的に、効率よく"筋力"をつけるにはどうすればよいか、その理論を学ぶ。

筋肉を効率よくつけるにはどうするか？

　人間の身体の器官は年とともに衰えて（老化）いきますが、筋肉だけは"鍛えれば強くなる"という性質があります。ただし、筋肉は使わないとすぐに衰えます。

どうすれば筋力を維持・増強できるのでしょうか？

↓

1)　「適切な強さ」の運動を行う
2)　週二回運動を行い、それを継続する
3)　関節や筋に痛みがでた時、その他の問題が起こった時には無理をしない

> 適切な強さ（負荷）とは？

　筋肉を鍛えるためには、ある程度以上の強さで運動をしないと効果がありません。

　「適切な強さ」の目安は、運動をして自分が"ややきつい"と感じる程度の強さです。つまり、自覚的運動強度の 13 ややきつい の強さ（12～14）にあたります。

　運動の"型＝フォーム"が身に付いたら、"ややきつい" 強さで運動を行いましょう。

> トレーニングの頻度

　適切な強さで運動を行った場合、週二回の運動で筋力が強くなることがわかっています。

第七回　バランス機能トレーニング　7

効率的なバランス機能トレーニング方法について学習する。

> バランス機能と加齢変化

　年を取るにつれて、筋力などの運動機能や感覚機能は低下していくため、結果としてバランス能力は低下します。

　バランス機能は、座る、立つ、歩くといった動作の基礎です。これらの低下は、日常生活に支障をきたすといえます。

運動機能低下
感覚機能低下
⇒  動作パフォーマンス能力の低下

バランス機能トレーニング

加えて、ながら動作などのような日常生活を
効率的かつ、安全に行うためには、

1. 筋力・筋の協調
2. 感覚・感覚の統合
3. 周囲へ環境の認識
4. 同時発生する動作の処理

が必要になります。

バランス機能トレーニングは、上記の中で主に1と2の機能に効果的です。

バランス機能トレーニングの例

Ex) **片足立ち練習**：片足で立つ練習を行う。手すりなどにつかまって行ってもよい。なれてきたら、座布団の上など床面を不安定にして行う。
<u>※転倒しないように注意して行う。</u>

第八回　環境調整

転倒を予防するための環境づくりについて学ぶ。

転倒と環境要因

　転倒の潜在的要因としての環境要因は多数存在しています。転倒と関連する要因は主に屋内環境と屋外環境に分けられていますが、本講義では自ら調整することが可能な、屋内環境について説明します。

転倒場所

　屋内における転倒場所は、居間63.0%、階段8.6%、廊下・通路7.2%、その他21.2%と報告されています。(東京消防庁、平成22年)

転倒と関連する環境要因

屋内において転倒が多い場所の環境要因を下表に示します。これを参考に、自分の家ではどこが危ないか、なにを調整すればいいか考えてみましょう。

屋内環境要因		
1.居間・寝室 1)床の面 ・カーペットの端 ・滑りやすい床の材質、敷物、座布団 ・床上の新聞紙や本 ・収納されていないコード類 2)家具 ・不安定な家具、椅子 ・低位置の家具 ・廊下の不適切な置物 ・低すぎる、もしくは高すぎるベッド、柵	3)照明 ・暗い照明 ・反射されやすい床の材質、まぶしい光線 ・不適切なスイッチ位置 2.階段 ・急な階段 ・暗い ・手すりがない ・狭い階段 ・踏み面の寸法不足 ・最後の段と床との境目の識別困難	3.玄関 ・滑りやすいマット ・段差が大きいかまち ・手すりがない ・整理されていない靴 4.台所 ・不安定な台、食卓椅子 ・濡れた床 5.トイレ・お風呂 ・低い便座、手すりなし ・暗い ・入口の段差 ・深い浴槽 ・風呂場でスリッパ使用 ・滑り止めマットがない

第九回　注意と運動

注意機能の役割と運動との関わりについて学習する。

注意機能の役割

　日常生活において、注意機能は重要です。
　注意は、課題の同時処理や環境への適応という面で重要な働きをします。
　この注意機能を高める方法として、頭を使いながら運動するトレーニングがあります。

文献

1) Fiatarone MA, et al.: Exercise training and nutritional supplementation for physical frailty in very elderly people. N Engl J Med 1994; 330: 1769-1775
2) 辻 一郎: 介護予防サービスの効果評価に関する研究. 平成21年度厚生労働科学研究費補助金（長寿科学総合研究事業）総括研究報告書
3) US Department of Health and Human Services: Exercise: A guide from the National Institute on Aging. NIA 1999; Publication No. NIH 99-4258
4) 古名 丈人, 他: 都市および農村地域における高齢者運動能力. 日本体力医学会雑誌 1995; 44: 347-356
5) Nagasaki H, et al.: The structure underlying physical performance measures for older adults in the community. Aging Clin Exp Res 1995; 7: 451-458
6) Furuna T, et al.: Longitudinal change in the physical performance of older adults in the community. J Jpn Phy Thra Assoc 1999; 1: 1-5
7) 鈴木 隆雄, 他: 地域高齢者の転倒発生に関連する身体的要因の分析的研究 −5年間の追跡研究から−. 日本老年医学会雑誌 1999; 36: 472-478
8) 宮原 洋八, 佐藤 由紀恵, 佐竹 雅子: 地域高齢者の転倒における関連要因について. 理学療法科学 2005; 20: 259-262
9) 村田 伸, 大田 尾浩, 村田 潤, 他: 地域在住高齢者の転倒と身体・認知・心理機能に関する前向き研究. 理学療法科学 2009; 21: 807-812
10) 加藤 龍一, 高城 智圭, 櫻井 尚子, 他: 地域在住高齢者の転倒の関連要因と3年後の生存. 日本公衆衛生誌 2012; 59: 305-314

11) 河野 禎之, 山中 克夫: 施設入所高齢者における転倒・転落事故の発生状況に関する調査研究. 老年社会科 2012; 34: 3-15
12) 原田 和宏, 佐藤 ゆかり, 斎藤 圭介, 他: 在宅自立高齢者におけるADLと活動能力障害の出現率, および転倒既往と閉じこもりの関与. 理学療法学 2006; 33: 263-271
13) Talbot LA, Musiol RJ, Witham EK, et al.: Falls in young, middle-aged and older community dwelling adults: perceived cause, environmental factors and injury. BMC Public Health 2005; 5: 1-9
14) 原田 和宏, 佐藤 ゆかり, 斎藤 圭介, 他: 在宅自立高齢者におけるADLと活動能力障害の出現率, および転倒既往と閉じこもりの関与. 理学療法学 2006; 33: 263-271
15) Tinetti ME, Powell L: Fear of falling and low self-efficacy: A cause of dependence in elderly persons. J Gerontol 1993; 48: 35-38
16) 島田 浩之: 長期ケア施設の理学療法 －介護老人保健施設における機能評価と転倒予防の方法－. 理学療法科学 2002; 17: 141-148
17) American Geriatrics Society, British Geriatrics Society, American Academy of Orthopaedic Surgeons Panel on Falls Prevention: Guideline for the prevention of falls in older persons. J Am Geriatr Soc 2001; 49: 664-672
18) Panel on Prevention of Falls in Older Persons, American Geriatrics Society and British Geriatrics Society: Summary of the Updated American Geriatrics Society/British Geriatrics Society Clinical Practice Guideline for Prevention of Falls in older Persons. J Am Geriatr Soc 2011; 59: 148-157
19) Day L, Fildes B, Gordon I, et al.: Randomized factorial trial of falls prevention among older people living in their own homes. BMJ 2002; 325
20) Vieira ER, Freund-Heritage R, da Costa BR: Risk factors for geriatric patient falls in rehabilitation hospital settings: a systematic review. Clin Rehabil 2011; 25: 788-99
21) 清野 諭, 藪下 典子, 金 美芝, 他: 地域での転倒予防介入で焦点となる転倒関連要因. 体力医学 2010; 59: 415-425
22) Lundin-Olsson L, Nyberg L, Gustafson Y: "Stops walking when talking" as a predictor of falls in elderly people. Lancet 1997; 349: 617
23) Montero-Odasso M, Muir SW, Speechley M: Dual-task complexity affects gait in people with mild cognitive impairment: the interplay between gait variability, dual tasking, and risk of falls. Arch Phys Med Rehabil 2012; 93: 293-9
24) 山田 実, 上原 稔章: 二重課題条件下での歩行時間は転倒の予測因子となりうる －地域在住高齢者を対象とした前向き研究－. 理学療法科学 2007; 22: 505-509
25) Kearney FC, Harwood RH, Gladman JR et al.: The Relationship between Executive Function and Falls and Gait Abnormalities in Older Adults: A Systematic Review. Dement Geriatr Cogn Disord 2013; 36: 20-35
26) 山田 実: 注意機能トレーニングによる転倒予防効果の検証 －地域在住高齢者における無作為化比較試験－. 理学療法科学 2009; 24: 71-76
27) Michiya Tanimoto M and Ishii N: Effects of low-intensity resistance exercise with slow movement and tonic force generation on muscular function in young men. Appl Physiol 2006; 100: 1150–1157
28) Mukaimoto T, Han I, Naka T, Ohno M: Effect of Low-Intensity and Low-Velocity Resistance Training on Lowe Limb Muscular Strength and Body Composition in Elderly Adults. Jpn. J. Phys. Fitness Sports Med. 2006; 55 Suppl.: S209-S212

資料1　SOMAP 進行表（目安）

		理論学習・基礎運動導入期				基礎運動学習期				発展運動学習期			
		1	2	3	4	5	6	7	8	9	10	11	12
講義													
膝のばし	背もたれ利用	10回	20回		10回								
	背もたれ利用なし				10回		20回			10回			
つま先立ち	両足均等加重	10回	20回		10回								
	不均等加重 (7:3)					20回							
	片足つま先立ち												
膝まげ		10回	20回		10回								
ももあげ		10回	20回		10回								
	膝曲げ+ももあげ							20回	コンビネーションに移行				
脚の横あげ				10回	20回								
脚のうしろあげ				10回	20回			20回					
	脚うしろあげ+交互手放し											10回	
スクワット	手の支えあり					10回							
	手放し						12回				20回		
ニーベンドウォーキング									10秒				
(その他の応用的運動)													
(腹筋)													
(ブリッジ)													

資料2-1

今週(/ ～ /)の目標

それぞれを○で囲みましょう

いつ	朝　　昼間　　夜
どこで	自室　　屋内　　外
誰と	ひとりで　　　友達
どれくらい	週1回　　2日に1回　　毎日

やったら○、やらなかったら×をつけましょう

日	曜日	ストレッチ		筋トレ		理論
		回	セット	回	セット	回
今週の目標達成度		大変よくできた	よくできた		あまりできなかった	ほとんどできなかった

資料2-2

運動器の機能向上トレーニング
実施計画(本人記載)

氏名 _____　　提出日　　年　　月　　日

運動の目標	

それぞれを○で囲みましょう

行動目標	いつ	朝　　　　昼間　　　　夜
	どこで	家　　　集会所　　　(　　　　)
	だれと	ひとり　　仲間　　　(　　　　)
	どれくらい	週1回　　週2回　　週3〜5回　　毎日

　　　月

今週の目標(上に書いてあるもの)の達成度を評価しましょう
行ったら○、行わなかったら×をつけましょう

日	曜日	できればここに種目などを具体的に書きましょう
	月	
	火	
	水	
	木	
	金	
	土	
	日	
今週の目標達成度	大変よくできた　　よくできた　　あまりできなかった　　ほとんどできなかった	

転倒予防プログラム

第10章

認知機能低下予防プログラム

認知症の基礎的理解

1 認知症のグローバルトレンド

　認知症の年間の発症率は65から69歳では0.3%、75から79歳では1.8%、85から89歳では5.3%、95歳以上では8.7%と加齢に伴い上昇するため[1]、今後の後期高齢者数の増加に伴い認知症高齢者の増加も予想され、その予防が急務の課題となっています。世界の各地域における認知症の有病率はある程度の差はあるものの、加齢とともに認知症の有病率は上昇します（図1）[2]。また、認知症者数の将来推計では、今後のアジアにおける高齢者人口の急激な増大を背景に、アジアにおいて認知症者数が急増することが予想されています[2]。日本は高齢化が諸外国と比べ先行しており、日本が認知症の問題にどのように取り組み、問題解決していくかが、今後のアジアや世界のモデルとなるでしょう。

　認知症は多額の医療や介護費用が必要となりますが、英国の調査では、約82万人の認知症患者の年間費用は、227億ポンドに達し、がん（120億ポンド）、冠動脈疾患（78億ポンド）、脳血管疾患（50億ポンド）と比較して高いとされています。日本の認知症者は462万人と推定されており、英国の5.6倍の認知症者が存在するため、効果的な認知症予防対策を緊急に検討する必要があります。日本における認知症関連費用の試算は約3兆5000億円に達し、米国に次ぐ世界第2位の費用となっています[3]。また、国民生活基礎調査による介護が必要となった主な原因をみると、平成13年には認知症が原因で要介護となった者は10.7%（第4位）であったのが、平成22年には15.3%（第2位）となり、団塊世代が認知症の好発年齢を迎える2025年頃には認知症高齢者の急増が見込まれ、その予防が急務の課題となっています。認知症の主な原因疾患であるアルツハイマー病および脳血管疾患に対する根治療法や予防薬の開発が確立されていない現在において、認知症の予防もしくは発症遅延のための非薬物療法の可能性を検討することも重要でしょう。

図1　認知症の有病率と認知症者数の推移

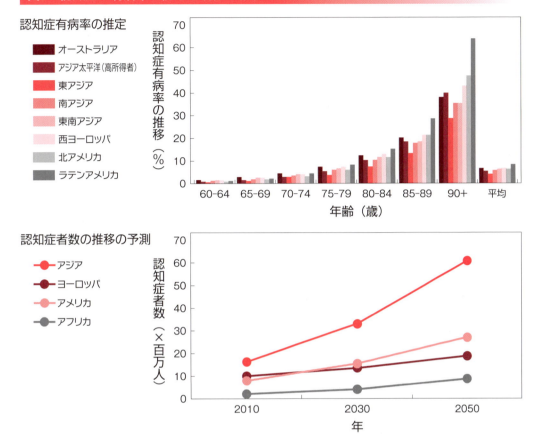

　認知症の有病率は、80歳代から急激に上昇します。今後はアジアにおける認知症者数の増大が予想されています。

2　認知症の危険因子と保護因子

　認知症の危険因子は、生活習慣病の危険因子である糖尿病、高血圧、肥満やうつ、運動不足、喫煙、教育水準などが代表的であると考えられています[4]。それらの危険因子が、アルツハイマー病発症にどのような影響を与えているか分析した研究では、米国においては身体活動不足が最もアルツハイマー病に強く寄与していたことが明らかとされました[4] **(図2)**。これらの結果は、認知症の予防のためには、身体活動を向上し、活動的なライフスタイルを確立することが重要であることを示唆しています[5-10]。

　また、その他にも抗酸化物質や抗炎症成分を多く含む食物の摂取[7,11-13]、社会参加、知的活動、生産活動への参加[6,9,14-17]、社会的ネットワーク[18]が、認知症発症に対する保護的因子として認められています。年

代別に認知症の危険因子をみると青年期における高等教育や、それ以降の知的活動は認知的予備力の向上と関連し、この認知的予備力は加齢による認知機能の低下に大きな影響は及ぼさないが、認知症発症抑制に寄与するかもしれないと考えられています[19]。中年期においては生活習慣病の管理が重要であり、高血圧、脂質異常症、糖尿病は脳血管疾患の危険因子であるとともにアルツハイマー病の危険因子でもあり、服薬管理、規則正しい食生活、運動習慣の確立が保護因子となります。高齢期には老年症候群等の因子が重要な認知症の危険因子となります。たとえば、高齢期のうつ症状は、活動性を低下させ社会的孤立を招くとともに、脳由来神経栄養因子（brain-derived neurotrophic factor: BDNF）の発現を減少させます。BDNFの低下と海馬の萎縮は関連し[20]、これが脳の予備力低下につながります。また、転倒等による頭部外傷は将来のアルツハイマー病発症の危険因子であります[21,22]。これらの危険因子を回避するためには、身体、認知、社会的活動を向上し、活動的なライフスタイルを如何にして確立し

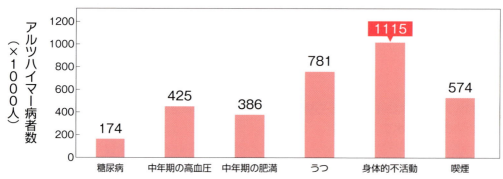

図2　アルツハイマー病の危険因子の影響度の違い

Barnes DE,Lancet Neurol 2011.より改変して作図

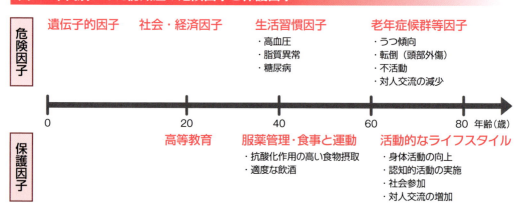

図3　年代別にみた認知症の危険因子と保護因子

ていくかが高齢期の認知症予防対策として最も重要であると考えられます**(図3)**。

3 認知症予防のターゲット

　介護予防事業等で認知症予防の取り組みを効果的に遂行するためには、より高い効果が期待でき、かつ事業実施の必要性が高い高齢者を地域から選択する必要があります。認知症予防のターゲットとなる対象者は、軽度認知障害（mild cognitive impairment: MCI）を有する高齢者であると考えられます。MCIは認知症ではないが軽度な認知機能の低下を有する状態であり、認知症の前駆状態としてとらえられ、認知機能が正常な高齢者と比較して認知症になる危険性が高いと考えられます[23]。ただし、MCIを有していても、その後正常へと回復を示すものも少なくありません[24,25]。たとえば、Sydney Memory and Ageing Studyによる縦断研究の結果では、健忘型MCIの単一領域の問題であれば、2年後に認知障害がない状態に回復する率は44.4%であるが、健忘型MCIの多重領域に問題を持っていると10.9%しか回復しないと報告されています。非健忘型MCIでも同様に単一領域の問題では31.0%が回復したのに対し、多重領域の問題では5.0%の対象者しか正常の認知機能に戻る者はいませんでした。これらの結果は、認知症を予防するためには、MCIの状態を早期に発

図4　認知機能低下のパターン

　認知機能低下のパターンについての例を示しました。①早期発症型では、75歳でMCIになり、そのまま回復することなく80歳で認知症を発症した。②遅延発症型では、MCIになるものの一度正常に回復し、その後MCIから認知症になるが早期発症型と比較すると発症時期は遅くなります。③非発症型はMCIから正常に回復し、再びMCIとなりますが（正常のまま保持できることが理想）認知症発症には至らずに死亡するパターンです。

見して、改善のための取り組みを行う必要があることを示唆しています26)。このように高齢期における認知機能の低下のパターンは一様ではなく、3パターンに分類することができます。ひとつは、MCIから回復することなく認知症へ移行する早期発症型、MCIから正常に回復（あるいは長期間MCIを保持）するが認知症へと移行する遅延発症型、そして、MCIから正常に回復（あるいは長期間MCIを保持）して認知症を発症しない非発症型であります。認知症予防の目的は、早期発症型から遅延発症型、非発症型へと移行することにあります。

MCIは、認知症の診断基準は満たさず、本人や家族から認知機能の低下の訴えがあるものの日常生活機能に大きな問題はないといった状態を指します。この状態に客観的な検査による記憶の障害の有無、他の認知機能（言語、視空間認知、注意、実行機能など）障害の有無で4タイプに分類されます（図5）。記憶障害がある場合は健忘型MCI（単一領域もしくは多重

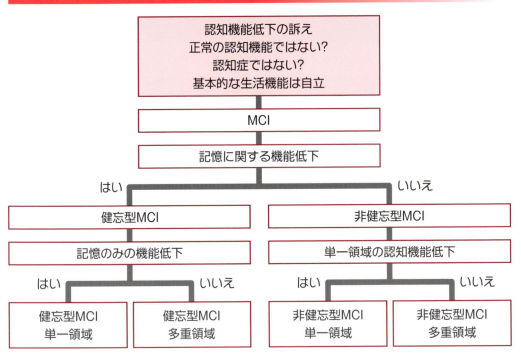

図5　MCI判定のためのフロー

MCIの判定のためには1）本人や家族から認知機能低下の訴えがある、2）認知機能は正常とはいえないものの認知症の診断基準は満たさない、3）複雑な日常生活動作（手段的日常生活動作）に障害はあっても、基本的な生活機能（食事、整容）は正常である、という要件を満たす必要があります。なお、MCIは記憶に問題があるかどうか、障害領域が単一か多重領域かによって4つのサブタイプに分類されます。

領域）とされ、ない場合には非健忘型MCI（単一領域もしくは多重領域）とされます[27]。このように、MCI判定のための枠組みは決定されていますが、実際の検査内容や判定のための基準値は明確にされていないため、各研究によってMCIの有症率が大きく異なり、数パーセントから40パーセントを超える報告もあります[28]。我々の5104名の高齢者を対象とした調査では、要介護認定を持たない65歳以上の高齢者の19%がMCIと判定され、潜在的に多くの高齢者が予防のための取り組みを必要としていることが明らかとなりました[29]。

4 運動による認知症予防

習慣的な運動習慣の確立は、認知症発症の抑制と関連が認められていますが[5-9]、MCI高齢者を対象として運動の効果を確認したランダム化比較試験による知見は十分集積されていません。我々は、MCI高齢者を対象としたランダム化比較試験を実施し、運動の効果を確認しました[30,31]。従来実施されてきた有酸素運動や筋力トレーニングのみでは、MCI高齢者の記憶等の認知機能を効果的に向上することは難しかったが、これらを組み合わせ、さらに記憶課題や計算課題をしながら運動するコグニサイズ（図6）を加えて運動介入をすると、全般的認知機能の保持効果や記憶の向上が確認できました。後述の「多面的運動プログラム」（290ページ～）で運動による認知症予防へ向けた取り組みの具体例を詳述していきます。

図6　コグニサイズの例

STEP1　コグニション課題
両足で立って、しっかり考えながら1から順に数をかぞえ、「3」の倍数では手をたたきます。

STEP2　エクササイズ（ステップ）課題
ステップを覚えます。
①右足右へ→②右足戻す→
③左足左へ→④左足戻す
（①～④を繰り返します）
リズムよくステップします。

STEP3　コグニサイズ
運動しながら、脳を刺激するステップ運動＋3の倍数で拍手

●右横・左横にステップ

※1～4を1セットとして、約10分間繰り返す。

両足をそろえ、背筋を伸ばして立つ。

自分側

※足の動きを示す図は、自分側から見たもの（以下同様）。

大きく動かす

① 右横に大きくステップする。

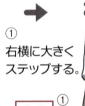

自分から見た足の動き

④ 左足を元に戻す。ここまで1セット。

拍手！

③ 左横に大きくステップして、拍手する。

大きく動かす

② 右足を元に戻す。

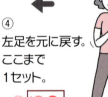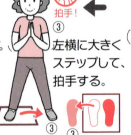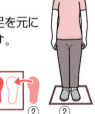

MCIのスクリーニングと効果判定指標

1 MCI判定のための評価方法

(1) 認知障害の訴えについて

　　Clinical dementia rating（CDR）

　CDRは認知症の有無を評価する観察法の代表的なもので国際的に広くもちいられています。患者本人や家族などの周囲からの情報に基づいて評価します。半構造化された認知機能に関する6項目の質問によって構成され、内容は記憶、見当識、判断力と問題解決能力、社会適応、家庭状況、介護状況です。評価は正常の0から、疑い例の0.5、軽度認知症の1、中等度認知症の2、重度認知症の3までの5段階で行われ、MCIはCDR0.5と位置づけられる場合が多いです。

(2) 質問紙調査

　本人からの聴取によって自覚的な認知機能の問題を把握します。記憶に関する問題が自覚的に顕在化しやすいので、記憶に関する聴取をする必要があります。**表1**には我々の研究グループでMCIの判定に用いている主観的記憶に関する聴取内容を示しました[32]。

表1　主観的記憶に関する質問

以下の質問に対して「はい」「いいえ」のどちらかを○で囲んでください。

質問	回答
あなたは記憶に関して問題を抱えていますか	はい　いいえ
以前よりも、物を置いた場所を忘れることが多くなりましたか	はい　いいえ
親しい友人、知人の名前を忘れることがありますか	はい　いいえ
周囲の人から忘れっぽくなったといわれることがありますか	はい　いいえ

どれか1つでも「はい」に○をつけた場合には、主観的記憶に関する訴えありと判定します。

(3) 全般的認知機能評価
Mini-mental state examination（MMSE）

　認知症の判定のために広く用いられる検査であり、30点満点の11の質問からなり、見当識（時間、場所）、記名、注意、計算、再生、言語（呼称、復唱、命令指示、書字）、図形模写などを含みます[33]。24点以上で正常と判断される場合が多く、MCI判定における全般的認知機能の低下が認められないという判定は、MMSEが24点以上であるとすることが多い。

(4) Modified mini-mental state test（3MS）
　MMSEの改訂版として開発された3MS[34]は、満点が100点であり、MMSEの項目にWestern aphasia battery[35]、Wechsler adult intelligent scale-R[36]、Wechsler memory scale-R[37]の項目が追加され詳細な認知機能の得点化が可能となりました。

(5) Montreal Cognitive Assessment（MoCA）
　MoCAは軽度認知機能低下のスクリーニングツールであり、多領域の認知機能（注意機能、集中力、実行機能、記憶、言語、視空間認知、概念的思考、計算、見当識）の評価バッテリーで、30点満点となります[38]。日本語版（MoCA-J）では26点以上が正常範囲と考えられています[39]。

(6) 基本的な生活機能
　構造化された調査方法としては、Barthel index[40]やfunctional independence measureが広く用いられています。たとえばBarthel indexには、食事、移乗動作、整容動作、トイレ動作、入浴、階段昇降、更衣動作、排泄コントロールが含まれ、各動作の自立度によって評点します。0～100点で配点され、高得点ほど高い機能を示します。ただし、地域在住高齢者を対象とした場合には、これらの基本的日常生活機能は保たれていることが多いため、簡便に聴取すればいいでしょう。たとえば、「食事、整容、歩行、階段昇降、入浴は自分で行えますか？」と質問して「はい」「いいえ」で回答を得て、もし「いいえ」の場合には、どの項目が自分でできないかを聴取すれば効率的です。

(7) 客観的認知機能検査
　客観的認知機能を評価するために多数の検査方法が提唱され、実践されてきました（例えば、O.スプリーン、E.ストラウス著［滝川守国ら監訳］神経心理学検査法．創造出版を参照）。ただし、これらの検査の実施や採

点には熟練が必要であり、医師や臨床心理士等の専門職でないと実施が困難です。地域保健事業等でMCIのスクリーニングをする場合には、大規模対象者の検査を実施する体制を整える必要があり、人数の限られた専門職を募って検査を実施することは現実的ではないと考えられます。そのため、地域でMCIを大規模にスクリーニングするためには、一定の研修を積めば誰でも適切に検査可能なシステムを構築する必要があります。我々が開発したNational Center for Geriatrics and Gerontology-Functional Assessment Tool（NCGG-FAT）（特願2012-148680）は実行機能、処理速度、注意、記憶、図形認識の機能を測定することができるアプリケーションであり、iPad上で動作します[32]。NCGG-FATを用いれば大規模データベースから構築した年齢別標準値との比較により、認知機能の低下を把握することが可能であり、MCIの判定に用いることが可能です。信頼性や妥当性も確認されており[41]、地域でのMCIの把握に有用です。

(8) NCGG-FAT

NCGG-FATは、記憶、注意・遂行（実行）機能、処理速度を基本のバッテリーとして、視空間認知、選択的注意・干渉抑制、ワーキングメモリなどの追加評価が可能なオプションも含まれ、多領域の認知機能を多面的に検査することが可能です。検査の実施にはタブレット型パソコン（iPad）を使用します。しかしながら、現在（2014年10月）ではNCGG-FATの使用環境には制限があり、今後は所定の研修などを受けることでアプリケーションの公開が可能となるように予定されています。

2 効果指標について

認知症予防のための取り組みの効果を把握するためには、事業目的である認知症の発症を遅延できたかが主要なアウトカムとなります。ただし、この効果を把握するためには対照の設定と長期の観察期間が必要であり、現実的には評価が困難です。そこで事業効果を把握するためには、主要アウトカムと密接な関係をもち、かつ短期間で変化し得る変数を用いて評価します（二次的アウトカム）。認知症発症と関連する可変因子としては、認知機能が代表的であり、事業効果を把握するためには認知機能を詳細に検討する必要があるでしょう。また、運動機能の低下も認知症の発症と関連しており、また、運動を用いた介入を実施する場合には運動機能の向上と認知機能の向上とが共に認められれば、介入の直接効果を支持する結果を得ることができるのであわせて測定しておくといいでしょう。

効果指標を選択するときに注意すべき点は、得点範囲が大きく、わずかな能力の変化に対しても反応する指標を選択したほうがいいです。以下に、認知症予防の効果指標として適すると考えられる例を提示します。

(1) 認知機能検査
①言語機能
文字流暢性課題（Verbal Fluency）は、1分間に指定されたカテゴリ（例：「動物」）、または指定された接頭語から始まる名詞（例：「し」）を数多く答える課題です。通常、1分間でなるべく多く表出できると良好な成績となります[42]。

②注意・遂行（実行）機能
Trail Making Test（TMT）は、数字や平仮名を順に結んでいく課題であり、注意および遂行（実行）機能の評価指標として用いられます[12]。Part-A（TMT－A）とPart-B（TMT－B）があり、その差分（△TMT）を指標として用いることもあります。TMT－Aでは、ランダムに配置された①から㉕までの数字を順に線で結んでいく課題であり、TMT－Bでは、①から⑬までの数字とあから⓪までの平仮名を「①→あ→②→い→③……」のように数字と平仮名を交互に結んでいき、終了までの時間を計測します。いずれにおいても達成時間が短いほど良好な機能とされます。

③記憶
ウェクスラー記憶検査のひとつである論理的記憶検査、国際的な研究におけるMCIの判定基準のひとつとしても使用されています[43]。この検査には、2つの物語（AとB）があり、これらの物語を聞いて、その内容を再生してもらいます。1つの物語は25文節で構成されており、再生できた文節数が得点となります。物語の再生は、物語を聞き終えた直後（Logical Memory-I）と30分後（Logical Memory-II）に再生してもらい、それぞれの得点を算出します[44]。得点範囲は、各物語で0～25点、最高で50点となります。しかし、正答の判断には、熟練した専門的な知識や解釈が必要な点も多いので、活用には注意が必要です。

④NCGG-FAT[41]
NCGG-FATの記憶検査では、物語記憶として即時および遅延再認、単語記憶として即時再認と遅延再生があり、いずれも10点満点で採点されます。注意・遂行（実行）機能として、タブレット式のTMTがあり、

Part-AとPart-Bの遂行時間が秒で記録され、時間が短いほど良好な成績となります。また、処理速度の評価としてSymbol Digit Substitution testがあり、この課題では符号と数字の組み合わせをすばやく判断して、次々に課題情報を処理していくことが求められます。制限時間（90秒もしくは120秒）内に多く正答できることが良好な成績となります。

(2) 運動機能検査
①歩行速度
　歩行速度は、5mもしくは10mを歩行するのに要する時間をストップウォッチなどを用いて計測しm/sを算出します。計測する前後1～2mを加速路・減速路として設定し計測することが望ましいとされます。「普段通りの速さで歩いてください」という教示により通常歩行速度を、「できる限り速く歩いてください」という教示により最大歩行速度を計測するのが一般的で、速く歩けるほうが身体機能が高いことを表します[45]。

②6分間歩行検査
　6分間歩行検査は、6分間でできるだけ距離を長く歩くことを目的として行い、6分間での歩行距離を計測します[46]。途中で休憩をとるなどが必要な場合には適宜行い、運動が禁忌の者や状況では実施しません。結果が、長い距離であればあるほど持久性が高いことを表します。

3 多面的運動プログラム

1 プログラムの概要

(1) プログラムの特徴

　この認知症の予防を目指す多面的運動プログラムは、平成22年（2010年）から愛知県大府市において国立長寿医療研究センターが先行的に実施した運動による効果検証の研究事業が基盤となっています。

　このプログラムは、国内の自治体での地域フィールドで実施が可能となるように、特殊な大型器具は必要とせずに、集団で実施するプログラムとなっており、一定期間のプログラム終了後の参加者による自主的な活動継続や自治体としての継続的な支援にも配慮しています。

　プログラムの特徴は、有酸素運動、筋トレ、頭を使いながらの運動などの多くの要素が組み合わせられたプログラムであり、最も特徴的なポイントは、「コグニサイズ」という新たな概念での運動プログラムが加わっていることです。

　これらの要素を取り入れた多面的な運動プログラムは、地域在住の高齢者、とくに軽度認知障害（mild cognitive impairment: MCI）を有する高齢者において、一部の認知機能が向上する効果を確認することができています。さらには、この効果は脳の萎縮を抑制することにも効果が期待できるデータが示されています。プログラムの実施に際しては、多くの高齢者が楽しみながら取り組めるようなプログラムを目指し、さまざまな要素を組み合わせて構成されており、習慣化して出来るだけ長期間にわたり地域で継続できるような支援が望まれます。

(2) プログラムの目的

　このプログラムでは、地域在住の高齢者、とりわけ認知症発症の危険が高い高齢者に対して、運動の習慣化を身につけてもらい、脳の活性化を促す運動を組み合わせて、認知機能を向上させる、もしくは認知機能の低下を抑制することで、認知症の発症を予防することを第一の目的と考えています。

認知機能の向上や脳機能の活性化を促進する運動としては、有酸素運動、筋トレ、頭を使いながらの運動（二重課題）などの効果が期待されており、これらを組み合わせて、より効率的に脳の活性化を図ること目指します。ただし、高齢者の心身機能に対する運動の効果を調べたこれまでの多くの研究の成果から、せっかく得られた効果も運動をやめてしまうと効果は持続しないものと考えられますので、習慣化した運動を継続できるように促す必要があります。

(3) プログラムの効果

　健忘型MCIを有する地域在住高齢者50名を対象とした週2回、1回90分間、6カ月間の多面的運動プログラムの効果を調べたランダム化比較試験で、記憶機能や脳容量の変化に対して、次のような効果を認めることができました[31]。

①記憶機能の変化

　論理的な記憶を調べる検査の得点（50点満点）をみてみると、6カ月に運動群ではその平均得点が3.8点向上しましたが、対照群での平均値の変化は0.5点であり、ほとんど変化がみられませんでした。この2群間の変化には統計的に有意な差があったことが認められており、多面的運動プログラムに参加することで、記憶の機能が有意に改善されたことを示しました。

②脳容量の変化

　6カ月間の変化を調べたところ、対照群では脳内の容量が低下し始めて

図7　介入前後の脳の変化

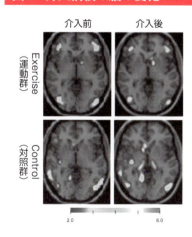
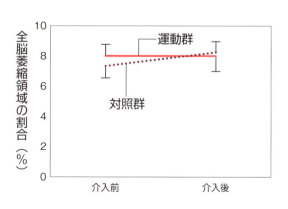

いる部位の割合が6カ月後に増えている傾向が認められました。一方で、運動群では脳内の容量が低下し始めている部位の割合に変化は認められず、脳の萎縮（やせ細り）の進行は抑制されていました。**図7**に、運動群に参加された81歳男性（上段）と対照群に参加された80歳男性（下段）の例を示します。白っぽく見える箇所が脳の容量が低下し始めている部位をあらわしています。下右のグラフは、脳の容量が低下し始めている部位の割合の変化を示しています。縦軸の数値が大きいほど、脳の萎縮（やせ細り）が進行していることを示します。実線の運動群では、6カ月間で変化はみられませんが、点線の対照群では6カ月間で脳の萎縮が少し進行していることが疑われます。

図8　プログラム実施の流れ

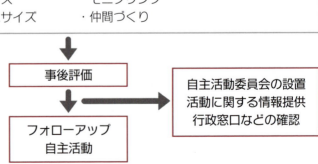

(4) プログラム実施の流れ（図8）

プログラムを実施するにあたっては、以下に示すような流れが想定されます。

(5) スタッフの役割

プログラムの実践に関わるスタッフの主な役割は、教室の運営・管理、体調管理、運動方法の指導・支援、自主化の支援などが考えられますが、徐々にこれらの役割も自主的に行えるように支援していく必要があります。指導者や支援者に「やってもらう」という意識ではなく、自らが自分たちの健康のために、参加者同士の自助・共助でやっていくという意識を持ってもらうことも重要な要素となります。

2 運動実施の注意点

運動の負荷を急増させたり、無理をして運動を行うと、筋や関節損傷の危険を伴います。とくに、今まで運動を実施していない方が急に始めたときが危険です。また、負荷が大きすぎる運動では心臓への負担も大きくなり、思わぬ事故を招く恐れがあります。そのため、安全に運動を実施する注意点を覚えておく必要があります。

まずは、運動プログラムの実施する前に、「運動実施の10カ条」を学習して覚えて、安全に効果的なトレーニングを行いましょう（図9）。また、多面的運動プログラムに含まれる「コグニサイズ」を効果的に行うためには、「コグニサイズの実施ポイント」にも注意して実施するように心がけましょう（図10）。

3 運動強度の確認

認知症予防の効果が期待できる運動のプログラムを効果的に進めるためには、運動内容・頻度・強度の設定が重要となります。

表2　スタッフの役割例

スタッフ	役割
自治体などの職員	参加者の募集、実施場所の調整・確保、教室の運営・管理、意欲の向上支援、自主化の支援など
運動指導者（理学療法士、運動健康指導士、介護予防運動指導員など）	体調管理、運動方法の指導・支援、自主化の支援など

図9　運動実施の10カ条

1条 無理をしないで徐々に行う	**6条** トレーニング中は息を止めない
2条 ストレッチを開始する 体が暖まっていない状態で筋トレをすると、ケガにつながります。 	**7条** トレーニングは「イチ・ニ・サン・シ」のゆったりテンポ 息を止めると、血圧が上がります。息を続けるために、数をかぞえて運動しましょう。 
3条 水分を補給する 水やスポーツ飲料を飲んで、脱水に注意。 	**8条** トレーニングを自己流にアレンジしない それぞれのトレーニングは効果が出るように計画されています。自己流に変更しないで型を守りましょう。
	9条 トレーニング内容は複数の種目を行う 運動は内容により効果が異なります。筋トレやバランス練習など複数の種目を行いましょう。
4条 痛みが起きたら休息をとる 痛みは体からの危険信号です。痛さをこらえてまで行わないようにしましょう。	**10条** 継続がもっとも大切 運動の継続のために実施記録やグループ活動が役立ちます。ひとりで行うときは1日の中で時間を決めて行うと良いでしょう。 
5条 トレーニング中の転倒に注意 ふらつきそうなときは、なにかにつかまって行いましょう。 	

図10　コグニサイズ実施のポイント

頻度	ゴクニサイズ実施のキーポイント
運動習慣をつけるためには毎日行うことが重要です。1回の実施時間は短くても決まった時間に実施する習慣を身につけることが肝心です。手帳やカレンダーに実施の記録をつけるといいでしょう。	ゴクニサイズは、ゴクニション（認知）課題とエクササイズ（運動）を同時に行うことが重要となります。どちらか一方に注意が集中しすぎないように、認知課題と運動のどちらにも注意を向けながら実施しましょう。
強度	**運動種目**
適切な運動強度を定めて実施しましょう。慣れてきたら10分以上は続けて運動できるように心がけましょう。	複数のトレーニング（例えば、ストレッチ、筋トレ、ウォーキングなど）を組み合わせて、効果的な方法で実施しましょう。

図11 運動強度60％の際の目標心拍数の求め方

①安静時心拍数
　（10分以上安静にした後の1分間の脈拍数）

②最大心拍数　　　　　　　　　　　　　　　　　＝207－（年齢×0.7）
　（心拍数の上限値）

③予備心拍数　　　　　　　　　　　　　　　　　＝②－①
　（最大心拍数から安静時心拍数を引いた値）

目標心拍数　　　　　　　　　　　　　　　　　　＝0.6×③＋①
　　　　　　　　　　　　　　　　　　　　　　　（目標運動強度が60％の場合）

　運動の内容は、準備運動・整理運動としてのストレッチ、筋力向上のための筋トレ、バランス機能を向上するための練習など、さまざまな要素を含む運動を取り入れて実施することが推奨されます。運動頻度は習慣化するためにできるだけ毎日行うことをおすすめします。強度については、目標心拍数（脈拍数）を求めて、運動の際に自分で脈をとりながら適正かどうかを確認することが重要です。

　安静時の脈拍数は、楽な姿勢でしばらく安静にして、リラックスした状態で測定します。なるべく、正確な運動の強度を求めるためには、起床時の脈拍数を1週間継続して測定して、平均した値を安静時心拍数とします。運動直後にも脈拍数を計測して、実施している運動の強度がどの程度であるかを把握します。運動直後には徐々に脈拍は低下していきますので、15秒間の拍動数を4倍、もしくは30秒間の拍動数を2倍して求めることをおすすめします。

　実施する運動の強度は、無理のない範囲で進めていき、慣れてきたら運動強度60％程度の運動が継続できるような目標を設定しましょう（**図11**）。詳細な内容については5項（有酸素運動）を参照。

4　準備運動・体操（ストレッチ、筋力トレーニング、バランストレーニング）

　ストレッチや家でもできる体操（リフレッシュ体操）を教室で教えながら、家でも実施するよう促します。体操の内容としては、ストレッチの他に筋力トレーニングやバランストレーニングなどの要素を含めるとよいでしょう。各項目において、注意する姿勢やポイント、筋肉の名前や場所についても合わせて指導します。内容は、ストレッチ・初級・中級・上級に分かれ、中級から上級にかけてはバランス能力を要するような複合的な体操や運動があります。

● キーポイント

・準備体操として行うストレッチの方法を習得する
・体を動かすことに慣れる
・安全に運動する方法を覚える
・筋肉の名前を覚える

● 実施方法

　教室で行う際は、説明も含め20分から30分程度を行う。初級・中級・上級ともに指導者が正しいやり方、筋肉の名前、ポイントを教えます。**図12**のように、全体が円になるなどして、指導者やスタッフが全員から見える位置で説明をしながら一緒に体操を行います。

　上級まで一通り指導が終わったら、参加者の中で順不同に指名して、1人1つの運動メニューをその場で考えて実施・指導します。具体的には、参加者が輪になって座り、その日に指名された人から右回りに、1人1つの運動メニューを提供していきます（**図13**）。すべての運動メニューを把握しておく必要があり、前の人が選んだ運動メニューは除外して、全員で準備体操を実施するにあたり、記憶も必要であり、ストレッチ、座位での運動、立位での運動など、その場の状況に応じた運動メニューを選択する必要があります。この学習を通して、自己流の運動方法に陥ることなく、正しい方法で運動することができるとともに、教室全体を把握しながら状況に応じた運動メニューを選択することができるようになりましょう。

図12　教室での体操の様子

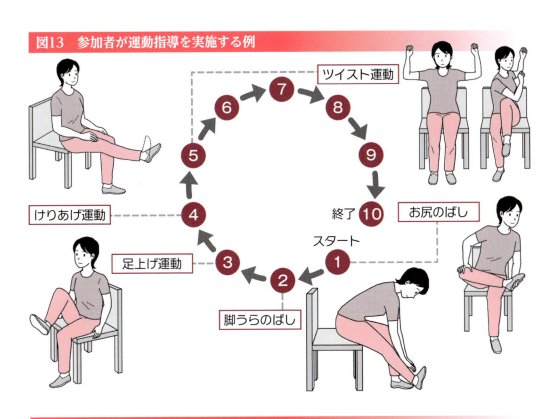

図13　参加者が運動指導を実施する例

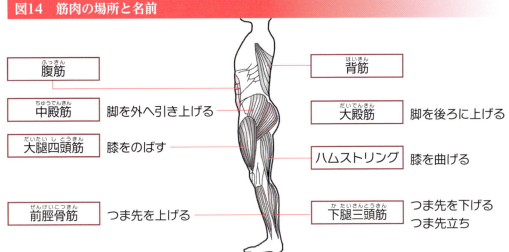

図14　筋肉の場所と名前

●筋肉の名前

　筋肉の名前は導入時期に一通り説明を行い、実際に指導する際にも各体操でターゲットにしている筋肉の場所と名前を必ず説明し覚えてもらいます（図14）。そのことで、目的を理解し意識が上がり、より効果的な運動になる。慣れてきたら、クイズ形式などで、「この体操は、どこの何という筋肉を鍛えてますか？」など問いかけを行い、適宜確認をすることも必要でしょう。

●ストレッチ

脚うらのばし
◆ハムストリング、下腿三頭筋

膝を曲げないように注意！

つま先は天井を向ける

手順
①イスに浅く座る
②片足を前にのばす
③胸を張って、上体を前に倒す
④反対側も繰り返す

脚おもてのばし
◆股関節屈筋群、大腿四頭筋

腰を前に出す

手順
①つま先、膝を前に向けて広めに足を開く
②胸を張り、腿の前側をのばす
③反対側も繰り返す

アキレスけんのばし
◆下腿三頭筋

膝をのばし、ガニ股にならないように注意!

手順
①足を前後に開き、胸を張る
②後ろ足のかかとを床に押し付ける
③反対側も繰り返す

お尻のばし
◆中殿筋と周囲の臀部の筋群

背中が丸まらないように注意!

手順
①片足を組んで座る
②組んだ足のつま先側に体を倒す
③反対側も繰り返す

●初級

ばんざい
◆肩周囲と背筋群

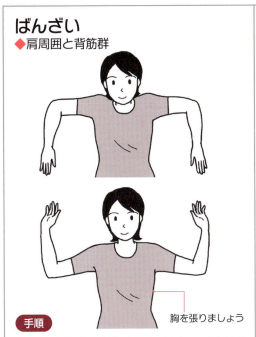

胸を張りましょう

手順
①両脇を開き、指先を下に向けて、肘を肩の高さまで上げる
②肩を中心に、指先を上に向ける

おいのり
◆腕、胸、肩周囲筋群

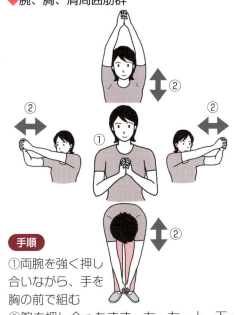

手順
①両腕を強く押し合いながら、手を胸の前で組む
②腕を押し合ったまま、右・左・上・下・前へと動かす

ツイスト
◆腹筋群と股関節屈筋群

なるべく体をかがめないように注意を

手順
①肘を曲げ、肩の高さまで上げる
②腕と反対側の腿を上げ、腕とくっつける
③反対側も行う

けりあげ
◆主に大腿四頭筋

膝をのばしたら、つま先を上に向ける

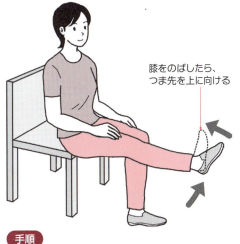

手順
①イスに浅く座る
②ゆっくりと片方の膝をまっすぐにのばす
③ゆっくりと元の位置まで戻す
④反対側も繰り返す

認知機能低下予防

膝の曲げ
◆ハムストリング

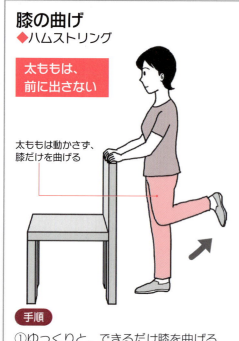

太ももは、前に出さない

太ももは動かさず、膝だけを曲げる

手順
①ゆっくりと、できるだけ膝を曲げる
②ゆっくりと元の位置まで足を下ろす
③反対側も繰り返す

横上げ
◆主に中殿筋

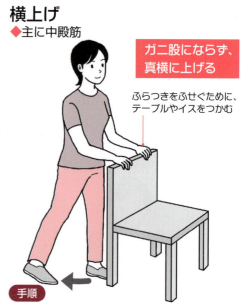

ガニ股にならず、真横に上げる

ふらつきをふせぐために、テーブルやイスをつかむ

手順
①つま先を正面に向けて立つ
②ゆっくりと足を真横に広げる
③ゆっくりと足を下ろす
④反対側も繰り返す

背のび
◆下腿三頭筋

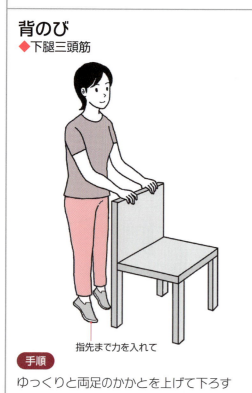

指先まで力を入れて

手順
ゆっくりと両足のかかとを上げて下ろす

スクワット
◆主に大殿筋、大腿四頭筋

背筋をのばして行う

膝は直角になるまで曲げない

足は肩幅に開く

手順
①つま先と膝を正面に向けて立つ
②しゃがんで立ち上がる

●中級

足上げ
◆股関節屈筋群

手順
膝を曲げたまま片足を持ち上げる

足そらし
◆大殿筋

手順
①イスに両手でつかまる
②片足を後ろに持ち上げる

背すじのばし
◆背筋群

近くに壁がない場合には、ペアになって背中合わせにバンザイしましょう。

手順
①まっすぐに立って背中全体を壁につける
②バンザイをする

腕立て伏せ
◆肩、腕、胸、背筋群

一度ずつ腕をまっすぐにのばす

手順
①イスの座面に手を置く
②肘を曲げて戻す

両足あげそらし
◆下腿三頭筋、前脛骨筋

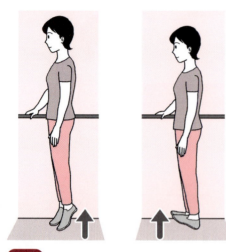

手順
①イスや壁につかまってまっすぐに立つ
②かかとを上げる
③つま先を上げる

しこふみ
◆バランス練習

腕も上げ、ポーズをとりましょう

膝をやわらかく使いましょう

手順
①片足を上げる
②上げた足を大きく開く
③膝を曲げて着地する

● 上級

立橋
◆背筋、大殿筋、大腿四頭筋、バランス練習

手順
①イスなどに両手をつく
②片足を持ち上げる
③上げた足と反対側の腕を上げて、3秒保持する
④反対側も繰り返す

足で円を描く
◆バランス練習

できるだけ遠くへ足を動かしましょう

膝は常にまっすぐのばして円を描く

手順
①床に円を描くように足を動かす
②反対側も繰り返す

モンキー・ウォーク
◆歩行練習

腰を曲げないように注意！

膝はのばさないで行う

手順
①腰を落とす
②手を組んで前に上げる
③ゆっくり前に歩く
④慣れてきたら大股にしてみましょう

足そらし（スピード）
◆大殿筋

腰がそらないように注意！

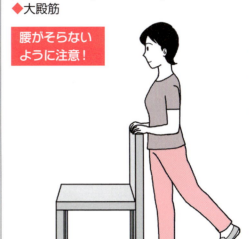

手順
①イスに両手でつかまる
②片足を後ろに持ち上げる
③できるだけ速く繰り返す
④30回を目標に行う

背のび（スピード）
◆下腿三頭筋

転倒に注意！

手順
①両足を軽く開いて立つ
②かかとを上げてつま先立ちになる
③かかとを下ろす
④できるだけ速く繰り返す

パタパタ
◆前脛骨筋

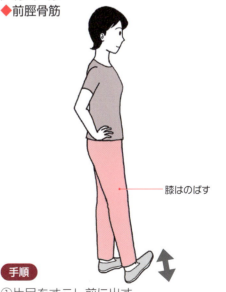

膝はのばす

手順
①片足をすこし前に出す
②かかとを床につけ、つま先を上げて下ろす
③できるだけ速く繰り返す

● バランストレーニング

つぎあし

バランススティックに縦を1本（対象者によっては2本）並べ、スティックの上をゆっくり歩く。片足のつま先ともう片方の踵がくっつくように距離を縮めてやってみましょう（床面に線を引く、あるいはテープを貼って代用してもかまわない）。

ジグザグ歩き

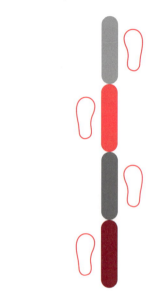

バランススティックに縦を1本（対象者によっては2本）並べ、スティックを踏まないように斜め前に大きく動かして歩く。

5 有酸素運動

● キーポイント

・有酸素運動を知る
・運動強度を学ぶ
・運動する上での注意点を理解する

(1) 有酸素運動とは

有酸素運動には、ウォーキングやステップ台を使った運動などがあり、無酸素運動との違いや運動の強さを具体的に知りましょう **(図15)**。

(2) 正しく心拍数（脈拍数）を測れるようになる

脈拍数は、橈骨動脈での拍動を触れて測定するのが一般的です。測定の方法は、手首よりやや肘よりの第一指（親指）側に、第二指〜四指（人差し指、中指、薬指）を揃えて軽く当て、拍動数をかぞえます。1分間での

図15　持続した運動が効果的な有酸素運動

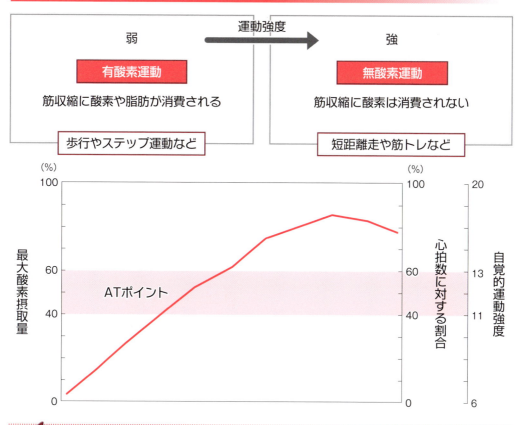

✓ポイント　ATポイントは運動強度が有酸素運動から無酸素運動に変わるところ
　　　　　教室開催時に運動強度を把握できるように、安静時心拍数を用いた運動強度設定を行う。

図16　脈拍のはかり方

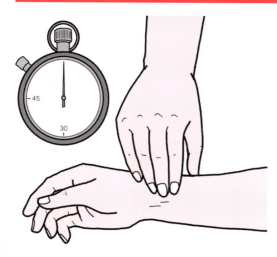

✓ポイント　測定している間にも心拍数は定常状態に戻るので15秒や30秒間の拍数を数え、計算で1分間の拍数に換算するといいでしょう。

拍動数が脈拍数となります。1分間の拍動数をかぞえる、もしくは30秒間の拍動数を2倍しても構いません（**図16**）。

(3) 自覚的運動強度

自覚的に運動強度を知るには、Borgスケールなどの自覚的疲労感を測る必要があります。Borgスケールと最大酸素摂取量の関係には様々な学説がありますが、その一例を図17に示します。

(4) 心拍数から運動強度を求める

最大心拍数の求め方は一般的に、220－年齢と定義されています。また、高齢者を対象とする場合は、207－（年齢×0.7）という式を用いて算出する方法もあります。

最大心拍数と安静時の心拍数（運動前）から運動強度を簡易的に算出する事ができ、カルボーネンの式を用いる方法は以下の通りです。

カルボーネンの式

$$運動強度（\%）= \frac{（運動時心拍数－安静時心拍数）}{（最大心拍数－安静時心拍数）} \times 100（\%）$$

年齢と安静時心拍数から運動強度を確認しましょう。

図17　自覚的運動強度（Borgスケール）

スケール	目安	
20		
19		非常にきつい
18		
17	100%	かなりきつい
16		
15	80%	きつい
14		
13	70%	ややきつい
12		
11	60%	楽である
10		
9	50%	かなり楽である
8		
7	40%	非常に楽である
6		

図18 運動強度と心拍数の目安

年齢と安静時心拍数による各種運動強度別の運動時心拍数

運動強度40%		年齢（歳）					
		65	70	75	80	85	90
安静時心拍数（拍/分）	60	101	99	98	96	95	94
	70	107	105	104	102	101	100
	80	113	111	110	108	107	106

運動強度60%		年齢（歳）					
		65	70	75	80	85	90
安静時心拍数（拍/分）	60	121	119	117	115	113	110
	70	125	123	121	119	117	114
	80	129	127	125	123	121	118

運動強度80%		年齢（歳）					
		65	70	75	80	85	90
安静時心拍数（拍/分）	60	141	138	136	133	130	127
	70	143	140	138	135	132	129
	80	145	142	140	137	134	131

(5) 運動の実施基準

運動中にリスク管理を行えるよう、対象者ならびに指導者にも運動の実施基準を周知する。ここでは、土肥・アンダーソンの変法を示す。

①運動療法を行わないほうがよい場合

- 安静時脈拍数120回/分以上
- 拡張期血圧120mmHg以上
- 収縮期血圧200mmHg以上
- 動作時しばしば狭心痛をおこすもの
- 心筋梗塞発作後1カ月以内
- うっ血性心不全の所見の明らかなもの
- 安静時すでに動悸、息切れのあるもの

②途中で運動療法を中止する場合

- 運動中に以下の症状・状態がみられた場合
- 中等度の呼吸困難が出現した場合
- めまい、嘔気、狭心痛が出現した場合
- 脈拍が140回/分を超えた場合
- 1分間100回以上の不整脈が出現した場合
- 収縮期血圧40mmHg以上または拡張期血圧20mmHg以上上昇した場合

③途中で運動療法を休ませて様子をみる場合
- 脈拍数が運動前の30%を超えた場合
- 脈拍数が120回/分を超えた場合
- 1分間10回以下の不整脈の出現
- 軽い息切れ、動悸が出現した場合

(6) 実施方法

まずは、有酸素運動への理解を深めるために、実際に運動を行いながら理解します。有酸素運動（歩行やステップ）を、説明に十分な時間をかけ3分ほどの短い時間行い、運動内容を理解します。最初は5分×2セットや10分×2セットなど短い時間から慣れることを目標に実施します。最終的な目標としては、20分から〜30分続けて実施できるようにしましょう。可能であれば、記録用紙などを用いて運動強度を記録し、適切な強度で実施できているかを確認しながらプログラムを進めます（図19）。

図20のように昇降運動を繰り返す。

図19　記録用紙の例

名前	
運動前	運動後

図20　ステップ運動の方法

①〜④の動きを繰り返す。動かす足を赤色で示す。

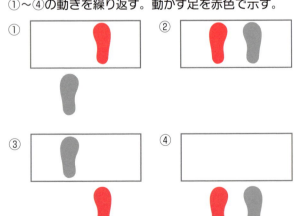

ステップ台

> **✓ポイント**　運動強度が低い場合、昇降のリズムを速くするもしくは昇降の高さを調節し強度を高めるといいでしょう。ただし、膝などへの負担を考慮し無理のない範囲ですすめます。

図21　教室でのステップ運動の様子

図22　歩き方の指導例

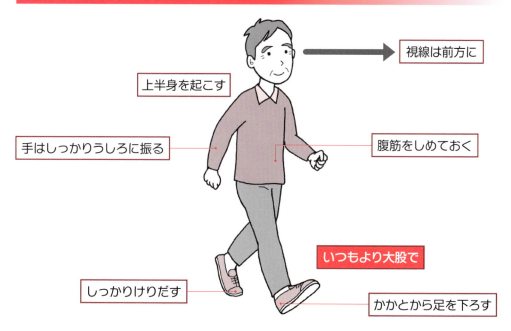

（7）歩行（図22）

歩き方に意識をして、普段の歩きより強度の強いものを目指しましょう。
- 腹筋・背筋に力をいれて姿勢を正す。
- 視線を前方に向けて歩く。
- 接地時に足関節（踵）からしっかり接地する。
- 大殿筋・中殿筋（お尻）に力を入れて足をけりだす。
- 地面をしっかり蹴って、足を前に出す。
- しっかり腕を振って歩く（脇をしめて、上半身をより引き締める）。

6 コグニサイズ

頭を使うこと（認知課題：cognitive task）と運動すること（運動課題：exercise）を同時に行います(コグニサイズ：cognicise)。コグニサイズを行う時には、「どちらも同じくらい頑張る」のが重要です。体を動かすことだけに集中して認知課題がおろそかになったり、認知課題を答えている間に身体の動きが止まったりしないようにしましょう。

● キーポイント

- 正しいやり方を知る
- 慣れてきたら様々な課題にチャレンジしてみる
- ひとりでも、みんなとも楽しみながらやる

● 導入

何人かでグループ（3～4人）を作り、運動しながらの認知課題を行うことが難しい場合には、簡単なものから始めましょう。運動課題については、座りながらの足踏みから始めてもいいでしょう。慣れてきたら歩きながらやステップ運動をしながらやってみましょう。

基本

例）
認知課題：順番に数を声に出しながら数える（1、2、3、4、5…）
運動課題：椅子に座りながら足踏みと手のふりを

1～2人用

例）
認知課題：計算をする（例：150から7ずつ引き算をする→150、143、136、129…）
運動課題：歩行

✓ ポイント　慣れてきたら認知課題を「しりとり」や「古今東西」に変えてチャレンジしてみましょう。

グループ用

例)
認知課題：数を順番に数える（例：100から順番に逆唱する→100、99、98、97、96、95…）
運動課題：ステップ台

● 応用

慣れてきたら認知課題を難しくしてみましょう。認知課題を難しくすると、身体の動きが止まってしまったりするので適宜正しいやり方を指導してあげてください。

1～2人用

例)
認知課題：計算をする（例：150から3と5を交互に引き算をする→150、147、142、139…）
運動課題：歩行

グループ用

例)
認知課題：数を順番に数えながら特定の数だけ数を言わずに手を叩く（例：100から順番に逆唱し4の倍数の人だけ手を叩く→99、98、97、95、94、93、91、90、89…）
運動課題：ステップ台

グループ用

例）
認知課題：覚えながらのしりとり
運動課題：ステップ台

 3人で楽しく

　3人1組になって、順番に覚えるしりとりを行う。ただし、2つ前と1つ前の単語を言ってから自分の番になる。
　これに、運動（ステップ運動や歩行）を組み合わせる。

✓ **ポイント**　認知課題と運動課題の組み合わせは自由な発想でできるので、参加者の機能のレベルや実施場所に合わせて工夫して行ってみましょう。

認知課題の例（難易度別）

数の課題	難易度
＊＊＊から1つずつ引き算を順番に行う	★
＊＊＊から3つずつ引き算を順番に行う	★★
＊＊＊から7つずつ引き算を順番に行う	★★★
＊＊＊から3と5を交互に引き算を順番に行う	★★★★

言葉の課題	難易度
しりとりを行う	★
魚の名前を順番に言う	★★
「あ」から始まる言葉を順番に言う	★★
2つ前の人と前の人が言った言葉を覚えて…（上図）	★★★★

●コグニサイズ番外編

　大人数で輪になってやってみましょう。まずは歌と歌詞を覚えます。全員で手拍子を打ちながら、童歌を歌います。共通のルールは、歌詞の中で特定の文字の時だけ違う動きをします（図23）。

図23　「あんたがたどこさ」の教室での様子

認知課題の例（難易度別）

課題（アクションは赤字）	難易度
①「さ」のところで、自分の膝をたたく	★
②「さ」のところで、手拍子をやめて両手を開く	★★
③「さ」のところで、自分の両手で自分の両耳をさわる	★★★
④「さ」のところで、右手で右隣の人の左手をたたく	★★★★
⑤「さ」のところで、左手で左隣の人の左手をたたく（④の左右を入れ替えたもの）	★★★★
⑥④と⑤を交互に繰り返す	★★★★★

 慣れてきたら歌のテンポを早くしたり、違う歌にもチャレンジしてみましょう。

7 ラダーでコグニサイズ

基本ルールである、1マスに4歩、1～8歩の繰り返し、右足と左足は交互にステップをしっかり覚えます。課題の出し方は「右or左　足から始める、＊番目と＊番目を外に出す」（＊には1～8の数字が入る）。

● キーポイント

・基本の足の運びを覚える
・いろんな足の運び方（出し方）をやってみる
・慣れてきたら少しずつ速くやってみる

● 基本

同じ1マスに4歩で、1～8歩の繰り返しにより行いましょう**（図24）**。

● 応用1

3、4、7、8を外に出す。

図24　ラダーの基本形

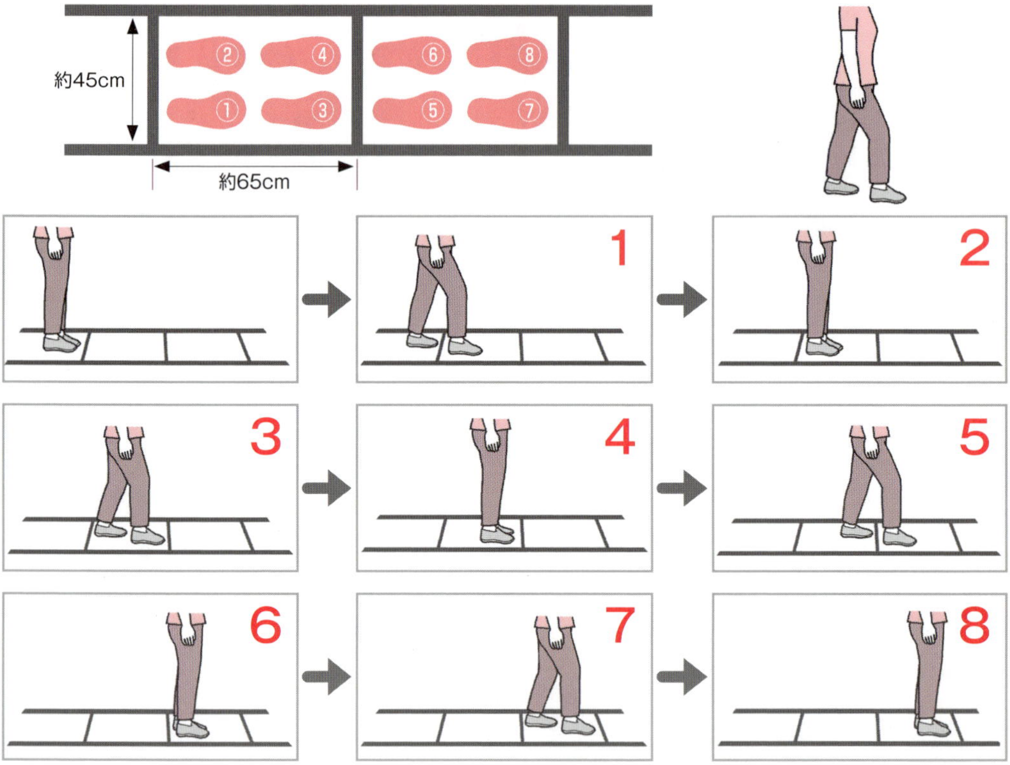

他のイラストを参照に。

●応用2

1、2、5、6を外に出す。
他のイラストを参照に。

 ルールが理解しにくい場合は、手拍子や数を数えることを指導者が一緒に行ってあげると、少しやりやすくなります。

●応用3

2、5を外に出す（**図25**）。

図25 「2と5」を外に出す例

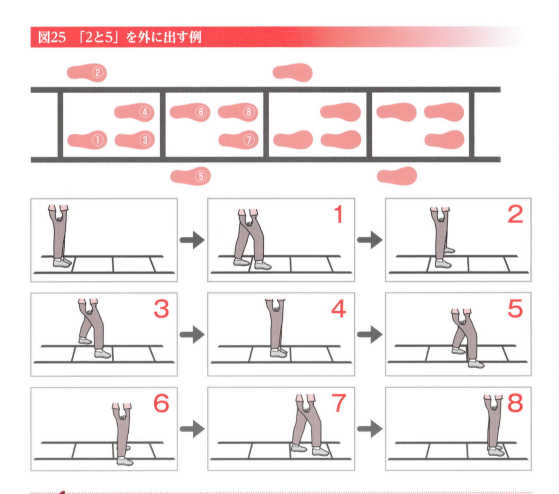

 慣れてきたら、左足から始めるものにもチャレンジしてみましょう。左右が変わるだけでグッと難しくなります。また、足の運ぶ速さも無理のない範囲で速くしてみましょう。

図26 「3と6」を外に出す例

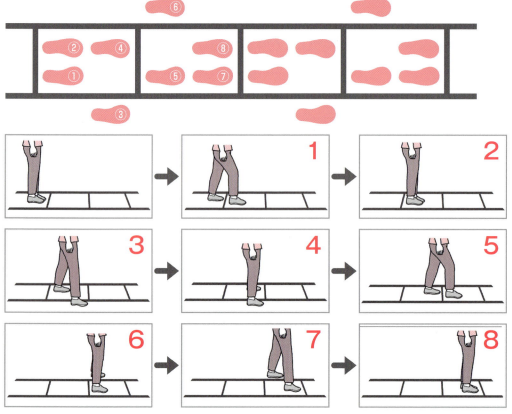

ラダーの難易度別課題の例

足を出す課題	難易度
どれか数字ひとつだけ（例：1）	★
1と5	★★
2と6	★★
3と7	★★
4と8	★★
1と2と5と6	★★★
3と4と7と8	★★★
2と5	★★★★★
3と6	★★★★★
2と7	★★★★★
3と8	★★★★★

●**複合メニュー**（サーキットトレーニング：図27・28）

実施場所に余裕があれば、色んな運動を組み合わせてみましょう。例え

ば、ラダーと有酸素運動（歩行）と筋力・バランストレーニングを組み合わせます。各運動のブース間はしっかり歩いて有酸素運動を行います。

図27　各運動の様子
　　　（左：ラダー、中央：バランス、右：モンキーウォーク）

図28　サーキットトレーニングの様子

4 運動の習慣化

1 セルフモニタリング

　自己の活動状況や行動に対する意識、態度、感情などを自分自身で認識することは、運動および社会活動の習慣化を図るうえで非常に重要となります。このような自分自身の状況に関する具体的な気づきを促すセルフ・モニタリングを有効に活用することで、運動の習慣化を円滑に進めたり、早期に行動を中止することを予防したりすることが期待できます。

　具体的には、現在では自分自身がどれくらい活動的であるのかを知ってもらうために、歩数計などの数値によるモニタリングを行ったり、質問紙などで日常生活における活動の程度（1日のうちで歩行している時間や座ったり寝転んだりしている時間など）を自己評価してもらうことも気づき

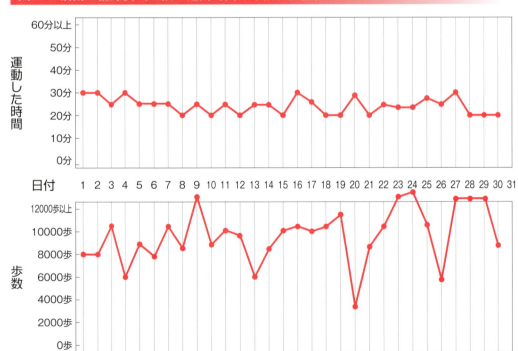

図29　活動の記録例（上段が運動時間、下段が歩数）

のきっかけとして非常に有効な方法となります。

　さらに重要なポイントは、自分自身の活動状況の経過を日記やカレンダー、手帳などに記録して振り返ることで励みや反省につながり、活動の習慣化を強化することに結びつくでしょう（**図29**）。また、セルフ・モニタリングの活用を促す際には、情報量が多くなりすぎずに、比較的に継続しやすいこと、図やグラフで示すことができて、変化や経過がひと目でわかりやすいことも重要なポイントとなります。

2 行動変容ステージモデルに基づく強化

　行動を変容するためには、その行動の準備性に焦点を当てて、可能な限りでその準備性を考慮したアプローチが功を奏することが期待できます。行動変容への準備性を把握するために、行動変容ステージが活用されることがあります。このステージでは、行動変容の過程で前熟考期、熟考期、準備期、実行期、維持期の5つの段階に分類することが多くなされます（**表3**）。実際の運動教室などの集団での事業におけるアプローチに際しては、それぞれの参加者に対する個別的な支援は限界があると言わざるを得ませんので、事業全体を通しての変容ステージの段階的な向上を考慮することが望ましいと考えられます。活動を強化するための具体的な方法をいくつか紹介します。

　プログラムの開始当初の初期段階においては、前熟考期や熟考期を想定したアプローチとして、身体活動に関する知識を増やしたり、不活動でいることのリスクに気づいたり、身体活動の恩恵を理解するといった気づき

表3　運動変容ステージ

前熟考期	私は現在、運動はしていない。また、これから先もするつもりはない
熟考期	私は現在、運動はしていない。しかし、近い将来（6カ月以内）に始めようと思っている
準備期	私は現在、30分以上の運動をしている。しかし、定期的（2回以上/週）ではない
実行期	私は現在、定期的（3回以上/週）に30分以上の運動をしている。しかし、始めてから6カ月以内である
維持期	私は現在、定期的（3回以上/週）に30分以上の運動をしている。また6カ月以上継続している

注：ここでいう運動は、スポーツ、散歩、軽い体操やレクリエーションなどの軽運動も含みます。

や理解を促すことも重要となります**(表4)**。たとえば、運動することの良い点（恩恵）と悪い点（負担）を書き出してみるのも気づきのきっかけとなります。また、気づきを促すには、セルフ・モニタリングも有効な手段となります。

　また、これからどのようにして取り組んでいくかを自分自身で決定して、目標を設定するプロセスも重要となります**(図30)**。自分自身で目標を立ててもらうことがより重要なポイントであり、その目標を振り返る機会（セルフ・モニタリング）を設けることも有効です。目標に到達できたら賞賛するなどしてモチベーションの向上を促して、目標が到達せずとも決して悲観的になることがないように、目標の修正や新たな目標の設定に対する支援が必要となります。目標を設定する際には、少しずつ到達可能な目標で、できるだけ具体的な行動を設定して、達成感や充実感を味わうことができるようにするとより行動の強化につながるものと思われます。

　行動が徐々に定着してきた準備期や実行期以降では、より行動の強化が図れるように、周囲との援助関係を高める仲間づくりも有効となります。

表4　身体活動や運動のメリット・デメリット

運動すること、身体活動を増やすことの良い点（メリット、恩恵）

[1] すっきりする
[2] 体力がつく
[3] やせるかもしれない
[4]
[5]

運動すること、身体活動を増やすことの悪い点（デメリット、負担）

[1] 疲れる
（解決策）休憩をとりながら、無理のない範囲で行う
[2] 汗をかく
（解決策）タオルや着替えを準備する
[3] 時間がかかる
（解決策）1日の中で時間を決めて無理なく計画的に行う
[4]
（解決策）
[5]
（解決策）

プログラム実施中においても小グループで目標を話し合ったり、宣言したり、さらに活動的になるような方法を考えて共有したりする支援は、参加者同士の共助関係の構築にもつながり、プログラム終了後の各個人の身体活動および社会活動の習慣化につながるだけではなく、グループとしての自主的で活発な活動の促進にも有益となるでしょう（図31）。また、このようなグループワークにおいて、活動的な生活を続けるための日常生活での心がけや活動的な生活を止めてしまいそうなときの対処方法などを事前に考えて、共有しておくことも重要な支援方法のひとつとなります。

図30　目標設定の例

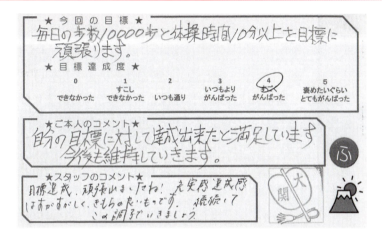

図31　参加者同士の話し合いの様子

介護予防事業における実践

1 トレーニングスケジュール

　本プログラムは、週に1回の頻度全40回で構成されます。そのため、40回を通した構成について詳しく述べていくが、実際の事業で実施する際には様々な事情で異なった頻度や回数で行う事が出てくることが考えられるため、実際に行う場合には柔軟に応用して実施するといいでしょう。全体を導入期・step1・step2・step3などに大きく分けて、実施する課題の難易度や運動強度・連続した運動時間を徐々にステップアップしていく目安を作っておくと、プログラムが円滑に進みます。40回での例を**図32**に示します。

　導入期には、運動の実施方法や脈拍のはかり方などが十分に浸透するように心がけ、運動強度については60%を実施できる人はそれを目標にやっていただき、なかなか最初から難しい人には50%くらいから目標にして徐々に目標をあげていくといいでしょう。

　連続した運動時間は、導入期では10～15分程度を目安にして間に休憩や説明を入れたりして、負荷がかかりすぎないように気をつけましょう。運動に慣れてきたころ（step1が終わるころ）には、20～30分程度を目標にします。

> **✓ポイント**　参加する人の運動機能によって、実際の強度や時間は調節しましょう。無理をしすぎて体の痛みがでたり怪我をしたりしないように気を付けます。

2 実施上の留意点

　導入期において、特に初めの2～4回くらいまではどの種目においても導入時期にあたるので、説明を丁寧に行うことや参加する人が続けたいと少しでも思ってもらえるように心がけることが大切です。我々が実際に行った事業では、全体を通した出席率は、約85%でしたが、連続して不参

図32 スケジュールの一例

通し番号	レベル	リフレッシュ体操レベル	有酸素運動回数	サーキット回数	コグニサイズ	行動変容
第1回	導入期	初級	●		●	
第2回	導入期	初級	●		●	
第3回	導入期	初級	●		●	
第4回	導入期	初級	●		●	
第5回	導入期	初級	●		●	●
第6回	Step1	初級	●		●	
第7回	Step1	初級	●		●	
第8回	Step1	初級	●		●	
第9回	Step1	初級	●		●	
第10回	Step1	初級	●		●	●
第11回	Step1	中級		●	●	
第12回	Step1	中級	●		●	
第13回	Step1	中級	●		●	
第14回	Step1	中級	●		●	
第15回	Step1	中級	●		●	●
第16回	Step2	上級		●	●	
第17回	Step2	上級	●		●	
第18回	Step2	上級	●		●	
第19回	Step2	上級	●		●	
第20回	Step2	上級	●		●	●
第21回	Step2	参加者が講師役（ストレッチ2体操6）	●	●	●	
第22回	Step2	参加者が講師役（ストレッチ2体操6）			●	
第23回	Step2	参加者が講師役（ストレッチ2体操6）			●	
第24回	Step2	参加者が講師役（ストレッチ2体操6）	●		●	
第25回	Step2	参加者が講師役（ストレッチ2体操6）			●	●
第26回	Step3	参加者が講師役（ストレッチ2体操6）		●	●	
第27回	Step3	参加者が講師役（ストレッチ2体操6）	●		●	
第28回	Step3	参加者が講師役（ストレッチ2体操6）			●	
第29回	Step3	参加者が講師役（ストレッチ2体操6）	●		●	
第30回	Step3	参加者が講師役（ストレッチ2体操6）	●		●	●
第31回	Step3	参加者が講師役（ストレッチ2体操6）		●	●	
第32回	Step3	参加者が講師役（ストレッチ2体操6）			●	
第33回	Step3	参加者が講師役（ストレッチ2体操6）			●	
第34回	Step3	参加者が講師役（ストレッチ2体操6）	●		●	
第35回	Step3	参加者が講師役（ストレッチ2体操6）			●	●
第36回	Step3	参加者が講師役（ストレッチ2体操6）	●	●	●	
第37回	Step3	参加者が講師役（ストレッチ2体操6）			●	
第38回	Step3	参加者が講師役（ストレッチ2体操6）			●	
第39回	Step3	参加者が講師役（ストレッチ2体操6）	●		●	
第40回	Step3	参加者が講師役（ストレッチ2体操6）	●		●	●

認知機能低下予防

加になる人はこの導入の時期に不参加になる人が多いので、特に気を付ける必要があります。また、スタッフについても最初は慣れないことが多いので安全第一で行うことを目標にするのがいいでしょう。

　コグニサイズで実施する運動の種類を、ステップ台を使った運動など比較的強度が強いものに設定する場合には、有酸素運動以外のメニューを積極的に取り入れるといいでしょう。参加者の中には整形外科疾患を有する人も少なくないので、運動によっては補助を付けたり、少し負荷を落とした形で実施するなど柔軟な対応や個別対応を可能な範囲で行うのが望ましいです。参加される方々に、少しでも楽しく、長い間無理なく続けてもらえることが大事です。

文献

1) Gao S, Hendrie HC, et al: Hui S. The relationships between age, sex, and the incidence of dementia and Alzheimer disease: a meta-analysis. Arch Gen Psychiatry 1998;55:809-15.
2) World Health Organization, Alzheimer's Disease International. Dementia: A public healthy priority. Geneva: World Health Organization; 2012.
3) Wimo A, Winblad B, Jonsson L. The worldwide societal costs of dementia: Estimates for 2009. Alzheimers Dement 2010;6:98-103.
4) Barnes DE, Yaffe K. The projected effect of risk factor reduction on Alzheimer's disease prevalence. Lancet Neurol 2011;10:819-28.
5) Yoshitake T, Kiyohara Y, Kato I, et al. Incidence and risk factors of vascular dementia and Alzheimer's disease in a defined elderly Japanese population: the Hisayama Study. Neurology 1995;45:1161-8.
6) Scarmeas N, Levy G, Tang MX, Manly J, Stern Y. Influence of leisure activity on the incidence of Alzheimer's disease. Neurology 2001;57:2236-42.
7) Lindsay J, Laurin D, Verreault R, et al. Risk factors for Alzheimer's disease: a prospective analysis from the Canadian Study of Health and Aging. Am J Epidemiol 2002;156:445-53.
8) Laurin D, Verreault R, Lindsay J, MacPherson K, Rockwood K. Physical activity and risk of cognitive impairment and dementia in elderly persons. Arch Neurol 2001;58:498-504.
9) Verghese J, Lipton RB, Katz MJ, et al. Leisure activities and the risk of dementia in the elderly. N Engl J Med 2003;348:2508-16.
10) Larson EB, Wang L, Bowen JD, et al. Exercise is associated with reduced risk for incident dementia among persons 65 years of age and older. Ann Intern Med 2006;144:73-81.
11) Morris MC, Evans DA, Bienias JL, et al. Dietary intake of antioxidant nutrients and the risk of incident Alzheimer disease in a biracial community study. JAMA 2002;287:3230-7.
12) Engelhart MJ, Geerlings MI, Ruitenberg A, et al. Dietary intake of antioxidants

and risk of Alzheimer disease. Jama 2002;287:3223-9.

13) Barberger-Gateau P, Raffaitin C, Letenneur L, et al. Dietary patterns and risk of dementia: the Three-City cohort study. Neurology 2007;69:1921-30.

14) Wang HX, Karp A, Winblad B, Fratiglioni L. Late-life engagement in social and leisure activities is associated with a decreased risk of dementia: a longitudinal study from the Kungsholmen project. Am J Epidemiol 2002;155:1081-7.

15) Fabrigoule C, Letenneur L, Dartigues JF, Zarrouk M, Commenges D, Barberger-Gateau P. Social and leisure activities and risk of dementia: a prospective longitudinal study. J Am Geriatr Soc 1995;43:485-90.

16) Wilson RS, Mendes De Leon CF, Barnes LL, et al. Participation in cognitively stimulating activities and risk of incident Alzheimer disease. JAMA 2002;287:742-8.

17) Wilson RS, Bennett DA, Bienias JL, et al. Cognitive activity and incident AD in a population-based sample of older persons. Neurology 2002;59:1910-4.

18) Fratiglioni L, Wang HX, Ericsson K, Maytan M, Winblad B. Influence of social network on occurrence of dementia: a community-based longitudinal study. Lancet 2000;355:1315-9.

19) Singh-Manoux A, Marmot MG, Glymour M, Sabia S, Kivimaki M, Dugravot A. Does cognitive reserve shape cognitive decline? Ann Neurol 2011;70:296-304.

20) McKinnon MC, Yucel K, Nazarov A, MacQueen GM. A meta-analysis examining clinical predictors of hippocampal volume in patients with major depressive disorder. J Psychiatry Neurosci 2009;34:41-54.

21) Guo Z, Cupples LA, Kurz A, et al. Head injury and the risk of AD in the MIRAGE study. Neurology 2000;54:1316-23.

22) Lye TC, Shores EA. Traumatic brain injury as a risk factor for Alzheimer's disease: a review. Neuropsychol Rev 2000;10:115-29.

23) 佐々木恵美, 朝田 隆. 茨城県利根町研究の結果から：ADへのコンバージョンを考察する. 老年精神医学雑誌 2006;17（増刊-Ⅱ）:55-60.

24) Palmer K, Wang HX, Backman L, Winblad B, Fratiglioni L. Differential evolution of cognitive impairment in nondemented older persons: results from the Kungsholmen Project. Am J Psychiatry 2002;159:436-42.

25) Ishikawa T, Ikeda M, Matsumoto N, Shigenobu K, Brayne C, Tanabe H. A longitudinal study regarding conversion from mild memory impairment to dementia in a Japanese community. Int J Geriatr Psychiatry 2006;21:134-9.

26) Brodaty H, Heffernan M, Kochan NA, et al. Mild cognitive impairment in a community sample: the Sydney Memory and Ageing Study. Alzheimers Dement 2013;9:310-7 e1.

27) Petersen RC, Morris JC. Mild cognitive impairment as a clinical entity and treatment target. Arch Neurol 2005;62:1160-3; discussion 7.

28) Ward A, Arrighi HM, Michels S, Cedarbaum JM. Mild cognitive impairment: disparity of incidence and prevalence estimates. Alzheimers Dement 2012;8:14-21.

29) Shimada H, Makizako H, Doi T, et al. Combined Prevalence of Frailty and Mild Cognitive Impairment in a Population of Elderly Japanese People. J Am Med Dir Assoc 2013;14:518-24.

30) Suzuki T, Shimada H, Makizako H, et al. Effects of multicomponent exercise on cognitive function in older adults with amnestic mild cognitive impairment: a randomized controlled trial. BMC Neurol 2012;12:128.

31) Suzuki T, Shimada H, Makizako H, et al. A randomized controlled trial of multicomponent exercise in older adults with mild cognitive impairment. PLoS One 2013;8:e61483.

32) Shimada H, Makizako H, Doi T, et al. Combined prevalence of frailty and mild cognitive impairment in a population of elderly Japanese people. Journal of the American Medical Directors Association 2013;14:518-24.

33) Folstein MF, Folstein SE, McHugh PR. "Mini-mental state". A practical method for grading the cognitive state of patients for the clinician. J Psychiatr Res 1975;12:189-98.

34) Teng EL, Chui HC. The Modified Mini-Mental State (3MS) examination. J Clin Psychiatry 1987;48:314-8.

35) Shewan CM, Kertesz A. Reliability and validity characteristics of the Western Aphasia Battery (WAB). The Journal of speech and hearing disorders 1980;45:308-24.

36) Wechsler D. Wechsler Adult Intelligence Scale-R. New York: The Psychological Corporation; 1981.

37) Wechsler D. Wechsler Memory Scale-Revised Manual. San Antonio, Texas: The Psychological Corporation; 1987.

38) Nasreddine ZS, Phillips NA, Bedirian V, et al. The Montreal Cognitive Assessment, MoCA: a brief screening tool for mild cognitive impairment. J Am Geriatr Soc 2005;53:695-9.

39) Fujiwara Y, Suzuki H, Yasunaga M, et al. Brief screening tool for mild cognitive impairment in older Japanese: validation of the Japanese version of the Montreal Cognitive Assessment. Geriatr Gerontol Int 2010;10:225-32.

40) Mahoney FI, Barthel DW. Functional Evaluation: The Barthel Index. Rehabilitation 1965;14:61-5.

41) Makizako H, Shimada H, Park H, et al. Evaluation of multidimensional neurocognitive function using a tablet personal computer: Test-retest reliability and validity in community-dwelling older adults. Geriatr Gerontol Int 2012.

42) Lezak MD. Neuropsychological Assessment. 4th ed: Oxford University Press; 2004.

43) Iwatsubo T. Japanese Alzheimer's Disease Neuroimaging Initiative: present status and future. Alzheimers Dement 2010;6:297-9.

44) Wechsler, D. 日本語版ウエクスラー記憶検査法（WMS-R）. 東京: 日本文化科学社; 2001.

45) van Iersel MB, Benraad CE, Rikkert MG. Validity and reliability of quantitative gait analysis in geriatric patients with and without dementia. J Am Geriatr Soc 2007;55:632-4.

46) Butland RJ, Pang J, Gross ER, Woodcock AA, Geddes DM. Two-, six-, and 12-minute walking tests in respiratory disease. British medical journal (Clinical research ed) 1982;284:1607-8.

第11章

尿失禁予防プログラム

1 尿失禁とは？

> 泌尿器系

　尿の生成、排泄にかかわる器官の集まりである泌尿器系は、腎臓と尿管、膀胱、尿道からなります（**図1**）[1]。

1) 腎臓：人のこぶしの大きさよりやや大きく、背側の腰の高さにある1対の臓器で、血液中の老廃物を濾過し、尿を作る、いわばからだの排水処理場です。
2) 尿管：腎臓で作った尿を膀胱に運ぶ管腔臓器として、左右に1本ずつあります。粘膜表面は移行上皮によって形成され、蠕動運動により尿を膀胱に効率よく運びます。
3) 膀胱：下腹部中央に位置し、腎臓から送られてくる尿を一時的に溜める袋状の器官として、容量は平均300〜450mL程度ですが、個人差が大です。
4) 尿道：膀胱から尿を体外へ排泄されるときに通る管を指します。男性は側面から見てS字状に屈曲し、長さ約16〜20cm、女性はまっすぐで約4〜5cmと男性より短いのが特徴です。

図1　泌尿器系の構造

図2 蓄尿と排尿における膀胱・括約筋の協調機能

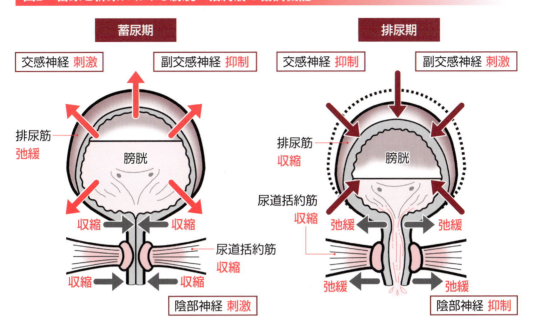

排尿障害

　下部尿路の機能障害は、蓄尿障害、尿排出障害、混合型の3つに分類されますが、多くの人が経験する主な排尿障害には、一般的に「尿の出が弱い」、「排尿までに時間がかかる」、「排尿の時間が長い」、「尿が分かれる」、「排尿途中で尿が途切れる」などの排尿困難、頻尿、尿失禁、尿閉、残尿感等を挙げられます[2]。しかし、本章では高齢者の多くが経験する尿失禁の予防策について詳細に記述します。

　排尿障害の原因となる病態は、膀胱結石、尿路結石、膀胱炎、尿道炎、前立腺炎、前立腺肥大症、骨盤底障害、脳血管障害、パーキンソン病、神経損傷、糖尿病、認知障害等々の疾病と骨盤底筋群の衰えが挙げられます。

　病気によらない排尿障害を理解するためには、蓄尿と排尿期における膀胱、括約筋の協調機能の理解が重要です（図2）。蓄尿期と排尿期には排尿筋、膀胱頸部、外尿道括約筋は協調して働きます。蓄尿期には交感神経が刺激され膀胱頸部が収縮し、副交感神経が抑制され排尿筋は弛緩すると同時に陰部神経が刺激され外尿道括約筋が収縮し、尿道抵抗を上昇させます。一方、排尿期には副交感神経が刺激され排尿筋が収縮すると同時に交感神経が抑制され膀胱頸部が弛緩し、また陰部神経が抑制され外尿道筋の弛緩により尿道抵抗が低下され尿を排出します[3]。

尿失禁

1 尿失禁の定義

　ヒトの基本的生活機能には食事、排泄、移乗、入浴、着替えなどが含まれます[4]。基本的な生活機能の1つである排尿行為の障害（**図3**）は、身体的な不快や苦痛ばかりではなく、日常生活への様々な悪影響を及ぼします。尿失禁とは、尿意がないのに尿が出たり、尿意を我慢できずに尿を漏らしたりする状態と定義[5]されますが、生命維持に直接関わる重大な症状ではないことから、軽視あるいは放置されがちで、医療機関の受診率は男性22.8％、女性10.4％と非常に低い傾向を示します（**図4**）。しかし、尿失禁は高齢者の生活機能の自立を阻害する要因あるいは身体機能の維持や社会活動にネガティブな影響を及ぼし、健康管理に深刻な問題点を与える重大な要因とみなされています。

2 尿失禁の有症率

　尿失禁について調べた多くの疫学調査によれば、尿失禁の有症率は、年齢が高くなると増加する傾向を示し、女性が男性より高いのが一般的です[6]。尿失禁の有症率は、在宅高齢者2～50％、ナーシングホーム入所者20～50％、虚弱高齢者50％以上と研究によって尿失禁の有症率に大き

図3　生活機能と尿失禁との関連性

図4 尿失禁の受診率

※東京都健康長寿医療センター調べ

表1 在宅高齢者における尿失禁の実態

変数	カテゴリー	%(n)
尿失禁の有無	有	43.5(416/957)
	無	56.5(541/957)
尿失禁の頻度	ほとんど毎日	20.0(83/416)
	2日に1回	6.3(26/416)
	1週間に1〜2回	20.4(85/416)
	1カ月に1〜3回	23.1(96/416)
	1年間に数回	30.3(126/416)
尿失禁のときの動作（複数回答）	トイレにたどり着く前	35.5
	咳やくしゃみをした時	39.6
	眠っている間	2.1
	体を動かしたり運動の時	8.9
	排尿後服を着た時	2.6
	理由が分からない	3.9
	常に漏れている	0.2
	その他	7.2
1回尿失禁量	下着が濡れる程度	83.2
	下着交換が必要な程度	13.7
	ズボンにまでしみる程度	1.7
	足をつたわって流れる程度	1.4

(金憲経：身体活動の指導からみた高齢者支援—老年症候群の早期予防のための支援—. 大阪体育学研究 2013;51: 41-46.)

な差がみられます[6-9]。この大差の背景要因としては、尿失禁の定義、対象者の特徴、対象者の抽出方法、用いた質問紙、応答率の差などが挙げられます[9]。

　地域在住70歳以上の高齢者の尿失禁の実態を調べた研究結果によれば**(表1)**、尿失禁者は43.5%に見られ、有症率が非常に高いことが確認されました。尿失禁の頻度では「ほとんど毎日」20.0%、「2日に1回」6.3%、

「1週間に1～2回」20.4％、「1カ月に1～3回」23.1％でした。1回尿失禁量は、「下着が濡れる程度」83.2％、「下着の交換が必要な程度」13.7％と軽症が多く見られます[10]。

　尿失禁の発症率を調べるために、地域在住高齢男女760名について1996年から2000年度まで4年間追跡した縦断データを分析した研究によりますと、4年後の尿失禁の発症率は、男性7.0％（22/314）、女性12.3％（55/446）でした。正常群と尿失禁発症群間の初回調査時の形態、身体機能、血液成分を比較した結果、男性尿失禁発症群は年齢が高く、体重の値は低い値を示しました。また、バランス能力は悪く、歩行速度は遅いとの特徴とともに、血清アルブミン濃度や総コレステロール値は有意に低値を示しました（P<0.05）。女性尿失禁発症群は、年齢が高く、身長は低値を示しました。握力、開眼片足立ち、閉眼片足立ち、通常速度歩行、最大速度歩行の成績は尿失禁発症群が正常群より有意に悪い値を示しましたが、血液成分の有意差は認められない特徴が観察されました（**表2**）[11]。

表2　正常群と尿失禁発症群間の初回調査時の測定値の比較

変数	男性			女性		
	正常群 (n=292)	尿失禁発症群 (n=22)	P値	正常群 (n=391)	尿失禁発症群 (n=55)	P値
年齢（歳）	70.4±4.7	74.2±5.9	0.001	71.2±5.2	73.4±6.2	0.006
上腕三頭筋部皮脂厚（mm）	7.1±2.7	6.5±2.1	0.333	13.8±5.2	13.9±6.4	0.920
肩甲骨下部皮脂厚（mm）	10.4±3.7	8.9±2.6	0.089	13.0±5.1	13.0±5.4	0.947
体脂肪率（％）	17.9±4.7	16.0±4.1	0.094	27.0±6.1	28.2±7.3	0.189
身長（cm）	158.0±5.6	155.6±5.7	0.066	145.2±5.7	143.4±6.1	0.045
体重（kg）	55.9±7.9	51.7±6.6	0.025	48.9±8.4	49.5±10.3	0.723
BMI（kg/m2）	22.4±2.8	21.4±2.8	0.147	23.2±3.4	23.9±3.9	0.158
握力（kg）	35.0±6.8	31.7±5.5	0.046	22.4±5.2	20.5±4.4	0.015
開眼片足立ち（秒）	43.9±21.4	33.1±26.6	0.038	31.4±23.4	21.9±21.8	0.007
閉眼片足立ち（秒）	5.8±6.0	3.3±3.1	0.003	5.9±6.6	3.9±4.6	0.007
通常速度歩行（秒）	4.3±1.3	4.7±0.8	0.043	4.9±2.4	5.5±1.9	0.043
最大速度歩行（秒）	2.7±0.7	3.0±0.8	0.177	3.2±1.0	3.6±1.0	0.026
アルブミン（g/dl）	4.1±0.2	3.9±0.2	0.001	4.2±0.2	4.1±0.2	0.061
総コレステロール（mg/dl）	173.8±31.0	157.9±27.3	0.031	201.0±28.3	198.5±41.4	0.686
HDLコレステロール（mg/dl）	51.0±13.2	50.1±16.5	0.777	52.1±12.5	50.6±11.1	0.435
中性脂肪（mg/dl）	109.5±63.0	90.9±32.4	0.036	122.1±64.7	127.7±63.5	0.558

3 尿失禁のタイプ

尿失禁の分類法には種々のものがありますが、病態に基づいて分類しますと次のようになります[3]。

(1) 腹圧性尿失禁

尿道抵抗が低下するために、腹圧により膀胱内圧が上昇した時に、膀胱収縮を伴わずに尿が漏れるものを指します。せきやくしゃみをしたり、重いものを持ち上げたり、笑うときなど、瞬間的に腹圧がかかるときに尿意を伴わずに尿が漏れるタイプの失禁です。

(2) 切迫性尿失禁

蓄尿期に強い尿意を伴う不随意な膀胱収縮が起こり、尿が漏れるものを指します。急に尿がしたくなり、トイレまで我慢できずに尿が漏れてしまうので、冷たい水に手を触れたり、水の流れる音を聞いたり、何らかの刺激が膀胱の不随意な収縮の引き金になることもあります。

(3) 溢流性尿失禁

尿排出障害のため、膀胱内に顕著な残尿があり、常に膀胱が充満した状態となるため、膀胱内の尿があふれて少しずつ漏れる状態を指します。

図5 地域在住高齢者における尿失禁のタイプと割合

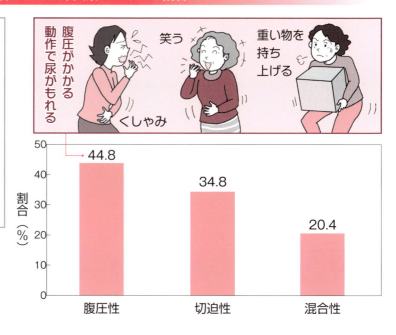

(4) 機能性尿失禁

排尿機能に異常は無いものの、手足が不自由などでトイレに行くのが間に合わず、尿が漏れてしまうタイプの失禁を指します。

(5) 混合性尿失禁

腹圧性と切迫性尿失禁が合併するタイプの失禁を指します。地域在住高齢者における尿失禁のタイプに見た有症率は、迫性尿失禁34.8％、腹圧性尿失禁44.8％、混合性尿失禁20.4％と腹圧性尿失禁の有症率が最も高い傾向を示します（**図5**）[10]。

4 危険因子

1988年度 National Institute of Health (NIH)、Consensus Development Conference[12]では、尿失禁の危険因子として年齢、性、出産児数が報告されています。これらの要因以外にも、人種[13]、各種疾患[6,14]、生活機能や認知機能の障害[6]、肥満[15]、生活習慣[16]などが検討されていますが、研究によって支持される場合と支持されない場合があり、一致した結論に達していないのが現状です。

尿失禁の予知因子について縦断データを用いた研究は少ないことから、金らは、1996年度に高齢男女797名を対象に尿失禁関連調査を行い、尿失禁があると答えた37名を除外し、尿失禁がない男性314名、女性446名を4年間追跡し、2000年度に新たに発生した尿失禁者は男性22名、女性55名でした。新たに発生した尿失禁と関連する要因を分析した結果、男性で年齢（1歳上がるごとに：OR=1.23, 95%CI: 1.11～1.38）、血清アルブミン濃度（0.1g/dl上がるごとに：OR=0.70, 95%CI: 0.54～0.88）、女性で握力（1kg上がるごとに：OR=0.92, 95%CI: 0.86～0.98）、社会的役割（1点下がるごとに：OR=1.81, 95%CI:1.19～2.73）、BMI（1kg/m²上がるごとに：OR=1.10, 95%CI: 1.01～1.20）、喫煙状況（非喫煙者に対する現喫煙者：OR=7.53, 95%CI:1.36～41.63）が抽出されました。男性で年齢が高くなるほど、血清アルブミン濃度が低くなるほど尿失禁者になりやすく、女性では筋力が劣るほど、社会的役割の点数が低くなるほど、肥満度が高くなるほど、現喫煙者であるほど尿失禁者になりやすいことを確認しました（**表3**）[11]。

さらに金らは、腰痛の程度と尿失禁タイプとの関連性を検討した結果、

表3 尿失禁発症の危険因子に関する多重ロジステック分析結果

性別	変数		オッズ比	95%信頼区間	P値
男性	年齢（歳）（1歳ごとに）		1.23	1.11〜1.38	0.001
	血清アルブミン濃度（g/dl）（0.1単位ごとに）		0.70	0.54〜0.88	0.004
	喫煙状況	非喫煙者	1.00		
		前喫煙者	1.53	0.56〜4.59	ns
		現喫煙者	2.33	0.82〜7.61	ns
女性	握力（kg）（1単位毎に）		0.92	0.86〜0.98	0.014
	社会的役割（点）（1単位ごとに）		1.81	1.19〜2.73	0.005
	BMI（kg/m²）（1単位ごとに）		1.10	1.01〜1.20	0.040
	喫煙状況	非喫煙者	1.00		
		現喫煙者	7.53	1.36〜41.63	

独立変数：年齢、握力、開眼片足立ち、最大歩行速度、主観的健康感、糖尿病、喫煙状況、知的能動性、社会的役割、BMI、転倒歴、定期的な散歩や体操習慣、血清アルブミン濃度　ns：有意性なし

表4 尿失禁タイプと腰痛程度との関連

尿失禁タイプ	基準（腰痛無）	軽度腰痛		重症腰痛	
		OR	95% CI	OR	95% CI
腹圧性	1.00	1.52	0.95〜2.43	1.04	0.57〜1.93
切迫性	1.00	1.65	1.03〜2.65	2.62	1.19〜5.74
混合性	1.00	1.88	1.29〜2.73	1.26	0.76〜2.08

　腹圧性尿失禁は腰痛との関連性は見られなかったものの切迫性尿失禁は軽度腰痛（OR=1.653、95%CI=1.031〜2.650）、重症腰痛（OR=2.617、95%CI=1.193〜5.739）と関連性を示し、腰痛の程度が重症になるほど切迫性尿失禁の危険性が上昇することを指摘しました（表4）[17]。歩行と尿失禁との関連性を検討した結果によると歩行速度は、軽症尿失禁（OR=0.97、95%CI=0.96〜0.98）と関連し、中程度以上尿失禁では歩行速度（OR=0.97、95%CI=0.96〜0.99）、歩行角度（OR=1.14、95%CI=1.02〜1.26）、歩行角度左右差（OR=1.43、95%CI=1.09〜1.86）が有意に関連することを検証し、歩行速度のみならず、歩容の検討も必要であることを提案しました[18]。

5　尿失禁の問題点

　尿失禁は高齢者の生活機能の自立を阻害する要因あるいは身体機能の維持や社会活動にネガティブな影響を及ぼし、健康管理に問題点を与える大きな要因として注目されています。さらに、不安感やうつなどの心理的な

図6 尿失禁の影響

表5 尿失禁群と正常群の諸特性の比較

変数	正常者(n=1139)		尿失禁者(n=260)		P値†
	M	SD	M	SD	
年齢(歳)	78.5	2.77	79.3	2.96	<0.001
身長(cm)	148.0	5.56	146.9	5.47	0.005
体重(kg)	49.3	7.75	50.9	8.66	0.004
BMI(kg/m²)	22.5	3.26	23.5	3.54	<0.001
体脂肪率(%)	31.7	4.66	32.9	5.17	<0.001
脂肪量(kg)	15.9	4.34	17.0	5.16	0.001
握力(kg)	18.7	4.18	17.4	4.25	<0.001
通常歩行速度(m/s)	1.3	0.25	1.2	0.29	<0.001
身長 <147.0cm	1.2	0.25	1.1	0.30	<0.001
身長 >147.0cm	1.3	0.24	1.2	0.27	0.002
排尿回数, 昼間(回)	6.4	2.29	7.4	2.67	<0.001
排尿回数, 夜間(回)	1.4	1.07	1.8	1.43	<0.001
痛み, 有(%)	61.3		76.0		<0.001
膝痛, 有(%)	29.6		39.2		0.002
腰痛, 有(%)	26.8		36.2		0.002
複数部位の痛み, 有(%)	21.0		31.3		<0.001
健康度自己評価, 不健康(%)	15.2		21.5		0.010
転倒, 有(%)	17.8		25.4		0.004
転倒恐怖感, 有(%)	71.2		86.5		<0.001
既往歴　高血圧, 有(%)	54.9		63.1		0.010
既往歴　脳卒中, 有(%)	6.3		10.4		0.018
既往歴　心臓病, 有(%)	19.1		27.3		0.002
既往歴　骨粗鬆症, 有(%)	31.0		37.7		0.023
既往歴　高脂血症, 有(%)	20.8		29.7		<0.001

† 連続量は両測t検定の結果、名義尺度はχ²検定の結果

影響とともに家事や家族関係、社会活動や社会関係などを含んだ様々な個人活動が制約される傾向が強いことも指摘されましたが、社会活動の制限は、尿失禁者の問題を自ら管理する1つの手段であるとの見解もあります。尿失禁により、個々人の活動範囲が制限されると生活の質は着実に損なわれるとともに介護者の負担も大きくなることから、適した予防策や改善策をいかに立てるのかが大きな課題です。地域在住尿失禁者の行動を分析した結果によると便秘53.1％、外出控え40.6％、知人や友人、近所付き合いの支障31.3％、仕事に影響43.8％、運動控え31.3％と多方面の影響が観察されました（**図6**）[19]。それ以外にも、歩行などの体力が弱いことや昼間や夜間の排尿回数が多いことが指摘されています（**表5**）[17]。

表6 尿失禁タイプ間の諸特性の比較

項目	腹圧性 n=165		切迫性 n=128		混合性 n=75		P値*	多重比較†
	M	SD	M	SD	M	SD		
年齢（歳）	75.3	4.1	77.1	3.9	76.2	4.2	0.002	腹＜切
身長（cm）	149.3	5.3	148.3	5.4	149.1	5.6	0.285	
体重（kg）	53.2	7.9	52.0	8.7	54.6	8.5	0.100	
BMI（kg/㎡）	23.9	3.4	23.6	3.7	24.6	3.6	0.191	
握力（kg）	19.2	4.4	17.8	4.6	18.2	4.9	0.035	腹＞切
通常歩行速度（m/sec）	1.2	0.3	1.1	0.3	1.1	0.3	0.003	腹＞切,混
最大歩行速度（m/sec）	1.8	0.4	1.6	0.4	1.6	0.5	0.001	腹＞切,混
内転筋力（kg）	21.8	4.9	20.3	5.2	19.0	5.1	<0.001	腹＞切,混
開眼片足たち（秒）	37.3	23.4	29.2	23.6	25.5	23.4	<0.001	腹＞切,混
尿失禁期間（年）	5.1	7.2	3.5	5.5	5.2	7.6	0.105	
昼間排尿回数（回）	6.9	2.2	7.1	1.9	6.8	2.7	0.589	
夜間排尿回数（回）	1.2	1.0	1.8	1.3	1.9	1.5	<0.001	腹＜切,混
血清アルブミン（g/dl）	4.3	0.2	4.2	0.2	4.2	0.2	0.020	腹＞混
尿失禁頻度, 高頻度（%）	13.9		31.3		42.7		<0.001	
1回尿失禁量, 多量（%）	7.9		20.3		29.3		<0.001	
健康度自己評価, 健康（%）	83.6		64.8		66.7		<0.001	
運動習慣, 有（%）	67.9		63.3		58.7		0.365	
現喫煙, 吸う（%）	3.0		5.5		1.3		0.435	
高血圧既往, 有（%）	57.0		53.9		60.0		0.691	
脳卒中既往, 有（%）	5.5		3.9		10.7		0.136	
心臓病既往, 有（%）	23.0		28.9		34.7		0.156	
糖尿病既往, 有（%）	8.5		12.5		16.0		0.211	
脊髄・背骨疾患既往, 有（%）	17.0		22.7		24.0		0.333	
子宮・膀胱既往, 有（%）	23.6		25.0		13.3		0.122	

* 連続変数：分散分析, カテゴリー変数：χ^2検定
† 腹＝腹圧性尿失禁, 切＝切迫性尿失禁, 混＝混合性尿失禁

尿失禁のタイプ間の形態、体力、既往歴を比較しました（**表6**）。切迫性尿失禁群は腹圧性尿失禁群に比べて年齢は高く、握力は有意に低い値を示しました。一方、切迫性尿失禁群、混合性尿失禁群ともに腹圧性尿失禁群に比べて通常歩行速度、最大歩行速度、内転筋力、開眼片足立ちの成績は悪く、夜間排尿回数は有意に高い傾向を示しました。形態、体力、排尿、血清アルブミン値は切迫性尿失禁群と混合性尿失禁群間で有意差は見られず、混合性尿失禁群で、尿失禁の頻度が高い者の割合、1回尿失禁量が多い者の割合は高値を示しました[10]。

6 尿失禁の評価

(1) 臨床検査

尿失禁のタイプや程度を診断するため、次のような検査が行われます。

①**尿検査**：「急性膀胱炎」などが尿失禁の原因になることもあるので、尿路に感染がないのかを調べます。

②**膀胱内圧テスト**：尿道から膀胱に細い管（カテーテル）を入れ、水を注

図7　国際尿禁制学会の提唱する1時間尿失禁定量テスト

時間	方法
0	重さを計測した（Ag）パッドを装着する
	水を500ml飲んで安静
15	
	30分の歩行（階段昇り降り、1階分×1回を含む）
45	1）「椅子に座る・立ち上がる」の繰り返し×10回 2）強く咳き込む×10回 3）1カ所を走り回る：1分間 4）床上の物を腰をかがめて拾う動作×5回 5）流水で手を洗う：1分間
60	パッドをはずし重量を計測する(Bg) 排尿して尿量を測る 失禁量＝B－Ag

評価：2.0g以下＝尿禁制、2.1～5.0g＝軽度の失禁、5.1～10.0g＝中等度の失禁、10.1～50.0g＝高度の失禁、50.1g以上＝極めて高度の失禁

入し、どのくらいの水量で膀胱が収縮し始めるか、その時の膀胱の内圧はどれくらいかなどを調べます。この検査によって切迫性尿失禁の判定が行われます。

③**尿道内圧テスト**：尿道にカテーテルを挿入し、尿道内圧を測ることで、尿道の締まり具合をチェックします。

④**尿失禁定量テスト**：尿漏れの量を具体的に調べる検査です。あらかじめパッドの重さを測ります。パッドを付けてから水分を摂取し、歩行や階段の乗降など日常的な動作を約1時間行い、再度パッドの重さを測って、漏れた尿の量を調べる方法です。このテストで尿漏れの量が2gを超えた場合は、尿失禁と判定し治療を勧めます**（図7）**[20]。

⑤**排尿日誌**：排尿日誌は、排尿時刻とそれぞれの排尿量、尿失禁の有無などについて患者自身が記録する検査です。

具体的な記録方法は、目盛りつきコップなどを用いて、排尿した時刻とそのときの排尿量を記録し、尿失禁の有無についても記録します。排尿回数、1回排尿量、1日尿量、尿失禁回数などについての情報を得ることが出来ます**（第11章巻末-資料1）**。

排尿日誌は3日、4日、7日間が報告され、それぞれについて妥当性や信頼性、客観性が検討され、Wymanら[21]は7日間の日誌の信頼性が高いと提案しましたが、Tincelloら[22]は3日間日誌のデータの質が最も優れることを指摘し、現場の負担を考慮した場合には3日間の排尿日誌でも尿漏れの状況を的確に捉えることは出来ると判断します。

（2）フィールド検査

1）聞き取り調査：質問紙調査

International Consultation on Incontinence Questionnaire-Short Form（ICIQ-SF）[23]を参考に、尿失禁に関連する項目を設定し、個別面接法により尿失禁の有無、尿失禁の頻度、尿失禁の場面、1回尿失禁量、尿失禁開始年齢、尿失禁による社会活動の制限、対人関係の支障、尿失禁のための受診有無、健康度自己評価、既往歴などを調査します**（第11章巻末-資料2）**。聞き取り調査に基づく尿失禁の頻度、1回尿失禁量、尿失禁のタイプを分類します。

①**尿失禁の頻度**：「ほとんど毎日」、「2日に1回」を高頻度、「1週間に1〜2回」、「1カ月に1〜3回」を低頻度と分類します。

②**1回尿失禁量**：「下着が濡れる程度」を少量、「下着の交換が必要な程度」、「スカートやズボンまでしみる程度」、「足をつたわって流れる程度」を多量と分類します。

③**尿失禁のタイプ**：「冷たい水に手を触れたり、水の流れる音を聞いたりすると漏れる」、「トイレにたどりつく前にもれる」の回答は切迫性尿失禁と、「咳やくしゃみをしたときに」、「体を動かしている時や運動しているときに」の回答は腹圧性尿失禁と、「両方」の回答は混合性尿失禁と、「眠っている間に」、「排尿を終えて服を着たとき」、「理由が分からずに」、「常に」の回答はその他と分類するのが妥当です。

2）形態測定

①**身長**：身長計を用いて、対象者には踵、臀部、背中、頭を尺柱につけるように指示し、頸・腰・膝が良く伸びているかを確認したうえで、0.1cm単位で計測します。

②**体重**：計測前に体重計を点検し、対象者は台中央部に描かれた足形の上に静かに乗り安定した値を0.1kg単位で計測します。

③**Body Mass Index（BMI）**：身長と体重を用いてBMI（体重kg/身長m^2）を算出し、肥満度の指標として使用します**（表7）**。

④**体脂肪率**：体脂肪率を厳密に計測するためには、体密度法、CT法、DEXA法などが推奨されます。しかし、これらには大がかりな設備が必要で、一般的なものではないことから、より簡便に体脂肪率を計測する方法として、皮下脂肪厚法、生体インピーダンス法が普及され、計測しやすくなっています。

⑤**ウエスト周囲（W）**：肋骨下弓から腸骨稜の中間を計測し、男性で85cm以上、女性で90cm以上の場合を上半身肥満の疑いと判定します。

⑥**ヒップ周囲（H）**：臀部の最も突き出た部位を計測します。W/Hの比を算出し男性で1.0以上、女性で0.9以上の場合を上半身肥満の可能性があると判断します。

表7　BMIによる肥満の判定基準

BMI	判定(WHO基準)
<18.5	低体重（underweight）
18.5≦～<25	通常体重（normal range）
25≦～<30	肥満1度（preobese）
30≦～<35	肥満2度（obese class Ⅰ）
35≦～<40	肥満3度（obese class Ⅱ）
40≦	肥満4度（obese class Ⅲ）

† 日本人における疾病率の最も少ないBMI:男性22.2、女性21.9

3）体力測定

⑦**歩行速度（通常、最大）**：3mと8m地点にテープで印を付けた11mの歩行路上で直線歩行を行い、3m地点を越えて足が接地してから8mを越えて接地するまでの時間を計測します。通常歩行は「いつも歩いている速さで歩いてください」、最大歩行は「出来るだけ速く歩いて下さい」と被験者に指示します。試行は通常で1回、最大で2回行い、最大は2回中速いほうを採用します。

⑧**握力**：スメドレー式握力計（hand dynamometer）を用いて利き手で2回測定し、良い記録を採用します（0.5kg単位）。

⑨**内転筋力（座位）**：膝の角度が90°になるように椅子の高さを調整して座り、両膝を骨盤の幅に開いて、測定器のセンサ（μTasMF-01, ANIMA, Japan）を両膝の内側に当て、両股で締める最大の力を2回計測し、高い価を分析します。

⑩**膝伸展力**：膝の角度が90°になるように椅子の高さを調整して座り、両膝を骨盤の幅に開き、測定器のセンサ（μTas MF-01, ANIMA社製, Japan）を利き足の足首に当て、膝を伸ばす最大の力を2回計測し、高い価を採用します。

⑪**TUG**：肘掛けの椅子に座り、合図により立ち上がり3.0mの距離を回って椅子に座るまでの時間を2回測り、良い記録を採用します。

尿失禁の運動療法のレビュー

　尿失禁の治療法には、手術療法、薬物療法、運動療法、温熱療法が代表的です。なかでも、運動療法は、危険性や副作用がなく、完治率が高いことから1次治療法として勧められます。本章では、気軽に実践可能な運動療法、温熱療法を中心に紹介します。運動療法により尿失禁を効果的に治療するためには、2種類の運動（骨盤底筋運動、腹部脂肪減少運動）が必要です。

1 骨盤底筋運動（Pelvic floor muscle exercise）

（1）骨盤底筋

①**骨盤底**：骨盤は、寛骨、仙骨、尾骨によって構成された骨盤壁に囲まれ、骨盤内には膀胱、尿道、生殖器、肛門、直腸などの器官を下から支える筋肉や線維組織全体を意味し、骨盤底を構成する筋肉や線維組織は、尿道、膣、直腸などの臓器を支持し、開閉する重要な役割を担っています。

図8　骨盤底の構造

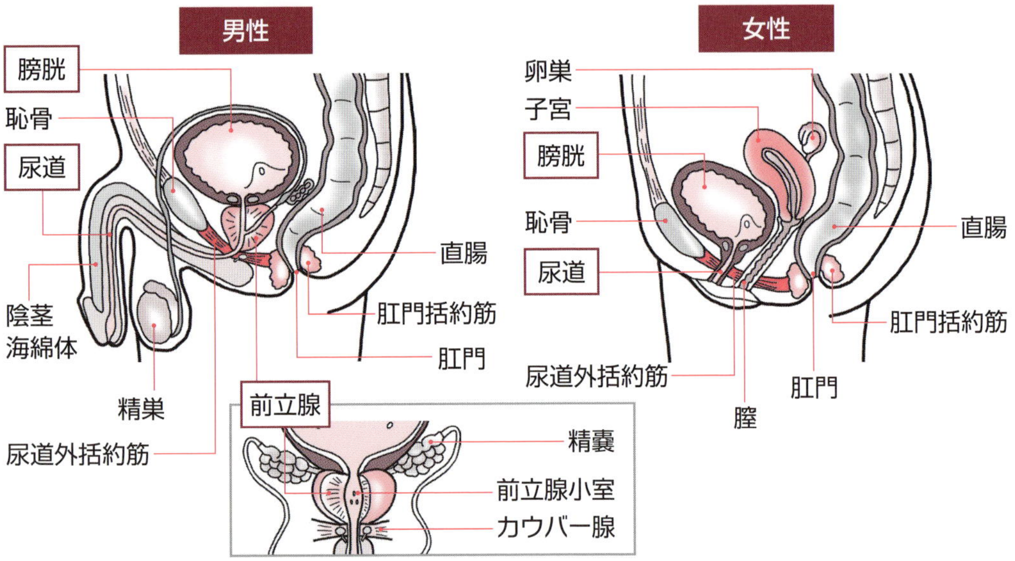

②**骨盤底筋群**：骨盤底筋は、外尿道括約筋、泌尿生殖隔膜、肛門挙筋の1つである恥骨尾骨筋などの骨格筋から構成されています**（図8）**。骨盤底筋は随意筋として、遅筋と速筋によって構成され、収縮や弛緩を繰り返す訓練により、低下した機能を回復されることは可能です。

(2) 骨盤底筋運動の効果

骨盤底筋体操は、1948年アメリカのKegelが提唱した腹圧性尿失禁の代表的な行動療法です[24]。1951年Kegelは、500名を対象に毎日3回、20分間の体操を指導したところ84％の患者が治癒されたことを報告し、骨盤底筋体操の有効性を強調しています[25]。一方、Boら（1999年）は、24～70歳の女性107名を対象に、骨盤底筋体操、電気刺激、腟内コーンの3法の効果について比較検討した結果によれば、骨盤底筋体操が電気刺激、腟内コーンより有効であると指摘しています[26]。

さらに、Nygaardら（1996年）は、25～81歳の女性71名を対象に、骨盤底筋体操の効果を検討した報告によれば、骨盤底筋体操は腹圧性尿失禁のみではなくて、切迫性尿失禁や混合性尿失禁の改善にも有効であることを検証しています[27]。

(3) 骨盤底筋運動時考慮事項

Boは骨盤底筋運動を実施するときの考慮事項のレヴューで、頻度、反復回数、強度、訓練期間がポイントであると指摘しました[28]。これらの

図9　訓練期間と尿漏れとの関係

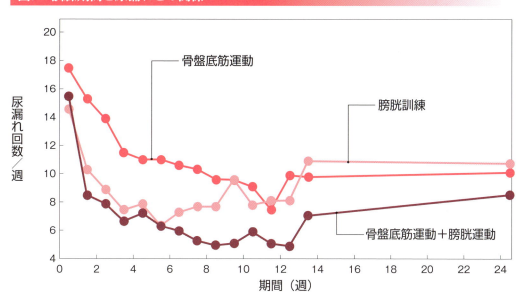

指標については、多くの研究者が異なっています。Kegelは、1日20分3回あるいは週300回収縮を[25]、その後Hendricksonは20分、1日3回、2秒収縮を[29]、Doughertyらは週3回、10秒収縮、10回〜45回反復法を採用しました[30]。Wymanら（1998年）は、45歳以上の地域在住女性204名を対象に訓練期間と尿漏れの改善との関連性を検討しました。その結果によると、骨盤底筋体操は12週目で最も改善効果が高く、膀胱訓練は6週目で効果が最も高かったことを報告しています（図9）[31]。

これらの先行研究をまとめると、反復回数は8〜12回、収縮時間は2〜3秒から30〜40秒、運動頻度は週3〜4回、運動期間は3週〜6カ月とかなり異なります。

(4) 骨盤底筋運動の行い方

骨盤底筋は骨格筋ですが、目に見えない部位に位置していることから、鍛えることが難しく感じる場合もあり、認知機能が低下している方は、その困難さが増すことも予想されます。大切なことは、骨盤底筋運動を行う前に、次の手順で肛門括約筋や尿道括約筋の締め方を覚えるのが先決です。

a. 息を吸うことより吐くことを意識する深呼吸を5〜8回行いながら体をリラックスさせます。
b. ヒトの前でオナラが出そうな時に肛門を締めて我慢するような状態で、肛門括約筋を締めます。
c. 意識を尿道に移し、排尿している状態をイメージし、途中で尿を止める感じで尿道括約筋の締め方を何回も繰り返し、正しい締め方を習得します。

① 骨盤底筋運動の行い方[26,28,30]

肛門括約筋や尿道括約筋の締め方を習得した後、骨盤底筋運動を実施します。骨盤底筋を意識し、からだをリラックスさせた後、

a. 尿道括約筋を2〜3秒間の短い収縮と4〜5秒の弛緩を8〜10回繰り返すことによって、typeⅡ（速筋、白筋）を鍛えることが出来ます。
b. 8〜10秒締め続けた後10秒間緩める運動を10回繰り返すことによってtypeⅠ（遅筋、赤筋）を強化します。
c. 慣れてきた段階には5回の短い収縮と弛緩、10回の締め続けた後緩める方法で行います。

骨盤底筋運動を行うときには、他の部位の筋をリラックスさせ、とくに腹部に力が掛からないように注意し、骨盤底筋だけに力を集中させることによって、効率良く鍛えることができます。骨盤底筋運動の姿勢には、座

図10 骨盤底筋運動の基本と姿勢

1 骨盤底筋運動とは?
尿道括約筋を鍛える運動

3 姿勢
①②を繰り返す

2 方法

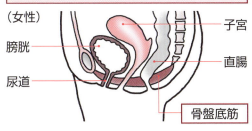

（座って行う場合）
椅子に浅く座り、手を膝に置き、足を肩幅に開く。

（仰向けの場合）
仰向けになり両膝を軽く曲げ、肩幅に足を開く。

①短く「ぎゅっ」としめる
　膣や尿道を2～3秒短くしめ、ゆるめる。
②長く「ぎゅ～っ」としめる
　肛門・尿道を8～10秒しめた後、10秒くらいゆるめる。
③1日運動の目安：50回前後

位、立位、仰臥位の姿勢が一般的で、姿勢による効果の差はないと報告されていますが[32]、座位と仰臥位を勧めます（**図10**）。

骨盤底筋運動を行うときのポイントは、お腹に力を入れずにリラックスした状態で、「緩める時間」を「締める時間」より長くすることと、締めているときと緩めているときのメリハリが必要です。

② 骨盤底筋運動の目安

骨盤底筋運動の目安は、1回当たりの反復回数、1日の運動の回数、運動期間などを考慮すべきです。回数の目安は、短い（2～3秒）収縮と弛緩を10回、持続（8～10秒）収縮と弛緩を10回、1日2～3セット行うのが妥当であると考えます。しかし、1日の反復回数は最低40回、最大80回であるとの提案もあります[33]、が日本では50回を推奨します。

2 腹部脂肪減少運動

肥満が尿失禁の危険因子であることは多くの研究で指摘されています。中心型肥満、腹部肥満、ウエスト／ヒップ比が高い肥満、BMIが高くなると腹壁重量の増加、腹腔内圧の上昇、膀胱内圧の増加に関わり、尿道括約筋の収縮力低下と骨盤底筋の緩みの原因になることが理論的背景です（**図**

11)34)。言い換えれば、腹部肥満の改善運動を行うことによって、腹部脂肪の減少、腹腔内圧の低下は尿道括約筋の収縮力の増加に寄与し、尿失禁のリスク低下に寄与するとの考えが、腹部肥満の改善運動が尿失禁の予防に有効であるとの背景です34)。この理論の裏付けとしては、Bump, RCは、肥満尿失禁者13名（年齢41.0±11.9歳）を対象に脂肪除去手術

図11　腹部脂肪過剰と尿失禁との関連

図12　手術前後における尿失禁頻度の変化

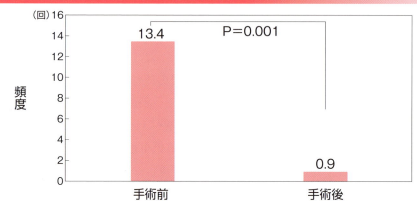

図13　尿失禁改善プログラムの構成

を行い、手術前後における尿失禁の変動について調べた結果、手術前の平均体重は131.5±19.9 kg（99.8-153.3 kg）、手術後の平均体重は88.1±17.0 kg（59.9-114.8 kg）で、平均43.4kgの体重を減少させました。その結果、1週間当たりの尿失禁頻度は、手術前13.4±2.9回、手術後0.9±0.5回に激減することを確認し、肥満者の体重減は尿失禁の改善に有効であることを提案しています（**図12**）[15]。

これらのデータに基づき、運動によって、腹部脂肪を減らせば、尿失禁の改善に寄与する可能性を示唆するデータと捉え、筆者は腹部脂肪の減少に有効な体操を工夫し、尿失禁予防指導に導入した後、効果を確かめた上で、骨盤底筋運動と腹部脂肪減少を含めた新たな介入プログラムを提案しました（**図13**）[35]。

3 運動療法の効果

(1) 腹圧性尿失禁

骨盤底筋運動は1948年Kegelによって開発され[24]、世界中に普及されている最も一般的な尿失禁予防運動です。骨盤底筋運動の効果については、数多くの研究者によって検証され、17〜84％という広範囲の改善効果が認められています[28]。

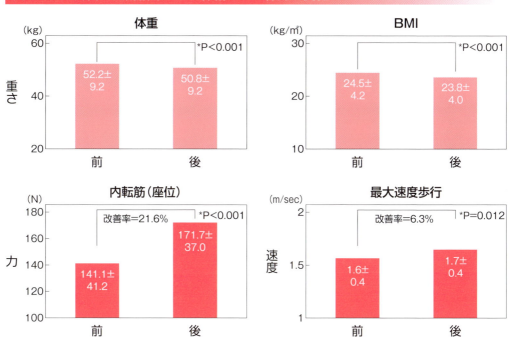

図14　3カ月間の運動指導による体格および体力の変化

金らは[36]、骨盤底筋運動及び腹部脂肪減少を目的とした運動指導が高齢者の尿失禁改善に有効であるかを調べるために、都市部在住70歳以上高齢女性1,015名の中から、尿失禁が月1回以上あると答えた149名について、尿失禁改善教室を案内したところ、70名が教室参加を希望しました。参加希望者70名を無作為割付比較試験により、運動群35名、対照群35名に分け、運動群には骨盤底筋運動と腹部脂肪減少の運動指導を週2回、1回当たり60分、3カ月間実施し次の結果を得ました。

①**身体機能の変化**

3カ月間の運動指導によって、体重やBMIは有意に減少し、内転筋、歩行速度は有意に向上しました（**図14**）。

②**尿漏れの変化**

指導終了後に、尿失禁が完治された方の割合は、運動群54.5％、対照群9.4％と運動指導を受けた群の完治率は運動指導を受けてない群より有意に高い割合を示しました（**図15**）。さらに、BMIが低下した群や歩行速度が向上した群で尿失禁の完治率が高いことを検証しました（**表8**）[36]。

一方、尿失禁が完治されることによって外出を控える者は事前44.8％から事後13.8％に減り（P=0.004）、友人や知人との付き合いに支障が出ると答えた者は事前34.5％から事後10.3％に減ることから（P=0.039）、骨盤底筋運動と腹部脂肪の減少運動による尿失禁の完治は、日常生活における活動拡大に大きく寄与することが明らかになりました（**図16**）。

(2) 切迫性、混合性尿失禁

切迫性あるいは混合性尿失禁を治療するために行動療法単独、行動療法

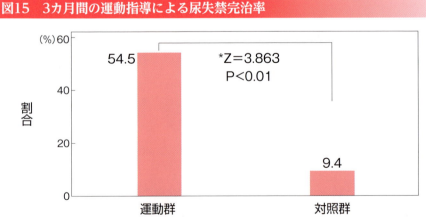

図15　3カ月間の運動指導による尿失禁完治率

*Mann-Whitney検定。

表8 BMIおよび歩行機能の向上と尿失禁完治率との関連

調査時期			完治率 n(%)	Cochran's Q value	有意水準	事後検定
運動指導後（n=33）	BMI	低下	16(48.5)	7.091	0.029	低下,維持＞増加
		維持	13(39.4)			
		増加	4(12.1)			
	最大歩行速度	向上	17(51.5)	6.545	0.038	増加＞低下
		維持	11(33.3)			
		低下	5(15.2)			
	内転筋力	増加	11(33.3)	4.545	0.103	
		維持	6(18.2)			
		低下	16(48.5)			
1年間追跡後（n=20）	BMI	低下	10(50.0)	3.700	0.157	
		維持	3(15.0)			
		増加	7(35.0)			
	最大歩行速度	向上	10(50.0)	6.100	0.047	
		維持	8(40.0)			増加＞低下
		低下	2(10.0)			
	内転筋力	増加	9(45.0)	3.100	0.212	
		維持	8(40.0)			
		低下	3(15.0)			

図16 3カ月間の運動指導が外出や付き合いに及ぼす影響

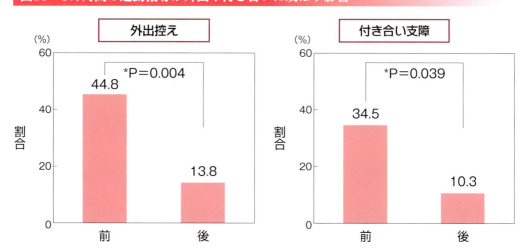

と服薬の併用法の効果が報告されています。Nygaardら（1996年）が、骨盤底筋運動は腹圧性尿失禁のみならず、切迫性や混合性尿失禁の改善にも有効であることを提案した後[27]）、多くの研究成果が報告されています。特に、Burgioら（2002年）は地域在住55歳～92歳女性における切迫性尿失禁者や切迫性優位の混合性尿失禁者222人を対象に行動療法の効果を検証しました。尿失禁減少は、バイオフィードバックを使用した行動療法63.1％減少、膣触診行動療法69.4％減少、冊子使用の対照群58.6％減少と3群間で有意差は見られなかったですが、患者の満足度はバイオフィードバック行動療法75.0％満足、膣触診行動療法85.5％満足、冊子使用の対照群55.7％満足と3群間で有意差は見られ、行動療法は切迫性尿失禁の治療に有効な手法でることを提案しました[37]）。

また、Burgioらは55歳以上の地域在住切迫性尿失禁者を対象に行動療法単独、服薬単独、行動療法＋服薬の効果を検証しました。その結果、8週間の行動療法単独（57.5％減少）後に8週間の行動療法＋服薬（88.5％減少）、8週間の服薬単独（72.7％減少）後に8週間の服薬＋行動療法（84.3％減少）を実施し、地域在住切迫性尿失禁の治療には行動療法＋服薬療法がより効果的であると指摘しました[38]）。

さらに、金らは地域在住腹圧性、切迫性、混合性尿失禁者147名を対象に、行動療法、温熱療法の効果を検証しました。尿失禁の完治率は、運動単独で腹圧性53.8％、切迫性16.7％、混合性30.0％、温熱単独で腹圧性25.0％、切迫性13.3％、混合性30.0％、運動＋温熱で腹圧性61.5％、切迫性50.0％、混合性40.0％と効果の上昇を検証し、運動療法と温熱療

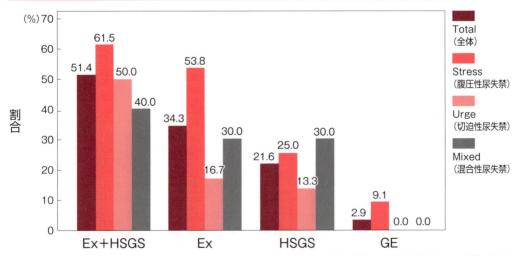

図17　異なる3カ月介入が尿失禁完治に及ぼす影響
　　　（Ex＝運動、HSGS＝温熱療法、GE＝健康教育）

(Kim HK et al, GGI 2011; 11:452-459.)

法の組み合わせは、尿失禁のタイプに関係なく有効であることを報告しました（**図17**）[39]。

温熱療法が尿失禁の完治に関連する背景要因として、切迫性失禁の原因となる膀胱平滑筋の異常緊張や自律神経の失調などを緩和し、尿意切迫感を低減すること。尿意切迫感の低減によりトイレへの精神的不安感を改善すること。疼痛緩和などの温熱効果により運動などにおける身体的不具合を軽減し効率を上げることが考えられます。

4 肥満改善プログラムの効果

Subakら（2009年）のグループは、過体重や肥満女性における体重減少が尿失禁治療に有効である仮説を立て、多くの臨床試験を行いました。2009年N Engl J Medに報告した結果によると、週10回以上の尿漏れを経験している過体重あるいは肥満女性338名を対象に6カ月間の減量プログラムを実施しました。体重減少は介入群で8.0％（7.8kg）、対照群で1.6％（1.5kg）と介入群の減少が多く、尿失禁は介入群で47％改善、対照群で28％改善と介入群の改善効果が大きいことを検証しました[40]。さらに、体重を5％から10％減らすと尿失禁の改善に有効であるとの数値目標を提示しました[41]。

5 効果に影響する要因

尿失禁を治療する運動療法の効果は17％〜84％の広範囲で、研究者によって異なる成果を報告しており、結果には性、年齢、有病状況、体力水準、BMI、失禁タイプ、失禁量、失禁頻度、失禁期間、服薬状況等々の要因が影響すると考えられます。Henderson & Taylor（1987年）の報告によれば[42]、55歳未満の若年女性の効果が55歳以上の高年齢女性の効果より大きいことを指摘し、治療効果には年齢が関連する可能性を指摘しました。McDowellら（1999年）は、行動療法の結果に影響する要因を検討し、運動コンプライアンスが最も重要な要因であると強調しました[43]。その後、金らは腹圧性37名、切迫性47名、混合性43名をRCTにより運動群と対照群に分け、3カ月の介入、7カ月の追跡調査を行い、その効果に関連する要因を分析しました。3カ月効果には失禁量、運動コンプライアンス、BMI減少が、7カ月効果には運動コンプライアンス、BMI減少が有意に関連し、肥満改善と運動参加率の上昇がポイントであると指摘しました（**表9**）[44]。

表9　介入後と追跡期間中の尿失禁の完治に影響する要因

変数	3カ月介入後			7カ月追跡後		
	OR†	95%CI	P Value	OR†	95%CI	P Value
失禁量	0.69	0.39-0.98	0.049	0.78	0.26-1.88	0.600
失禁頻度	1.16	0.24-5.79	0.856	1.63	0.73-4.01	0.248
運動コンプライアンス	1.03	1.01-1.16	0.048	1.13	1.02-1.29	0.031
BMI減少	0.67	0.48-0.89	0.011	0.78	0.60-0.96	0.028
歩行速度向上	0.97	0.91-1.04	0.414	0.99	0.94-1.06	0.913
尿失禁期間	1.01	0.91-1.13	0.919	1.01	0.91-1.14	0.913

* 従属変数；尿失禁完治：1=完治，0=尿漏れ．
独立変数；1）尿失禁量：多量（1），少量（0）．
　　　　　2）尿失禁頻度：高頻度（1），低頻度（0）．
　　　　　3）コンプライアンス：60%以上参加（1），59.9%以下出席（0）．
† OR=オッズ比；95% CI=95%信頼区間

6　尿失禁予防プログラムの長期効果

　尿失禁治療後の推移を把握するために、短期間の追跡から15年という長期間の追跡まで数多くの研究結果が報告されました。金らは、介入終了7カ月後の追跡データを分析し、完治率の推移をまとめました。腹圧性は3カ月後63.2%から7カ月後66.7%、切迫性は35.0%から26.1%、混合性は40.1%から30.0%と変動する傾向を報告しました[44]。Bo & Talseth（1996年）は、30歳～70歳女性23名を対象に行った介入終了5年後の長期効果を検討しました。70%は週1回以上の骨盤底筋運動を実施しており、75%は尿漏れがなく、70%は治療に満足していることを確認し、行動療法の長期効果を強調しました[45]。さらに、Boらは52名の女性を対象に行った手術と行動療法終了15年後の追跡調査を行いました。骨盤底筋運動を週1回以上実施している割合は28.0%と低く、行動療法の長期効果は観察されなかったと指摘しました[46]。

尿失禁のための対策

尿失禁の要因は様々で、それぞれ異なる対処が要求されます。尿失禁を効率よく予防、改善のためには骨盤底筋運動及び運動器の機能向上を目指す訓練が中心となりますが、他に生活習慣の改善、排泄習慣の見直し、服薬管理等々が必要です。前述通りに、尿失禁者は歩行速度、筋力などの体力が低下していることから、尿失禁の予防、改善という限定的な視点に限らず、高齢者の体力向上を目指した包括的介入が望まれます。

1 尿失禁プログラムの目的

尿失禁プログラムは、女性に多い腹圧性尿失禁の予防、改善のために、骨盤底筋の強化を目的とした運動実施が中心となりますが、高齢者の体力向上、腹部脂肪減少運動を取り入れることで尿失禁の予防、改善及び生活機能の拡大、生活の質の向上を図ることを目指します。さらに、骨盤底筋運動＋体力増進運動の指導により、切迫性、混合性尿失禁予防、改善効果も期待されますので、指導に当たりましては、尿失禁のタイプに関係なく募集して、指導することを期待します。もちろん、尿失禁は女性が男性より多いですが、最近男性尿失禁者も増えることから、男性尿失禁の予防、改善にも活用できます。

2 対象者

尿失禁プログラムは、すでに尿漏れの徴候を持っている方を対象とする改善プログラム、現在は尿漏れがないものの予防のために習得を希望する方に対する予防プログラムと分けるのが妥当だと考えます。プログラム提供の時に、参加者の受け入れ条件として以下のような選定基準を提示すると良いと言えます。

①日常生活の中で、尿漏れを経験している方
②尿が漏れる回数が、週1回以上ある方
③尿漏れが心配で各種行動が制限される方、友人・知人・近隣交流に支障

が生じる方、仕事に支障が出る方
④尿失禁改善のために行動療法の習得を希望する人

3 プログラムの構成

1) **運動指導**：次章で詳細に説明します。
2) **栄養指導**：腹圧性尿失禁の危険因子である肥満、便秘、生活習慣病を予防するための食習慣の改善を目的とする栄養指導が必要です。
3) **健康相談**：排尿障害と関連する疾病、服薬チェック、排尿障害の診療、夜間頻尿、尿漏れパッド、尿漏れ対処法について随時相談し、正しい情報提供が必要です。

4 尿失禁予防のための運動指導のガイド

(1) プログラムの流れ

基本的なプログラム（3カ月間）の構成は以下に示すような一連の過程をとります。

対象者の募集
本プログラムの重点対象者
1) 日常生活の中で、尿が漏れることがある者
2) 尿が漏れる回数が週1回以上ある者
3) 尿漏れが心配で各種行動が制限される者、知人や友人との付き合いに支障がある者、仕事に影響がある者
4) 尿失禁予防のために体操の習得を希望する者

← プログラムの説明

プログラムの構成：（原則週2回、3カ月間）
講義（1回）、事前評価（1回：問診・身体測定）
運動指導（22回）、栄養指導（1回）
生活指導（2回）、健康相談（随時）
事後評価（1回：問診・体力測定）、追跡調査

第1期　骨盤底筋運動習得および基本体力づくり期
第2期　骨盤底筋運動定着および筋力向上期
第3期　骨盤底筋および総合能力改善期

追跡調査（1年～2年） ← 結果説明会 追跡指導 ← 事後調査・効果判定（問診・身体測定）

(2) 事前調査

● 問診：章巻末資料1に示す項目を参照に、調査を行います。
　① **必須項目**：尿漏れ頻度、尿漏れ量、尿が漏れるときの動作、尿漏れの影響、尿漏れ対処、排尿回数、尿漏れのための服薬状況、受診状況、尿漏れ期間、既往歴、生活習慣等々
　② **選択項目**：運動習慣、生活機能、外出頻度、転倒歴、社会活動等々

● 形態及び体力測定
　① **必須項目**
　　○形態：身長、体重、BMI
　　○体力：握力、通常歩行速度
　② **選択項目**
　　○形態：体脂肪率、ウェスト周囲、ヒップ周囲
　　○体力：内転筋力、膝伸展力、最大歩行速度、TUG

(3) 事後調査

事前調査と同様の内容で行います。

5 尿失禁予防運動プログラム構成の実例

　尿失禁予防あるいは改善のための運動プログラムは、週2回、3カ月間22回指導の際に適用可能なプログラムの標準的な例示です。しかし、プログラムの構成内容は参加者の健康水準や体力レベル、既往歴など対象者の諸特性によって異なることが一般的です。

第1期　骨盤底筋体操および基本体力づくり期（1カ月）

（1）目標
① 準備運動の重要性を理解します。
② 椅子に腰掛けて行う簡単な体操を体験することで、自分にも出来るという自信感や安心感を与えます。
③ 締める時間と緩める時間、一日の反復回数など骨盤底筋運動の基本要領を習得します。

（2）運動の構成

体操	準備体操						骨盤底筋体操	筋力アップ				骨盤底筋体操	運動時間	特記事項
1														
2														

（3）指導上の注意点

①尿失禁のリスクの高い虚弱高齢者が簡単に出来る項目を中心に運動内容を構成します。
②各自の体力や健康水準に合わせて無理せずに各動作はゆっくり行うように指導します。
③刺激される部位が意識できるように指導します。

3〜4回目

（1）目標

①座位で骨盤底筋をイメージしながら、肛門や尿道を締めることができるように指導内容を深めます。
②内転筋の強化を中心に筋力アップ体操を増やします。

（2）運動の構成

構成	準備体操					骨盤底筋体操	筋力アップ			骨盤底筋体操
主										
副										

（3）指導上の注意点

①分かりやすい絵などを用意し、骨盤底筋について詳細に説明します。
②内転筋を鍛える意義について説明します。
③主運動を中心に指導しますが、運動が足りない時あるいは追加指導が必要な時には「副」も指導します。

5〜6回目

（1）目標

①座位（椅子）での骨盤底筋体操を定着させ、仰臥位での骨盤底筋体操を指導します。
②座位（床）で行う筋力体操を習得します。

（2）運動の構成

構成	準備体操				骨盤底筋体操	筋力アップ			骨盤底筋体操	筋力アップ		
主												
副												

（3）指導上の注意点

①仰臥位で行う骨盤底筋体操のメリットについて説明します。
②腰痛の方は、腰に負担がかかる項目は無理せずに行うように指導します。

7～8回目

（1）目標

①立位で行う準備体操を習得します。
②立位で行う骨盤底筋体操の要領を習得します。
③仰向けで行う筋力アップ体操を習得します。

（2）運動の構成

構成	準備体操				骨盤底筋体操	筋力アップ			骨盤底筋体操	筋力アップ		
主												
副												

（3）指導上の注意点

①膝の痛みを持っている方は、立位での筋力アップ体操は注意します。
②脊椎が曲がって、仰向け姿勢を取るのが困難な方は無理しないように指導します。
③立位で行う体操の場合、バランスを取りながらゆっくり行います。

第2期　骨盤底筋体操定着および筋力向上期（1カ月）

9～10回目

（1）目標

①仰臥位で行う骨盤底筋体操を十分に習得します。
②座位（床）で行うボール体操を習得します。
③腹筋を鍛える体操を指導します。

（2）運動の構成

構成	準備体操				骨盤底筋体操	筋力アップ			骨盤底筋体操	筋力アップ		
主												
副												

（3）指導上の注意点

①腰痛の方は、腹筋体操の際には注意します。
②ボール体操の意義について十分説明します。
③家庭においては、ボールの代わりにバスタオル、枕、クッションなどを活用するように指導します。

11～12回目

（1）目標

①座位（椅子）、仰臥位で行う骨盤底筋体操を十分に指導します。
②椅子に腰掛けて行うボール体操を指導します。

（2）運動の構成

構成	準備体操				骨盤底筋体操	筋力アップ			骨盤底筋体操	筋力アップ		
主												
副												

（3）指導上の注意点

①内転筋や腹筋の強化と尿失禁の改善との関連性について説明します。
②腰痛の方は、無理しないように指導します。

13～14回目

（1）目標

①ゴムバンド体操の指導により、筋力アップ体操の幅を広げます。
②腹筋を鍛える体操を幅広く指導します。
③骨盤底筋体操を十分に指導します。

(2) 運動の構成

構成	準備体操	骨盤底筋体操	筋力アップ	骨盤底筋体操	筋力アップ
主					
副					

(3) 指導上の注意点

①各自の体力や健康状態に合わせて、ゴムバンドの強さを調整します。
②ゴムバンド体操の注意点について詳細に説明します。
③ゴムバンド体操の長所を十分説明します。

15～16回目

(1) 目標

①立位、座位、仰臥位で行う骨盤底筋体操を十分に習得し、体操のレベルを高めます。
②ゴムバンド体操の幅を広げます。
③骨盤底筋の強化を支える筋力アップ体操の幅を広げます。

(2) 運動の構成

構成	準備体操	骨盤底筋体操	筋力アップ	骨盤底筋体操	筋力アップ	骨盤底筋体操
主						
副						

(3) 指導上の注意点

①腰痛や膝が痛い方は、無理のない範囲で筋力アップ運動を行います。
②体操のマイナス効果について十分説明します。

第3期 骨盤底筋および総合能力向上期（1カ月）

(1) 目標

①腹筋、腸腰筋、骨盤底筋をバランス良く鍛えます。
②大ボールを使用して行う筋力強化体操を指導します。
③骨盤底筋を効率的に鍛える方法を指導します。

（2）運動の構成

構成	準備体操				骨盤底筋体操	筋力アップ		骨盤底筋体操	筋力アップ			骨盤底筋体操
主												
副												

（3）指導上の注意点
①大ボールを使用した場合には、特にバランス取りに注意するよう指導します。
②最初は軽く、慣れて来たら十分に大きな動作で行います。

（1）目標
①骨盤底筋体操の幅を広げるために、四つんばい姿勢を指導します。
②大ボール体操の幅を広げます。
③全身の筋肉をバランス良く鍛えます。

（2）運動の構成

構成	準備体操				骨盤底筋体操	筋力アップ		骨盤底筋体操	筋力アップ			骨盤底筋体操
主												
副												

（3）指導上の注意点
①腰痛の方は、無理せずに行います。
②四つんばい姿勢の注意点について十分説明します。

（1）目標
①骨盤底筋の効果を総合的に把握します。
②全身の筋肉をバランス良く鍛える必要性について理解を深めます。
③各自の体力や健康状態に合わせて、体操の選択能力を高めます。

（2）運動の構成

構成	準備体操				骨盤底筋体操	筋力アップ		骨盤底筋体操	筋力アップ			骨盤底筋体操
主												
副												

（3）指導上の注意点

①すべての体操項目を行うことに力を置くのではなくて、各自の体調に適した項目を選択するように指導します。
②全ての項目は反動を付けずに、ゆっくり行うように指導します。

6 効果の評価および追跡調査

（1）結果評価・返却

　アウトカム測定（尿失禁の回数、尿もれの量、排尿回数、身体機能）に対する事前調査と事後調査を行い、指導前後の変化を比較分析し、参加者全員に対する変化と個人ごとの変化について報告します。
①尿漏れの変化について
②形態の変化について
③身体機能の変化について
④排尿機能の変化について

（2）フォローアップ指導

　介入期に得られた成果を効率的に維持するためには、指導後3〜12カ月間の追加指導を行い、運動習慣の定着化を目指します。

（3）追跡調査

介入期間中に改善される尿漏れや身体機能の推移を長期的に観察するためには、指導終了1年〜3年後の追跡調査を勧めます。身体機能調査が困難な場合には、尿漏れの状況、QOL、社会心理的状況についての郵送調査あるいは電話調査を行います。

文献

1) 高橋長雄監修：からだの地図帳．講談社 2003,pp.70-81.
2) 岡村菊夫：高齢者の泌尿器科疾患とその特徴 Geriat r Med 2009;47:1241-1244.
3) 日本泌尿器学会他．実践研究排尿機能検査 Blackwell 2007,pp.2-8.
4) Katz S, Ford AB, Moskowitz RW, et al: Studies of illness in the aged: The index of ADL- A standarded measure of biological and psychosocial function. JAMA 1963;185:914-919.
5) Abrams P, Blaivas JG, et al: The standardisation of terminology of lower urinary tract function. The International Continence Society Committee on Standardisation of Terminology. Scand J Urol Nephrol Suppl 1988;114:5-19.
6) Landi F, Cesari M, et al: Potentially reversible risk factors and urinary incontinence in frail older people living in community. Age Ageing 2003;32:194-199.
7) Roberts RO, Jacobsen SJ, Rhodes T et al: Urinary incontinence in a community-based cohort: Prevalence and healthcare-seeking. J Am Geriatr Soc 1998;46:467-472.
8) Ouslander JG, Kane RL, Abrass IB: Urinary incontinence in elderly nursing home patients. JAMA 1982;248:1194-1198.
9) Thom D: Variation in estimates of urinary incontinence prevalence in community: Effects of differences in definition, population characteristics, and study type. J Am Geriatr Soc 1998;46:473-480.
10) 金憲経, 吉田英世, 鈴木隆雄：都市部在住高齢女性の尿失禁に関連する要因—介護予防のための包括的健診—．日老医師 2008;45:315-322.
11) 金憲経, 吉田英世, 胡秀英他：農村地域高齢者の尿失禁発症に関連する要因の検討—4年後の追跡調査から—．日公衛誌 2004;51:612-622.
12) Rowe JW, Besdine RW, Ford AB et al: Consensus conference. Urinary incontinence in adults. JAMA 1989;261:2685-2690.
13) Graham CA, Mallett VT: Race as a predictor of urinary incontinence and pelvic organ prolapse. Am J Obstet ynecol 2001;185:116-120.
14) Skelly J, Flint A: Urinary incontinence associated with dementia. J Am Getriatr Soc 1995;43:286-294.
15) Bump RC, Sugerman HJ, Fantl JA, McClish DK: Obesity and lower urinary tract function in women: Effect of surgically induced weight loss. Am J Obstet Gynecol 1992;167:392-399.
16) Roe B, Doll H: Lifestyle factors and continence status: Comparison of self-report data from postal survey in England. J Wound Ostomy Continence Nurs 1999;26:312-319.
17) Kim H, Yoshida H, Hu X et al: Association between self-reported urinary incontinence and musculoskeletal conditions in community-dwelling elderly women: A cross-sectional study. Neurourol Urodyn in press, 2014.
18) 金憲経, 鈴木隆雄, 吉田英世他：都市部在住高齢女性の膝痛, 尿失禁, 転倒に関連する歩行要因．日老医誌 2013;50:528-535.
19) 金憲経：尿失禁治療における骨盤底筋運動の役割．Geriat Med 2009;47:1265-1269.
20) Abrams P, Cardozo L, Fall M et al: The standardisation of terminology of lower urinary tract function: report from the Standardisation Sub-committee of

the International Continence Society. Am J Obstet Gynecol 2002;187:116-126.
21) Wyman JF, Choi SC, Harkins SW, Wilson MS, Fantl JA: The urinary diary in evaluation of incontinent women: A test-retest analysis. Obstet Gynecol 1988;71:812-817.
22) Tincello DG, Williams KS, Joshi M, Assassa RP, Abrams KR: Urinary diaries: A comparison of data collected for three days versus seven days. Obstet Gynecol 2007;109:277-280.
23) Avery K, Donovan J, Peters TJ, Shaw C, Gotoh M, Abrams P: ICIQ: A brief and robust measure for evaluating the symptoms and impact of urinary incontinence. Neurourol Urodynam 2004;23:322-330.
24) Kegel AH: Progressive resistance exercise in the functional restoration of the perineal muscle. Am J Obstet Gynecol 1948;56:238-248.
25) Kegel AH: Physiologic therapy for urinary stress incontinence. JAMA, 1951;146:915-917.
26) Bo K, Talseth T, Holme I: Single blind, randomized controlled trial of pelvic floor exercises, electrical stimulation, vaginal cones, and no treatment in management of genuine stress incontinence in women. BMJ 1999;318:487-493.
27) Nygaard IE, Kreder KJ, Lepic MM, et al: Efficacy of pelvic floor muscle exercises in women with stress, urge, and mixed urinary incontinence. Am J Obstet Gynecol 1996;174:120-125.
28) Bo K: Pelvic floor muscle exercise for the treatment of stress urinary incontinence: An exercise physiology perspective. Int Urogynecol J 1995;6:282-291.
29) Hendrickson LS: The frequency of stress incontinence in women before and after the implementation of an exercise program. Issues Health Care Women 1981;3:81-92.
30) Dougherty MC, Dwyer JW, Pendergast JF, et al: A randomized trial of behavioral management for continence with older rural women. Res Nurs Health 2002;25:3-13.
31) Wyman JF, Fantl JA, McClish DK, et al: Comparative efficacy of behavioral interventions in the management of female urinary incontinence. Am J Obstet Gynecol 1998;179:999-1007.
32) Borello-France DF, Zyczynski HM, Downey PA, Rause CR, Wister JA: Effect of pelvic-floor muscle exercise position on continence and quality-of-life outcomes in women with stress urinary incontinence. Phys Ther 2006;86:974-986.
33) Wells TJ, Brink CA, Diokno AC, Wolfe R, Gillis GL: Pelvic muscle exercise for stress urinary incontinence in elderly women. J Am Geriatr Soc 1991;39:785-791.
34) Brown JS, Grady D, Ouslander JG, Herzog AR, Varner RE, Posner SF: Prevalence of urinary incontinence and associated risk factors in postmenopausal women. Obstet ynecol 1999;94:66-70.
35) Kim H: Behavioral therapy for urinary incontinence, Urinary incontinence, E Chung (Ed.): 2013,pp.71-88.
36) Kim H, Suzuki T, Yoshida Y, Yoshida H: Effectiveness of multidimensional exercises for the treatment of stress urinary incontinence in elderly community-

dwelling Japanese women: A randomized, controlled, crossover trial. J Am Geriatr Soc 2007;55:1932-1939.

37) Burgio KL, Goode PS, Locher JL et al: Behavioral training with and without biofeedback in the treatment of urge incontinence in older women: A randomized controlled trial. JAMA 2002;288:2293-2299.

38) Burgio KL, Locher JL, Goode PS: Combined behavioral and drug therapy for urge incontinence in older women. J Am Geriatr Soc 2000;48:370-374.

39) Kim H, Yoshida H, Suzuki T: Effects of exercise treatment with or without heat and steam generating sheet on urine loss in community-dwelling Japanese elderly women with urinary incontinence. Geriatr Gerontol Int 2011;11:452-459.

40) Subak LL, Wing R, West D.S et al: Weight loss to treat urinary incontinence in overweight and obese women. N Engl J Med 2009;260:481-490.

41) Subak LL, Whitcomb E, Shen H, Saxton J, Vittinghoff E, Brown JS: Weight loss: A novel and effective treatment for urinary incontinence. J Urol 2005;174:190-195.

42) Henderson JS, Taylor KH: Age as a variable in an exercise program for the treatment of simple urinary stress incontinence. J Obstet Gynecol Neonatl Nurs 1987;16:266-272.

43) McDowell J, Engberg S, Sereika S et al: Effectiveness of behavioral therapy to treat incontinence in homebound older adults. J Am Geriatr Soc 1999;47:309-318.

44) Kim H, Yoshida H, Suzuki T: The effects of multidimensional exercise treatment on community-dwelling elderly Japanese women with stress, urge, and mixed urinary incontinence: A randomized controlled trial. Int J Nurs Stud 2011;48:1165-1172.

45) Bo K, Talseth T: Long-term effect of pelvic floor muscle exercise 5 years after cessation of organized training. Obstet Gynecol 1996;87:261-265.

46) Bo K, Kvarstein B, Nygaard I: Lower urinary tract symptoms and pelvic floor muscle exercise adherence after 158 years. Obstet Gynecol 2005;105:999-1005.

資料1

排尿日誌（Bladder diary）

| 月　　日（　） |

起床時間：午前・午後＿＿＿＿時＿＿＿＿分

就寝時間：午前・午後＿＿＿＿時＿＿＿＿分

メモ　　　　　　　　　　　その日の体調など気づいたことなどがあれば記載してください。

	時間	排尿 （○印）	尿量 （ml）	漏れ （○印）	失禁時の動作	失禁量	失禁対処
	時から翌日の		時までの分をこの一枚に記載してください				
1	時　　分		ml				
2	時　　分		ml				
3	時　　分		ml				
4	時　　分		ml				
5	時　　分		ml				
6	時　　分		ml				
7	時　　分		ml				
8	時　　分		ml				
9	時　　分		ml				
10	時　　分		ml				
	時間	排尿	尿量	漏れ			

尿失禁予防

資料2

国際尿失禁会議質問票
International Consultation on Incontinence Questionnaire-Short Form (ICIQ-SF 9)

最近1カ月間のあなたの尿漏れの状態をお答えください

1) どれくらいの頻度で尿が漏れますか
　　① なし　　　　　　　② 1週間に1回以下
　　③ 1週間に2〜3回　　④ おおよそ1日に1回
　　⑤ 1日に数回　　　　⑥ 常に

2) あなたはどれくらいの量の尿漏れがあると思いますか？
　　① なし　　　　　　　② 少量
　　③ 中等量　　　　　　④ 多量

3) 全体として、あなたの毎日の生活は尿漏れのためにどれくらい損なわれていますか？
　　0　1　2　3　4　5　6　7　8　9　10
　　まったくない ──────────────→ 非常に

4) どんなときに尿が漏れますか
　　①トイレにたどりつく前にもれる→（1.はい、2.いいえ）
　　②せきやくしゃみをした時にもれる→（1.はい、2.いいえ）
　　③眠っている間にもれる→（1.はい、2.いいえ）
　　④体を動かしている時や運動している時にもれる→（1.はい、2.いいえ）
　　⑤排尿を終えて服を着た時にもれる→（1.はい、2.いいえ）
　　⑥理由がわからずにもれる→（1.はい、2.いいえ）
　　⑦常にもれている→（1.はい、2.いいえ）

資料3

尿失禁改善教室　事前・事後アンケート

　　　　　　　　　　氏名〔　　　　　　　　　〕年齢〔　　　〕歳

問1．ふだん、ご自分で健康だと思われますか。（ひとつだけ○印）
　　　1．非常に健康だと思う　　2．まあ健康な方だと思う
　　　3．あまり健康ではない　　4．健康ではない

問2．ふだん、からだのどこかに痛いところがありますか。
　　　1．ある　　　2．ない

問3．これまでに脊髄や背骨のけがや病気をしたことがありますか？
　　　1．ない
　　　2．ある（何歳のとき　　　歳　病名　　　　　　　　　　）

問4．子宮、大腸、膀胱の手術や放射線治療を受けたことがありますか？
　　　1．ない
　　　2．ある（何歳のとき　　　歳　病名　　　　　　　　　　）

問5．これまでに、出産した回数は何回ですか？
　　　1．なし
　　　2．あり　1．普通分娩（　　　）回　　2．帝王切開（　　　）回

問6．この一年間の間に（昨年　　月　　日から　　月末日まで）に転んだことがありますか。
　　　1．転んだことがある
　　　　何回転びましたか？　　　（　　回）
　　　　転んだのはいつですか？（　　　　　　　　　　）
　　　2．転んだことはない

問7．現在、転ぶことが怖いと感じますか。
　　　1．とてもこわい　　2．少しこわい　　3．こわくない

問8．ふだんの外出頻度（仕事（農作業も含める）、買い物、通院などで家の外に出る頻度）はどれくらいですか。庭先のみや、ゴミ出し程度の外出は含みません。（ひとつだけ○印）
　　　1．毎日1回以上　　　　　2．2〜3日に1回程度
　　　3．一週間に1回程度　　　4．ほとんど外出しない（一週間に1回未満）

問9. 次のそれぞれの項目について、「はい」か「いいえ」でお答えください。
注）1～6、12、14＝やろうと思えば出来る「はい」、7～11、13＝普段しない「いいえ」

1	バスや電車を使って1人で外出できますか	1. はい	2. いいえ
2	日用品の買い物ができますか	1. はい	2. いいえ
3	自分で食事の用意ができますか	1. はい	2. いいえ
	いいえの場合→ヤカンで湯を沸かせますか	1. はい	2. いいえ
4	請求書の支払いができますか	1. はい	2. いいえ
5	銀行預金・郵便貯金の出し入れができますか	1. はい	2. いいえ
6	年金などの書類が書けますか	1. はい	2. いいえ
7	新聞を読んでいますか	1. はい	2. いいえ
8	本や雑誌を読んでいますか	1. はい	2. いいえ
9	健康についての記事や番組に関心がありますか	1. はい	2. いいえ
10	友達の家を訪ねることがありますか	1. はい	2. いいえ
11	家族や友達の相談にのることがありますか	1. はい	2. いいえ
12	病人を見舞うことができますか	1. はい	2. いいえ
13	若い人に自分から話しかけることがありますか	1. はい	2. いいえ
14	ひとりで電話をかけられますか	1. はい	2. いいえ

問10. あなたは、趣味やけいこごとをしますか。（ひとつだけ○印）
　　　1. ほとんどしない　　2. ときどきする　　3. よくする

問11. 奉仕活動や町内会の役員（地域の役員）など「地域でのボランティア活動」に、どの程度参加していますか。（ひとつだけ○印）
　　　1. いつも　　2. ときどき
　　　3. たまに　　4. 全く参加していない

問12. 散歩や軽い体操を、定期的にしていますか。（ひとつだけ○印）
　　　1. していない　　2. している

問13. 運動やスポーツを、定期的にしていますか。
　　　1. していない　　2. している

問14. 日中、何回ぐらいトイレに行きますか。（　　　）回位

問15. 夜中、何回ぐらいトイレにいきますか。
　　　1. 行かない　　2. 一晩に（　　　）回位

問16. 便秘はありますか。
　　　1. ない　　2. ある

問17. 尿は勢いよくでますか。
　　　1. でない　　2. でる

問18. 排尿中に尿を止めることができますか。
　　　1．簡単にできる　　　2．できるがむずかしい　　　3．できない

問19. トイレに行くのに間に合わなくて、失敗することがありますか。
　　1．普通（トイレ、もしくは便器を使い、もらすことはない）
　　2．ときどきもらすことがある（下着をかえる必要がある）
　　3．常時、おむつを使用
　　　　尿がもれる回数はどれくらいですか。
　　　　　1．ほとんど毎日　　　2．2日に1回　　　3．一週間に1、2回
　　　　　4．一カ月間に1～3回　　　5．一年間に数回

問20. 次のような行動をしたときに、尿がもれることがありますか。
　　　①くしゃみをしたとき　（1．はい、2．いいえ）
　　　②咳をしたとき　（1．はい、2．いいえ）
　　　③笑ったとき　（1．はい、2．いいえ）
　　　④重い物を持ち上げたとき　（1．はい、2．いいえ）
　　　⑤立ち上がったとき（突然立ち上がったときも含める）
　　　　（1．はい、2．いいえ）
　　　⑥とんだとき　（1．はい、2．いいえ）
　　　⑦走ったとき　（1．はい、2．いいえ）
　　　⑧階段の昇り降りのとき　（1．はい、2．いいえ）
　　　⑨長時間立っているとき　（1．はい、2．いいえ）
　　　⑩水仕事、水に触った時、冷たい水を飲んだ時（1．はい、2．いいえ）
　　　⑪寝ているとき（1．はい、2．いいえ）
　　　⑫我慢したとき（1．はい、2．いいえ）
　　　⑬その他（　　　　　　　　　　　　）

問21. 何歳の頃から尿もれがありますか？　だいたい（　　　）歳の頃から

問22. トイレに行きたいと思ったとたんに尿がもれることはありますか。
　　　1．ない　　　2．ある

問23. 気がつかない間に尿がもれていることがありますか。
　　　1．ない　　　2．ある

問24. 一回にもれる尿の量はどのくらいですか？
　　　1．下着がぬれる程度
　　　2．下着の交換が必要な程度（小さじ1杯程度）
　　　3．スカートやズボンにまでしみる程度（大さじ1杯程度）
　　　4．足をつたわって流れる程度（大さじ2杯程度）

問25. 現在、尿もれにどのような対処をしていますか（いくつでも○）
　　　1．何もしていない　→問28へ進む

2. 下着を替える
3. 布製失禁パンツを使用
4. ティッシュ・トイレットペーパーを折ってあてる
5. おりものシート（うすいナプキン）を使用
6. 生理用品（ナプキン）を使用
7. 失禁パッド（尿もれシート）を使用
8. パンツタイプの紙おむつを使用
9. テープ止め紙おむつを使用
10. 布おむつを使用
11. 寝具・椅子などで、腰や尻の下に敷く防水シーツ・シートを使用
12. しびん・採尿器・尿バッグなどを使用
13. その他（　　　　　　　　　　　　）

問26. 尿がもれることが心配で、トイレのことを気にしていますか。
　　　1．いつも　　2．ときどき・たまに（外出の時など）　　3．いいえ

問27. 普段尿がもれることが心配で、トイレに早めにいくようにしていますか。
　　　1．いつも　　2．ときどき・たまに（外出の時など）　　3．いいえ

問28. 普段尿がもれることが心配で、飲み物の量を減らすようにしていますか。
　　　1．いつも　　2．ときどき・たまに（外出の時など）　　3．いいえ

問29. 尿もれが心配で外出するのを控えることがありますか。
　　　1．まったくない　　2．少しある
　　　3．しばしばある　　4．かなりある

問30. 尿もれがどの程度仕事や家事に影響しますか。
　　　1．まったくない　　2．少しある
　　　3．しばしばある　　4．かなりある

問31. 尿もれのために運動を控えることがありますか。
　　　1．まったくない　　2．少しある
　　　3．しばしばある　　4．かなりある

問32. 尿もれのために友人や知人との付合いに支障がありますか。
　　　1．まったくない　　2．少しある
　　　3．しばしばある　　4．かなりある

問33. 尿もれのために、病院に行ったことはありますか。
　　　1．ない
　　　2．ある
　　　　　a．通院中（　　　年　　　月から）
　　　　　b．通院していた（　　　年　　　月～　　　年　　　月まで）

問34. 尿もれのための薬（一般購入できるものも含む）を飲んでいますか．
　　1．飲んでいない
　　2．飲んでいる（　　　年　　　月から　薬名　　　　　　　　　）

問35. どんなときに一番尿もれがおこりますか．自由記入

問36. 尿もれで一番困ることは何ですか．自由記入

問37. 失禁予防改善教室に参加しようと思われました理由を記入してください．

　　　　　　　　　　　　　　　　　　　ご協力ありがとうございました．

第12章

口腔機能向上プログラム

口腔機能向上プログラムへの理解

1 口腔機能向上プログラムとは

(1) 口腔機能向上プログラムの位置づけ

　介護予防を目的とした口腔機能向上プログラムで具体的に何を目的に、どのようなことをすれば良いでしょうか？　この質問の答えを明確に持つためには、他章で述べられている介護予防の概念の理解が必要となります。その概念を踏まえた口腔機能向上プログラムのポイントを著者は以下のように考えています。

1、廃用症候群が原因の口腔機能低下をどのように評価するか。
2、生活機能を支えるための口腔機能の位置付けを模索する視点を持つ。
3、口腔機能向上から得られる生活の質（生きがいなど）の改善を意識する。

　以上のポイントを踏まえることにより、医療、特に歯科医療で行われるサービスとの峻別が可能となります。医療（歯科）では、う蝕による痛みによる咀嚼障害、歯の欠損による咀嚼障害や発音障害など、疾患が直接原因となった機能障害への対応が主に行われており、その予防目的にブラッシング方法などの指導が主に医療機関で行われます。つまり口腔機能向上プログラムは、こういった医療での予防サービスとは異なる視点のサービス提供が行われることになります。

　以上述べましたように、口腔機能向上プログラムの提供者はプログラム目的、さらにその内容を習得することも重要ですが、そのプログラムのコンセプトをしっかり把握することが最も重要なポイントとなります。

(2) 口腔機能の向上サービスのコンセプト
①口腔機能を支える口腔ケア

　"口腔ケア"の定義の一つとして"口腔の疾患予防、健康保持・増進、リハビリテーションによりQOL(Quality of Life)をめざした科学であり、技術"（金子芳洋）と示されています。このように"口腔ケア"という言葉が持つ意味は実は広く、使われる場面によってその意味は変わってきます。歯科医院などの医療機関で行う"口腔ケア"は、歯科治療を含めた広い意

図1　器質的口腔ケアと機能的口腔ケア

8020財団HPより

図2　口腔ケアと肺炎発症率の関係

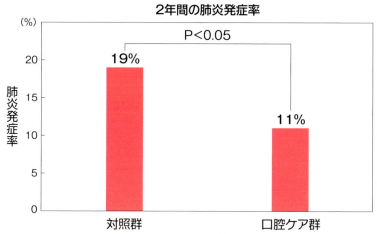

Yoneyama T,Yoshida Y,Matsui T,Sasaki H:Lancet354(9177),515,1999.

味を持たせますし、病院、介護保険施設などで様々な職種が行う"口腔ケア"は、ブラッシング、口腔清掃などを中心とした、口腔衛生管理の意味合いが強くなります。また、口腔内の歯や粘膜、舌などの汚れを取り除く目的の口腔ケアを器質的口腔ケア、口腔機能の維持・回復を目的とした口腔ケアを機能的口腔ケアと分類することもあります（**図1**）。要介護高齢者への口腔ケアが誤嚥性肺炎予防に効果があることは広く知られています。この効果は米山らのデータ（**図2**）が科学的根拠[1]となっていますが、"口

腔ケア＝口腔清潔管理"というイメージが広く浸透したきかっけとなりました。こういったイメージから、介護予防を目的とした口腔関連サービスで設定されることが多い目標の一つに、気道感染予防（肺炎予防）があります。気道感染（肺炎）は、高齢者にとって生命を脅かす疾患で、高齢期直接死因の高い割合を占めています。したがって、口腔衛生管理は、う蝕、歯周疾患などの口腔領域の疾患予防だけでなく、高齢者のQOLに直接関与する重要な行為といえます。

②口腔機能の廃用症候群とは

さて、介護予防を目的とした口腔機能向上プログラムが支える口腔ケアには"食べる"という重要な機能があります。高齢期において"食べる機能"は口腔だけでなく、全身の状態と密接な関連があります。その重要な関連の一つが栄養状態です。"食べる機能"が低下すると、ほとんどの栄養項目の充足率は低くなる傾向があります。ただ、軟らかい品目が多い砂糖・菓子類の摂取頻度は"食べる機能"が低下すると逆に高くなる傾向があるようです（**図3**）[2]。"食べる機能"を支える機能として"咀嚼機能"がありますが、咀嚼機能はそのメカニズムが複雑なこともあり、評価方法は様々なものが考案されています。しかし、血圧測定のように汎用性のある評価法が広まっていないことから、医療の現場でも咀嚼機能を評価することは多くありません。したがって、義歯（入れ歯）などを作成した際の治療効果評価は、患者から食事などの印象を聴きとった内容に頼ることがほとんどで、客観的な評価を行うことは稀で、義歯の良し悪しは患者の満

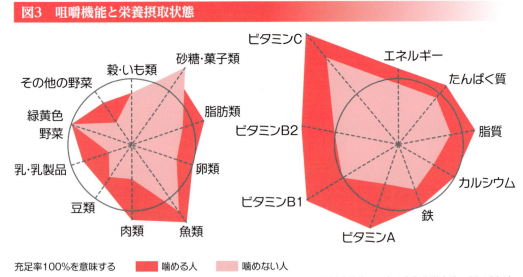

図3　咀嚼機能と栄養摂取状態

湯川晴美他：日本公衆衛生学会誌　38, 1991年

足度に委ねられます。患者の満足度を高めることは重要なことですが、現在の"食"をとりまく環境には少し落とし穴があると考えています。それは、一定以上の咀嚼機能があるにもかかわらず、高齢であるとの理由だけで、食べやすい食事、つまり軟らかい食事を選択・提供する傾向にある点です（この食事の軟食化は高齢者に限ったことではないですが）。さらに最近は高齢者向けの食べやすい食品（軟らかい食品）も多く提供されていることもあり、咀嚼機能低下が生じても、初期の段階ではその低下を自覚することはほとんどなく、知らず知らずのうちに能力低下がさらに進行し、著しく能力が低下してはじめてその能力低下を自覚することも少なくありません。咀嚼機能低下を招く原因として、"入れ歯が合わない""揺れている歯がある"などといった、医療サービス（主に歯科治療）で対応できるケースもあります。

以上のケース以外にも咀嚼機能低下を招くケースが少なからずあります。こういったケースの背景の一つとして考えられているのが、咀嚼関連筋の加齢による筋力低下と食事の軟食化が起こす、咀嚼能力低下の負の連鎖です。この連鎖により、咀嚼筋力が低下するだけでなく、咀嚼運動（食べる際のリズム）も崩れるリスクが高まります。

このような負の連鎖を断ち切れず、軟らかい食事にも"噛めない""食べられない"という咀嚼困難感を自覚した時点は、すでに高度に咀嚼能力低下が進んでしまった段階といえます。つまり、最近の高齢者の"食"を取り巻く環境は、咀嚼の不具合を自覚しにくい環境ともいえます**（図4）**3)。しかし、この段階（軟らかい食事を食べにくいと感じる）まで能力低下が進んでしまいますと、回復はなかなか困難ですし、栄養面などの全身状態

図4　食欲低下の負の連鎖（悪循環スパイラル）

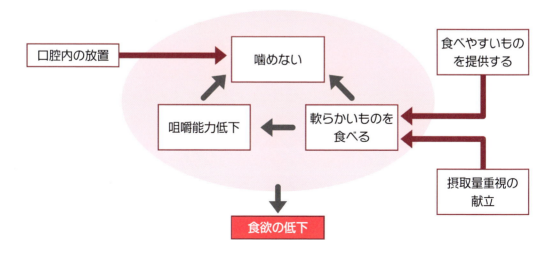

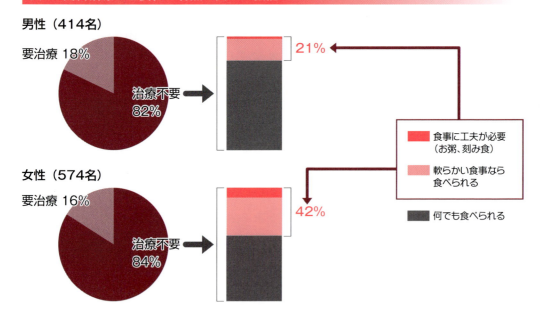

図5　歯科治療の必要性の有無と食べる機能

にも課題が顕在化してしまっている可能性があります。こういった問題は、特定地域の地域在住高齢者を対象とした咀嚼機能調査結果からも見てとれます。**図5**は、歯科医療サービス（う蝕、歯周疾患、義歯など）の必要がないと歯科医師が判断した者のうち、男性で2割、女性で4割の方に咀嚼機能の低下が認められました[4]。この結果は、老化さらには廃用症候群を背景とした咀嚼機能低下をきたしている高齢者が多くいる可能性を示しています。

③嚥下機能

　口腔で咀嚼した後は飲み込みますが、飲み込みの機能は"嚥下機能"と呼ばれます。要介護高齢者では脳卒中後遺症、神経疾患さらには認知症などが原因で嚥下障害への対応が注目されます。一方、本稿で扱う口腔機能向上プログラムの対象者は、加齢または廃用症候群による嚥下機能低下を予防する目的でサービスが提供されます。特に高齢者は加齢とともに歯が欠損、舌運動機能および咀嚼能力が低下し、あわせて唾液の分泌量も低下することから、嚥下機能が円滑に機能する上で不利な状況が口腔内に生じやすいことから、咀嚼機能と嚥下機能は一つのユニットとしてとらえサービス提供をすることが必要です。

表1 後期高齢者医療の被保険者に係る歯科健康診査　検診票

④疾患予防からのパラダイムシフト（歯周歯科"検診"から後期高齢者歯科"健診"）(表1)

　高齢化率25%を超えた超高齢社会を迎えた日本は、今後も高齢者人口の割合は増加の一途をたどることが予想され、2060年には40%前後になると推定されています。なかでも75歳以上の後期高齢者の増加は著しく、前期高齢者と後期高齢者の比率は現在約1：1ですが、2030年ころには1：2という比率へと増加すると推計されています。こういった日本の高齢社会を踏まえ、前期高齢者と後期高齢者を健康という視点で比べると、我が国の前期高齢者の健康水準は高く、社会貢献に寄与する能力も極めて高い集団であることが知られています。その一方後期高齢者は、心身の機能減衰が顕在化するリスクが高まり、それととともに多様な老年症候群（虚弱、サルコペニアなど）、さらに認知症の罹患率が急増します。したがって、今後の高齢者の健康維持さらには向上の鍵となるのは、後期高齢者の健康と生活自立のための対策づくりが極めて重要となります。

　こういったなか、口腔機能を支える公的な基盤も変化が見られます。これまで、高齢者を対象とした口腔関連検診は70歳の者を対象とした歯周疾患検診のみでしたが、平成26年から、後期高齢者歯科健診の仕組みが整えられました。この健診の意図するところは、後期高齢者のうち、ある程度健康を維持している者に対する口腔機能低下や肺炎などの疾患予防対策をすることです。この健診内容は、歯周疾患などの疾患に対する項目も

あるものの、咀嚼機能、嚥下機能、発音機能など口腔機能に焦点を当てた健診項目が多く、口腔機能低下が生じている者を早期に発見し、早期に対処する、介護予防を目的とした口腔機能向上プログラムに資する評価健診として今後期待される公的な基盤と捉えることも出来ます。

2 口腔機能向上プログラムの運営上のポイント[3)4)]

　詳細なプログラム内容は別項で解説しますのでここでは、各プログラムメニュー提供の際の配慮点等を中心に概説します。

(1) 口腔ケア指導

　口腔ケア指導を行う際、そのコンセプトを明確に理解する必要があります。そのポイントは、医療機関（歯科医院）で医療サービスとして行う口腔清掃指導と、介護予防事業で行う口腔清掃指導の違いを理解することです。以下具体例を示します。

●**70歳、女性：事前評価で口腔清掃状態の不良が指摘されている。**

　プログラム初回時に自身による口腔内観察を行ってもらいます。観察を行う前に、口腔内の汚れについての説明（う蝕、歯周疾患などの原因だけでなく気道感染の原因でもある等）を行い、さらに口腔内の汚れを確認してもらいます。口腔内観察の際、そこで目に入る器官（唇、歯茎、頬粘膜、舌など）の名称を伝えます。この行為は、次回以降行われる食べる機能訓練プログラムでの訓練を行っていく対象器官を認識してもらう意図もあります。歯垢の沈着が顕著な場合は、歯科医院（かかりつけ医など）への受診を促し、口腔清掃指導依頼を行うことが望ましいでしょう。こういった促しは、医療サービスと口腔機能向上プログラムをしっかりと使い分けることとなり、サービス提供者には重要な視点です。

(2) 食べる機能訓練（摂食・嚥下訓練）

　プログラムメニューとして、舌、口輪筋、頬筋、咬筋、側頭筋などの訓練、姿勢のチェック修正、嚥下を意識した呼吸訓練などがあります。対象者は口腔機能のメカニズムについての理解は浅い方がほとんどですので、各訓練を指導する前に、各器官の役割について理解をしてもらいます。その際、各器官の機能が低下した際の疑似体験を行うことが効果的です。

●**擬似体験例①：舌の機能が低下した場合**

　まず普通につばを嚥下してもらい、その際の舌の動きを確認してもらうよう指示します。上顎前歯部付近に舌先が圧接することを確認してもらい

ます。次に、舌の動きを制御（舌圧子などの使用も可）することによって嚥下が困難になることの体験を通じ、舌の機能と嚥下機能は深い関係にあることの理解を促し、最終的に舌の訓練が嚥下機能向上につながる訓練であることを認識してもらいます。

● 疑似体験例②：咬む力が低下した場合

まず普通につばを嚥下してもらい、その際にしっかりと咬合して嚥下運動が開始されることを確認してもらいます。次に、奥歯を咬み合わせないようにして飲み込むことを指示します。嚥下が困難になることを体験し咬む力と顎の安定が嚥下機能とは深い関係にあることを理解してもらい、咬筋、側頭筋などの訓練は咬むことばかりでなく、嚥下機能向上につながる訓練であることを認識してもらいます。以上のように、各訓練の意味、目的を理解してもらいながらサービス提供を行います。

（3）プログラムメニューの習慣化

サービス提供の最終的な目標は参加者のプログラムを通しての行動変容ですが、それを促す要因は、指導したメニューの理解と習慣化です。メニ

図6 咬む力と食品の関係

	穀類	芋・豆	肉	魚介	卵・乳	野菜	果物	菓子
700N			ポークソティ ステーキ	ウルメイワシ スルメ		たくあん ニンジン セロリ		
250N	もち ピザ			イカの刺身 タコ ホタテ		キャベツ ハクサイの漬け物 ダイコン タケノコの煮物 レタス ナス キュウリ		
150N	ごはん うどん そば おかゆ	コンニャク 納豆 サトイモ サツマイモ ジャガイモ	ウインナー ハンバーグ ミートボール	魚肉ソーセージ マグロの刺身 ウナギ	目玉焼き	ホウレンソウ エダマメ トマト タマネギ カボチャ ダイコンの煮物	カキ リンゴ サクランボ バナナ スイカ イチゴ ミカン モモ	ホットケーキ 杏仁豆腐 プリン

※N（ニュートン）＝咬む力

ュー内容の理解は、セルフプログラムの円滑化、さらにプログラム修了後の習慣化につながります。そこでプログラムの終盤では、習慣化を目的に訓練などを通して向上した機能を維持する方法を指導することが必要です。口腔機能向上プログラムの場合は、日常の食事場面を食べる機能の訓練の場と捉え、安易に軟らかい食品を選択するのではなく、対象者の口腔機能に合ったできるだけ咬み応えのある食品を一品でも摂るように、資料（図6）などを使用して説明することも一案です。こういった指導により食事

図7　セルフケアチェックシート

1回目目標食品
(　　　　　)　(　　　　　　)
(　　　　　)　(　　　　　　)

参考食品＊
(　　　　　)　(　　　　　　)
(　　　　　)　(　　　　　　)

＊参考食品は目標食品と硬さが近い食品です

第　　回かみ食べお達者カレンダー（X月X日〜X月X日）

	日	月	火	水	木	金	土
	1	2	3	4	5	6	7
目標食品							
体操							
	8	9	10	11	12	13	14
目標食品							
体操							

目標食品を1度でも摂った時は、
食品名を記入しカレンダーにチェックをしましょう。

かみ食べ体操を1度でも行った時はカレンダーにチェックしましょう。

に対する行動変容（意識変化）を促すことが、口腔機能の廃用症候群進行を予防し、さらにはプログラム終了後の習慣化につながることが期待できます。習慣化へのツールとして、毎回のメニューの最後にセルフケア用資料（**図7**）を準備し、対象者自身による記入を指導することにより、自身で日常をモニタリングする習慣に繋がります。記入は、セルフケアの内容、頻度などをサービス提供者などの指導の下に行いますが、この目的は、ⅰ）自宅などでのセルフケア施行支援と、プログラム終了後のプログラムメニューの習慣化、ⅱ）プログラムメニューが対象者へ適当か否かのモニタリング、です。記入されたセルフケア実施情報から、作成した個別プログラムを毎回チェックし、必要な場合は適宜その内容を修正していきます。対象者に合ったプログラムメニュー提供は、習慣化につなげる重要なポイントとなります。

3 トピックス

(1) オーラルフレイル[5]

　虚弱（フレイル）のリスクが高まる後期高齢者において、「食べる力」あるいは「食の安定性」が重要であり、加齢性筋肉減少症（サルコペニア）や虚弱化が顕在化する前段階からの、食と口腔機能に力点を置いた虚弱化を予防する基礎的情報を収集することを目的とし、平成25年度厚生労働省事業の調査として「食（栄養）および口腔機能に着目した加齢性症候群の概念の確立と介護予防（虚弱化予防）から要介護状態に至る口腔ケアの包括的対策の構築に関する研究」が行われました。この中で、フレイル（廃用症候群含む）を対象とした介護予防から終末期に至るまでの適切な栄養の摂取と口腔ケアのあり方について、多岐にわたる専門家が意見を重ね、学際的視点から科学的知見を総合評価し、その予防対策を包括的な形でさらに議論を行っていき、最終的に1つのモデルを作成しました（**図8**）。

　このモデルは、口腔機能や栄養状態を中核とする食習慣を含む食環境の悪化から始まる身体機能の低下とサルコペニア、さらには最終的に生活機能障害と虚弱の発生、そして回復することが困難な状況となる要介護状態に至る構造的な流れを、4つの段階に分類しました。このモデルの特徴は、高齢期の口腔機能低下を栄養も包含した視点でとらえ、それを維持するために口腔・栄養・運動・社会の4分野を中心とした多領域の活動を通じて早期に機能低下予防介入する有効性を提示した点です。

　本調査事業の最終目標は、介護予防から終末期の口腔ケアまでの連続的な対応が可能となる包括的手法を開発し、その普及を通じて国民運動にま

図8 要介護に至る口腔機能と心身機能の4つの段階

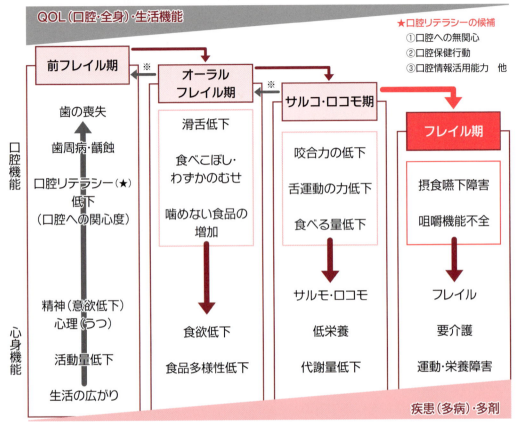

サルコ＝サルコペニア　ロコモ＝ロコモティックシンドローム　　※回復する機能もあります。

で引き上げることが掲げられ、今後も議論が広まることが期待されています。

(2) 咀嚼機能とサルコペニア

近年、8020運動（80歳で20本の歯を残す普及活動）等の高齢者口腔保健活動の効果もあり、高齢者における現在歯数は増加しており、2011年の調査では約4割の者が達成し、今後も現在歯数は増えるものと予想されています。つまり、現在の高齢者は以前と比べ格段に自分の歯（現在歯数）が増加していることから、食べる機能の維持を"歯の本数"だけの視点で検討する時代は終わりつつあるのかもしれません。

今後は、高齢者の食べる機能を維持するためには、歯数を維持するだけでなく、加齢による咀嚼筋などの機能低下、全身の身体状態（栄養状態含む）も視野に入れた口腔保健活動の必要性が高まってきています。そういったなか、著者らのグループでも、食べる機能と全身の関係、特にフレイ

ルの要因となっているサルコペニアとの検討[6]を行いましたので概説します。

対象は来場型健診に独歩で参加可能な地域在住高齢者（65歳から85歳）761名（平均年齢73.0±5.1歳）で、咀嚼機能とサルコペニアの関連性について検討しました。咀嚼機能評価は咀嚼力判定ガムを使用し、1分間咀嚼後の色の変化により判定しました。サルコペニア重症度はEWGSOP（European Working Group on Sarcopenia in Older People）サルコペニア分類を用い、筋肉量は四肢SMI（kg/m^2）（生体電気インピーダンス法）、筋力は膝伸展力（Nm/kg）、身体機能は通常歩行速度（m/秒）を用い重症度を判定しました。年齢などを考慮した上でのサルコペニアに関連する因子の検討を行うため多重ロジスティック回帰分析を行いました。その結果、年齢（odds ratio（OR）＝2.37,95％信頼区間（CI）＝1.52-3.70）、BMI（OR＝0.75, CI=0.69-0.81）、咀嚼機能（OR=2.18, CI=1.21-3.93）がサルコペニアとの関連因子として抽出されました。以上から咀嚼機能の低下とサルコペニアとの間に独立した関連があり、咀嚼機能は年齢と同程度のオッズ比でサルコペニアの重度化に関連していることがわかりました。

つまり、疫学的な検討でも、食べる機能（咀嚼機能）とサルコペニアの関連性を裏付ける知見が得られており、今後もこういった検討は増えてくることが予想されます。そういった知見を取り入れ、包括的な高齢者に対する包括的な口腔保健活動の整備の必要性が高まることが予想され、本稿で解説する口腔機能向上サービスはその基盤となるものです。

口腔機能向上プログラム実施に必要な基礎知識

　口腔には、「食べる」、「話す」、「表情を作る」など、様々な機能がありますが、その中でも「食べる」ことは、生命を維持するための"栄養を摂取する"という目的だけでなく、家族や仲間と団らんしながら食事を囲む"楽しみ"の役割も担っており、人々のQOLと深いかかわりがあるとされています。特に、高齢者にとって「食べる」ことは、生活を充実させる上でいっそう重要な場面となります。近年、要介護高齢者への摂食嚥下リハビリテーションや口腔ケア支援に対する人々の関心が寄せられるようになり、要介護高齢者の「食べる」ことへの支援基盤は急速に整備され、同時に口腔領域の生理学的・解剖学的な基本的な理解も積極的になされるようになってきました。こういった基礎的な事柄を理解することは、介護予防を目的とした口腔機能向上プログラムを効果的に実施する上でも必要となってきます。そこで本稿では、高齢者の安全で楽しい食事を支援するために必要な口腔およびその周辺器官の解剖、口腔機能と加齢に伴う変化について、さらに食べ物を口から食べ、飲み込むまでのプロセスを中心に概説します。

1 口腔の機能と構造

　口腔機能の重要な役割には、食物摂取に欠かせない咀嚼機能と嚥下機能、味覚、発音・発声などがあります。また、口元は表情を作る要素のひとつであり、人とのかかわりにも強く関係しています。これらの口腔機能の維持・向上は、高齢者に限らず、人が生活を送る上でとても重要です（表2）[9]。口腔機能向上のためには、まずは、多様な口腔の機能と複雑な構造を理解しておくことが大切です（図9）[7]。

表2　口のおもな機能

① 咀嚼
② 嚥下
③ 味覚
④ 発声・発音
⑤ 表情をつくる

図9 口腔の構造

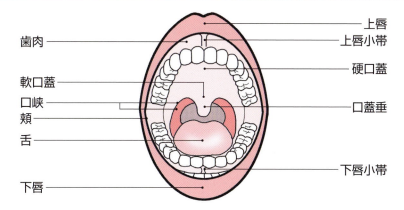

2 「食べる機能」に関わる器官 （図10）

　食べる機能に直接関係する器官には、口腔・鼻腔・咽頭・食道があります。口腔は、食物を取り入れる入口、つまり消化器官の入口です。口腔は歯列と歯槽粘膜、口唇粘膜および頬粘膜に挟まれた歯列より前方の部分にある口腔前庭と、後方の固有口腔の二つの空間に区分されます。固有口腔は、前方の口唇（上・下唇）、側方の頬、上部の口蓋（硬・軟口蓋）、さらに下部の舌、口底で囲まれた空間で、後方は咽頭へとつながっています。口腔は、口腔粘膜でおおわれており、その表面は、唾液により湿潤されています[8]。加齢によって、表層の粘膜上皮が薄くなり、その下の粘膜下組織も萎縮して弾力を失うため、傷つきやすくなるので、口腔ケアの際には注意が必要です[10]。

(1) 口腔器官各部の機能[8]
①口唇
・食物を挟み（捕食）、保持する
・咀嚼時に口裂を閉じ、食物が口腔外にもれるのを防ぐ
・頬とともに口腔内圧を保つ
・咀嚼時、口腔前庭に入った食物を固有口腔に押し出す
・鋭敏な感覚で、食物の性状を感知し、危険物の摂取を防ぐ
・舌と唇が互いに歯を押し合い、歯並びを保つ
・上下の口唇の開閉により息を調節して発声を調整する
・表情をつくる
・顎の開閉運動を調整する

②頬
- 食物をかみ砕くとき、舌と協調し食物を歯列にのせ、そこに保持する
- 舌と頬で互いに歯を押し合い、歯並びを保つ
- 舌とともに口腔内圧を保つ
- 表情をつくる

③口蓋
- 舌で食物を押しつけ、食物の性状を知る
- やわらかい食物を舌とともに圧縮し押しつぶす
- 口腔の上蓋となり、発声時の共鳴腔をつくる
- 軟口蓋は、嚥下時、鼻咽腔閉鎖・食塊の形成に重要な役割を果たす
- 口蓋の味蕾（味覚を感じる器官）で味を感じる

④舌
- 捕食した食物を移送または保持する
- 食物の物性や口腔内での形状、位置を調べる
- 口蓋との間でやわらかなものを押しつぶす
- 舌の味覚や一般感覚により、嚥下に適さない食物を選択する
- 舌感覚を刺激して唾液分泌を促す
- 食物と唾液を混合して食塊を作り、嚥下時に咽頭に送り込む
- 舌根部粘膜の感覚により、嚥下反射を誘発する
- 舌の形を変えることで、構音する
- 口唇や頬の圧で食物を内側に動かないように、舌で外側に押す

(2) 鼻腔・咽頭・喉頭・食道の構造[8]

①鼻腔

図10　食べる機能に関わる器官

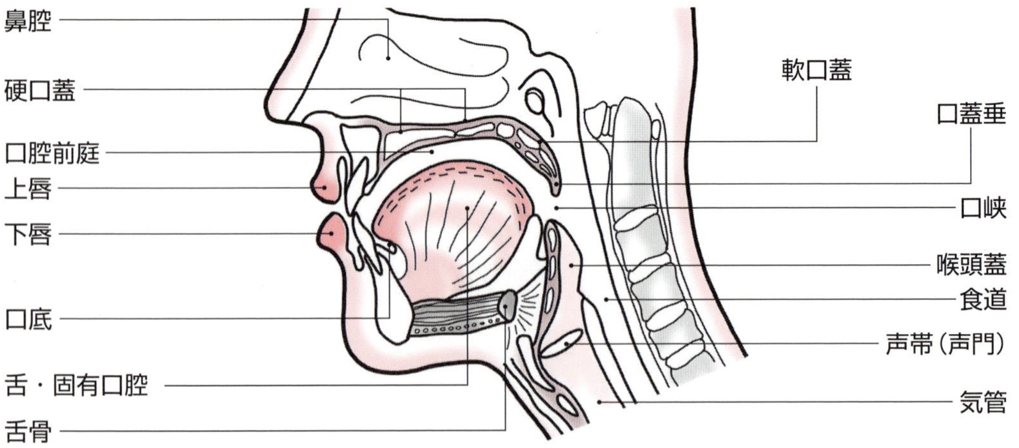

呼吸器の入口であり、後方で咽頭とつながっています。嚥下時には、軟口蓋と上咽頭収縮筋が収縮し、鼻腔と咽頭腔の通路を遮断します。この機能を鼻咽腔閉鎖と呼びます。この鼻咽腔閉鎖は、発音・発声の時の構音のためにも重要な仕組みです。

②咽頭

鼻腔、口腔、咽頭と頸椎の間に位置し、消化器官であるとともに気道の一部でもあり、約12cmの中腔の器官です。上方は口腔、下方は食道とつながり、咽頭は咽頭鼻部（上咽頭）、咽頭口部（中咽頭）、咽頭喉頭部（下咽頭）から構成されています。咽頭の内面の粘膜上皮は加齢とともに薄くなり、萎縮する傾向がみられます[10]。

③喉頭

喉頭蓋から、輪状軟骨の下端までをいい、嚥下時に挙上し、これに伴い咽頭蓋が咽頭口に覆いかぶさり蓋をすることで、気道へ食物が侵入（誤嚥）するのを防いでいます。嚥下機能の簡易スクリーニング法であるRSST（反復唾液嚥下テスト）では、嚥下時のこの一連の動きを喉頭隆起の動きを介し触診して検査します[2]。喉頭は声帯を開閉させて声の高さや質を変える役割があります。喉頭を構成する軟骨には、甲状軟骨、披裂軟骨、喉頭蓋軟骨、輪状軟骨があります。これらの軟骨は靱帯と喉頭筋でつながり、喉頭蓋軟骨は嚥下時に喉頭口をふさぐ蓋の役割をしています。また、咽頭の外壁は、咽頭収縮筋で構成されていますが、加齢に伴い筋肉の収縮力が弱くなるために、嚥下時に食物が咽頭に残りやすくなります[10]。

④食道

第6頸椎の位置から始まり、器官分岐部の後ろを通って胃へ下降する約25cmの中腔の器官です。食塊が通過する際に広がる以外は、前後にやや圧平された状態で閉鎖しており、この働きにより、飲食物が食道から上方器官へ逆流するのを抑止しています。食道は縦走筋と、その内側にある輪状筋でできており、これらの筋が食塊を胃の中へ絞り込むように送り込む動き（蠕動運動）をします。

(3) 唾液の機能

唾液にはさまざまな機能があり、**表3**に示すように、口腔の健康維持や食物の摂取に不可欠な存在で、咀嚼、嚥下、発語などの顎口腔の機能が円滑に営む上で極めて重要な役割を担っています[3]。唾液は、刺激がなくても自然に分泌される安静時唾液と、咀嚼、味覚刺激や食物の連想などの刺激によって分泌される刺激唾液に分けられます。唾液は、左右両側に存在する3種類の大唾液腺（耳下腺・顎下腺・舌下腺）と、舌や口腔粘膜に散

在する小唾液腺があり、1日に約1〜1.5Lの唾液が分泌されます（**図11**）[10]。唾液の分泌量は、1日のなかでも（日内変動）、季節によっても（季節変動）変動します。1日のなかでは特に、昼間にピークを迎え、睡眠中はほとんど分泌されません。睡眠中の唾液分泌量の著しい低下と口腔清掃不良は、歯垢（プラーク）の蓄積を引き起こし、結果としてむし歯や歯周病が発生しやすい環境をつくります。そのため、口腔ケアの時間を設定するときには、こういった1日のなかでの分泌量の変動を考慮しておく必要があります。また、一般的に加齢に伴い唾液腺は萎縮する傾向があるために唾液分泌量は減少するといわれています。それ以外にも、服用薬によっては、副作用として唾液分泌の低下をきたすと報告されているものも数多

表3 唾液のさまざまな機能

消化作用	唾液中のアミラーゼは消化酵素として働く
水分代謝作用	体が脱水状態になると、尿生成を抑止し、飲水行動を促進させる
潤滑作用	粘膜を滑らかにして、嚥下や発音を円滑にする
浄化作用	唾液によって溶解された飲食物を希釈し、食物残渣を洗い流す
粘膜保護作用	粘膜の乾燥を防ぎ、化学物質や細菌の酵素の影響を緩和する
抗菌作用	細菌を殺菌、発育を抑制する
味覚作用	食欲、消化酵素の分泌、消化管運動を亢進する
歯質保護作用	酸による脱灰（※）から歯質を守る
排泄作用	体内に投与された薬物、化学物質、金属の血中濃度が高い場合、唾液中に排泄される
緩衝作用	口腔内や歯垢の中のpHを変動させにくくする
再石灰化作用	酸などで脱灰した歯質にカルシウムイオンやリン酸イオンが再沈着させる

※脱灰…カルシウムなどの無機質が溶け出すこと

図11 大唾液腺の種類

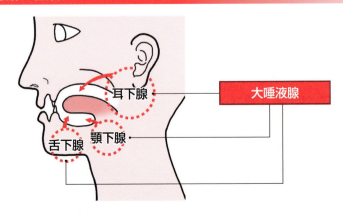

表4 口渇を副作用とする薬剤

種類	主な薬剤
中枢神経系用剤	向精神薬、抗うつ薬、抗不安薬、催眠鎮静薬
循環器官系用剤	降圧薬、不整脈治療薬、利尿薬、冠血管拡張薬
ホルモン剤	副腎皮質ホルモン剤、ホルモン剤
末梢神経系用剤	鎮痙薬、自律神経用剤
消化器官系用剤	消化性潰瘍治療薬、整腸薬
呼吸器系用剤	鎮咳去痰薬
アレルギー用剤	抗ヒスタミン薬
そのほか	抗悪性腫瘍薬、散瞳薬、特殊輸液・浸透圧剤

くあり、特に高齢期で服用する薬剤が多く含まれているため注意が必要です（**表4**）[10]。

3 摂食、咀嚼、嚥下[8]

(1) 摂食

摂食とは、食物を目で見てから嚥下するまでの広い範囲を意味します。

①食べる機能　感覚—運動系の仕組み

食べる機能である摂食機能は、口腔領域はもちろんのこと、頭部から頸部にかけての多くの筋肉群が協調している非常に複雑な機能です。摂食するときの感覚情報としては、口腔領域の粘膜（唇、歯肉、舌、口蓋など）や歯などに食物が直接触れてから得られる表面感覚だけでなく、下顎を動かす筋（咀嚼筋）の深部感覚や、顎の関節の固有受容器および歯根膜（歯と顎の骨をつなぐ線維）の圧受容器など、食物とは直接触れなくても、食物を処理する動きの過程で常に生じる感覚などがあります。また、摂食には直接関与しないものの、食物の位置の確認、色彩、形状、香りなどの情報、また食事の雰囲気など、摂食する上で環境的な意味からの刺激を視覚、聴覚、嗅覚などの受容器から感覚として受けていきます。これらの部位からの多くの感覚に対応して様々な器官を動かす（運動）ため、多くの筋肉が複雑に協調して動いています。

②味覚

味覚は、栄養と毒のシグナルといわれ、摂取可能なものか、拒否すべきかを判断する重要な情報源であり、摂食行動をコントロールしています。

一般に、甘味はエネルギー源となる糖分、うま味は栄養となるアミノ酸やたんぱく質、塩味はミネラル、酸味は腐敗物や未熟な物、そして苦味は毒物のシグナルとして、生命を維持するために重要な役割をもっています。味を感じる最初の段階は、食品から唾液によって溶け出した味物質が、口腔粘膜にある味蕾細胞に届けられることで味を感じます。味を舌で感じるのは、味蕾の約2/3が舌の上に存在するためです。

　加齢とともに味蕾の数は、減少するといわれていますが、年齢とともに味覚の機能が低下するかどうかは明らかではありません。味覚障害は、一般に栄養素の欠乏、薬の副作用や腎障害、肝障害、胃腸障害などによって引き起こされると考えられています。

　口の中のカンジダ菌が増加することによって起こる感染症である口腔カンジダ症は、高齢者に多くみられます**（図12）**。カンジダ菌は、舌の上で薄い膜を作って増殖することから、味を感じるセンサーである味蕾を覆ってしまい、味を感じにくくします。また、カンジダ菌は口の中を清潔に保つことで、その増殖を防ぐことができるので、おいしく食べるためには、舌の清掃や歯ブラシの励行などの口腔ケアがとても重要です[2]。

(2) 咀嚼

　咀嚼とは、摂取した食物を咬み切り（咬断）、砕き（粉砕）、すりつぶし（臼磨）、唾液と混ぜることで食塊を形成し、嚥下に引き継ぐまでのプロセスで、歯、歯周組織、舌、口唇、口蓋、顎関節や咀嚼筋など多くの器官や組織が協調することによって運動が行われます。また、咀嚼には実に多くの効果があります。「何でもよく咬める」ということは、口腔内だけでなく全身状態にも影響を与えています[9]。咀嚼の際の食物の咬断や粉砕に必要な咬合力は、加齢による咀嚼筋の減少と機械的な特性の低下によって、高齢者では若年者の60～70％にまで減少するといわれています。咬合力

図12　口腔カンジダ症の写真

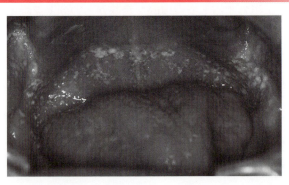

頬粘膜、口蓋、舌に広範囲に白斑を認める

の個人差は、若年者でもみられますが、高齢者では特にその差が大きくなるといわれています[11]。ほかに咀嚼機能を低下させる要因としては、現在歯数の減少、咬合面の平坦化、舌・口腔周囲の表情筋の機能低下、唾液分泌量の低下などが挙げられます[10,11]。咀嚼機能の改善や維持のためには、歯科医療専門職との連携によって自分の歯、義歯でしっかり咬めているかを正しく評価することが必要です。

①咀嚼の口腔内への影響
- 消化作用…食物の消化、吸収能率を高める
- 唾液分泌促進作用…唾液の分泌を促進する
- 自浄作用…口腔内を洗浄する
- 味覚発現作用…味覚を発現させる
- 食感認知作用…歯ざわりや舌ざわりを感じる
- 生体防御作用…食物中の異物を認知する
- 顎顔面発育促進作用…顎、顔面の発育を促す

②咀嚼の全身への影響
- 精神安定作用…精神状態を安定させる
- 血液循環促進作用…血液循環を助ける
- 脳活性作用…脳の発育や働きを促す
- 認知症予防作用…身体の老化を防止する
- 肥満防止作用
- がん予防作用
- 自律神経調整作用

《顎の運動》図13、図14

顎の運動は、咀嚼運動の一部です。顎の運動は主として、咀嚼筋と舌骨上筋群（顎二腹筋（前腹・後腹）、顎舌骨筋、オトガイ舌骨筋、茎突舌筋）、さらに舌骨を固定する際に舌骨下筋群も関与しています。咀嚼筋[8]には、①咬筋、②側頭筋、③内側翼突筋、④外側翼突筋の4種類の筋があります。閉口時には咀嚼筋が使われ、舌骨下筋群が舌骨を固定し、舌骨上筋群が収縮することにより開口します。しかし、咀嚼筋の外側翼突筋は下顎を前方や側方へ動かすことにより結果的に開口させています。

(3) 嚥下[8]

嚥下とは、咀嚼によって形成された食塊を咽頭から食道を経て、胃に送

図13　舌周囲の構造

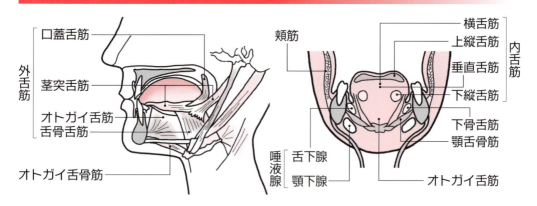

井出吉信、小出馨、他:補綴臨床別冊　チェアサイドで行う顎機能検査のための基本　機能解剖　医歯薬出版　2004を一部改変

図14　咀嚼に関わる筋肉（咀嚼筋）

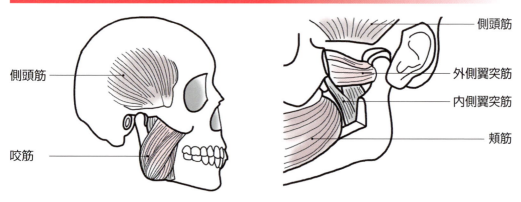

り込むことを意味しており、舌、咽頭、喉頭、食道などの筋肉や機能が複雑に協調しあうことによって行われています。そのため、嚥下を理解するためには、これら嚥下に関わる器官の位置関係を理解しておく必要があります。

　嚥下反射のプロセスは非常に複雑です**（図15）**。この嚥下のプログラムは、脳幹の延髄にある嚥下中枢でコントロールされています。自分の意思で嚥下するときには、大脳皮質から嚥下中枢に嚥下の指令が送り出されます（中枢性の嚥下）。食物や唾液を意識せずに嚥下する反射的な嚥下である末梢性の嚥下も、中枢性の嚥下も、延髄にある嚥下中枢に情報を送って嚥下を誘発しています。

　嚥下の重要な機能として、食塊を食道に移送するだけでなく、気道を防御する働きもあります。嚥下時には、声門が閉鎖し、呼吸は制限され（嚥下時無呼吸）、同時に弱い呼気圧を発生させることにより、気道への食物

図15　嚥下反射のプロセス

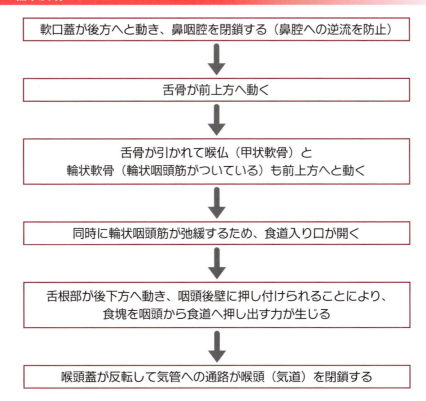

の侵入を防いでいます。たとえ食物や液体が気管に入っても、これを排除するために、咳やむせのような気道を防御する反射が働いているのです。

4　食べるメカニズム

　通常、摂食・嚥下の流れは、食べ物の移動の流れに沿って、認知期（先行期）、準備期、口腔期、咽頭期、食道期の5期に分けて説明されます（**図16**）。特に後半の口腔期、咽頭期、食道期を嚥下の3期と呼びます。また咀嚼運動は準備期を中心として行われます[2]。

(1) 認知期（先行期）

　食物が口腔に入る前の時期で、何をどのくらい、どのように食べるかを決定し行動する段階です。過去の体験（記憶）に基づき、視覚・嗅覚・触覚などを通して、食物の性質を総合的に感知し、食べてよいか、口に運ぶ食物の量などを決めていきます。さらに、食べ物の硬さ、味、匂い、温度、食べるスピードや咀嚼する力加減など、口腔内での食物の処理方法を予測して必要な動きをするための準備を行います。

図16 摂食・嚥下の流れ

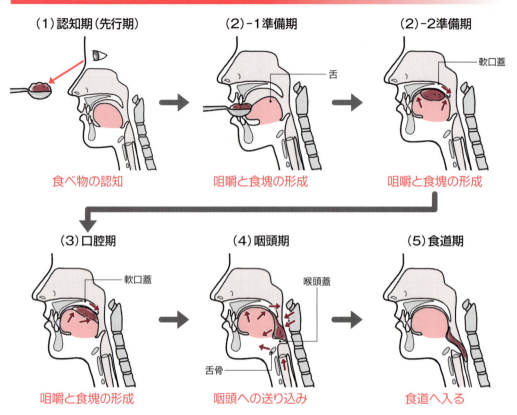

(2) 準備期（咀嚼期）

食物を随意運動により口腔内に摂取する段階です。捕食し咀嚼することで粉砕処理をし、唾液と混ぜ合わせる加工処理を行い、移動させて、嚥下に適した食塊を形成していきます。

①捕食

顎と口唇の開閉によって食物を口腔内に取り込む。

②加工処理

捕食によってとり込まれた食物を硬口蓋と舌で圧縮・粉砕して、唾液と混和する。

③移動・食塊形成

加工処理され口腔内に広がった食物は、舌背中央部に集められ口蓋との隙間にまとめられる。

(3) 口腔期（嚥下第1相）

口腔から咽頭へ食塊を送り込む時期で、随意運動から次第に不随意運動（反射運動）へと移行していきます。自分の意思で随意的に止めることも

可能ではありますが、通常の食事では、ほぼ無意識のうちに終わる過程です。準備期で形成された食塊は、ほぼ舌中央部の舌背のくぼみに位置しており、そこから後方に食塊が送られ、軟口蓋後端の両脇（口蓋弓）や舌根、あるいは咽頭の後壁（嚥下反射誘発部位）に物が触れると、嚥下反射が起こります。軟口蓋の上面は鼻咽頭方向に引き上げられはじめ、咽頭筋の収動へと移行し、嚥下反射が開始する時期です。

(4) 咽頭期（嚥下第2相）

食塊が咽頭を通過し、食道に送り込まれる段階です。反射的に行われるため、不随意運動（反射運動）となります。舌の速い動きで食塊を咽頭口部から下咽頭へ送り込み、食塊を押し進めていきます。同時に咽頭筋は、下咽頭を上に引き上げ、喉頭口は喉頭蓋により閉鎖されます。喉頭は上方だけでなく前方にも偏移し、これによって食道が拡張（約0.5秒）する余裕ができます。食塊は嚥下時に一部喉頭蓋の上を通過しますが、そのほとんどは喉頭口の左右にある梨状陥凹を通過していきます。喉頭が上前方への拳上（喉頭挙上）することによって、輪状咽頭筋が弛緩し、食道入口部は開大して、食塊は咽頭から食道に入っていきます。瞬間的に口唇により口腔が閉鎖、上方は軟口蓋により鼻咽腔が封鎖、前方は喉頭蓋により喉頭が閉鎖されます。

(5) 食道期（嚥下第3相）

反射性の運動で、食塊から食道に入り、胃に送り込まれるまでの段階です。食道と胃との境界に下食道括約筋があり、ここを食塊が通過することにより嚥下が終了します。下食道括約筋は、通過した食物が胃から食道に逆流するのを防いでいます。食塊は食道の中を食道筋の収縮（蠕動運動）により胃（噴門）に向かって運ばれ、食道通過に水分で約3分、固形食はそれ以上の時間を有します。食塊が食道を通過した後は、鼻腔、咽頭、喉頭の順に開放されます。

5 誤嚥性肺炎

肺炎は、高齢者の死因の上位を占めています。肺炎のなかでも、特に口腔内の食物や唾液などが誤って気管に流入する誤嚥によって引き起こされる肺炎を「誤嚥性肺炎」とよびます。全ての誤嚥が肺炎につながるわけではなく、肺炎を生じるかどうかは、誤嚥の量や内容といった「侵襲」と、呼吸機能や誤嚥したものを喀出する力、体力や免疫力といった「抵抗」の

バランスで決まるとされています。「侵襲」が大きくなるか、もしくは「抵抗」が小さくなった時に誤嚥性肺炎へとつながるため10)、要介護高齢者の場合は、不良な口腔衛生状態によって口腔内の微生物を誤嚥することで発症する例が多くなります。

　誤嚥性肺炎の原因としては、①食物をそのまま誤嚥したことによる場合、②喉に形成された細菌叢からの分泌物を、食事や唾液とともに誤嚥したことによる場合、③胃や食道から逆流した内容物を誤嚥したことによる場合が考えられます。

　誤嚥をしても全くむせない場合を不顕性誤嚥とよび、食事中はほとんどむせていないのに、①発熱を度々繰り返すようになった、②痰が多くなった、③食後に声質が変わる、④食事が疲れる、⑤食事にかかる時間が長くなった、⑥失禁頻度が増加したなどの症状が目立つようになってきたら不顕性誤嚥を疑う必要があります2)。

6 摂食嚥下障害の原因8)

　疾病や老化などの原因によりこれまでに示した摂食嚥下のプロセスが困難になる障害を摂食嚥下障害といいます。摂食嚥下障害の原因としては、特定の場所に特定の病変を見出すことが出来る器質的原因と、構造上や形態に問題がなくとも、それを動かす筋肉や神経の障害に起因する機能的原因、心理的原因に大別されます。

(1) 器質的原因
①口腔・咽頭

　舌炎、アフタ（有痛性の白い斑）、歯槽膿漏
　扁桃炎、扁桃周囲膿瘍
　咽頭炎、喉頭炎、咽後膿瘍
　口腔・咽頭腫瘍（良性・悪性）
　口腔咽頭部の異物、術後
　外からの圧迫（甲状腺腫、腫瘍など）
　そのほか

②食道

　食道炎、潰瘍
　食道ウエブ（Web・膜）、憩室（Zenker）
　狭窄、異物
　腫瘍（良性・悪性）

食道裂孔ヘルニア
外からの圧迫（頸椎症、腫瘍など）
そのほか

(2) 機能的原因
①口腔・咽頭
脳血管障害、脳腫瘍、頭部外傷
脳腫瘍、脳炎、多発性硬化症
パーキンソン病、筋萎縮性側索硬化症
末梢神経炎、ギランバレー症候群など
重症筋無力症、筋ジストロフィー
筋炎（各種）、代謝性疾患
薬の副作用
そのほか

②食道
脳幹部病変
アカラシア（下食道括約筋が病的に開かない状態）
筋炎
強皮症、全身性エリテマトーデス
薬の副作用
そのほか

(3) 心理的原因
神経性食欲不振症
認知症
心身症
うつ病、うつ状態
そのほか

3 サービスメニュー

口腔機能評価をどうする

1 口腔機能評価の位置付け

　介護予防事業において口腔機能プログラムに関連した評価が行われる場合は、以下の場面が挙げられます。

①プログラム対象者の選定
　　ⅰ）地域支援事業（一般介護予防事業［適宜］）
　　ⅱ）通所サービス

②プログラム提供時の事前・事後評価とモニタリング
　　ⅰ）地域支援事業（一般介護予防事業［適宜］）
　　ⅱ）通所サービス

　評価方法は同一事業内では同一の方法で一貫して評価することが重要です。しかし、事業の規模、地域性などによって評価法を適宜変更せざるを得ない場合もあります。
　本稿では場面ごとの評価法について解説を行います。

2 サービス対象者の選定

※平成27年からの新しい介護予防・日常生活支援総合事業では、一次予防・二次予防の区分はなく、介護予防を実施するとしています。しかし、高リスクの把握は重要です。

(1) 地域支援事業でのプログラム対象者の選定

　地域支援事業では、一次予防（疾病の発生を未然に防ぐ行為）施策と、二次予防（疾患を早期に発見・処置する行為）に分かれ、それぞれ対象者の選定方法が異なっています。ここでは、二次予防施策での、二次予防対象高齢者の選定過程での評価項目を中心に解説を行います。
　二次予防対象高齢者の選定は基本チェックリストの口腔機能関連項目、さらに基本健康診査の生活機能評価（口腔機能）として追加された項目で、総合的にスクリーニングされます**（図17）**。

図17　基本チェックリスト(厚生労働省作成)

基本チェックリスト（厚生労働省作成）

分類	No	質問項目	回答		得点
暮らしぶりその1	1	バスや電車で1人で外出していますか	0. はい	1. いいえ	
	2	日用品の買い物をしていますか	0. はい	1. いいえ	
	3	預貯金の出し入れをしていますか	0. はい	1. いいえ	
	4	友人の家を訪ねていますか	0. はい	1. いいえ	
	5	家族や友人の相談にのっていますか	0. はい	1. いいえ	
		No. 1〜5の合計			
運動器関係	6	階段を手すりや壁をつたわらずに昇っていますか	0. はい	1. いいえ	
	7	椅子に座った状態から何もつかまらずに立ち上がってますか	0. はい	1. いいえ	
	8	15分間位続けて歩いていますか	0. はい	1. いいえ	
	9	この1年間に転んだことがありますか	1. はい	0. いいえ	
	10	転倒に対する不安は大きいですか	1. はい	0. いいえ	
		No. 6〜10の合計			3点以上
栄養・口腔機能等の関係	11	6ヶ月間で2〜3kg以上の体重減少はありましたか	1. はい	0. いいえ	
	12	身長（　　cm）体重（　　kg）（＊BMI 18.5未満なら該当） ＊BMI（＝体重(kg)÷身長(m)÷身長(m)）	1. はい	0. いいえ	
		No. 11〜12の合計			2点以上
	13	半年前に比べて堅いものが食べにくくなりましたか	1. はい	0. いいえ	
	14	お茶や汁物等でむせることがありますか	1. はい	0. いいえ	
	15	口の渇きが気になりますか	1. はい	0. いいえ	
		No. 13〜15の合計			2点以上
暮らしぶりその2	16	週に1回以上は外出していますか	0. はい	1. いいえ	
	17	昨年と比べて外出の回数が減っていますか	1. はい	0. いいえ	
	18	周りの人から「いつも同じ事を聞く」などの物忘れがあると言われますか	1. はい	0. いいえ	
	19	自分で電話番号を調べて、電話をかけることをしていますか	0. はい	1. いいえ	
	20	今日が何月何日かわからない時がありますか	1. はい	0. いいえ	
		No. 18〜20の合計			
		No. 1〜20までの合計			10点以上
こころ	21	（ここ2週間）毎日の生活に充実感がない	1. はい	0. いいえ	
	22	（ここ2週間）これまで楽しんでやれていたことが楽しめなくなった	1. はい	0. いいえ	
	23	（ここ2週間）以前は楽にできていたことが今ではおっくうに感じられる	1. はい	0. いいえ	
	24	（ここ2週間）自分が役に立つ人間だと思えない	1. はい	0. いいえ	
	25	（ここ2週間）わけもなく疲れたような感じがする	1. はい	0. いいえ	
		No. 21〜25の合計			

☆チェック方法
　回答欄のはい、いいえの前にある数字（0または1）を得点欄に記入してください。

☆基本チェックリストの結果の見方
　基本チェックリストの結果が、下記に該当する場合、市町村が提供する介護予防事業を利用できる可能性があります。お住まいの市町村や地域包括支援センターにご相談ください。

●項目6〜10の合計が3点以上
●項目11〜12の合計が2点
●項目13〜15の合計が2点以上
●項目1〜20の合計が10点以上

口腔機能向上プログラム

基本チェックリストは対象者による自書、さらに生活機能評価（口腔機能）は医師により行われます。したがって本調査項目については医師会と連携を取り、円滑に評価が行われるように理解を求めることが重要です。

●二次予防対象高齢者選定評価項目
①基本チェックリスト（13）（14）（15）
（13）半年前に比べて固いものが食べにくくなりましたか？
　　　　　　　　　　　　　　　　　　　　　　　　（はい、いいえ）
（14）お茶や汁物等でむせることがありますか？　　（はい、いいえ）
（15）口の渇きが気になりますか？　　　　　　　　（はい、いいえ）

②基本健康診査項目
（生活機能評価：口腔機能）
・口腔内視診（口腔衛生状態）
　基準写真などをもとに、口腔衛生状態の評価を行うことが効果的です。
・反復唾液嚥下テスト（RSST：Repetitive Saliva Swallowing Test）

二次予防対象高齢者候補者（基本チェックリスト＋基本健康診査項目）
・半年前に比べて固いものが食べにくくなった方
・お茶や汁物等でむせることがある方
・口の渇きが気になる方
・視診で口腔衛生状態が悪い方
・RSSTが2回以下の方

　以上の項目のスクリーニングから、上記のものが地域支援事業、二次予防対象高齢者候補者となり、地域包括支援センターでさらに本人、家族などとの面接、医療機関からの情報提供などのステップを踏み、総合的に該当事業が決定されます。

(2) 通所系サービスでの対象者選定
　本サービスにおける対象者の選定は、介護認定審査で要支援または要介護の認定を受けた者に対して行われます。この選定は、基本チェックリストの（13）（14）（15）と同様の質問や食事や口腔に関するQOL項目 **(表5)**、さらには地域支援事業での口腔機能向上プログラム候補者選定作業に使用した調査項目（反復唾液嚥下テスト、口腔衛生状態）を準用し行われることが想定されます。聞き取り調査を中心に行い、本人からの聞き取りが困難な場合は、家族などから情報を収集する必要があります。本サービスにおいて、口腔機能向上プログラム選定にかかわる業種に対して、口腔機能

表5　食事や口腔に関するQOLの評価

1	食事が楽しみですか 1とても楽しみ　2楽しみ　3ふつう　4楽しくない　5全く楽しくない
2	食事をおいしく食べていますか 1とてもおいしい　2おいしい　3ふつう　4あまりおいしくない 5おいしくない
3	しっかりと食事が摂れていますか 1よく摂れている　2摂れている　3ふつう　4あまり摂れていない 5摂れていない
4	お口の健康状態はどうですか 1よい　2まあよい　3ふつう　4あまりよくない　5よくない

向上プログラムの重要性、概念などの情報を的確に伝えることが重要です。

3　プログラム提供時の事前・事後評価とモニタリング

(1) 地域支援事業（二次予防対象高齢者施策、一次予防施策［適宜］）

　本事業では、サービス事業運営者の裁量によって評価法、評価者（歯科衛生士、言語聴覚士、看護師、歯科医師などの専門職）が決定されます。基本的には事前・事後評価法（表6）の軽度要介護者用の項目を中心に選択され実施されますが、本項目以外にも適宜必要な項目を追加しサービス運営に役立てることが重要です。

(2) 通所系サービス

　本サービスでは、サービス事業運営者の裁量によって評価法、評価者（歯科衛生士、言語聴覚士、看護師のいずれかの専門職）が決定されます。基本的には事前・事後評価法の項目を中心に選択され実施されますが、本項目以外にも適宜必要な項目を追加しサービス運営に役立てることが重要です（ 4 各評価項目解説を参照）。

　本サービスの対象者はADL障害が多様であることから、評価項目の選択に際しては、対象者の状態を十分配慮し安全性を重視し行うことが重要です。

　また、専門職は、介護職による評価結果を踏まえ、さらに必要な場合は介護職からの情報収集を行い、専門的な評価を行うことが、重要なポイントとなります。この作業を確実に行うことが対象者にとって効果的な個別プログラム作成につながります。

表6 事前事後評価表

	軽度要介護高齢者調査項目		重度要介護高齢者調査項目	
	介護職によるアセスメント	専門職によるアセスメント	介護職によるアセスメント	専門職によるアセスメント
QOL	1.食事が楽しみですか 2.食事をおいしく食べていますか 3.しっかり食事がとれていますか 4.お口の健康状態はどうですか	なし	1.食事が楽しみですか 2.食事をおいしく食べていますか 3.しっかり食事がとれていますか	なし
食事・衛生等	1.食事への意欲はありますか 2.食事中や食後のむせ 3.食事中の食べこぼし 4.食事中や食後のタン(痰)のからみ 5.食事の量(残食量) 6.口臭 7.舌、歯、入れ歯などの汚れ	なし	1.食事への意欲はありますか 2.食事中や食後のむせ 3.食事中の食べこぼし 4.食事中や食後のタン(痰)のからみ 5.食事の量(残食量) 6.口臭 7.舌、歯、入れ歯などの汚れ	なし
衛生	なし	1.食物残渣 2.舌苔 3.義歯あるいは歯の汚れ 4.口腔衛生習慣(声かけの必要性)	なし	1.食物残渣 2.舌苔 3.義歯あるいは歯の汚れ 4.口腔衛生習慣(声かけの必要性) 5.口腔清掃の自立状況(支援の必要性) 6.ここ1カ月の発熱回数
機能	なし	1.反復唾液嚥下テスト(RSST)の積算時間 2.オーラルディアドコキネシス 3.頬の膨らまし(空ぶくぶくうがい)	なし	1.反復唾液嚥下テスト(RSST)の積算時間 2.オーラルディアドコキネシス 3.頬の膨らまし(空ぶくぶくうがい)

厚生労働省資料より作成

4 各評価項目解説

(1) QOL評価

　表7の評価は、主に介護職が聞き取り調査によって行いますが、本人からの情報収集が困難な場合は、家族などの対象者の状況を把握している者から情報収集を行います。

(2) 食事・口腔衛生などに関する評価

　表8の評価は介護職によって行われます。
　〝食事の意欲〟の把握は、個別プログラム作成にあたり、基本となる評価

表7 （介護職）

1. 食事が楽しみですか	1 とても楽しみ　2 楽しみ　3 ふつう　4 楽しくない　5 全く楽しくない
2. 食事をおいしく食べていますか	1 とてもおいしい　2 おいしい　3 ふつう　4 あまりおいしくない　5 おいしくない
3. しっかりと食事が摂れていますか	1 よく摂れている　2 摂れている　3 ふつう　4 あまり摂れていない　5 摂れていない
7. お口の健康状態はどうですか	1 よい　2 まあよい　3 ふつう　4 あまりよくない　5 よくない

表8 （介護職）

1. 食事への意欲はありますか		1 ある　2 あまりない　3 ない
2. 食事中や食後のむせ		1 ある　2 あまりない　3 ない
3. 食事中の食べこぼし		1 こぼさない　2 多少はこぼす　3 多量にこぼす
4. 食事中や食後のタン（痰）のからみ		1 ない　2 時々ある　3 いつもからむ
5. 食事の量（残食量）		1 なし　2 少量（1/2未満）　3 多量（1/2以上）
6. 口臭		1 ない　2 弱い　3 強い
7. 舌、歯、入れ歯などの汚れ		1 ある　2 あまりない　3 ない

が低下している場合、疾患の有無または食事の環境整備などの検討が必要となります。〝むせ〟〝タン（痰）のからみ〟の出現は、上気道感染の一つの徴候であるとともに、食事中での特異的な出現は嚥下機能低下のスクリーニングとして重要です。〝食べこぼし〟の出現は口唇閉鎖機能の低下さらには嚥下時の口腔陽圧形成不全のスクリーニングとして重要です。〝食事量〟は、食事環境によって変化します。つまり口腔機能と食事形態の不一致や食事の姿勢、食事の器具などにも影響されます。口臭や舌、歯、義歯などの汚れは、口腔清掃状況のスクリーニングはもちろんのこと、口腔機能低下の結果として生じることもあります。評価を行う際、特定の日の状況だけでなく、対象者の日常の状況をできるだけ正確に把握する必要があります。

　日常の食事の状態を介護職から情報収集することは重要です。介護職が食事の状況を把握できない場合は、介護職は家族などから情報収集を行うこととなります。また、介護職による口腔衛生状態の把握は、以降のプロ

表9-1　（専門職）

1. 食物残渣	1なし・少量	2中程度	3多量
2. 舌苔	1なし・少量	2中程度	3多量
3. 義歯あるいは歯の汚れ	1なし・少量	2中程度	3多量
4. 口腔衛生習慣（声かけの必要性）	1必要がない	2必要あり	3不可

グラム提供の際、特に施設職員が行う基本的サービスが円滑に行われるかを予測する一助となります。

介護職から提供される情報に基づき**表9-1**の項目について専門職評価を行います。

①義歯あるいは歯の汚れ・食物残渣・舌苔

介護職員の口腔衛生状態の評価をもとに、歯面、義歯に付着した汚れの評価を行います。評価のポイントは、単に汚れの状況を評価するのではなく、対象者の口腔内で確認された汚れの背景を評価し、個別プログラム作成に反映させることが重要です。例えば歯頸部、歯間部など一般的に汚れが付着しやすい箇所に汚れが認められた場合には、一般的な口腔清掃指導を計画します。一方、歯肉頬移行部（口腔前庭部）などに食物残渣を認めた場合は、機能低下さらには同部の粘膜感覚の低下を疑うことになります。さらに多量の舌苔の付着が認められた場合も舌の機能を疑い、単に一般的な口腔清掃指導をプログラムに盛り込むのではなく、口腔機能低下という側面からのプログラム作成が必要となります。

②口腔衛生習慣（声かけの必要性）

この評価は、口腔清掃の自立支援、さらに習慣化を促すために、個別プログラム作成の際に重要なポイントとなります。声かけの必要性が認められた場合、その背景を明確に把握することが必要です。具体的には、その必要性が単なる生活習慣が原因の場合は、対象者の口腔清掃を中心とした行動変容を促すプログラムなどで対応しますが、認知症などが原因にある場合はその対応は異なってきます。

重度要介護高齢者に対しては、以下の2項目を加えて評価を行います。

表9-2　（重度要介護者）

5. 口腔清掃の自立状況（支援の必要性）	1必要がない	2一部必要	3必要
6. ここ1カ月の発熱回数	（　　）回／月	※37.8度以上の発熱回数を記入	

③口腔清掃の自立状況（支援の必要性）

　口腔清掃の自立状況について、「歯みがき」「入れ歯の着脱・清掃」「うがい」の観察などを通し評価を行います。重度要介護高齢者の場合、背景にある疾患の多様性もあり、そのADLの状況は多岐にわたります。そのため評価を行うポイントとして、その行為が「できている」行為か否かを判断することが重要となります。

④ここ1カ月の発熱回数

　肺炎、インフルエンザの発症は、口腔衛生状態さらに嚥下機能と深い関係があることが知られています。発熱の背景として口腔衛生状態悪化が主な可能性として疑われるのかを、その他の背景（対象者のADL、体力低下など）も含め総合的に判断し、プログラム作成を行います。評価では、直近1カ月間での37.8℃以上の発熱回数を調査します。対象者の平常体温も配慮し適切に判断することが必要です。

（3）機能評価
①オーラルディアドコキネシス

　発音を用いて、舌、口唇などの運動の速度や巧緻性の評価を行う方法です。測定を行う際には、対象者に〝口の器用さを調べる検査です″と伝え行います。「パ」「タ」「カ」を繰り返しなるべく早く発音させ、その数を5秒ないし10秒間測定して、1秒間に換算して記録します。

②頬膨らまし

　この評価はうがいテスト、特にリンシング（ぶくぶくうがい）テストに準じた方法として行います。頬を膨らます時は、口唇を閉鎖し、舌の後方を持ち上げ、軟口蓋を下方に保つ（舌口蓋閉鎖）ことで口腔と咽頭が遮断されます。したがって、これらの関連器官の運動が正常であることのスク

表10　（専門職）

1．反復唾液嚥下テスト（RSST）の積算時間 　　1回目（　　　）秒　　2回目（　　　）秒　　3回目（　　　）秒
2．オーラルディアドコキネシス 　　パ（　　　）回／秒　　タ（　　　）回／秒　　カ（　　　）回／秒 　　※パ、タ、カをそれぞれ10秒間にいえる回数を測定し、1秒間あたりに換算
3．頬の膨らまし（空ぶくぶくうがい） 　　1 左右十分可能　　2 やや十分　　3 不十分

図18　頬の膨らまし

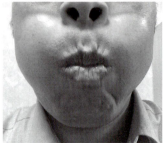 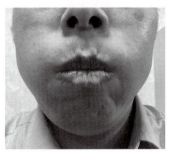 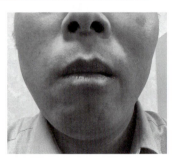

　　左右十分可能　　　　　　　やや不十分　　　　　　　　不十分

リーニングとなります。頬膨らましが不十分な場合は、口唇の閉鎖機能が低下しているのか、軟口蓋や舌後方の動きが悪いかを判断する必要があります。

(4) その他の評価項目
①食事についての満足度評価（フェーススケールなど）

　フェーススケールを用いた評価は、馴染みが薄い評価ですので、事前に十分に説明を行うことが重要です。

　食事に関してあなたはどの程度満足していますか、次の顔（満足度）に例えるとどのくらいですか？　と対象者に質問し、回答してもらいます。

図19　食事についての満足度評価

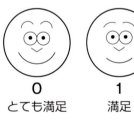

　0　　　　1　　　　2　　　　3　　　　4　　　　5
とても満足　満足　　普通　やや不満　不満　とても不満

②高齢者における咀嚼能力低下判定基準

　咀嚼能力は，食物を粉砕する能力という意味から，捕食から食物を飲み込むまでの過程全部を含めた能力といろいろな意味で使用されています。咀嚼能力の検査法には、実際に試料を咀嚼してもらって直接判定する方法と咀嚼に関与するほかの要素より間接的に測定する方法があります。

　介護予防などで簡便に行うことができる測定法としては次の方法があります。

●食品の混合状態から判定する方法

キシリトールガム 咀嚼力判定用（株式会社ロッテ）のガム一粒を、通常、ガムを噛むように2分間噛んだ後、白い紙等の上にガムを吐き出してもらい、パッケージに記載されているカラーチャートを用い、緑から赤までの色の比較で判定します。

目的：咀嚼能力を視覚的に判定し、咀嚼能力に対する関心を深めます。

方法：①被験者に緑色のガム1枚を通常ガムを噛むように2分間噛ませます。入れ歯を使用している方は3分間噛みます。
②咀嚼後、白い紙などの上にガムを吐き出してもらい、パッケージに記載されているカラーチャートと比較します。十分に咀嚼されていれば鮮やかな赤色を呈します。

咀嚼前のガムは緑色（実際は）を呈していますが、良く噛むことで徐々に赤色に変化します。

メカニズム：このガムは赤・黄・青色の3種類の色素を使用しており、咀嚼前はわずかに配合されている酸味料によりガムは酸性に傾いています。この時、赤色の色素は発色せず、黄色・青色のみ発色しているため、ガムは黄緑色を呈しています。

咀嚼により黄色、青色の色素が徐々に溶出します。同時に酸味料が溶出することと唾液の緩衝作用によってガムのpHが上昇し、赤色の色素が発色することで色調の変化が生じます。

義歯付着性：このガムは歯や義歯に付着しにくいガムベースを使用しています。義歯を使用されている方にも安心してご使用いただけます（全ての方の義歯に付着しない訳ではなく、ティシュコンディショナー［義歯の粘膜調整剤］や義歯安定剤には付着するため注意が必要です）。

キシリトール：甘味料としてキシリトール50％以上配合したシュガーレスガムで香味はミックスフルーツ味。

図20　咀嚼力判定基準

咀嚼力が弱い　　　　　　　　　　　　　　咀嚼力が強い

●咀嚼筋触診（咬筋、側頭筋などの噛みしめ時の緊張度触診）12)

・咬筋の緊張の触診（咬合力）の評価方法と判断基準について

　入れ歯を使用している場合は入れた状態で評価します。咬筋の筋力が低下しているか、低下の恐れがあるかを評価します。

　咬筋の触診は左右の目の付け根の下（愕角部のやや内側）に人差し指、中指、薬指の先の腹の部分で軽く触れます。側頭筋の触診は同様に、こめかみの部分を軽く触れます。

表11　咬筋の緊張の触診の方法

1）対象者にはこれから咬むための筋肉の強さを調べます、と説明する。
2）左右の耳の付け根の下（顎角部のやや内側）に人差し指、中指、薬指の先の腹の部分で軽く触れ、痛くない範囲で、できるだけ強く奥歯で咬んでくださいと対象者に言う。
3）指先で咬筋が緊張して太く、硬くなるのを指が押される感覚で評価する。
4）咬筋が緊張して太く、硬くなるのを触診して評価する。
5）触診が終了したら対象者に力を抜いてください、と指示する。

表12　咬筋の緊張の触診の判断基準

1	強い	指先が強く押される。咬筋が硬くなっているのが明確に触診できる。（強く咬むと、咬筋が緊張して太く硬くなるので、指先が強く押される感触が生じる。）
2	弱い	指先が弱く押される。咬筋が硬くなっているのがほとんど触診できない。
3	無し	指先が押される感覚がない。咬筋が硬くなっているのが全く触診できない。

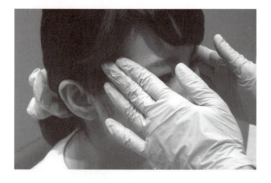

図21　咬筋

図22　側頭筋触診

● **舌機能評価：対象者の状況にあわせ以下の評価法から選択することが望ましい。**

実測評価　①舌の力

・舌圧測定（舌圧測定器による測定または簡易測定）

　JMS舌圧測定器（株式会社ジーシー社より販売）を用いて舌を口蓋に押し付ける力を測定します。舌圧は、加齢とともに低下すること、運動障害を原因とした咀嚼障害患者において低下すること、摂食嚥下障害患者において低下することが知られており、Utanoharaの報告[13]によると、健常者において、60歳代で35から40kPa（キロパスカル）、70歳で30kPaという基準値が提案されています。一方、舌圧の低下した者に対して行う訓練に利用するデバイスが市販されていますが（"ペコぱんだ"JMS社製）、これを用いて簡易に舌圧を測定することもできます。この訓練デバイスは、軟らかめ、普通、硬めの3つのデバイスからなりますが、それぞれ、つぶすのに10、20、30kPa相当の力が必要と設定されており、硬めデバイスをつぶすことができないときは30kPaに満たないと判定することができます。検診後にこのデバイスによる訓練の提案も可能です。

・挺舌（舌をできるだけ前に出してもらい）を促し、舌の可動域を（十分・下唇を越えない・不能）等で評価します。

・舌の左右の可動域についても（十分・口角を越えない・不能）等で評価します。

実測評価　②舌運動の巧緻性（滑舌）（オーラルディアドコキネシス）[12]

　「パ」「タ」「カ」など、きまった音を繰り返し、なるべく早く発音させ、その数やリズムを評価します。10秒間測定して、1秒間に換算する（10

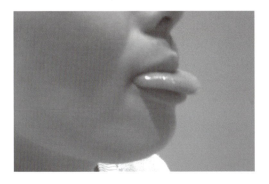

図23　挺舌

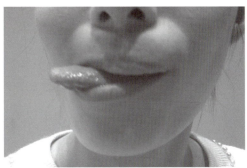

図24　舌側方

秒間の測定が困難な場合には、5秒間測定し、換算します）。途中息継ぎをしても良いことを伝えます。発音された音を聞きながら、発音されるたびに評価者は紙にボールペンなどで点々を打って記録しておき、後からその数を数えます。また、口腔機能測定機器（健口くん：竹井機器工業株式会社）などを使用しての評価も可能です。唇の動きを評価するには"パ"を、舌の前方の動きを評価するには"タ"を、舌の後方の動きを評価するには"カ"を用います。本評価の目的は、舌、口唇、軟口蓋などの運動の速度や巧緻性を発音を用いて評価しようとするものです。

パ（　　　）回／秒　　タ（　　　）回／秒　　カ（　　　）回／秒
リズム（良・不良）

※パ、タ、カをそれぞれ10秒間に言える回数の測定し、1秒間あたりに換算

　　65歳～80歳5,000名を対象とした調査から、オーラルディアドコキネシスのそれぞれの基準値は、男女ともパ：6.0回／秒、タ：6.0回／秒、カ：5.6回／秒でした。

●**嚥下機能評価：対象者の状況にあわせ次の評価法から選択してください。**
①**問診**

　介護予防のための生活機能評価を行うために作成された、基本チェックリストにおける、14)"お茶や汁物などでむせることがありますか（はい、いいえ）"にて評価を行います。また妥当性が認められている質問によるEAT-10評価法（**表13**）などを用いることも可能です。

　EAT-10評価法の質問に関して、0＝問題なし、1＝めったにそうは感

表13　EAT-10評価法

1	飲み込みの問題が原因で、体重が減少した
2	飲み込みの問題が、外食に行くための障害になっている
3	液体を飲み込む時に、余分な努力が必要だ
4	固形物を飲み込む時に、余分な努力が必要だ
5	錠剤を飲み込む時に、余分な努力が必要だ
6	飲み込むことが苦痛だ
7	食べる喜びが飲み込みによって影響を受けている
8	飲み込む時に、食べ物がのどに引っかかる
9	食べる時に咳が出る
10	飲み込むことはストレスが多い

じない、2=ときどきそう感じることがある、3=よくそう感じる、4=ひどく問題として感じる、にて0-4点の間で点数をつけ、各項目スコア合算が3ポイント以上の場合をリスクありとして判定します。

②実測評価

以下に一般的な嚥下機能評価法を紹介します。実測評価を行う際には、いくつかの評価法を併用して嚥下機能を評価することが望ましいといわれています。

- 反復唾液嚥下テスト（RSST：Repetitive Saliva Swallowing Test）

嚥下機能のスクリーニングテストとして簡便に、さらに安全に行える検査です。基本健診などでは30秒間の回数のみの測定です。積算時間を測定する場合は、検査を開始してから、何秒後に1回目の嚥下が生じたか、2回目・3回目というように時間を記録していきます。嚥下回数だけでは僅かな機能改善を捉えることができませんが、積算時間測定ではそれが可能となります。

本法は、嚥下の随意的惹起をみる検査法であるため、認知障害などの指示の入らない方には適用が困難ですが、指示の入る方に対しては、安全で感受性の高い検査です。

表14　反復唾液嚥下テストの方法

方法	①頸部をやや前屈させた座位姿勢をとる。 ②喉頭隆起および舌骨相当部に指腹をあて（次頁写真参照）、唾液を連続して嚥下（空嚥下）を指示する。 ③指腹により嚥下の回数をカウントする→喉頭隆起と舌骨は嚥下運動に伴って指腹を乗り越え、上前方に移動し、また元の位置へと戻る。 ④30秒間の触診でできた嚥下回数を観察値とする。

図25　反復唾液嚥下テストの実際

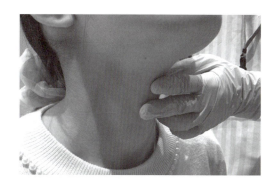

口渇により唾液が出ない場合には、1mL程度の水を口腔底または舌背に注入しても構いません。頸部聴診（下記）を用いて嚥下回数を測定すると微弱な嚥下運動を正確に捉えることができます。

③頸部聴診

嚥下時に咽頭部で産生される嚥下音と嚥下前後の呼吸音を頸部より聴診し、嚥下音の性状や長さ、および呼吸音の性状や発生するタイミングを聴取して、主に咽頭相における嚥下障害を判定する検査法です。侵襲が少なく極めて簡便に行える検査ですが、聴診される音のみの情報で判断をするため、熟練を要します。

目的：嚥下時に咽頭部で産生される嚥下音と嚥下前後の呼吸音を頸部より聴診し、嚥下音の性状や長さ、および呼吸音の性状や発生するタイミングを聴取して、主に咽頭相における嚥下障害を判定する。

方法：聴診器を甲状軟骨部で正中に近い側面、あるいはもう少し下の、輪状軟骨部側面に当てる。この際、聴診器を強く押し当てないようにする。

〈聴診音の特徴と障害〉

①長い嚥下音→舌移送不全・咽頭収縮の減弱・喉頭挙上不全・食道入口部弛緩不全

②弱い嚥下音→移送不全・咽頭収縮の減弱・喉頭挙上不全・食道入口部弛緩不全

③複数回の嚥下音→移送不全・咽頭収縮の減弱・喉頭挙上不全・食道入口部弛緩不全

④泡立ち音→誤嚥の疑い

⑤むせを伴う喀出音→誤嚥の疑い

⑥嚥下直後の呼気音が湿性音・咳音・液体振動音→誤嚥または喉頭・咽頭の液体貯留

図26　頸部聴診の実際

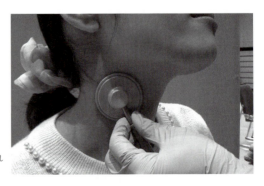

※頸部聴診は、嚥下音だけではなく摂食の流れの中で聞かれる呼吸音と嚥下音とそれらのバランスも聴診します。

表15　改訂水飲みテスト

判定基準	
	①嚥下なし、むせる　and/or　→**重度の嚥下障害**
	②嚥下あり、呼吸切迫（silent aspirationの疑い）→**無症候性誤嚥の疑い**
	③嚥下あり、呼吸良好、むせる and/or湿性嗄声→**誤嚥の疑い**
	④嚥下あり、呼吸良好、むせない→**正常の可能性がきわめて高い**
	⑤④に加え、追加嚥下が30秒以内に２回可能→**正常**

④改訂水飲みテスト

　冷水３mLをシリンジなどを用いて口腔底もしくは舌背に注ぎ、嚥下を指示します。嚥下の評価は、RSSTに準じます。可能であれば追加して２回の嚥下運動をさせ、最も悪い嚥下の状態を評価します。評価が４点以上であれば２回追加嚥下を行い、最も低い評価基準を判定結果とします。

●口腔衛生状況

　口腔衛生状態は以下の項目を適宜選択し、以下基準等を参考に評価します。

ⅰ）プラークの付着状況（ほとんどない・中程度・多量）

　歯面に付着しているプラーク(歯垢)の量を視診にて診査します。
　　１　ほとんどない：プラークがほとんど見られない場合
　　２　中程度　　　：歯面の1/3を超えずプラークが付着している場合
　　３　多量　　　　：１歯以上の歯の歯肉縁に歯面の1/3を超えてプラークが見られる場合

ⅱ）食渣（ほとんどない・中程度・多量）

　歯面や歯間に付着している食渣の量を視診にて診査します。
　　１　ほとんどない：食渣がほとんど見られない場合
　　２　中程度　　　：歯面、歯間の1/3を超えず食渣が付着している場合
　　３　多量　　　　：１歯以上の歯の歯肉縁に歯面、歯間の1/3を超えて食渣が見られる場合

ⅲ）舌苔（ほとんどない・中程度・多量）

　付着している舌苔の舌背に占める面積の割合を視診にて診査します。
　　０　なし
　　１　ほとんどない：1/3より少ない場合

2　中程度　　　：1/3～2/3の割合で付着
　　3　多量　　　　：2/3以上の割合で付着
　より詳細に診査する方法として舌苔の厚み（0：無，1:薄い，舌乳頭が見える　2:厚い，舌乳頭が見えない）を診査し、舌苔スコア＝面積スコア×厚みスコア（0から6段階）とすることが望ましい。

iv）口臭（ほとんどない・弱い・強い）
　対象者の"口臭"について、3段階の評価を行います。聞き取り調査を行う際に，普通に会話を行っている状態で（30～40cm ぐらいの距離）評価を行います。
　　1　ない：口臭を全くまたはほとんど感じない
　　2　弱い：口臭はあるが、弱くがまんできる程度。会話に差し支えない
　　　　　　　程度の弱い口臭
　　3　強い：近づかなくても口臭を感じる。強い口臭があり、会話しにくい

v）義歯清掃状況（良好・普通・不良）
　義歯の表面および内面を診査し、プラーク等の付着状況を視診で確認します。
　　1　良好：ほとんど汚れが付着していない
　　2　普通：若干の汚れの付着している
　　3　不良：汚れが多量に付着している

●口腔乾燥
　舌圧子を用いROAG（Revised Oral Assessment Guide）の評価法に準じて口腔内の湿潤度を判定を行うか、柿木らの方法（以下）などを参考に視診により評価します。

①ROAG（Revised Oral Assessment Guide）
　舌圧子を口腔内に入れ、舌の中心部分と口底に触れる。
　　1：水っぽくサラサラしている
　　2：粘性がある/ネバネバしている
　　3：唾液が見られない(乾燥している)

②柿木らの方法
　　0度（正常）　：乾燥なし（1～3度の所見がなく、正常範囲と思われる）
　　1度（軽度）　：唾液の粘性が亢進している
　　2度（中程度）：唾液中に細かい唾液の泡が見られる

3度（重度）　：舌の上にほとんど唾液が見られず、乾燥している
　口腔内の湿潤度を測定できる医療機器である口腔水分計等により評価する方法を用いてもよい。

●歯の状態

　口腔内診査を行い、歯数（現在歯数、処置歯数、未処置歯数）、義歯の装着状況さらに義歯適合等の状況、さらにインプラントも含め診査します。インプラントに関しては治療の有無の聞き取りなどで確認してもよい。

表16　口腔内診査

①歯数	現在の歯数歯の（　　本）・処理歯数（　　本）・未処置歯数（　　本）
②義歯の部位	上顎（総義歯・局部）　　下顎（総義歯・局部）
③義歯の状況	有→適合状況（良好・義歯不適合・義歯破損） 無→義歯の必要性（あり・なし）
④インプラント	あり・なし

サービスメニュー（口腔機能向上プログラムメニューの実際）

1　プログラムのコンセプト

　介護予防を目的とした口腔機能向上プログラムのコンセプトは、従来の医療保険制度では対応が困難だった口腔機能評価を行い、口腔機能低下が生じている対象者を早期に発見し、早期に対処することです。対象者の選定方法は、他項で説明しましたように地域支援事業、通所サービスで異なってきますが、基本的なコンセプトは同じです。

　口腔機能低下が生じている対象者の選定過程では、機能低下の背景に疾患の存在が無いかをしっかりとみきわめることが重要です。したがってかかりつけ医などの医療機関からの情報提供は大変重要となります。こういった連携を有機的に構築することによって、疾患が原因の機能低下であった場合は医療保険などで対応し、老化や廃用症候群などが原因の機能低下は介護予防事業で対応するといった、対象者、介護者に分かりやすい対応を速やかに行うことができます。このような対応を多職種が連携して行われることにより、口腔機能向上サービスが効率的かつ適切に高齢者の方々へ提供されることになります。

2 各プログラム運営上のコンセプト・留意点

(1) 施設職員との連携

　通所サービスでは、通所施設職員との連携はプログラム運営上極めて重要です。施設職員へは、対象者さらに家族との連絡、日常のプログラムメニュー（基本的サービス）の施行、専門的サービスの補助などを依頼することになります。したがって、毎回のプログラムメニューの内容、時間、コンセプトなどを事前に説明をし、理解してもらうことが必須となります。地域支援事業においても、民間事業所へサービス提供が依頼されることがあります。ここでも、当該民間事業所職員との連携は重要です。

(2) 事前アセスメントから個別プログラム作成へ

　選定された対象者に対して、様々な機能トレーニング（訓練）を中心としたプログラムメニューが個別に作成（個別プログラム）されます。作成にあたり事前アセスメント結果が重要な情報となります。ここで重要なことは対象者自身の明確な目標設定です。目標設定を行う際、〝どうなりたいですか〞〝どんなことをしたいですか〞という問いかけでは、なかなか具体的な目標を対象者から引き出すことは困難です。仮に引き出せたとしても、現実的な目標設定は難しく、現実から離れた目標となりがちです。したがって〝高齢期では機能が維持されることが向上と同程度の価値がある〞ことを認識していただき、〝今の状態を少なくとも維持するためにはどうしたら良いでしょうか〞などといった問いかけから、対象者の口腔機能を取り巻く環境の情報収集を通し、目標設定さらに個別プログラムの作成作業を進めることがポイントとなります。

(3) 口腔清掃の自立を支援

　口腔清掃の自立を支援するには、サービスのコンセプトを明確に理解する必要があります。ポイントは、歯科医院で行う口腔清掃指導と、介護予防事業で行う口腔清掃指導の違いを理解することです。通所施設での口腔清掃の自立支援の例を以下提示します。

　Aさん、75歳、女性（事前アセスメントで口腔清掃状態が芳しくない結果であった。）

　初回時に口腔内の観察を行ってもらいます。観察を行う前に、資料などを使用し口腔内の汚れについての説明を行います。次に口腔内の汚れの確認を行います。歯垢染色液などを使用することも可能ですが、施設の洗面台の設置状況などを配慮し行います。染め出された口腔内を観察すること

を指示します。そこで目に入る器官（唇、歯肉、頬粘膜、舌など）の名称を伝えます。この行為は、次回以降行われる食べる機能の訓練での訓練対象器官を認識してもらう意図もあります。特に舌を前に出してもらい（舌のストレッチの導入）、舌苔が染め出されていることを確認してもらい、舌の清掃方法の指導を簡単に行います。その際、本人にかかりつけ歯科医の有無を尋ね、必要な場合は当該歯科医院への受診を促し、口腔清掃指導の依頼を行います。以降のサービスにおいて、その指導が習慣化しているかを観察し、適宜習慣化するように支援していくことになります。

以上のように、歯科医療と介護予防事業のサービスを使い分けることが重要となります。

(4) 食べる機能の訓練

食べる機能の訓練として、舌、口輪筋、頬筋、咬筋、側頭筋などの訓練、食事の姿勢のチェック修正、嚥下を意識した呼吸訓練などがあります。対象者は口腔機能のメカニズムについての知識がない方がほとんどですので、各訓練を指導する前に、口腔の各器官の役割について理解をしてもらいます。その際、各器官の機能が低下した際の疑似体験を行うことも効果的です。以下に示す疑似体験は、対象者のADLに配慮し、すでに脳血管障害などで不可逆的な運動障害などを持つ方が対象の場合は配慮が必要です。地域支援事業の場合は、対象者のADLが比較的高いことから、サービスメニューとして取り入れると有効です。

疑似体験①：舌の機能が低下した場合

まず普通に唾液を嚥下してもらい、その際の舌の動きを意識するよう指示します。嚥下時に上顎前歯部付近に舌尖が圧接することを確認してもらいます。次に、舌の動きを制御（舌圧子などで舌の動きを抑制するなど）することによって嚥下が困難になることを体験して、舌の機能と嚥下機能は深い関係にあることを理解してもらいます。これにより舌の訓練が嚥下機能の向上につながる訓練であることを認識してもらいます。

疑似体験②：咬む力が低下した場合

まず普通に唾液を嚥下してもらい、その際しっかりと咬合して嚥下運動が開始されることを確認してもらいます。次に、奥歯を咬み合わせないようにして飲み込むことを指示し、嚥下が困難になることを体験してもらいます。咬む力と顎位が嚥下機能とは深い関係にあることを理解し、咬筋、側頭筋などの訓練が咬むことばかりでなく、嚥下機能の向上につながる訓

練であることを認識してもらいます。以上のように、各訓練の意味、目的を理解してもらいながら訓練を行います。

(5) プログラムメニューの習慣化

　これまで述べてきたように、プログラムメニュー内容の理解は自習を促しサービス終了後の習慣化につながることから、重要なポイントとなります。習慣化を目的に、プログラムの終盤では、訓練などを通して向上した機能を維持する方法を指導します。日常の食事場面を食べる機能の訓練の場と捉え、安易に軟らかい食品を選択するのではなく、対象者の口腔機能に合ったできるだけ咬み応えのある食品を一品でも摂るように、具体的に食品サンプルなどを使用して説明します。この指導によって生じる行動変容が、廃用症候群進行を予防し、さらにサービス終了後の習慣化につながります。

　また、対象者のADLが高い場合は、毎回のメニューの最後にセルフケア実施記録などへの対象者自身による記入を行います。記入は、セルフケアの内容、頻度などとサービス提供者の指導内容なども行います。この目的は、①自宅などでのセルフケアの支援と、サービス終了後のプログラムメニューの習慣化、②サービスメニューが対象者に適切か否かのモニタリングです。記入されたセルフケア実施記録から、作成した個別プログラムを毎回チェックし、必要な場合は適宜その内容を修正していきます。対象者に合ったプログラムメニューの提供は、習慣化につなげる重要なポイントとなります。

(6) レクリエーション性を持ったサービスメニュー

　無機質なトレーニングメニューだけでなく、レクリエーション性を持ったサービスメニューを行うことは、訓練の継続に効果があります。レクリエーション性を持ったサービスメニュー内容は、対象者のADL、理解度などに配慮し提供することが重要です。

　また、対象者に自身の〝顔〞に興味を持っていただく目的でメイク教室、洗顔マッサージレクチャーなどを行うことも効果があります。特にこの際の講師は地域の美容関係などに依頼することが望ましく、こういった一連の連携が介護予防事業を地域に根付かせることにつながり、〝地域で支える介護予防事業〞へと近づけることができます。

(7) 地域支援事業などでの運営

　地域支援事業、通所系サービスの一部は食事の前後でサービス提供がで

きない場合があります。その際は、食事を除いたタイムスケジュールを考慮し、計画、運営することとなります。

　事業の特性、対象者の状況などを十分把握し効率的な運営を行っていくことが重要です。

(8) メニューの流れ
①事前説明
（地域包括支援センター・通所系サービス施設に対して）

　介護予防事業実施に先立ち、通所系サービス施設（施設長以下、看護師、介護職員等）・地域包括支援センターの職員（保健師・主任ケアマネジャー・社会福祉士）に対して、口腔機能向上プログラムについて、実施指導者等により事前に説明を行います。これにより多職種へ「口腔機能向上」について周知し、理解してもらい連携構築を行うこととなります。

　プログラムは、毎日続けることで、その効果を高め、維持できることから、サービス実施者等の介入によるプログラムの実施内容とその効果等を、施設職員が、毎日行えるように研修していくことが重要です。実施者等により施設職員へ、このプログラムには、「何の意義があるのか」を説明し、理解を得ながら研修することが重要です。

　事前に「介護予防プログラム」の資料、事業説明書等を配布し、参加への誘導、契約の締結ができるようにしておきます。可能であれば、サービス実施者自身が、「安全で、楽しく、効果がある」ことを説明することが重要です。

　日常生活上の支援、生活行為の向上に「食事」に対する介護は含まれており、「口腔機能向上」「栄養改善」を含めて、食環境・食事内容・食事摂取方法等を指導することも重要です。これにより、通所サービス施設に対して、選択的サービスの「口腔機能向上」「栄養改善」を取り入れてもらうと良いでしょう。「口腔機能向上」を行うことが、他の「介護予防プログラム」への導入を行いやすい「初めの一歩であること」を説明し、他の介護予防プログラム「栄養改善」「運動器の向上」へと繋げていくのが、導入しやすい方法となることを認識していただきます。

　「口腔機能向上」の専門スタッフとして、地区歯科医師会と連携することで、支援（機能評価方法・プログラム立案・診療依頼等）や、歯科医師の派遣等を受けることができます。また、歯科診療の必要性がある時の連携体制の構築も重要です。

②**参加者、利用者、ご家族の方に対して**

　各種資料、パンフレット、リーフレット等を作成しておき、口腔機能向上プログラム概要の事前説明が適切に行えるよう準備しておく必要があります。

　自宅においても毎日実施していただくように、セルフケア実施記録表や、口腔機能に関する体操資料などを配布する工夫が必要です。

複合メニュー

　高齢者の生命予後やQOL、尊厳に大きく影響する経口摂取の維持は高齢者医療・福祉の重要課題となっています。また、高齢者のエネルギーとたんぱく質の摂取不足は二次性サルコペニアを引き起こし四肢体幹の筋肉、嚥下筋、呼吸筋のサルコペニアを進行させることが明らかになってきています。これにより寝たきり、嚥下障害、呼吸障害のリスクが高まり、さらにサルコペニアは進行するという悪循環に陥ります。この悪循環を断ち切るには体幹の機能訓練だけでなく、適切な栄養摂取とそれを支える口腔機能の維持向上が重要であることは明らかです。つまりこれから口腔機能の低下や栄養状態の悪化、自立摂食の困難が懸念される、二次予防対象高齢者や、要介護高齢者を対象とした口腔機能向上と栄養改善のサービスは介護予防という観点から重要な役割を果たすものと思われます。しかし、その実施率は極めて低調です。この原因は口腔機能向上と栄養改善の効果が十分提示できていないこと、効果のあるプログラムが開発されていないことにあると考えます。

　そこで、本項では介護予防において、効果的な口腔機能向上と栄養改善の複合サービスプログラムの在り方について考えてみたいと思います。

(1) 複合サービスプログラムの目標設定

　高齢者は加齢に伴う咀嚼や嚥下機能の低下、骨格筋量の減少、運動機能の低下、慢性疾患の増悪、心理社会的な不安などから食欲が低下し、食事摂取量が減少します。その結果、体重が減少し低栄養リスクが高まります。また、高齢者は社会的役割の喪失、コミュニティの縮小、身体機能の低下、意欲や精神機能の低下などにより、活動量が減少します。これにより空腹感を感じることが少なくなり、食事摂取量も低下し、さらに低栄養リスクが高まるという悪循環に陥ります。

　加齢と共に低下する運動機能、栄養状態、生活機能を本人が気づき、自らの力で回復することは極めて困難であり、自己の判断による生活を継続

することは要介護リスクを高めることになります。つまり高齢者は、自らの要介護リスクのサインに気づきにくく、要介護状態に陥り悪化しやすい状態にあるのです。このような状態の二次予防対象高齢者や要介護高齢者に対する介護予防施策は全国の市町村や通所介護事業所を中心に実施され、栄養状態の維持改善、運動への意欲向上や行動変容、口腔機能の向上など一定の効果をあげています。しかし、効果的なプログラムの検証、提示は行われておらず、介入効果についても、身体機能の計測や参加者の意識調査などが中心で、詳細な効果が検証されておりません。

そこで高齢者の食欲の維持増進を目的とした口腔機能向上と栄養改善の複合サービスプログラムを開発し、二次予防対象高齢者に適用しました。その複合サービスプログラムで用いた口腔機能向上、栄養改善の複合プログラムの一部を紹介します。

(2) プログラムの回数・頻度

プログラム回数は、全10回とプログラム開始前と終了後のアセスメント各1回の計12回で構成し、1週間に1回の頻度で実施しました。

事前のアセスメントについては、前述の口腔機能向上プログラムマニュアルにおける評価項目のいくつかを選択実施し、その他、栄養の評価項目についても実施します。

厚生労働省が作成した介護予防マニュアル（改訂版：平成24年3月）を

表17　口腔機能向上、栄養改善の複合テキストの目次（口腔機能向上）

1回目	事前アセスメント
2回目	事前アセスメントのフィードバックと目標の設定
3回目	口腔機能（お口の働き）
4回目	お口の清掃のポイント
5回目	唾液とお口の乾燥について
6回目	誤嚥性肺炎って？
7回目	舌を観察してみましょう
8回目	顔の筋肉（表情筋）
9回目	発声・構音の機能
10回目	はっきり発音・早口言葉
11回目	噛む力
12回目	事後アセスメント

ベースに「口腔機能向上、栄養改善の複合テキスト」を作成し、対象者に参考資料として配布しました。

口腔機能向上プログラムについては、介護予防マニュアルに準じて口腔衛生状態の改善、口腔機能の維持向上の2つをメインテーマとしました。さらに複合サービスプラグラムの目的である対象者の食欲の改善をはかるため、口腔衛生状態や口腔乾燥を改善して、味覚を良好に保つことを一つの目標としました。また、舌、口腔周囲筋および嚥下機能のトレーニングを実施することで、咀嚼、嚥下機能の維持改善をはかり、摂取が困難であった食品を少なくさせることを、もう一つの目標としました。

栄養改善プログラムについては、規則正しい食生活と摂取食品の種類を増加させることをメインテーマとしました。さらに複合サービスプログラムの目的である対象者の食欲の改善をはかるため、便秘や脱水を改善することを目標としました。

さらに、地域の特産物や季節の食べ物を紹介し、買い物や外食を促し、行動範囲を広げ運動習慣をつけさせたり、口腔機能向上のために、食べにくい咀嚼が必要な食べ物を紹介して、日常の食事の中で口腔機能向上を位置づけるよう促したりして、2つのプログラムが連携し、相乗的な効果が得られるよう配慮しました。

この3カ月、全12回の複合プログラムにより、食欲と口腔機能が改善

表18 口腔機能向上、栄養改善の複合テキストの目次（栄養改善）

1回目	事前アセスメント
2回目	事前アセスメントのフィードバックと目標の設定
3回目	食の楽しみ　街づくり
4回目	食欲のおはなし
5回目	脱水を予防しよう
6回目	栄養状態を知ろう
7回目	体重を管理しよう
8回目	食中毒予防の三原則
9回目	バランスの良い食事
10回目	私の"いきいきリズム"
11回目	噛む力
12回目	噛みにくい、飲みにくい

しただけでなく、1日の平均摂取エネルギー量とたんぱく質、食物繊維の摂取量が有意に増加するという効果がみられました。これは口腔機能向上と栄養改善の両プログラムが連携し、相乗的な効果が得られた結果と思われます。一つ一つのプログラムを別々に行うのではなく、それぞれのプログラムが同じ目標で連携して行うことで相乗的な効果が得られます。また、歯科衛生士と管理栄養士といった別の専門職種がそれぞれの立場から、対象者に説明することで、プログラムに対する信頼性が増し、動機づけが強くなり、プログラムが習慣化し、継続するものと思われます。今後、運動器の機能向上も含め、口腔機能向上と栄養改善の複合サービスプログラムは、より効果的なサービスプログラムとして、検討されていくものと思われます。

文献

1) Yoneyama T, Yoshida M, Matsui T, Sasaki H. Comment on Lancet. 1999:354(9177):515
2) 永井（湯川）晴美、柴田博、他. 地域老人における咀嚼能力と栄養摂取ならびに食品摂取との関連. 日本公衆衛生雑誌;1991:38(11):853-858
3) 平野浩彦、細野　純、実践！口腔機能向上マニュアル、東京都高齢者研究福祉振興財団、2006
4) 鈴木隆雄、続介護予防完全マニュアル、東京都福祉保健財団、2011
5) 平成２５年度 老人保健事業推進費等補助金老人保健健康増進等事業、食（栄養）および口腔機能に着目した加齢症候群の概念の確立と介護予防（虚弱化予防）から要介護状態に至る口腔ケアの包括的対策の構築に関する調査研究事業事業実施報告書、独立行政法人国立長寿医療研究センター、2014
6) Masaharu Murakami, Hirohiko Hirano, Yutaka Watanabe, et al. The relationship between chewing ability and sarcopenia in Japanese community-dwelling elderly、Geriatr Gerontol Int　impress
7) 平野浩彦、小原由紀　食べる機能障害に必要な基礎知識　介護福祉　2010　春季号　No77 p9-23 (財)社会福祉振興・試験センター
8) 平野浩彦、細野純　実践！介護予防　口腔機能向上マニュアル　財団法人東京都高齢者研究・福祉振興財団　2006
9) 最新歯科衛生士教本「保健生態学」医歯薬出版　2007
10) 最新歯科衛生士教本「高齢者歯科　第2版」医歯薬出版　2013
11) 高齢者の口腔機能とケア　財団法人長寿科学振興財団　2010
12) 「口腔機能向上マニュアル」「口腔機能向上マニュアル」分担研究班 研究班長 日本大学歯学部摂食機能療法学講座教授 植田 耕一郎　2009年3月
13) Utanohara Y, Hayashi R, Yoshikawa M, et al: Standard values of maximum tongue pressure taken using newly developed disposable tongue pressure measurement device, Dysphagia, 2008; 23: 286-290.

第13章

栄養改善活動プログラム

栄養改善活動プログラム

はじめに

　高齢者の栄養改善活動を「身体活動量の減少による食欲低下」、「嚥下、咀嚼機能の低下による口腔環境の悪化」、および「罹患疾患の悪化」などが原因となる、いわゆる臨床的症状としての特異性をおびた"低栄養状態（体重とBMIの減少を含む）"の改善と混同して扱ってはなりません。最新研究は高齢者の健康状態を維持増進し要介護を予防するためには、これまで考えられてきた以上にたんぱく質の栄養状態を良好にすることが必須なことを示しています。介護予防のための栄養改善活動ではこれまでの臨床医学的な評価基準にもとづいた"低栄養"予防という認識では十分な効果は期待できません。

　そこで本稿では、20年以上を要した観察研究と地域介入により明らかにされた新しい科学知見に基づいた高齢者の良好な栄養状態を維持増進するための有効な手段とその科学的背景を概説します。

1 高齢者の栄養改善活動の目標

　世界保健機関（WHO）は1984年に高齢者の健康状態は、生活習慣病をはじめとする疾病の罹患状況などではなく生活機能の自立度で評価するよう提唱しています。生活機能には、「歩行」、「食事」、「入浴」、「排泄」、ならびに「着脱衣」で構成される基本的な日常生活動作能力があります。これらの項目の可否は、障害高齢者の障害の程度を評価するために用いられます。しかし、地域で独立した生活を営むために求められる能力は「交通機関による移動」、「余暇活動」、ならびに「利他的行為」などのより高い水準の生活機能です。後者の生活機能は高次生活機能とよばれ、その自立性は人生後半の必須条件となります。したがって高齢者の栄養改善活動の目的は、これら高次生活機能の自立性を維持増進することにあります。高次生活機能の自立性を評価する指標として「老研式活動能力指標」[1]が開発されています（**図1**）。3つの下位尺度で構成されており（1）か

図1　老研式活動能力指標

「手段的自立」

（1）バスや電車を使って一人で外出できますか	1. はい	0. いいえ
（2）日用品の買い物ができますか	1. はい	0. いいえ
（3）自分で食事の用意ができますか	1. はい	0. いいえ
（4）請求書の支払いができますか	1. はい	0. いいえ
（5）銀行預金，郵便貯金の出し入れが自分でできますか	1. はい	0. いいえ

「知的能動性」

（6）年金などの書類が書けますか	1. はい	0. いいえ
（7）新聞を読んでいますか	1. はい	0. いいえ
（8）本を読んでいますか	1. はい	0. いいえ
（9）健康についての記事や番組に関心がありますか	1. はい	0. いいえ

「社会的役割」

（10）友達の家をたずねることがありますか	1. はい	0. いいえ
（11）家族や友達の相談にのることはありますか	1. はい	0. いいえ
（12）病人を見舞うことができますか	1. はい	0. いいえ
（13）若い人に自分から話しかけることはありますか	1. はい	0. いいえ

「はい」が1点で13点満点

ら（5）の項目は「手段的自立」、（6）から（9）の項目は「知的能動性」、そして（10）から（13）の項目は「社会的役割」となります。それぞれの項目において「はい」を1点として加点します。満点は13点になります。そして、3つの高次生活機能をそれぞれ個別に測定することも可能です。加齢に伴い「知的能動性」、「社会的役割」、「手段的自立」の順に障害されてゆくことが地域高齢者の縦断研究により明らかにされています。加えて、この3つの高次生活機能のなかで、生命予後と深く関わっているのが「知的能動性」です。「知的能動性」は創作、探索、余暇を営む能力です。余命は生活の楽しみを創造する能力に強く影響されるのです。自立高齢者の要介護を予防する活動において深く銘記しなければなりません。

2　高次生活機能に障害をもたらす原因

自立した生活を営む高齢者が約3年以内に軽度要介護認定（要支援、要介護[1]）を受けることを予測する項目を明らかにした縦断研究[2]があります。軽度要介護認定における生活機能障害は、前述の「手段的自立」の障

害を主にさし、総じて「知的能動性」と「社会的役割」の自立度の障害も伴っています。**図2**は要介護認定を受けていない高齢者集団を初回調査時に歩行能力の水準を"1km休まず歩けるか"と"階段を2階分昇降できるか"で評価し両者の障害の有無で3つのグループに区分しその後3年以内の要介護認定リスクを比較しています（要介護に認定された高齢者の発生率の比較と同義）。女性の場合、初回調査時に1km休まず歩けるかと階段を2階分昇降できるかいずれにも障害のないグループを基準としたとき、いずれか一方に障害のあるグループは2.3倍、両者に障害のあるグループは3.2倍の介護認定を受けるリスクがあります。この研究で認められた関係は、脳卒中、心臓病、高血圧、および糖尿病などの主要な生活習慣病の罹患の影響が調整されています。高齢者の歩行能力には、からだの老化の程度が直接的に反映されています。すなわち、高齢期の健康目標である高次生活機能の自立性の障害は、生活習慣病の罹患状況とは独立的にからだの"老化そのもの"によって規定されていることがわかります。すなわち、高齢者の栄養対策の目的変数は疾病対策ではなく老化対策です。さらに言及しなければならないことは、高齢者の要介護を予防する活動には生活習慣病の予防概念があてはめられないことです。なぜならば、多くの疾病対策で開発されているような疾病の進行段階（疾病の自然史）に対応した手段が老化に対しては確立していないからです。老化対策は結果対策ではなく老化に対する耐性を可能な限り高める予備力を増進する対策が求められるのです。

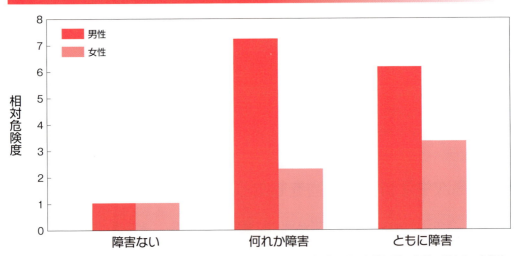

図2 〈2階段昇降〉と〈1km歩行障害〉の有無でみた軽度要介護認定リスク
Y町追跡研究（3年4カ月,2000-2004年,要支援・要介護1認定）[2]

調整変数（cox比例ハザードモデル；一人で外出できる自立高齢者のみ（男性459, 女性645), 年齢, 脳卒中, 心臓病, 高血圧, 糖尿病, 関節炎, IADL.

3 老化と疾病リスク

　一方、高齢期における疾病と"老化そのもの"との関係を明確にする必要もあります。地域在宅の自立高齢者集団は、疾病との共生関係が成立している者で構成されています。俯瞰すれば高齢者になるということは生活習慣病を克服したことを意味します。一方、疾病を克服できなかった者は高齢期に到達できないか、あるいは到達できたとしても早期に老化という健康問題に強く暴露され深刻化し余命は限られたものになるのです。この現象を選択的脱落といいます。そのため高齢者集団では主要疾患である心臓病や脳血管疾患などの危険因子が中年者集団とは異なることになります。

　図3は高齢者の移動能力の障害の程度ごとに将来の冠状動脈硬化性心疾患の死亡リスクを比較したものです[3]。この研究は、高齢期の主要疾患のリスクファクターを明らかにした貴重な研究データです。移動能力に障害のないグループに対して、1km続けて歩けないグループでは心疾患死亡リスクは男性1.8倍、女性2.2倍、基本的な日常生活動作能力に障害のあるグループではさらにリスクが高くなります。この関係は、中年者集団では強く寄与する"コレステロールが高いこと"、"血圧が高いこと"、"太っていること"、"喫煙すること"などの影響を酌量しても消失することはありません。このように高齢者では移動能力の障害程度、すなわち、からだの"老化そのもの"が循環器疾患を引き起こす原因になることがわかり

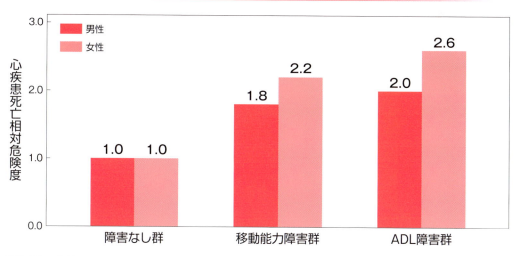

図3　生活機能障害と冠状動脈硬化性心疾患死亡危険度
　　（移動能力障害：約1km続けて歩くことができない．）[3]

調整変数：年齢，総コレステロール，HDLコレステロール，トリグリセライド，アルコール摂取量，収縮期血圧，拡張期血圧，喫煙，肥満度
Corti et al. J Clin Epidemiol. 49, 519-526, 1996.より引用作図.

ます。

　高齢者ではからだの"老化そのもの"が高次生活機能の自立性の障害と主要疾患の両者の原因となるのです。高齢者の健康施策の標的は普遍的かつ連続的に進行する固有変化である"老化そのもの"であることがこの研究知見からもわかります。

　これまで、健康状態と栄養・食生活を関連づけすすめられてきた健康づくり活動は生活習慣病の予防やその管理を目的として取り組まれてきました。超高齢社会では、栄養・食生活を"老化そのもの"と関連づけた保健活動が必要になるのです。

4 からだの栄養状態と老化の関係

　老化の進行程度が鋭敏に反映される指標である、最大歩行速度の加齢によって低下を規定している身体的要因を明らかにした長期縦断研究があります。4)からだの老化はさまざまな指標に表れますが、その最良の変数が最大歩行速度です。老化の程度は、最大出力値と通常出力値の差に最も機敏にあらわれるからです。**図4**は、初回調査時の血清アルブミンの値ごとに3グループに分け、それぞれの8年間の最大歩行速度の低下量を比較したものです。血清アルブミンとは、血中を流れる血清たんぱく質の約6割を占める非常に重要なたんぱく質です。量反応的にたんぱく質栄養状態が評価できる優れた指標です。血清アルブミン値が高い高齢者ほどたんぱく質栄養状態が良好なことを指します。図が示すように血清アルブミンが

図4　ベースラインの血清アルブミン値と最大歩行速度低下の関係(女性)4)

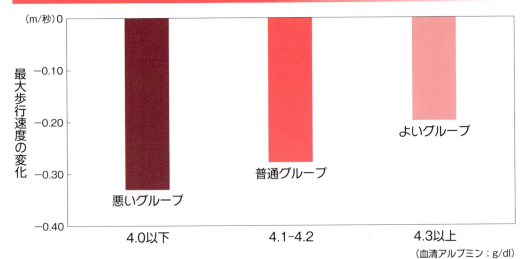

調整変数；年齢，運動習慣，ベースラインの最大歩行速度，BMI，痛み，老研式活動能力指標．

高いグループほど最大歩行速度の低下量が少ないことがわかります。この関係は直線的かつ有意な関係です。たんぱく質栄養状態が良好な高齢者ほど歩行能力の老化に伴う低下が抑えられることを示すデータです。なお、この関係は男性より筋力の弱い女性でより若い年齢層から鮮明にあらわれます。

さらに加齢に伴う四肢骨格筋肉量の変化を観察したアムステルダムの在住の地域高齢者集団の縦断研究[5]があります。この研究はMRIを用い筋肉容積の変化を精密に測定し、加齢による筋肉減少量を初回調査時の血清アルブミンの水準ごとに比較しています。結果は血清アルブミン値の低いグループほど筋肉の減少量が大きいことを示しています。また、Schalkら[6]は血清アルブミン平均値が4.5g/dLの約1000名（平均年齢約75歳）を対象に老化に伴う3年間の握力低下量を観察しています。この研究成果も初回調査時の血清アルブミンがより高値のグループほど低下量が少ないことを示しています。このように、たんぱく質栄養状態の低いことが上下肢筋肉の虚弱化を早め、老化を加速させることがわかります。ここで強調しなければならないのは、これらの関係が臨床医学的には正常域とされる血清アルブミン値3.8g/dL以上の水準で認められる点です。とくにSchalkら[6]の研究対象の血清アルブミン値は臨床医学的基準ではたんぱく質栄養が極めて良好な水準と評価されるレベルです。このように高齢者の栄養改善活動では、臨床医学的基準で身体栄養状態を評価してはなりません。そして高齢者にはからだのたんぱく質栄養状態を可能な限り高める栄養改善手段が求められるのです。

5 老化に伴う普遍的な栄養低下 "新型栄養失調"

血清アルブミンは加齢に伴う老化により低下していきます。この現象には40歳代から70歳代にかけ食品摂取量が約25％程度減少するなど、加齢に伴う栄養摂取量の低下も関与しています。しかし、最も深く関わっているのは老化にもとづく体構成組織に対する骨格と筋肉量（除脂肪組織）の占める割合の減少です。この変化はたんぱく質貯蔵組織の喪失を意味するものです。すなわち老化という変化は、からだのたんぱく質量が減少する変化と捉えるべきなのです。超高齢社会では、わが国が戦後に経験した食糧の需給事情でもたらされた栄養失調とは全く異なる老化によるたんぱく質栄養を主とした新しいタイプの栄養低下 "新型栄養失調" が健康問題となるのです。"新型栄養失調" の栄養評価の基準については後述します。

ところで、メタボリックシンドローム対策をはじめとした栄養施策では高齢者の老化による健康問題が除外されています。そのためライフステージに関わらず、たんぱく質や脂質をはじめとする栄養素摂取を抑制する風潮を招いています。この風潮が高齢期の"新型栄養失調"を深刻化させ老化を早め虚弱化を加速させるという結果を生んでいます。

6 高齢者における血清アルブミンの最適値

さて、高齢者のたんぱく質栄養状態と老化リスクの関係を明確にして、新型栄養失調の水準を明らかにしなければなりません。平均年齢が約75歳の地域高齢者のコホート研究[7]は初回調査時の血清アルブミンの水準と3年以内の介護保険認定、あるいは死亡のいずれかが起きうるリスクとの関係を明らかにしています。この研究の目的変数（結果変数）は生活機能障害リスクと死亡リスクが加算された老化リスクです。図5は、血清アルブミン4.4g/dL以上のグループを基準としたときの4.2〜4.3、4.1〜3.9、および3.8g/dL以下のグループの介護保険認定および死亡のハザード比（相対危険度）を比較しています。血清アルブミンが4.2〜4.3g/dLのグループまでは、ほとんどリスクの上昇は認められません。ところが4.1〜3.9g/dLのグループから危険度が1.8となり明らかな上昇が認められます。なお3.8g/dL以下のグループの危険度は2.3です。この関係はほ

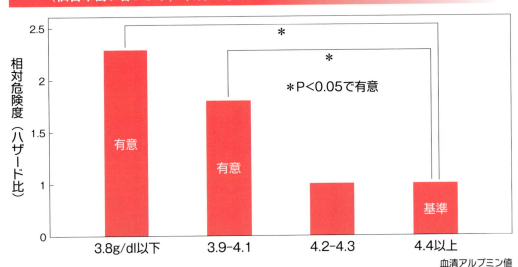

図5 血清アルブミン各群の介護保険認定・死亡リスク比
（仙台市鶴ヶ谷Pより，平成15年からの3年間追跡調査）[7]

調整変数：性，年齢，学齢，配偶者の有無，社会サポートの有無，喫煙，飲酒，抑うつ度，認知機能，疾患既往歴，主観的健康度．

かにも影響していると考えられる主な要因を調整しています。地域在宅の高齢者の老化リスクは血清アルブミンが4.1ｇ/dL付近から上昇することがわかります。

　さらに筆者らは、血清アルブミン平均値が4.13g/dL、平均年齢71.0歳の地域在宅の自立高齢者約1000名を対象に4年間にわたる栄養改善活動[8,9]を行い、活動終了後7年間の転帰調査を行いました。その結果、血清アルブミン値を約10％程度改善した群では改善しなかった群に比べ、その後7年間の総死亡リスクが半減することがわかりました[9,10]。この実証研究の成果は、高齢期における血清アルブミン4.1ｇ/dL程度の栄養水準は積極的に改善しなければならない水準であり、老化に対する耐性が相当低下した状態であることを示しています。筆者はこれまで臨床医学的基準では問題視されてこなかった老化に伴うたんぱく質栄養状態の低下が危険域に達した"新型栄養失調"は、概ね血清アルブミン3.9〜4.2ｇ/ｄLの水準と結論づけました。血清アルブミンがすでに3.8ｇ/ｄLを下回る低値に至った老化の進行による筋虚弱化、いわゆるサルコペニアを呈した高齢者の栄養改善が難しいことは介護現場での共通認識です。虚弱化の進み始めた高齢者をスクリーニングし介入する介護予防活動が十分な成果をあげられない原因の一つです。まさに介護予防における栄養改善活動のメインターゲットは新型栄養失調の高齢者層です。

　国民健康栄養調査（2009年）によれば血清アルブミンが4.1ｇ/dL以下の者の割合は65〜74歳男性で約20％、75〜79歳で約30％、80歳以上では50％程度となります。70歳以上全体では約25％です。国民健康栄養調査における70歳以上の身体状況調査の対象は生活機能が自立した集団です。わが国の地域在宅の自立高齢者の概ね4人に1人は老化リスク（要介護リスクと死亡リスクの加算値）の高い"新型栄養失調"の状態といえます。この現状を踏まえて栄養改善活動を効率的に進めなければなりません。
　地域で生涯自立した生活を営むことを目指す高齢者の新しい栄養対策が求められるのです。

7　状況証拠にみる余命を伸長させる食事

　たんぱく質栄養を高め老化を遅延させる食事を見極めるには、戦後のわが国の平均余命の伸長とその背景にあった食品摂取量の変化を検証するこ

とが欠かせません。生命表にもとづき65歳の平均余命の伸び率を戦後15年程度ごとに区分し比較すると1965年から1980年の伸び率が男性では22.1％、女性では21.0％ととても大きいことがわかります。そして、65歳余命の伸長はこの時期の日本全体の平均寿命の伸びにも大きく寄与しています。因みに1947～1965年の65歳平均余命は男性16.9％、女性19.1％、1980～1995年は男性13.2％、女性18.4％の伸び率です。平均余命は各基準年齢の国民の老化速度を反映しています。すなわち、この最も伸び率が大きい15年間の65歳高齢者の急速な老化の遅れには、戦後の大きな食品摂取量の変化が関わっています。この間の変化にはつぎの3つの特徴があげられます。

1）総エネルギー摂取量がほぼ一定で推移し大きく変動していない。
2）動物性食品の摂取量が増加し、それには肉類、卵、牛乳・乳製品の摂取量の増加が寄与している。
3）脂肪エネルギー比が増加している。

　もっとも動物性食品と油脂類の増加はおおよそ1955年頃からすでに始まっていますが、それは主に魚介類の増加によるものです。しかし肉類の購入形態は専門店での計り売りからスーパーマーケットでのパック売りへ、卵は1個売りから10個パック売りへと購入単位が大きく様変わりしたのは東京オリンピック（昭和39年、1964年）以降です。国民の食品の購入サイズの拡大は摂取量の急峻な増加とその習慣化を意味しています。わが国の高齢者の老化の遅れには肉類、卵、牛乳、および油脂類の摂取量の増加が深く関わっているのです。この間の栄養改善は心臓病の増加を伴うことのない脳卒中死亡率の減少という疾病構造の変化をもたらしています。良好なからだのたんぱく質栄養と脂質栄養の改善は老化と疾患（特に循環器疾患と感染症）、両者のリスクを低減するのです。

　ところで、循環器疾患予防のため塩分摂取の制限の推奨は世界的な潮流のためわが国でも減塩運動が展開されています。先述した65歳以上の余命が最も伸びた15年間（昭和40年～昭和55年）は、食塩の摂取量自体を健康上、大きく問題視する時代ではありませんでした。そのあらわれとして食塩摂取量の数値がはじめて国民栄養調査データとして発表されるのは昭和50年（全国平均14.0ｇ）です。そして昭和55年は1ｇ減少し13.0ｇと報告されています。昭和50年以降減少傾向は確認されるものの、現在よりも3ｇ程度多く摂取されていました。一方、たんぱく質摂取量の中で肉、卵、牛乳、魚介類の摂取からなる動物性たんぱく質の摂取割合（動物性たんぱく比；％）は昭和40年39.9％、同50年が48.6％、同55年が

50.0％となり昭和40年代は約10％増えています。たんぱく質摂取量自体も約10ｇ増加しました。すなわち余命の伸長に大きく寄与した心疾患の増加を伴わない脳卒中死亡の減少は食塩摂取量の減少より動物性たんぱく質食品の増加によるところが大きいことがわかります。わが国の平均寿命の伸長とその背景にあった食生活の変化は、老化を遅らせ主要疾病を予防するには、如何にたんぱく質栄養が重要かを如実に示しています。

8 高次生活機能の障害を予防する食品摂取パターン

老化速度は余命の伸長に加え、生活機能の障害リスクにおいても評価し食生活との関係を見極める必要があります。余暇活動、創作、あるいは探索活動として具体化される高次生活機能「知的能動性」の障害リスクと食品摂取頻度パターンの関係を明らかにした研究成果があります[11]。**図6**は、食品摂取頻度パターンごとに「知的能動性」の自立度が低下する危険度を比較しています。食品摂取頻度パターンは"植物性食品を高頻度に摂取するパターン"、"肉類、牛乳、および油脂類を高頻度に摂取するパターン"、および"ごはん、漬物、味噌汁を高頻度に摂取するパターン"の3つです。"肉類、牛乳、および油脂類を高頻度に摂取するパターン"が有意に低い危険度を示しています。ほかの"植物性食品を高頻度に摂取するパターン"と"ごはん、漬物、味噌汁を高頻度に摂取するパターン"は特別の関係はありません。この関係は都市部や農村部などの地域特性に関わ

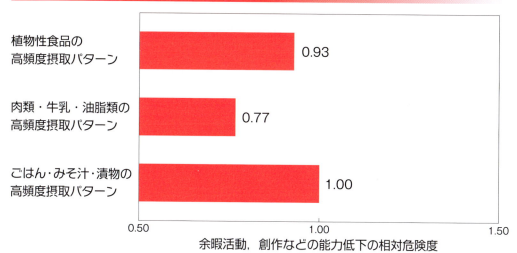

図6 高次生活機能「知的能動性」の変化と食品摂取頻度パターンの関連[11]

調整変数：性，年齢，学歴，ベースラインの「知的能動性」得点

りなく認められえる普遍的関係です。すなわち、肉類、牛乳などの動物性食品と油脂類をよく摂取する適度に欧米化した多様性に富んだ食品摂取習慣が高次生活機能の障害を予防していることがわかります。

9 食品摂取の多様性と高次生活機能障害リスク

このように高齢期に求められる食品摂取習慣は多様性を備えることが重要なポイントであることがわかります。国民健康栄養調査（2010年）は

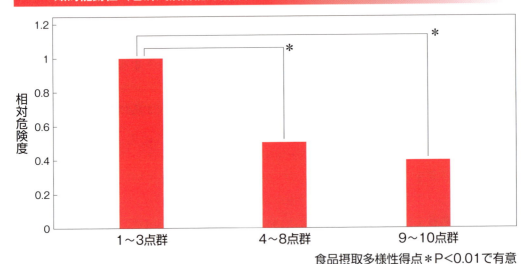

図7 食品摂取多様性得点群ごとの知的能動性（老研式活動能力指標）の低下の危険率

食品摂取多様性得点 ＊P＜0.01で有意

調整変数：性，年齢，学歴，ベースラインの得点

図8　10食品群チェックシート

食品群 日	肉類	卵類	牛乳	油脂類	魚介類	大豆製品	緑黄色野菜	芋類	果物	海草類	各日計
1											
2											
3											
4											
5											
6											
7											
計											

70歳以上の魚介類（83g）と肉類（52g）の摂取比が魚介類に大きく偏り、脂肪エネルギー比は約3人に1人（31.3%）が20%未満であることを示しています。筆者らの観察研究において肉類などの動物性食品や油脂類の重要性が強調されるのは、高齢者ではこれらの食品群の摂取量が他の年齢層に比較し少ないためです。すなわち高齢者の食品摂取は多様性が低いのです。

地域高齢者の食品摂取の多様性が高次生活機能の自立度の低下に及ぼす影響を分析した研究成果を紹介しましょう[12]。主菜、副菜を構成する「肉類」、「魚介類」、「卵」、「牛乳」、「大豆・大豆製品」、「緑黄色野菜」、「果物」、「芋類」、「海藻類」、および「油脂類」の10食品群を選びそれぞれに対してほぼ毎日摂取していれば1点を与え合計が10点となる食品摂取の多様性得点を考案しました。図7は、初回調査時の食品摂取の多様性得点にもとづき1〜3点、4〜8点、および9〜10点のグループに分け、高次生活機能「知的能動性」の自立度低下の危険度を比較しています。食品摂取の多様性得点が高いグループほど段階的に危険度は低下し、9〜10点のグループの危険度は1〜3点のグループより50%程度低いことがわかります。多様性に富む食品摂取習慣を営んでいる高齢者ほど高次生活機能の障害リスクが低いのです。この関係は「金銭の管理」（手段的自立）あるいは「利他的な活動」（社会的役割）などの高次生活機能においても同じように認められます。この研究成果から開発された介護予防活動における食生活改善ツールに10食品群チェックシート[9]（図8）があります。使用法は後述します。

10 地域における栄養改善活動の有用性

自立高齢者の栄養改善法は、実際に地域介入で試し実行可能性、有効性、および安全性を評価してプログラムの有用性を確認しなければなりません（介入研究）。わが国ではこの種の研究が非常に不足しています。筆者らはこれまで述べた研究成果と考察を踏まえ要介護を予防する食生活の手立てを開発するため、地域高齢者集団約1000名を対象に栄養改善活動[9,10]を行いました。試案として開発した「高齢者の老化を遅らせるための食生活指針」を表1に示しました（詳細は［プログラムの実践ポイント（447ページ〜）］参照）。食生活を見直し多様性を促す要素を広く網羅しているのが特徴です。この指針はあらかじめ自立した生活をおくる老人ホームに居住する高齢者約50名（平均年齢約75歳）を対象にした改善活動により効果を検証し有用性を確認しました[13]。

表1　高齢者の老化を老化を遅らせるための食生活指針

1．欠食は絶対さける
2．動物性たんぱく質を十分に摂取する
3．魚と肉の摂取は1：1程度の割合にする
4．油脂類の摂取が不足しないように注意する
5．牛乳を200ml程度飲む
6．調味料を上手に使いおいしく食べる（味覚閾値の上昇への配慮）
7．食材の調理法や保存法をよく知る（基礎的健康リテラシーの増進）
8．食材を自分で購入し食事をつくる（高次生活機能の連結）
9．会食の機会を豊富につくる（食事に誘う）
10．余暇を取り入れた運動習慣を身につける（知的能動性の増進）

熊谷修　「介護されたくないなら粗食はやめなさい」　講談社＋α新書　2011．

　介護予防事業は地域の大集団に介入しその集団全体の老化リスクを低減させるポピュレーションアプローチがより有効と考えられます。この大規模な栄養改善介入の取り組みは自立した地域高齢者を対象とした介護予防事業の有用性を示す科学的根拠となったものです[9]。

　栄養改善活動の効果はとても明瞭です。**図9**は、介入地域の肉類と油脂類の摂取頻度の変化を介入前期間（1992～1996年）と介入後期間（1996～2000年）で比較しています。介入後期間は「高齢者の老化を遅らせるための食生活指針」が地域で広く普及し実践されたため両食品群の摂取頻度が有意に増加しています。介入前期間の摂取頻度の有意な減少は老化による変化です。国民健康栄養調査成績によれば、介入前後の8年間は、肉類や油脂類の摂取量はともに同水準で推移しています。介入後の摂取頻度の増加は、加齢に伴う時代効果を凌駕した栄養改善活動によるものです。介入前期間の減少は時代の影響程度では老化に伴って食品摂取が減少していくことを示しています。**図10**は、同じように介入前後おのおの4年間の血清アルブミンの変化を比較しています。介入前期間は血清アルブミンが有意に低下しているのに対し、介入後は有意に増加しています。介入前期間の低下は老化による新型栄養失調の進行過程です。介入後期間は、肉類と油脂類の摂取頻度の増加によりたんぱく質栄養が改善していることがわかります。この成果から、「高齢者の老化を遅らせるための食生活指針」が地域在宅の高齢者集団の栄養改善に有効なことが実証されました。

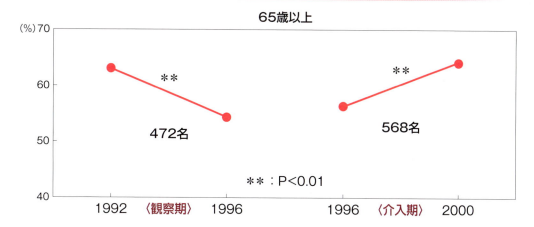

図9-1 肉類を2日に1回以上食べる人の割合の変化（N村介入研究）[8]

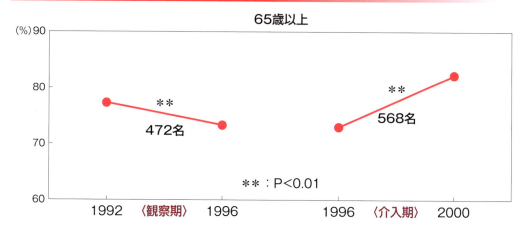

図9-2 油脂類を2日に1回以上食べる人の割合の変化（N村介入研究）[8]

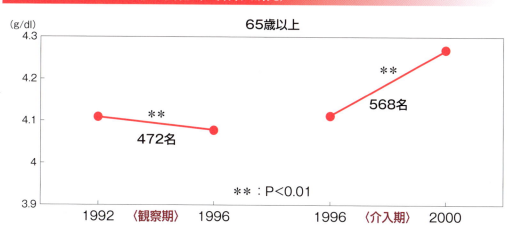

図10 血清アルブミン値の変化（N村介入研究）[8]

栄養改善活動プログラム

11　メタボ対策にも有効な高齢者の栄養改善活動

　わが国の健康施策のメインはメタボリックシンドローム、すなわち生活習慣病の予防対策です。そのため高齢者の介護予防のための栄養改善活動が糖尿病リスクや血清脂質に及ぼす影響も検証しなければなりません。

　そこで先に紹介した介入集団において栄養改善活動が耐糖能に及ぼす影響を検証しました。**図11**は、糖尿病既往者を除外した耐糖能指標グルコヘモグロビン値（HbA1c）の介入前後期間の変化を示しています[9]。介入前の4年間はHbA1cが有意に増加していますが、介入後期間は増加が抑制されていました。介入前後のHbA1cの変化には有意な主効果が認められています。栄養改善が老化に伴う耐糖能の低下を予防することがわかりました。高齢者のたんぱく質栄養状態の改善は、身体活動量を高め骨格筋量をはじめとする除脂肪組織の割合を増加させインスリン抵抗性を弱め耐糖能を向上させることを示しているのかもしれません。加えて、血清コレステロール構成では総コレステロールはわずかに増加するのに対し、HDLコレステロールが大きく増加しています。すなわち、血清コレステロール構成が改善されていました（**図12**）[9]。そして、これら栄養改善による耐糖能、および血清コレステロール構成の改善には肥満度の変化を伴っていません（**図13**）[9]。高齢者に対するたんぱく質栄養状態の改善は生活習慣病対策としても有効と考えられます。

　6項でも述べたとおり、介入集団を介入終了後8年間追跡調査した結果、

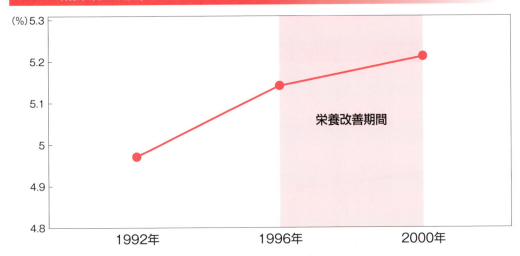

図11　グルコヘモグロビン（HbA1c）の変化
（糖尿病の既往，受療歴ある者は除外）

一般線形モデル（反復測定）　主効果　$p<0.01$．N=302（男性=116，女性=186）．
大仙市南外地域研究

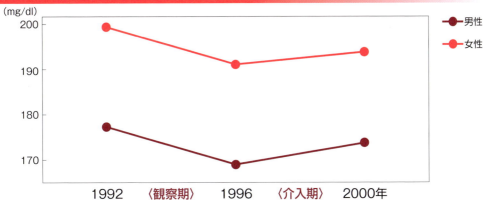

図12-1 血清総コレステロールの変化

一般線形モデル（反復測定）　主効果　p<0.01. N=352（男性=134, 女性=218）.
大仙市南外地域研究

図12-2 HDLコレステロールの変化

一般線形モデル（反復測定）　主効果　p<0.01. N=352（男性=134, 女性=218）.
大仙市南外地域研究

図13 肥満度（BMI kg/m^2）の変化

一般線形モデル（反復測定）　主効果　有意性ではない
N=352（男性=134, 女性=218）.　大仙市南外地域研究

介入期間の血清アルブミンの増加量が大きいグループほど総死亡リスクが低いことを確認しました[9]。高齢者のたんぱく質栄養状態の改善の効果は老化を遅らせ広汎の健康指標に好影響を及ぼし主要疾病のリスク低下に寄与することが明らかになりました。

12 自立高齢者の新型栄養失調の予測

　介護予防対策は「老化の結果」をスクリーニングし対応するのではなく、老化の加速をあらかじめ予測することが重要となります。そこで開発されたのが自立高齢者の新型栄養失調のリスク得点です[14]。深刻な臨床的症状としての"低栄養"状態に至らないように予防的な介入を必要とする集団を特定するためです。血清アルブミン値が4.0 g/dL以上の自立高齢者約250名（血清アルブミン平均値4.23g/dL）を2年間の追跡調査により開発されました。老化による血清アルブミン低下（新型栄養失調の進行）が平均の2倍以上の速度で低下することを予測している項目は次の4項目です（**表2**）。1）老研式活動能力指標「手段的自立」の障害（5点未満、満点は5点、**表3**参照）、2）「過去1年間の入院歴」、3）「過去1年間の転倒歴」、4）「趣味やけいこごとをしないこと（時々する程度ではしないに含める）」。そして、項目相互には血清アルブミンを低下させる相乗的効果があります。いずれの項目にも該当しない0点グループを基準とした時、1項目該当（1点）グループ、および2項目以上該当（2点以上）グループの血清アルブミンの急速低下の危険度は、それぞれ約2倍、約7倍となります（**図14**）。転倒歴、入院歴、および手段的自立の障害は身体活動量を抑制する項目です。趣味やけいこごとをしないことは生活活動量の少ないライフスタイルです。この成果は、高齢期は生活活動量の減少がたんぱく質栄養状態の低下を引き起こす端緒となることを示しています。新型栄養失調の予防は活動的な生活を送ることに欠かせないことがわかります。

表2　急速な栄養低下（新型栄養失調の進行）のリスク得点[14]

1．手段的自立[※1]が4点以下	1点
2．過去1年の入院歴あり	1点
3．過去1年の転倒歴あり	1点
4．「趣味やけいこごと」[※2]をしない	1点
	点（最高4点）

※1 老研式活動能力指標「手段的自立」得点．満点は5点
※2 「ときどきする」程度の場合は「しない」とする

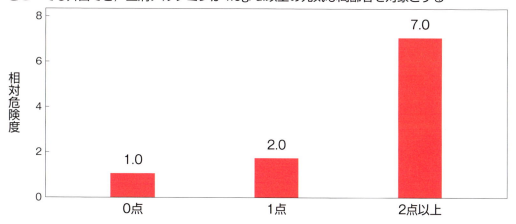

図14　危険度得点ごとの血清アルブミン値が0.20g/dL以上低下する危険率[14]

どこへでも外出でき，血清アルブミンが4.0g/dl以上の元気な高齢者を対象とする

調整変数：性，年齢，健康度自己評価，抑うつ度，体の痛み，咀嚼能力自己評価，喫煙，飲酒，運動習慣，血清アルブミンの初期値，同居人数，老研式活動能力指標式（知的能動性，社会的役割）

表3　老研式活動能力指標「手段的自立」[14]

1，バスや電車を使って1人で外出できますか？
2，日用品の買い物ができますか？
3，自分で食事の用意ができますか？
4，請求書の支払いができますか？
5，銀行預金や郵便貯金の出し入れができますか？

・各項目「できる」場合1点，全部できれば5点．

　高齢者の健康問題に対する生活習慣病の罹患の寄与度は大きく低下しています。高齢者の介護予防施策のトッププライオリティは老化遅延対策です。とくに栄養改善は基盤対策といえます。肉類、卵、牛乳・乳製品、油脂類の摂取を強調した多様性に富む食品摂取習慣の普及啓発活動は急務です。

13　中高年者で増え続ける新型栄養失調

　国民健康栄養調査によれば、70歳以上男女の栄養状態が低下し老化が加速段階にある血清アルブミン3.9～4.0g/dLグループの割合は近年増加し続けています[9]。このまま推移すれば、高次生活機能が障害されやすい虚弱化が早く進む高齢者の割合が急増するかもしれません。問題は高

図15 血清アルブミン低値者（%）の推移

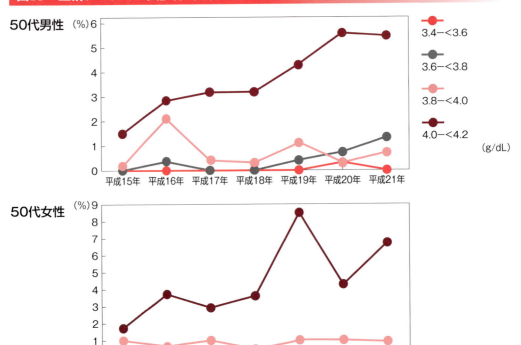

国民健康栄養調査より

図16 血清アルブミン低値者（%）の推移

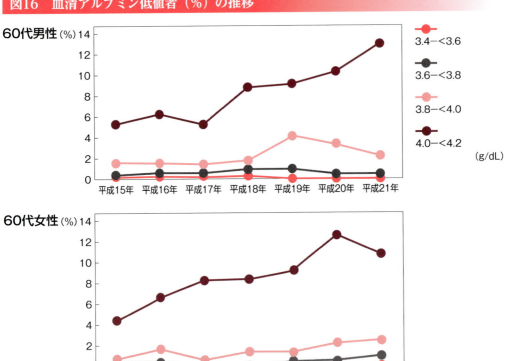

国民健康栄養調査より

齢者に限定されたものではありません。50歳代、60歳代では血清アルブミン4.0〜4.1g/dLグループ（新型栄養失調）の割合が増え続けています**(図15、16)**。

　要介護を予防する活動は高齢者（概ね65歳以上）のみを対象とするのではなく50歳代以降全体を対象としなければならない現状にあることを認識すべきです。

14 プログラムの実践ポイント

　地域在宅の自立高齢者集団を対象とした栄養改善活動の効果検証は⓾項で詳述したとおりです。展開した主なプログラム内容を概説します。

　介入活動を実施するスタッフに求められるのは高齢期の栄養問題の特徴に対する深い理解と30分程度の軽妙な話術です。重要なポイントを何度となく繰り返し継続的に地域に情報提供し続ける取り組みが何より重要です。地域に広く浸透し実践に至るまでには概ね3年から4年を要します。単発プログラムではなく長期にわたる活動として計画する必要があります。

　情報提供する地域資源は自治体が運営する住民サービス事業（生涯学習事業、保健事業、栄養改善事業）、住民ボランティア活動（食生活推進員、老人クラブ会員）などです。筆者らの4年間にわたる介入活動の実施状況を下表に示しました**(表4)**。介入活動は、自治体が行う高齢者の栄養改善施策と位置づけし、老人クラブ学習会（実施回数70回）、栄養改善活動（同260回)、公民館活動(同15回)、ならびに地域巡回健康学習会（同36回）で展開しました。4年間の延べ参加人数は12864人に達しました。そのほか広報媒体を通じて介入活動の情報を文字情報として提供しました。

　特に介入プログラムに共感する自然発生的な住民グループを支援し、自主学習会プログラムはとても有効です。ハイリスクグループを特定しないポピュレーションアプローチを最優先すべきです。

表4　1996年から2000年の介入活動の実施状況

	実施回数	参加延べ人数
老人クラブ活動	70	3157
栄養改善活動	260	6906
公民館活動	15	729
地域巡回健康学習会	36	2072
合計	381	12864

(1) レシピ調理の教室プログラムにはこだわらない

　食生活の営みとは、メニューを探索・創作し（知的能動性）、最適の食材を選びながら買い物（手段的自立）、食事をご馳走する（社会的役割）という3つ高次生活機能の能力を発揮しなければならない日常作業です。栄養改善プログラムは高次生活機能を駆使する作業として位置付ける必要があります。そのため栄養改善による老化対策では単にレシピを提示し、殊更、栄養摂取量や食品群の組み合わせ方法を強調した減塩や糖尿病教室のような教育的要素を中心とした教室プログラムでは効果が限られます。そこで、プログラムは1）メニューの立案　2）食材の調達　3）調理作業　4）料理をご馳走する、この一連の要素が網羅されることがベストですが、個別に実施することも有用です。

　日ごろの食生活を集団で楽しむプログラムとして、栄養状態の低下したグループと良好な集団を区別して行う必要はありません。

(2) 10食品群チェックシートの活用[9]

　このシートは（図8）、自己啓発による食生活改善ツールとして用います。前述のとおり主菜、副菜を構成する10食品群（「肉類」、「魚介類」、「卵」、「牛乳」、「大豆・大豆製品」、「緑黄色野菜」、「果物」、「芋類」、「海藻類」、「油脂類」）を選び、1日ごとに摂取量を問わず食事で摂取していれば○印を入れます。○印の数を多様性得点として評価し10点に近づける習慣づけをしていきます。1カ月程度チェックをして日ごとの○の数（多様性得点）を確認することで多様性の変動を見極めることができます。日常の食品摂取の多様性に大きく影響する生活習慣やライフイベントが明らかになり得点を高めるために留意しなければならないポイントが把握できます。さらに食品群ごとの得点を評価することで多様性を高めるために注意しなければならない食品群を特定することができます。

　得点水準を高め習慣化することで血清アルブミンは漸次増加していきます。食生活スタイルの改善にもとづくため効果は穏やかにあらわれます。この得点は高次生活機能障害リスクの予測妥当性を有しているため、介入対象の食品摂取習慣の健康度を評価するアンケート項目としても用いることができます。

(3) 食生活指針のポイント
①欠食は絶対にさける

　加齢に伴い、少しずつすすむ老化という変化に身を任せていると自然と、食べる量が減っていきます。3食のうち1食でも欠食すると、ほかの2食

で栄養摂取量をカバーすることは難しくなります。その結果、栄養状態は低下し筋肉量が減少し予備力も低下します。老化自体をからだのたんぱく質が減少していく変化と認識しなければなりません。そしてからだのたんぱく質栄養の基本バランスがマイナスバランスに変化していく過程でもあります。食事摂取量の減少を可能な限り防ぐ必要があります。加えて、食事は水分補給に欠かせません。欠食は脱水の原因になることにも留意する必要があります。

②動物性たんぱく質を十分とる
③魚と肉の摂取は１：１の割合にする

　この２つの項目は、多様な動物性たんぱく質の食品摂取を促すための項目です。世界一寿命の長い、すなわち最も老化の遅い日本人全体の魚介類と肉類の平均摂取比はほぼ1：1です。それが、70歳以上のみでみると約２：１となります。いかに高齢者の動物性食品の摂取バランスが崩れ多様性が失われているかがわかります。高齢者も世界一老化の遅い日本人全体の平均像である肉１：魚１に近づければより栄養状態が改善されさらに老化が遅れるのです。

　国が示す70歳以上のたんぱく質食事摂取基準値（推奨量、男性60g、女性50g）は、平成24年国民栄養調査70歳以上の平均摂取値、男性73.2g、女性61.6gと比較してもあまりにも低過ぎます。5年ごとに再検討される食事摂取基準ですが、しばらく変わっていないのが現状です。すなわち、高齢者の健康問題の本質である老化が、身体のたんぱく質栄養が低下し筋骨格系が虚弱化する普遍的変化である、とする科学認識にもとづき十分検討されていない証左と考えられます。そのため1日あたりのたんぱく質摂取量は国民健康栄養調査結果に基づく70歳以上のたんぱく質摂取量平均値、男性70ｇ、女性60ｇを目安とします。

　肉類は栄養改善のカギを握る食品のひとつです[9]。牛、豚、鶏肉など様々な種類を摂取し肉のおいしさを体感することが必要です。さらに、高齢者のコレステロール摂取量は学童と近似した値となっています。明らかに高齢者はコレステロール摂取不足です。脂身が適度にある肉類をすすめる活動をします。

④油脂類の摂取が不足しないように注意する

　摂取するたんぱく質の筋、骨格系などの体組織への同化作用には十分なエネルギーが必要になります。食品摂取量が漸次減少する高齢期な摂取グラム当たりのエネルギー密度に優れている油脂類の摂取が欠かせません。

⑤牛乳を200mL以上飲むようにする

　これまでの研究で、牛乳を飲む習慣のない高齢者は、毎日飲む習慣のある高齢者の1.5倍の速度で老化に伴う物忘れがすすむことが明らかになっています9)。この背景には牛乳に含まれるいくつかの成分が関わっていると考えられます。ひとつは、乳清に多く含まれるα-ラクトアルブミンです。この物質は情動を安定させるセロトニンの原料となるトリプトファンという中性アミノ酸を大量に供給してくれます。情動が不安定になると認知機能は大きく低下します。牛乳・乳製品をよく摂取することで安堵感が生み出されストレス耐性が高まり認知機能の低下の予防につながります。いまひとつは、高齢期は認知機能の低下の原因となる血中ホモシスチン量は漸次増加します。ホモシスチンの体外排泄にはビタミンB_{12}がかかせません。高齢者の血中のビタミンB_{12}の濃度は牛乳・乳製品の摂取量により規定され、よく飲む人ほど高い濃度で維持されることがわかっています。したがって牛乳・乳製品をよく摂る高齢者ほど体内からホモシスチンを排泄する機能が維持されるのです。

⑥食材の調理法と保存法をよく知る

　　　－感覚器とリテラシーの衰えに注意－

　この項目の一義的目的は、食生活関連の情報をとおした知的能動性の増進です。知的能動性の低下予防が食品摂取の多様性の低下を予防します9)。加えて視力や嗅覚をはじめとする感覚器の衰えは食品のリスク管理能力を低下させます。食情報への関心を高めるプログラムを通したリテラシーの向上を目指します。

⑦調味料を上手に使いおいしく食べる

　老化にともない味覚の閾値がかなり上昇しています。心臓病、脳卒中のリスクファクターとして高血圧が上げられますが、高齢期は血清アルブミンの低下がこれらの疾病のリスクファクターとなります9)。過度な減塩によるうす味はおいしさを感じない味気ない食事となってしまい食生活全体が萎縮しやすくなります。これが栄養状態を低下させ老化を早める原因となります。おいしさを体感することを最優先します。

⑧自分で食品を購入し食事を準備する

　　　－買い物の効用－

　買い物を経た食生活を営む一連の行動は人生後半の健康目標である高次の生活機能"手段的自立"、"知的能動性"、そして"社会的役割"を発揮

することで成り立ちます。買い物行動は食品摂取の多様性を促します。四季の食材を体感しながら社会活動性も増進します。家庭菜園で野菜を育て収穫する活動もこの項目にあたります。

⑨会食の機会を豊富につくる

　高齢期は食事に対する意欲「食欲」が非常に重要な課題となります9)。平均年齢が72歳の自立した高齢者約900名を対象として「家族と一緒の食事」や「ボランティア活動」の有無ごとに食欲を比較した研究成果があります。家族と一緒に食事をする高齢者、そして、ボランティア活動をする高齢者の食欲は、そうでない者の3倍以上であることがわかっています。高齢期の食欲は、単にからだを動かし活動的な生活をすればいいというものではありません。利他的な行動や社会的な役割と交流で促されます。

⑩余暇活動を取り入れた運動習慣

　栄養状態を高めるためには知的能動性である余暇活動がポイントを握っています。運動習慣を知的能動性の増進プログラムに位置付け、文化芸術活動なども取り入れ実践することを促します。博物館や美術館の鑑賞が有効なプログラムになります。

＊疾病管理に必要な食事管理を行っている自立した高齢者にも、これらの項目の実践は役立ちます。

文献

1) 古谷野亘、柴田博、中里克治、他：地域老人における活動能力の測定 老研式活動能力指標の開発. 日本公衆衛生雑誌 1987;34:109-114.
2) 藤原佳典、天野秀紀、熊谷修、他：在宅自立高齢者の介護保険認定に関する身体・心理的要因、3年4ヶ月の追跡から、日本公衆衛生雑誌、2006;53:77-90.
3) Corti MC, Salive ME, Guralnik JM, et al: Serum albumin and physical function as predictor of coronary heart disease mortality and incidence in the older persons. J of Clin Epidemiol, 1996;49:519-526.
4) 熊谷 修, 他：地域高齢者の最大歩行速度の縦断変化に関連する身体栄養要因, 日本公衆衛生雑誌. 2002;49(suppl)776.
5) Visser M, Kritchevsky SB, Newman AB, et al. Lower serum albumin concentration and change in muscle mass: the Health, Aging and body composition Study. Am J Clin Nutr 2005; 82: 531-537.
6) Schalk BWM, Deeg DJH, Penninx BWJH, et al. Serum albumin And muscle strength: A longitudinal study in older men and women. J Am Geriatr Soc 2005; 53: 1331-1338.
7) 東口みずか、他:低栄養と介護保険認定・死亡リスクに関するコホート研究. 日本公衆衛生誌. 2008;55:433-439.
8) Kumagai S, Watanabe S,Shibata H. An intervention study to improve the nutritional status of functionally competent community living senior citizens. Geriatri and Gerontol Int, 2003; 3 : s21−26.
9) 熊谷修：介護されたくなければ粗食はやめなさい ピンピンコロリの栄養学、講談社（東京）2011
10) 熊谷修：科学研究費補助金基盤研究（C）（2）研究成果報告書（課題番号15500504, 長期介入による大規模高齢者集団の栄養状態改善が余命および活動的余命に及ぼす影響), 2007
11) 熊谷 修、柴田博、渡辺修一郎、他：地域高齢者の食品摂取パタンの生活機能「知的能動性」の変化に及ぼす影響、老年社会科学、1995;16:146-155.
12) 熊谷 修、柴田博、渡辺修一郎、他：地域在宅高齢者における食品摂取の多様性と高次生活機能低下の関連、日本公衆衛生雑誌、2003;50:1117-1124.
13) 熊谷 修、柴田博、渡辺修一郎、他：自立高齢者の老化を遅らせるための介入研究、有料老人ホームにおける栄養状態改善によるこころみ、日本公衆衛生雑誌、1999;46:1003-1012.
14) 熊谷 修、柴田博、湯川晴美：地域在宅高齢者の身体栄養状態の低下に関連する要因、栄養学雑誌、2005;63:83-88.

介護予防事業における評価の実践ガイド

『評価』のための考え方

1 『評価』とは何か？

　本章では、介護予防事業における『評価』について解説をします。介護予防事業を実践していくうえで、転倒や認知機能低下などの老年症候群に対して具体的なプログラムを立案・企画できることが必須能力であることは言うまでもありません。ただし、プログラムを立案・企画し、実際に対象者に実践したとしても、本当にプログラムが有効であったのかを検証できなければ、単なる「やりっぱなし」の状態になってしまいます。介護予防事業を実施した時に大切なことは、当該事業の『評価』を適切に行うことです。

　しかし、そもそも『評価』をするとはどういう意味なのでしょうか。『評価』とともに使われる言葉に『検査』という言葉があります。『検査』とは、何らかのテストによって、個人の身体機能や健康状態を数値化したり画像化したりすることです。数値や画像で示すことで、個人の身体機能や健康状態を客観的に表すことができます。例えば、ある高齢者の筋力を知りたい時には、握力計という検査機器を使って、握力の検査をします。握力の検査をすると、○○kgという形で握力を数値化することができます。ただし、握力の検査の結果得られた○○kgという数値には、特に何の意味もありません。得られた数値から、握力が高いとか低いといった判断が必要です。

　つまり、検査結果から得られた数値などの客観的なデータに対して、何らかの判断をすることが『評価』です。例えば、筋力向上プログラグムの前に行った体力測定の結果から、参加者に体力が有るのか無いのかを判断することも『評価』です。また、プログラムの前後における体力テストの結果から、体力向上効果が得られたのかどうかを判断することも『評価』です。『検査』の結果は、結果を判断する『評価』というプロセスを経て初めて意味をなすものなのです。

図1　PDCAサイクルによる介護予防事業の展開

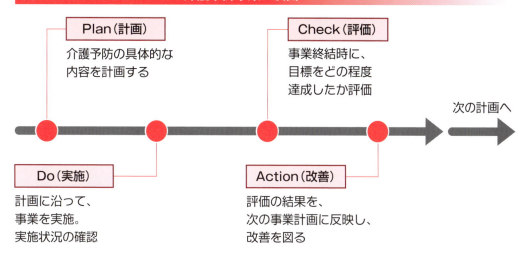

2　『評価』は何故必要なのか？

　検査結果を判断することが評価ですが、評価を行う意義とは何なのでしょうか。介護予防事業を実際に展開していくためには、まずどのような事業を行うのか具体的に計画（Plan）を立てなければ事業を始めることはできません。実施者、場所、時期、プログラム内容、実施形態、予算、事業目的や事業目標を具体的に計画していきます。計画が完成したら、計画に沿って、事業を実施（Do）します。事業実施中は、計画どおりに事業が進行しているか進行管理をしながら進めていきます。事業進行中に計画の修正が必要となれば、必要に応じて計画を微修正しながら事業を終結させていきます。事業が終結したら、事業開始時に計画した事業目標をどの程度達成することができたのかを評価（Check）します。目標を100%達成できたのか、それとも50％なのか、全く達成できなかったのか、検査結果などから目標達成度、すなわち事業の効果や効用を判断します。評価の結果、想定していた目標と差が生じていた場合、何故そのような差が生じたのか原因を分析し、次の事業を再度計画する際に同様の問題が起こらないように原因を取り除いて計画を改善（Action）していきます。

　上記のような、計画（Plan）→実施（Do）→評価（Check）→改善（Action）というプロセスを経て事業を継続していくことで、当初計画した事業が徐々に洗練され、より質の高い介護予防事業を展開していくことができるようになるのです。このプロセスは、それぞれのプロセスの頭文字をとって、PDCAサイクルと呼ばれています**（図1）**。PDCAサイクルによって、

事業の評価と改善を繰り返していくことが重要なのです。なお「改善（カイゼン）」は、今や世界的企業となったトヨタ自動車が取り入れた生産方式としても有名です。事業の改善を図ることが大きな成長に繋がることは、トヨタ自動車をみれば疑いようのない事実です。そして「改善（カイゼン）」の鍵は、その前のプロセスである『評価』なのです。

3 適切な『評価』を行うポイント

　質の高い介護予防事業を展開していくためには、事業の評価と改善の繰り返しが重要です。ただし、適切な評価が行われなければ、改善に必要な正確な情報が得られません。そこで、適切な評価のための留意点について解説をしていきます。

　適切な評価を行うポイントは、評価を行うための情報源である調査や検査を適切に行うことです。調査または検査の方法が適切ではなかったら、得られる情報に信憑性がないので適切な評価はできません。適切な評価をするためには、適切な調査方法や検査方法を選択する必要がありますが、その際に知っておくべきポイントが、調査や検査における『床効果と天井効果』および『信頼性・妥当性』です。なんでもいいから調査や検査をすれば良いというものではないのです。

4 調査・検査における『床効果と天井効果』・『信頼性・妥当性』

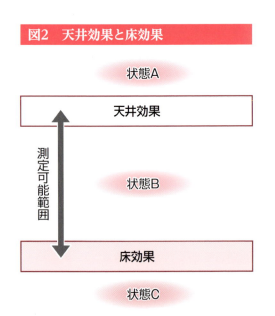

図2　天井効果と床効果

　適切な調査や検査とは、事業参加者の状態の変化を捉えられる測定可能範囲を備えたものでなければいけません。図2に示すように、状態Bは測定可能範囲内のため測定できますが、状態Cになると測定可能範囲を超えているので測定ができません。もし、状態が悪化し、状態BからCに変化しても、測定可能範囲の下部（床）までしか測定できないので、状態の変化を適切に捉えることはできません。このような状態を『床効果』と呼びます[1]。また、状態Aもやはり測定可能範囲を超えているので測定ができません。もし、状態が改善し、状態BからAに変化しても、測定可能範囲の上

図3 信頼性と妥当性のイメージ

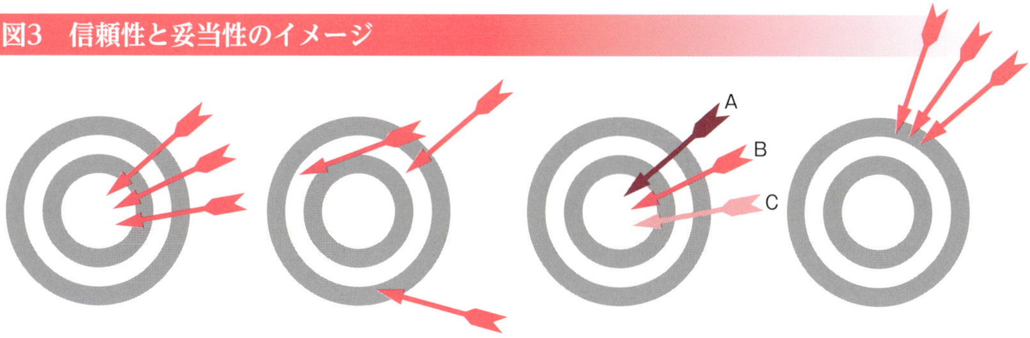

a) 再現性のある状態　　b) 再現性のない状態　　c) 検査者間信頼性の
　　　　　　　　　　　　　　　　　　　　　　　　ある状態　　　　　d) 妥当性のない状態

部（天井）までしか測定できないので、状態の変化を適切に捉えることはできません。このような状態を『天井効果』と呼びます[1]。床効果や天井効果の可能性を絶えず意識することが大切です。具体例は後述します。

　次に、調査や検査は信用できる方法を選択しなければいけません。ある検査方法を信用できると判断するためには、『信頼性と妥当性』という基準を満たしていることが重要です。『信頼性』とは、①測定における誤差が小さく測定結果が一定していること、②測定により得られる結果が個人により異なること、の2つの条件を満たしていることを指しています[1]。つまり、信頼性のある検査であれば、Aさんを検査した時、状態の変化がなければ絶えず一定の値が得られます。また、Bさんを検査しても、状態の変化がなければAさんとは異なる一定の値が絶えず得られるということです。また、信頼性に関しては、同じ検査者が同じ対象者を検査した場合の一致度を示す『再現性』と、異なる検査者が同じ対象者を検査した場合の一致度を示す『検査者間信頼性』に分けて考えられます[2]。再現性がある状態とは、**図3a**のように、同じ検査者が放った矢が、絶えず的の同じ場所に刺さるようなイメージです。一方、再現性がない状態とは、**図3b**に示すように、同じ検査者が放った矢が、毎回的の異なる場所に刺さってしまうようなイメージです。そして、検査者間信頼性がある状態とは、**図3c**に示すように、それぞれ異なる検査者（A、B、C）が放った矢が、絶えず的の同じ場所に刺さるようなイメージです。一方、検査者間信頼性がない状態とは、それぞれ異なる検査者が放った矢が、的の異なる場所にそれぞれ刺さってしまうようなイメージです。どこに刺さるかわからない矢は怖いですね。検査者が同一でも異なっていても、同じ的を狙っているのであれば、絶えず同じ場所に矢が刺さされば安心で信頼できるのです。

信頼性とともに重要なことが、検査の『妥当性』です。妥当性とは、測定しようとしている内容と測定の結果との間に、見かけ上や内容的にある程度以上の関係性があるかということです[1]。例えば、握力は全身の筋力を反映する指標と考えられていますが、下肢の筋力の検査としても妥当性があるのかを考えてみましょう。この時の妥当性とは、下肢の筋力検査の結果と握力の結果がある程度以上関係していれば、妥当性はあると判断できます。実際に18～83歳の男性の握力と膝の伸展筋力の検査結果を比較した研究では、両者に中等度の関係性があることが認められています[3]。つまり、握力は、下肢の筋力を評価するうえである程度の妥当性があるわけです。妥当性がある状態とは、図3aや図3cのように、目的とする的の中心に矢が刺さっているようなイメージです。一方、妥当性に問題のある状態とは、図3bや図3dのように目的とする的の中心から、矢が外れてしまっている状態です。つまり、的外れということですので信用はできません。なお、図3dでは再現性はあるのですが、妥当性には問題があります。あくまでも、信用できる検査とは、図3aや図3cにように信頼性も妥当性も満たしていることが重要です。

5　介護予防事業の『評価』のための調査・検査方法の選択例

　前述したとおり、適切な評価を行うためには、適切な調査方法や検査方法を選択する必要があります。介護予防事業の評価を行う際に、最も避けるべき検査や調査の仕方は、独自に考案した検査方法やアンケート調査をもって、事業における効果や効用の有無を評価することです。独自に考案した検査方法やアンケートは、信頼性や妥当性が保障されていません。そのため、得られた情報が的を射ているのか、また信頼のおける情報なのか全く分からないのです。従って、信頼性や妥当性が保障された検査方法や調査票を用いて、事業における検査や調査を行うべきなのです。例えば、地域で自立して生活するための能力（生活機能）を調査する老研式活動能力指標[4]という調査票があります。老研式活動能力指標については、すでに信頼性や妥当性が科学的に検証されていますので、結果は高齢者の生活機能の状態を反映していると考えて良いと言えます。従って、事業の事前事後で点数が向上していれば生活機能を向上させる効用があったと評価することができます。介護予防において生活機能の評価は重要ですので、事業内容に係らず共通して使用することができる評価指標だと思います。また、介護予防では参加者の生活の質（QOL）に注目することも大切です。例えば、高齢者に多い膝の痛みに関連するQOLの調査票[5]というものも

あります。もちろん、信頼性や妥当性は検証されていますので、膝の痛みに関連するQOLの状態や事業によるQOLへの効用を評価するには有用な評価指標だと思います。その他にも様々なQOLの調査票がありますので、成書を参考に事業内容に応じた調査票を選択すると良いでしょう。さらに、高齢者の運動能力に関する検査方法である歩行速度[6]やアップアンドゴー[7]などの検査も信頼性や妥当性が科学的に検証されたものです。これらの検査は、歩行能力の評価だけでなく、転倒や入院などの健康状態悪化の発生リスクの評価にもなりえます[8]。従って、運動器に関する事業のみならず、認知機能低下や尿失禁、低栄養に関する事業においても、共通して評価指標に含んでおいても良いと思います。

　介護予防事業の評価のための評価指標の例として、老研式活動能力指標、歩行速度、アップアンドゴーを挙げましたが、実際の事業では、事業内容に応じて調査票や検査方法を追加選択する必要があります。例えば、運動器の機能向上の事業であれば、バランス能力を反映する片足立ち保持時間やファンクショナルリーチテスト[9]、筋力を反映する握力やチェアスタンドテスト[10]などの検査の追加を検討すると良いでしょう。認知機能低下予防に関する事業であれば、知能テストや記憶に関するテストを追加する必要があるでしょう。同様に、尿失禁や低栄養の予防についても、その特性に応じた調査や検査項目の追加が必要です。また、心理面や社会面の調査や検査項目を追加しておくことも重要だと思います。例えば、心理面の評価として抑うつ傾向の調査票[11]を入れたり、社会面の評価のためにソーシャルネットワーク尺度の調査票[12]を入れたりするのも有効です。

　最後に、使用する調査票については、絶対に調査票の文言をオリジナルの文言から変えることなく使用するように留意してください。運動能力などの検査方法についても、測定マニュアルを順守して統一された基準で測定するようにしてください。各種の調査票や検査方法の詳細については、かならず成書を参照してください。

6　『評価』における段階

　介護予防事業への評価を実際に進めていく時、評価を行う対象範囲の大きさによって評価における段階が変わり、評価のための手法も異なってきます（図4）。

　評価対象範囲が最も小さい評価の段階は、ミクロ・レベルの評価です。

図4　事業における評価の段階

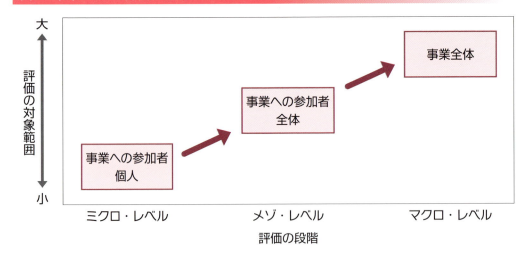

　この段階での評価は、ある特定の介護予防事業に参加していた特定の個人への効果や効用を評価するものです。もう少し評価を行う対象範囲が大きくなると、メゾ・レベルの評価となります。この段階での評価は、ある特定の介護予防事業に参加していた参加者全体の効果や効用を評価するものです。評価対象範囲が最も大きい評価の段階が、マクロ・レベルの評価となります。この段階での評価は、ある特定の地域で行われた介護予防事業全体の効果や効用を評価するものです。この段階になると、特定の事業の評価というよりも、介護予防事業そのものの評価の様相を帯びてきます。それぞれの評価の段階において、どのような方法論で評価をしていくのかについて、次の項目で順に説明をしていきます。まずは、自分が行うべき評価の段階がどの段階であるのかを意識しましょう。また、評価はどの段階を行えば良いとか悪いとかいうことではありません。各段階に渡って評価を行うことが最も重要です。特定の個人の評価だけでは、事業の参加者全体に効果や効用があったのかは判断できません。また、ある特定の事業の参加者だけの評価では、介護予防事業全体として効果や効用があったのかは判断ができません。特定の個人のレベル、事業に参加した参加者全体のレベル、事業全体のレベル、すべての段階において効果や効用が認められることが最も望ましい形であると言えます。

　評価の段階以外にも、評価を実施する際に意識しておくべき事柄があります。これまで、『効果』の評価と『効用』の評価という2つの表現が出てきていることにお気づきでしょうか。あえて2つの表現を使用したのは、両者は似て非なるものだからです。事業の評価をするときには、『効果』

の視点、『効用』の視点、さらに『便益』の視点での評価が大切です。『効果』の評価とは、運動器の機能向上を目指す事業であれば、アップアンドゴーや歩行速度の検査として5m歩行時間などの運動能力の検査がなされると思います。アップアンドゴーや歩行速度などの個々の検査結果が、改善したか悪化したかの判断が『効果』の評価となります。では、『効用』の評価とは、どのようなものでしょうか。介護予防は、あくまでも要介護状態となることを防いだり、要介護状態から健康状態の改善を図ったりすることが目的です。つまり、生活機能や主観的健康観、QOLが維持・改善されることが介護予防の本来の目的であり、実際に生活機能や主観的健康観、QOLが改善したのかを判断することが『効用』の評価なのです。事業により運動能力や認知機能だけが改善し、生活機能や主観的健康観が変化しなかったのであれば、『効果』は認められたが、『効用』はなかったということになります。歩行速度などの運動能力や認知機能などの心身機能の改善も重要なのですが、生活機能や主観的健康観、QOLの改善にも繋がっていかなければならないのです。運動能力や認知機能などの心身機能に対する『効果』の評価と、生活機能や主観的健康観に対する『効用』の評価は分けて考える必要があります。

　最後に、『便益』の評価について説明します。『便益』とは、効果を経済的な意味に置き換えたものです。例えば、介護予防事業の参加者が要介護認定を受ける割合が低くなっていれば、その分介護保険サービスの利用が減るわけですから、サービス支給にかかる費用が抑えられることになります。このように、事業における効果を経済的な観点で評価することが『便益』の評価です。ただし、要介護認定や介護保険サービスの利用には様々な要因が関与することが多いのが現実です。一概に、要介護認定や介護保険サービスの利用で『便益』を評価することは難しいケースも多いと思わ

表1　運動器の機能向上事業における評価指標の例

評価内容	評価のための指標
事業の効果	〈運動能力〉アップアンドゴー、5m歩行時間、片足立ち保持時間、ファンクショナルリーチテスト、握力、チェアスタンドテスト 〈心理面〉抑うつ傾向の調査票 〈社会面〉ソーシャルネットワーク尺度 〈栄養面〉body mass index（BMI）
事業の効用	老研式活動能力指標、主観的健康観、膝の痛みに関連するQOL
事業の便益	要介護認定、基本チェックリスト

れます。そこで、基本チェックリストの該当状況で評価するのもひとつの現実的な方法だと思われます。最後に、筋力向上や転倒予防などの運動器の機能向上に関する事業における、効果・効用・便益のための評価指標について、参考までにその一例を**表1**にまとめておきます。

2 個人を対象とした評価方法

1 個人の評価の意義

　評価の実際について、ミクロ・レベルの評価、すなわち事業に参加した個人の評価の方法について説明をします。参加者個人の評価をすることで、参加者全体に対する評価だけでは得ることのできない、詳細な情報を得られることもあります。個人から得られる細かな情報が、事業を改善していくヒントになることもあります。また、同じ事業に参加しているからといって、全ての参加者に同じ効果や効用が得られるわけでもありません。個人個人の身体の状態などによって、得られる効果や効用が異なることも珍しくはありません。どのような特性をもつ参加者に、効果や効用が得られやすいかといったヒントを得ることもできるかもしれません。参加者個人の評価もおろそかにせずに、きちんと行っていく習慣が必要です。

2 効果に対する評価の実際例

　個人に得られた効果を評価するための具体的な方法について、運動器の機能向上に関する事業を例に考えてみたいと思います。**表2**は、運動器の機能向上事業に参加した方（女性）の事前事後での運動能力測定に関して、結果の一例を示したものです。5m歩行時間、アップアンドゴー、片足立ち保持時間、握力を測定しています。**表2**の左側の「前回測定結果」の列に記載されている数値が事前の検査結果で、右側の「今回測定結果」の列に記載されている数値が事後の検査結果です。両者を比較すると、全ての測定項目で検査の数値は向上しています。測定結果が向上しているので、全ての項目で効果が得られたと判断して良いでしょうか。例えば、握力は測定値で1kg、割合にすると5.6%向上していますが、5m歩行時間（快適）は測定値で0.8秒、割合で16%向上しています。ほんの数%の変化と10%以上の変化を同じ効果とすることは妥当な評価とは言えません。どの程度の向上が得られたら効果ありと判定できるのかを判断するための基準が**表2**の測定結果の右隣に記載された「レベル※」になります。このレベルは、

厚生労働省の介護予防マニュアル改訂[13]に合わせて、高齢者に行われた体力測定の結果から作成されたものです（**表3**）。表3の基準に従って、体力測定の結果を1から5の5段階のレベルで判定をします。レベル3が平均的なレベルで、レベルの数値が高いほど能力が高く、数値が低いほど能力が低いことを意味します。なお、**表3**は基本チェックリストの運動器の機能低下に該当する方を対象に作成されたものですので、それよりも元気な高齢者や虚弱な高齢者には向いていないと言えるでしょう。

効果の評価は、**表3**の基準に沿ってレベルづけし、レベルの変化で判定

表2　運動器の機能向上参加者（女性）の運動能力測定の結果

■測定結果

体力要素	測定内容	前回測定結果	レベル※	今回測定結果	レベル※
歩行能力	歩行時間（普通）	5秒	3	4.2秒	4
歩行予備力	歩行時間（速い）	4秒	3	3.2秒	4
歩行・バランス・総合力	アップ&ゴー（TUG）	9秒	3	8.2秒	4
バランス	片足立ち時間	8Kg	3	10Kg	3
筋力	握力	18Kg	3	19Kg	3

表3　男性の運動能力測定におけるレベル判定の基準

■レベルの基準（男性）

測定項目	レベル1	レベル2	レベル3	レベル4	レベル5
歩行時間（普通）（秒）	7.2以上	7.1-5.7	5.6-4.8	4.7-4.2	4.1以下
歩行時間（速い）（秒）	5.4以上	5.3-4.4	4.3-3.7	3.6-3.1	3.0以下
アップ&ゴー（TUG）（秒）	13.0以上	12.9-11.0	10.9-9.1	9.0-7.5	7.4以下
片足立ち時間（秒）	2.6以下	2.7-4.7	4.8-9.5	9.6-23.7	23.8以上
握力（Kg）	20.9以下	21.0-25.3	25.4-29.2	29.3-33.0	33.1以上

■レベルの基準（女性）

測定項目	レベル1	レベル2	レベル3	レベル4	レベル5
歩行時間（普通）（秒）	6.9以上	6.8-5.4	5.3-4.8	4.7-4.1	4.0以下
歩行時間（速い）（秒）	5.5以上	5.4-4.4	4.3-3.8	3.7-3.2	3.1以下
アップ&ゴー（TUG）（秒）	12.8以上	12.7-10.2	10.0-9.0	8.9-7.6	7.5以下
片足立ち時間（秒）	3.0以下	3.1-5.5	5.6-10.0	10.1-24.9	25.0以上
握力（Kg）	14.9以下	15.0-17.6	17.7-19.9	20.0-22.4	22.5以上

していくと良いでしょう。**表2**で、レベルの変化に注目してみますと、5m歩行時間（快適および速い）とアップアンドゴーは、レベルが3から4に向上していますが、片足立ち時間と握力は、レベル3のままです。つまり、歩行速度とアップアンドゴーには効果があり、片足立ち時間と握力には効果が得られなかったと評価できます。さらに、Microsoft Excel®などの表計算ソフトを使用して、レベルをレーダーチャートでグラフ化すると効果が視覚化され、よりわかりやすくなります（**図5**）。視覚化するメリットは、事業実施者にとってわかりやすいだけでなく、参加者に評価結果を説明するうえでも、効果を理解し認識しやすいというメリットがあります。

　無論、上述のような効果を判定するためのレベルの基準がないものも多々あります。**表1**であげた評価の指標を例にとれば、抑うつ傾向の調査票やソーシャルネットワークの尺度などの調査票には、特にレベルのような基準はありません。このような調査票を使用した場合は、点数を算出して単純に点数の変化で効果を評価すれば良いでしょう。ただし、多くの場合で1点くらいの変化は誤差として生じやすいので、少なくとも2点以上の変化をもって改善や悪化と判定するのが良いと思います。また、ファンクショナルリーチやチェアスタンドテストなどの運動能力検査にもレベルの基準はありません。基準のない検査結果に対しては、残念ながら明確な根拠はありませんが、概ね事前事後の検査結果で10％以上の変化が生じていれば、改善または悪化という評価をしていくのが良いと思います。数％の変化は検査誤差として考えるのが妥当でしょう。例えば、**表4**にファンクショナルリーチやチェアスタンドテストを含んだ運動能力検査の事前事後の結果を示します。**表4**では、表の最下段の式で各々の検査の事前事後での変化率を求めています。検査によっては、数値が減少するほうが良

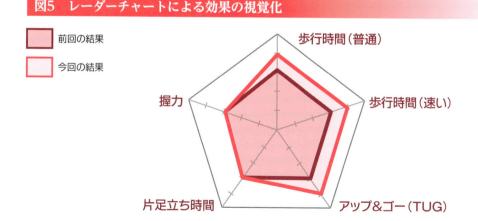

図5　レーダーチャートによる効果の視覚化

表4 変化率を利用した運動能力検査における効果の評価

■測定結果

体力要素	測定内容	前回測定結果	今回測定結果	変化率	効果
歩行能力	歩行時間（普通）	5.6秒	5秒	－11％	改善
歩行・バランス・総合力	アップ&ゴー（TUG）	8.2秒	7.8秒	－5％	維持
バランス	ファンクショナルリーチ	22cm	20cm	－9％	維持
筋力	チェアスタンドテスト	11秒	9.5秒	－14％	改善
筋力	握力	20Kg	23Kg	15％	改善

変化率＝（今回測定結果－前回測定結果）÷前回測定結果×100

いものと、増加するほうが良いものがあります。例えば、歩行時間やアップアンドゴーは測定値が減少するほうが良いので、変化率はマイナスに変化すると良い方向に変化していると言えます。逆に、ファンクショナルリーチや握力は、値が増加したほうが良いので、変化率はプラスに変化すると良い方向に変化していると言えます。**表4**のように10％以上の変化率を改善または悪化、それ以外を維持と判定すると、歩行時間は「改善」、アップアンドゴーは「維持」と判定されます。さらに、握力は「改善」、ファンクショナルリーチは「維持」と判定することができます。

3 効用・便益に対する評価

　効用に対する評価としては、老研式活動能力指標や主観的健康観を例にとって説明をしたいと思います。実際は、老研式活動能力指標や主観的健康観に対して、事前事後での変化を捉えて効用の評価をしていくことになります。老研式活動能力指標は、0から13点で点数を計算して点数の変化で効果を評価していきます。ただし、老研式活動能力指標は、1点の変化は誤差として生じうることが指摘されていますので[14]、改善または悪化と評価するためには2点以上の変化を基準にすると良いでしょう。また、主観的健康観は「健康である」から「健康でない」までを4段階で回答するものですが、これは段階の変化を単純に改善または悪化と評価していけば良いかと思います。ただし、老研式活動能力指標や主観的健康観では「床効果」と「天井効果」への注意が必要です。例えば、事前の状態で老研式活動能力指標の点数が12点や13点であれば、2点以上の向上はしませんので、改善と判定することが絶対にできません。また、事前の状態で点数

が1点または0点であれば、2点以上低下することはないので、悪化と判定することは絶対にできません。評価の際には、このような「床効果」や「天井効果」の影響に注意が重要です。

便益については、要介護認定は認定のタイミングやサービスの利用意向などの要因が関わりますので、評価の基準とするのは適していません。基本チェックリストにおける該当・非該当の変化で評価をしていけば良いでしょう。例えば、基本チェックリストの運動器に関する項目は5項目で、3項目にチェックが入ると二次予防事業対象者に該当することになります。事前に3項目にチェックが入っていた参加者が、事後で2項目のチェックに変化すれば、二次予防事業の該当者から非該当者に変化したことになるので改善し便益があったと評価できます。逆に、2項目のチェックから3項目のチェックに変化すれば、非該当者から該当に変化したことになるので、悪化したと評価されます。該当状況に変化がなければ維持と考えます。

4 質的な評価

個人を対象とした評価方法として、主に検査値や調査票などの結果から、データを処理して効果や効用などの評価をしていく方法を紹介しました。一方で、データから得られる結果は、単一のデータに情報を集約してしまっているため、得られる情報量が減ってしまっている可能性があります。データのみでは得られない情報については、例えば運動能力への効果であれば、事前事後でアップアンドゴーなどの検査の様子をビデオで撮影して、姿勢や身体の動かし方の変化を観察して比較するのも良いでしょう。また効用については、事業参加前後での生活の変化などをインタビューすることで得ることもできるかもしれません。こうした観察や面接による評価は、数値化することが難しいため、集団や事業全体の評価には適していない部分がありますが、個人への評価に関しては有用な情報が得られることもありますので、質的な評価の導入も検討してみる価値はあります。

3 集団を対象とした評価方法

1 集団の評価の意義

　個人個人の評価を行っていくことで、参加者個人に得られた効果・効用などが明らかになります。しかし、同じ事業に参加しても、得られる効果・効用には個人差があります。同じ薬を飲んでも、良く効く人もいれば、むしろ副作用のほうが大きい人もいますし、あまり効かないという人もいるのと同じです。ある特定少数の人だけに効果・効用があっても、全体的に効果・効用が得られないのであれば意味がありません。そこで、事業参加者全体への評価が必要となってきます。効果・効用に個人差はありながらも、参加者全体に対しても同じような効果・効用が得られるのかというメゾ・レベルでの評価の方法について、具体的に説明をしていきます。

2 データの整理

　参加者全体の効果や効用を評価していくためには、Microsoft Excel®などの表計算ソフトを使用して、参加者のデータを評価指標ごとに整理していくことが重要です。表5に、運動器の機能向上に関する事業の参加者における運動能力検査のデータ整理の例を示します。一番左の列に、参加者の氏名またはIDを入力し、その隣の列にそれぞれの運動能力検査の事前事後での測定結果、さらにそれぞれの項目の事前事後での効果の判定を順次入力していきます。効果の判定は、「個人を対象とした評価方法」で説明した手法での判定結果を入力していきます。つまり、10％以上の値の変化を基準に改善・維持・悪化と判定しています。最後に、それぞれの運動能力検査の判定結果について、改善・維持・悪化の人数を集計して、該当する検査項目の下に入力していきます。なお、改善と判定したデータの色を変えておくなどの工夫をすると見やすくなります。

　表5のようにデータを整理したら、それぞれの検査項目の改善・維持・悪化の人数の集計結果をグラフにしてみましょう。ここでは、改善・維持・

表5　表計算ソフトを利用した運動能力検査データの整理の一例

参加者	アップ&ゴー			歩行時間（快適）			片足立ち時間			握力		
	事前	事後	判定	事前	事後	判定	事前	事後	判定	事前	事後	判定
A	9.69	9.8	維持	6.17	5.47	改善	2.72	4.72	改善	13.05	12.8	維持
B	17.04	16.9	維持	5.595	5.58	維持	4.955	4.32	悪化	16.4	15	維持
C	7.915	8.41	維持	4.52	3.75	改善	11.76	5.5	悪化	17.5	20.3	改善
D	6.34	6.72	維持	3.465	3.07	改善	29.91	17.57	悪化	23.85	25.1	維持
E	9.435	9.7	維持	4.015	3.83	維持	19.35	13.96	悪化	13.85	12.6	維持
F	6.995	7.85	悪化	4.29	4.17	維持	25.36	60	改善	19.9	15.3	悪化
G	7.005	6.54	維持	3.95	3.61	維持	3.04	19.23	改善	24.35	25.7	維持
H	6.51	5.67	改善	3.72	3.13	改善	25.735	60	改善	23.7	24.7	維持
I	7.605	6.89	維持	4.4	3.39	改善	2.585	17.67	改善	24.45	26	維持
J	7.28	5.72	改善	4.47	4.05	維持	41.4	29.7	悪化	20.45	23.9	改善
K	6.37	5.61	改善	3.35	3.27	維持	15.47	44.17	改善	27.55	28.9	維持
L	9.155	5.91	改善	4.4	3.6	改善	49.585	54.12	維持	20.7	22.9	改善
M	7.07	5.67	改善	3.8	3.09	改善	4.06	8.89	改善	23.7	24.7	維持
N	9.665	6.88	改善	4.47	4.16	維持	5.54	60	改善	16.5	20.4	改善
O	20.555	8.54	改善	8.28	3.96	改善	3.91	4.78	改善	11.65	18.4	改善
集計（人）												
改善			7名			8名			9名			5名
維持			7名			7名			1名			9名
悪化			1名			0名			5名			1名

図6　運動能力検査における判定の集計結果の円グラフ

アップ&ゴー　　歩行時間　　片足立ち時間　　握力

悪化の割合がわかりやすいように、**図6**のような円グラフにして、円グラフから全体の結果を評価してみましょう。グラフをみて、少なくとも半数以上の参加者に改善が得られているのであれば、事業全体の評価としても効果があったと考えて良いのではないかと思います。逆に、維持や悪化が半数以上を占めているのであれば、プログラムの中で負荷が足りなかったり、プログラムに何か重要な要素が不足していたりするのかもしれません。プログラム内容の見直しが必要でしょう。例えば、**図6**を見ると握力は維持の割合が多くなっています。もしかしたら、筋力トレーニングに関する

プログラムの内容が適切ではなかったのかもしれません。

効用や便益についても、**表5**や**図6**のようにデータ整理をしていくことで評価ができると思います。つまり、事業の事前事後での老研式活動能力指標や主観的健康観、基本チェックリストなどについて、参加者個人の改善・維持・悪化の判定結果を整理し、結果をグラフ化していけば良いのです。**表6**に老研式活動能力指標や主観的健康観のデータ整理の例を示します。**表5**の運動能力検査の結果の整理とほぼ同じであることがわかると思います。あとは、グラフを描いて評価をしていけば良いのですが、この時注意すべきことがあります。それは、事前の老研式活動能力指標も主観的健康観も状態が良いと、天井効果が生じる参加者がでるということです。そのような参加者は全て維持と判定されてしまいますので、どうしても維持の人数が多くなっています。このような場合、改善した参加者の割合が低いからといって事業による効用が得られなかったと評価をするのは早計です。悪化した参加者が少ないことを考えれば、十分効用はあったと考えて良いでしょう。

表6　効用評価のためのデータ整理

参加者	老研式活動能力指標			主観的健康観		
	事前	事後	判定	事前	事後	判定
A	12	11	維持	2	2	維持
B	13	13	維持	1	1	維持
C	8	11	改善	3	2	改善
D	13	13	維持	1	1	維持
E	8	8	維持	3	3	維持
F	13	11	悪化	1	1	維持
G	10	12	改善	3	2	改善
H	13	13	維持	2	2	維持
I	12	13	維持	2	1	改善
J	9	9	維持	3	3	維持
K	12	13	維持	2	2	維持
L	13	13	維持	1	1	維持
M	8	12	改善	3	2	改善
N	8	13	改善	3	2	改善
O	12	13	維持	2	1	改善
集計(人)						
改善			4名			6名
維持			10名			9名
悪化			1名			0名

※主観的健康観
1. 健康である
2. まあ健康である
3. あまり健康ではない
4. 健康ではない

3 統計学的手法の活用

　ここまで集団における事業の評価方法について説明をしてきましたが、さらに一歩踏み込んで、統計学的手法を活用した科学的な視点での評価について説明をしたいと思います。これまでの評価方法は、ある評価指標が、事業の事前事後で一定程度以上の変化があった時に改善や悪化と判定し、その判定結果を集計することで評価をしました。しかし、この方法の大きな問題点は、得られた各評価指標の変化が、もしかしたら偶然の産物なのかもしれないということです。結果に偶然の要素がどのくらい含まれているのかが分からないのです。この偶然の要素がどのくらい含まれているのかを判定する方法が統計学を利用した方法です。ここでは、各評価指標の事前事後の変化を統計学的に分析するための「対応のある t 検定」と「効果量」という手法を紹介します。

　まず、「対応のある t 検定」から説明します。**図7**のように各参加者の事前事後のデータをMicrosoft Excel®に入力します。各評価指標の事前事後データの隣の列にある「差」というのは、事後の結果から事前の結果を引き算したものです。各参加者の検査・調査結果の「差」の計算ができたら、**表7**の計算手順で計算を進めていきます。まず差の平均値を計算します。Microsoft Excel®での平均値の計算方法は**表7**の通りです。**表7**の「計算方法」に記載してある通りに、Microsoft Excel®の空白のセルに計算の命令を入力するとソフトが自動で計算をしてくれます。命令の入力方法は、**表7**の「計算方法具体例」を参考にしてください。計算方法具体例は、**図7**のアップ＆ゴーのデータを分析した場合の具体的な入力方法を記載しています。差の平均値を計算したら、次に各参加者のデータのばらつきを意味する「標準偏差」を計算します。標準偏差は、「=stdev.p」という命令を空白セルに入力すると計算ができます。標準偏差の計算ができたら、誤差を示す「標準誤差」を計算します。標準誤差は、標準偏差を参加者数から1を引いた数の平方根で割ると算出できます。**表7**の「計算方法具体例」を参考に計算式を空白セルに入力してください。標準誤差が計算できたら、t 値という確率を計算するための値を算出します。これは、差の平均値の絶対値を標準誤差で割ると算出できます。これも、**表7**の例を参考に式を空白セルに入力してください。最後に、偶然の要素の確率を計算するのですが、空白セルに「=t.dist.2t」という入力の後に、計算した t 値と参加者数から1を引いた数を指定すると算出できます。算出された確率は0から1の値を取り、100倍するとパーセントになります。この確率が0.05（つまり5％）以上であると偶然である確率が高いと判定し、

事前事後での結果に差はない（効果・効用なし）と判定します。0.05（5％）未満であれば、偶然の確率は低いと判定し、事前事後での結果に差がある（効果・効用あり）と判定します。**表7**に、アップ＆ゴー・歩行時間・老研式活動能力指標の事前事後の結果を対応のあるt検定で分析した結果を出していますが、「確率」のところをみると歩行時間は0.05未満ですが、それ以外は0.05以上です。つまり、歩行時間だけが事前事後で差があり、それ以外の項目は、惜しいところですが科学的には差がないということになります。

※正しい統計計算では、統計専用ソフトを用いることを勧めます。

次に、「効果量」について説明をします。効果量とは、事前事後で得られた効果・効用の大きさを評価するための指標です。例えば、対応のあるt検定で、歩行時間に事前事後で差が認められた場合でも、その差は0.1

図7　統計学的な分析を行うためのデータ入力例

	A	B	C	D	E	F	G	H	I	J
1	参加者	アップ＆ゴー（秒）			歩行時間（快適）（秒）			老研式活動能力指標		
2		事前	事後	差	事前	事後	差	事前	事後	差
3	A	9.69	9.80	0.11	6.17	5.47	−0.70	12	11	−1
4	B	17.04	16.90	−0.14	5.60	5.58	−0.02	13	13	0
5	C	7.92	8.41	0.50	4.52	3.75	−0.77	8	11	3
6	D	6.34	6.72	0.38	3.47	3.07	−0.40	13	13	0
7	E	9.44	9.70	0.26	4.02	3.83	−0.19	8	8	0
8	F	7.00	7.85	0.86	4.29	4.17	−0.12	13	11	−2
9	G	7.01	6.54	−0.47	3.95	3.61	−0.34	10	12	2
10	H	6.51	5.67	−0.84	3.72	3.13	−0.59	13	13	0
11	I	7.61	6.89	−0.72	4.40	3.39	−1.01	12	13	1
12	J	7.28	5.72	−1.56	4.47	4.05	−0.42	9	9	0
13	K	6.37	5.61	−0.76	3.35	3.27	−0.08	12	13	1
14	L	9.16	5.91	−3.25	4.40	3.60	−0.80	13	13	0
15	M	7.07	5.67	−1.40	3.80	3.09	−0.71	8	12	4
16	N	9.67	6.88	−2.79	4.47	4.16	−0.31	8	13	5
17	O	20.56	8.54	−12.02	8.28	3.96	−4.32	12	13	1
18	差の平均値			−1.45			−0.72			0.93
19	標準偏差			3.04			1.00			1.81
20	標準誤差			0.81			0.27			0.48
21	t値			1.79			2.67			1.93
22	確率			0.09			0.02			0.07
23	効果量			0.44			0.60			0.47

表7　対応のあるt検定のための計算手順と方法

計算手順	計算方法	計算方法具体例
1.「差」の平均値を求める	=average(計算するデータ範囲)	=average(D3:D17)
2.「差」の標準偏差を求める	=stdev.p(計算するデータ範囲)	=stdev.p(D3:D17)
3.「差」の標準誤差を求める	=標準偏差÷(参加者数−1)の平方根	=3.04/sqrt(14)
4.t値を計算する	=差の平均の絶対値÷標準誤差	=abs(−1.45)/D20
5.t値の確率を求める	=t.dist.2t(t値,参加者数−1)	=t.dist.2t(1.79,14)
6.確率を基準に結果を判定	確率0.05より小⇒差あり：確率0.05以上⇒差なし	

※計算方法具体例は、アップ&ゴーのデータを計算した場合

図8　効果量の算出と基準

$$効果量\ r = \sqrt{\frac{t値^2}{t値^2 + (参加者数−1)}}$$

	効果量 r		
	小	中	大
効果量の絶対値	0.1−0.3	0.3−0.5	0.5以上

秒の場合もあれば、0.7秒の場合もあり、その差の程度はデータの状況により様々です。いくら統計学的に事前事後で差があるといっても、0.1秒の差と0.7秒の差を同等に扱っても良いものでしょうか。事前事後で得られた差の程度（効果の大きさ）を評価するための指標が「効果量」なのです。計算方法は、対応のあるt検定よりも単純です。計算は、対応のあるt検定で計算した「t値」と「参加者数」を使い、上の計算をすることによって算出できます（**図8**）。**図7**の最下段にも効果量を算出しています。算出した効果量に対して、**図8**の基準[15]で判定をしていきます。例えば、**図7**では歩行時間の効果量は0.60なので、**図8**の基準で判定すると事前事後で中くらいの差（中等度の効果）が得られたということになります。一方、アップ&ゴーの効果量は0.44なので、その差は小さい（効果が小さい）と言えます。このように差の大きさを評価することで、どの程度の効果や効用を得ることができたのかを評価することができます。

4 事業全体を対象とした評価方法

1 事業全体の評価をする意義

　ミクロ・レベル、メゾ・レベルのさらに上の段階の評価として、マクロ・レベルの評価があります。つまり、ある特定の個人や事業において効果や効用が得られたとしても、事業全体として効果や効用が得られていなければ、介護予防事業による社会への影響は極めて限定なものとなってしまいます。様々な介護予防事業が展開されていくなかで、事業全体として介護予防という最大の目的を達成できているのかを評価することが最終的に重要となります。事業全体で効果や効用が認められないのであれば、事業全体の大幅な見直しが必要になるかもしれません。ここでは、事業全体での評価について、その方法を説明したいと思います。

2 事業全体の評価の具体例

　事業全体の評価として、主観的健康観が改善したのかどうかを評価することを考えてみましょう。まずは、各事業における参加者数・改善者数・悪化者数の3つの数値を収集して、事業全体の参加者数合計・改善者数合

図9　比率の差の検定における計算方法

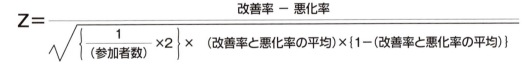

※Z＝検定統計量

（例）全事業の参加者：合計1000人
　　　主観的健康感改善者合計：300人（改善率0.3）
　　　主観的健康感悪化者合計：100人（悪化率0.1）

Z＝(0.3−0.2)÷√｛2/1000×0.2×0.8｝
　＝11.2（1.96以上なら比率の差あり）

計・悪化者数合計を集計していきます。例えば、集計の結果、参加者数合計が1000名、改善者数合計が300名、悪化者数合計が100名であったとしましょう。事業全体での改善率は1000名中300名なので30％です。同様に悪化率は10％となります。効用を見積もるには、改善率と悪化率に差があり、改善率の方が高いことを証明することができれば良いのです。これを証明する方法が「比率の差の検定」という統計学的手法です。図9に計算方法を示します。**図9**の方法でZという値を計算しますが、これは対応のあるｔ検定の時のｔ値と同じような性質のもので、確率を計算するための数値です。Zの値が1.96より大きくなれば偶然の結果生じた確率が5％未満となることを意味しますので、科学的に両者の比率に差があるこ

図10　各事業における効果と効用の違い

a）各事業の5m歩行時間の効果量

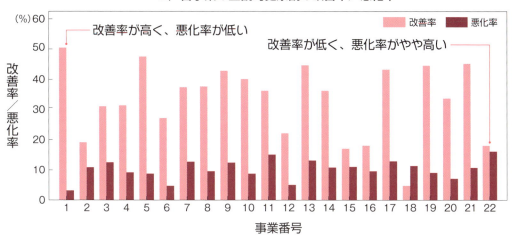

b）各事業の主観的健康観の改善率／悪化率

とを示します。先ほどの改善率と悪化率の差を分析してみると、Zの値は1.96をはるかに超えるので**(図9)**、科学的に改善率のほうが悪化率よりも高いことがわかります。つまり、事業全体で主観的健康観が改善する割合が高いと評価できます。参加者数合計・改善者数合計・悪化者数合計の3つの数値が収集できれば、主観的健康観に限らず、他の評価指標に対しても同様に分析して、効果や効用を評価することができます。

　また事業全体での評価では、各事業による効果や効用のばらつきについても分析することが重要だと思います。例えば、各評価指標において、改善率・悪化率や効果量**(図8)**を事業ごとに収集・集計し、グラフに示すことで事業による効果や効用の違いを視覚化して明らかにすることもできます。例えば、各事業の5m歩行時間の効果量と主観的健康観の改善率と悪化率をグラフに示すと**図10**のようになります。5m歩行時間の効果量に関して、**図8**の基準で効果の大きさを判定すると、効果が大きい事業から小さい事業、さらには効果が認められない事業が混在しています**(図10a)**。また、主観的健康観の改善率と悪化率についても各事業で差があり、改善率が大きく悪化率が低いような効用が大きい事業もあれば、改善率が小さく悪化率が比較的高いような効用が小さい事業も認められます**(図10b)**。効果や効用の高い事業がどれなのかが明らかになれば、当該事業の実施内容を詳細に分析することで、効果や効用を高めるためのヒントが見つかる可能性も充分にあります。効果・効用の高い事業内容を他の事業においても応用していけば、事業全体の効果・効用も高まっていくことが期待できると思います。

エビデンス(根拠)に基づく介護予防

　本章では、介護予防事業の評価について、具体例を示しながら説明をしてきました。介護予防事業を実施するためには、人・物・金、が必要です。人・物・金という資源は当然のことながら無限にあるわけではありません。人・物・金という資源を使う以上は、限られた資源のなかで効率的で効果的な事業の創出と運営が必要です。そのためには、しっかりデータを収集し、収集したデータの整理・分析を通じて、客観的かつ科学的な視点で事業を評価していく姿勢が求められます。データを基に評価することで、エビデンス（根拠）のある事業改善を続けていくことができます。エビデンス（根拠）のある事業改善により、効率的で効果的な介護予防事業が創出され運営されていくと言えるでしょう。本章では、科学的視点も取り入れるために統計学的方法についても紹介しました。より正確な統計分析のためには専門家の力を借りる必要があるのは事実ですが、少しでも科学的な視点を取り入れて事業を客観的に振り返ることが、エビデンス（根拠）のある評価に繋がります。エビデンス（根拠）のある介護予防事業を展開していくために、本章を参考に評価の視点・手法を実践してください。

文献

1) Finch E, Brook D, Stratford PW, Mayo NE（著），望月久，新田収（監訳）：リハビリテーション評価ガイドブック―帰結評価の考え方と進め方―．有限会社ナップ，東京，2004，pp21-32
2) 大橋靖雄：評価の信頼性と妥当性．医学のあゆみ 2008；227：1090-1098．
3) 衣笠隆，長崎浩，伊東元，他：男性（18〜83歳）を対象にした運動能力の加齢変化の研究．体力科学 1994；43：343-351．
4) Koyano W, Shibata H, Nakazato K, et al.: Measurement of competence:reliability and validity of the TMIG index of competence. Arch Gerontol Geriatr 1991;13:103-116.
5) Akai M, Doi T, Fujino K, et al.：An outcome measure for Japanese people with osteoarthritis. J Rheumatol 2005;32:1524-1532.
6) Nagasaki H, Itoh H, Hashizume K, et al.: Walking patterns and finger rhythm of older adults. Percept Mot Skills 1996;82:435-447.
7) Podsiadlo D, Richardson S:The timed "up & go"：a test of basic functional mobility for frail elderly persons. J Am Geriatr Soc 1991;39:142-148.
8) Viccaro L, Perera S, Studenski SA: Is timed up and go better than gait speed in predicting health, function, and falls in older adults?. J Am Geriatr Soc 2011;59:887-892.
9) Duncan PW, Weiner DK, Chandler J, et al.: Functional reach: a new clinical measure of balance. J Gerontol Med Sci 1990;45: M192-197.
10) Guralnik JM, Simonsick EM, Ferrucci L, et al.: A short physical performance battery assessing lower extremity function: association with self-reported disability and prediction of mortality and nursing home admission. J Gerontol Med Sci 1994;49:M85-94.
11) Niino N, Imaizumi T, Kawakami N: A Japanese translation of the geriatrics depression scale. Clinical Gerontologist 1991;10:85-87.
12) 栗本鮎美，栗本主一，大久保孝義，他：日本語版Lubben Social Network Scale 短縮版（LSNS-6）の作成と信頼性および妥当性の検討．日老医誌 2011;48:149-157.
13) 介護予防マニュアル改訂委員会：介護予防マニュアル改訂版（改訂版：平成24年3月），2012，厚生労働省，http://www.mhlw.go.jp/topics/2009/05/tp0501-1.html（平成26年5月アクセス）
14) 藤原佳典，新開省二，天野秀紀，他：自立高齢者における老研式活動能力指標得点の変動　生活機能の個別評価に向けた検討．日本公衛誌 2003;50:360-367
15) Cohen J: A power primer. Physiological Bulletin 1992;112:155-159.

第15章

介護予防と
権利擁護

介護予防と権利擁護

「権利擁護」とは、当事者の人権・権利を護るための、一連の活動を意味する言葉です。「虐待防止」「成年後見制度活用」等、多岐にわたって用いられている感のある「権利擁護」という言葉ですが、これらの制度を使うことが、即「権利擁護」を意味するという訳ではありません。人権・権利を護り、本人がその人らしく生きていくための支援をしていく活動そのものが「権利擁護」なのです。

まず、介護予防と権利擁護の関係について解説します。

1 高齢者がかかえる居場所の喪失感・孤立感への理解

権利擁護の関わりを必要とする高齢者は、社会的役割や収入、人間関係等の様々な喪失体験を経て、自分の「居場所」を無くしてしまったと感じていることも少なくありません。支援者側が、権利侵害を受けるという被害や、喪失体験によって高齢者自身が力を失っているという背景を理解し、本当の意味で「自分が人生の主人公」と言えるような生活支援を組み立てようと考えなければ、支援者側にとって都合のよいサービスで生活を埋め尽くそうとするだけで、ご本人の気持ちを置き去りにしてしまうことになりかねません。例えば消費者被害に遭った方について、クーリング・オフを支援し、社会福祉協議会の日常生活自立支援事業の契約に「こぎつけた」にしても、ご本人はそれらの支援を嫌がり、より引きこもって地域から孤立してしまうようなことも考えられるのです。

高齢者自身が抱える喪失感や孤立感を理解し、より主体的に生きていけるようにするためにどのような関わりが必要なのか（援助の視点）だけでなく、どのように地域社会に参加してもらうことができるのか（社会の参加者としての視点）という側面を考えていくことは、権利擁護を促進する上でも重要な視点です。

2 介護予防による孤立の防止

　これらのことを考える時、すべての高齢者に当てはまるわけではありませんが、介護予防による孤立の防止という考え方は、権利擁護につながります。地域の介護予防教室や自主グループに参加する中で、新たな人間関係のつながり、新たな地域社会での役割を見出し、人生の主人公として自分らしく生きていく…それは、その人らしさを取り戻すエンパワメントとなりますし、介護予防でもあり、権利擁護にもなるものなのです。

3 自分らしく生きていきたいという思いへの支援として

　高齢者の支援をしていく上で、気を付けておかなければならないのが、「介護予防」や「権利擁護」を「押し付けない」ということです。介護保険料を上げないために、介護予防への参加を望まない人にそれを強制したり、権利擁護システムの活用が必要なわけでもないのに、「念のため」と制度活用やサービス利用を強制されてしまったりすることは「支援」ではなく「支配」です。ただでさえ、喪失を経験し、居場所を奪われている高齢者にこのような支援をしてしまうと、「自分らしく生きていきたい」という思いそのものが、抱けなくなってしまいます。

　介護予防も権利擁護も、どちらも「その人らしく生きていく」ために行われる支援です。どうにも被害が大きく、これ以外に手段がないという場合は市町村による権限行使といった形で、まずは命を支えることがありますが、そうでない限りは、支援者がその人の人生を勝手に決めてしまうことは許されないのです。

　今まで生きていらしたご本人らしさと向き合い、現在抱いておられるご本人の「思い」に向き合った支援を目指し、「その人らしさ」を支えていきたいものです。

権利擁護とは

　人権・権利を護ったり権利行使を支援したりするためには、時に、必要な法制度等を活用することがあること、その活用のために必要な知識が高齢者の支援者側に求められることを、理解しておくことが大切になります。

1 高齢者の人権の特徴

　日本国憲法第13条は「すべて国民は、個人として尊重される。生命、自由及び幸福追求に対する国民の権利については、公共の福祉に反しない限り、立法その他の国政の上で、最大の尊重を必要とする」として、「個人の幸福追求権」を保障しており、「自己決定権」も、この憲法第13条「個人の幸福追求権」から導かれています。高齢期に入っても、また、たとえ認知症になったとしても、人はそれぞれ自分の幸せを追及する権利を保障されているということを、忘れてはなりません。

　一方で、私たち支援者は、高齢者の人権の特徴を押さえておかなくてはなりません。認知症の高齢者、あるいは独居等で生活困難を抱える高齢者等は、契約社会、申請社会の中では、自己選択・自己責任によるサービス選択・利用になじみにくいため、人権・権利の実現や行使について不平等・不利益な立場におかれていることが多いのです。

　また、高齢者は「社会的弱者」として救済や保護の対象としてとらえられがちであり、すぐに施設入所を勧められてしまう等、地域での生活を継続していくことをはじめとして、自分の人生を自分らしく生きにくい状況もあったともいえるでしょう。そういう中で、現在、高齢者・障がいのある人の権利については、「地域で暮らす権利」が注目されています。「地域で暮らす権利」も、憲法第13条「個人の幸福追求権」から導かれるものです。住み慣れた地域の中でその人らしい生き方ができるよう、その人なりの価値観や幸福感を大切にして関わる…高齢者の権利擁護を考える上で、重要な視点です。

2 権利擁護を必要とする高齢者像の理解

(1)「セルフ・エスティーム」の低下

　高齢期に入ると、今まで出来ていたことが出来なくなったことを感じ、本人が「自分は価値がない存在だ」という思いを抱いて、「セルフ・エスティーム」（自己効力感、自己肯定感）が低下した状態になってしまうことも、少なくありません。

(2) 認知機能・判断能力の低下

　私たちが関わる高齢者本人には、「認知機能・判断能力の低下」があることも、少なからずあるものです。

　認知機能・判断能力が低下すると、生活についての見通しを立てることができにくくなるため、時には、ライフラインや家賃の支払い等といった各種支払いが滞り、生活そのものが破たんしそうになってしまうこともあります。認知機能・判断能力の低下がある高齢者をターゲットにした消費者被害や第三者からの経済的搾取、時に家族からの虐待の被害者になってしまうこともあります。

　そのうえ、このような高齢者は、「忘れている」ことが「分からない」という場合もあり、「周囲が自分を騙そうとしている」と誤解したり、不安な気持ちだけが心に残っていて気持ちを閉ざしてしまったりすることもあるのです。早急な援助を必要としているにも関わらず、防衛的気持ちから援助を受け入れる気持ちになれない……そのような状態の高齢者がいることを、思い描いておきましょう。

3 契約によるサービス利用

　（1）（2）のような状態にある方が、サービスの利用をする際に求められるのが、「自己選択」「自己決定」「自己責任」による「契約」という行為です。「自分が価値ある存在だと思えない」（セルフ・エスティームの低下）のに、自分の為にサービスを選ぶという行為を行わなければ、サービスを利用することができないという状態におかれているのです。また、認知機能・判断能力の低下があって、サービスについてよく理解できないにも関わらず、サービスを選んで決定し、そのことに責任を持たなくてはなりません。

　そして、高齢者に提供されている介護・福祉のサービスは、利用する側にとってはしばしば複雑に感じられるものです。説明を受けてすぐに理解

し、覚えられるというほど、簡単なものではありません。契約利用におけるパワーインバランス（力の不均衡）があること、高齢者は契約の弱者にしばしばおかれていることを、理解しておきたいものです。

4 アドボカシーを基調とした権利擁護の必要性

上記で確認してきたとおり、高齢者の支援者が関わる高齢者は、自分のための選択や決定ができにくい状態にあるにも関わらず、生活していくために必要なサービスを利用していかなければならない状況になっています。そのため、高齢者の支援者として本人に関わる上では「アドボカシー」を意識しておく必要があります。

「権利擁護」の基本は「アドボカシー advocacy」にあると言われてい

図1　アドバカシーとは？

①侵害されている、あるいは諦めさせられている本人（仲間）の権利がどのようなものであるかを明確にすることを支援すること

「脳梗塞の後遺症で、麻痺が残ってしまった。色々な人に迷惑をかけているし、もう何もかもどうでもいい…」

共感・受容、意思表出への支援
「本当は…できれば…もう一度妻の墓参りをしたいけど…」

②その明確にされた権利の救済や権利の形成・獲得を支援すること

実は「妻の墓参りをしたいんだ！」
この思いを本人が言葉にし、周りの人に伝えたいと思った時、そのことを支援する

③それらの権利にまつわる問題を自ら解決する力や、解決に必要なさまざまな支援を活用する力を高めることを支援する、方法や手続きに基づく活動の総体

実際にお墓参りに行くことができるよう、本人の力を高め、支援を行う。
これらの過程の中で、本人がエンパワメントされていく

結果として、実際にお墓参りに行けるかどうか、ということよりも、「声をあげ、その実現のための支援を行うこと」をとおして、本人が力を取り戻していくことになる

「アドボカシー」の意味は、北野誠一「アドボカシー（権利擁護）の概念とその展開」河野正輝、大熊由起子、北野誠一編『〈講座　障害をもつ人の人権3〉福祉サービスと自立支援』有斐閣、2000年より引用

ます。「アドボカシー」とは、「当事者がなかなか言葉にできなかったような自らの思いに気づき、その声をあげることを支援すること」を意味するもので、意思表出・自己決定、その実現への支援を表す言葉です。

　本人ですらそこにあることに気付いていない、あるいは気付けない思いへの「気づき」をうながし、その主張や権利行使を支援する行為───まさに点線の思いを実線にしてさらに矢印にしていくようなイメージの支援を意味しています。アドボカシーは、そのことにより、当事者が本来の力を取り戻していくというエンパワメント（その人本来の力を取り戻し、その人らしく生活していくこと）の関わりの一つでもあります。

高齢者の権利擁護Ⅰ 権利擁護システムの活用

　本項では「日常生活自立支援事業」や「成年後見の法定後見制度」について学びます。これらは、契約を前提とした介護保険制度の誕生に合わせ、判断能力の低下のある方でも契約によってサービス利用ができるよう、介護保険制度の車の片輪として誕生してきたものです。高齢者の支援者としては、これらのシステムについて理解しておく必要があります。

1 日常生活自立支援事業

　日常生活自立支援事業は、判断能力の不十分な方が地域で自立した生活が送れるよう、福祉サービスの利用援助等を行うものです。社会福祉協議会が提供しており、利用者との「契約によって提供されるサービス」であることが特徴です。実施主体の都道府県・指定都市社会福祉協議会が市町村社会福祉協議会等に業務委託して具体的サービスが提供されています。

(1) 対象者と援助内容

　このサービスを利用できるのは、「判断能力が不十分」であり、かつ「事業の契約の内容について判断し得る能力を有している」人（つまり、契約についての意思能力がある人）とされています。

　市町村社会福祉協議会は、相談窓口を設置し、専門員（原則常勤職員、社会福祉士、相談支援、支援計画作成、生活支援員の指導を担当）と生活支援員（非常勤職員、専門員の指示で具体的援助を提供）を配置して、援助を提供します。援助の内容は以下のとおりです。

(2) サービス利用について

　初期相談から契約を結ぶまでの関わりは無料となりますが、その後の支援計画に沿ったサービス提供や生活支援員の交通費は利用者負担となります。料金は全国一律ではなく、実施主体ごとに独自に利用料が定められているため、都道府県・指定都市ごとに違っています。

　「書類や通帳を預かってくれる」というイメージが先行しているかもし

表1　日常生活自立支援事業で実施する援助の内容

援助の内容	援助の具体的内容	
福祉サービスの利用援助	①福祉サービスを利用し，また利用をやめるために必要な手続き ②苦情解決制度を利用する手続き ③住宅改造，居住家屋の貸借，日常生活上の消費契約および住民票の届出等の行政手続きに関する援助，その他福祉サービスの適切な利用の為に必要な一連の援助 ④福祉サービスの利用料を支払う手続き	定期的な訪問による生活変化
日常的金銭管理サービス	①年金および福祉手当の受領に必要な手続き ②医療費を支払う手続き ③税金や社会保険料，公共料金を支払う手続き ④日用品等の代金を支払う手続き ⑤上記の支払いにともなう預金の払戻，預金の解約，預金の預け入れの手続き	
書類等の預かりサービス	（保管できる書類等）年金証書，預貯金の通帳，権利証，契約書類，保険証書，実印，銀行印，その他実施主体が適当と認めた書類（カードを含む）	

全国社会福祉協議会「2008年日常生活自立支援事業推進マニュアル」2008年,17頁より引用

れませんが、この事業の根幹は、本人の自己決定を支援し、適切なサービスの選択・契約を支援していく福祉サービス利用援助事業にあります。

2 成年後見制度

　成年後見制度は、民法の改正および任意後見契約に関する法律の制定等によって平成12年4月から登場した制度です。この制度は次の二つに大別されます。

法定後見制度

　判断能力の低下がすでに生じている場合に家庭裁判所に申立て、選任された成年後見人等が家庭裁判所や監督人による監督・指導を受けながら、本人の支援を行うもの。

任意後見制度

　判断能力がしっかりしている状態で、判断能力が低下した時に誰からどのような支援を受けたいかについて予め決め、公証役場で公正証書にして契約し登記しておくもの。家庭裁判所に選任された任意後見監督人による監督を受ける。

(1) 法定後見制度

①概要

「判断能力の低下」について、法律上の文言を用いて説明すると、「事理弁識能力」（自分に起こっていることを正確に理解したり、自分が選択することがどのようなことを自分にもたらすかを見とおしたりする能力）と言います。精神上の障害によって「事理弁識能力」が低下した成人に対して、家庭裁判所により選任された成年後見人等が本人の生活の質が保たれるよう支援していきます。

その趣旨は、「①自己決定の尊重、②ノーマライゼーション、③残存能力の活用」にあり、これら「自己決定の尊重」と「本人の保護」の調和に制度の根幹があります。できるだけ、自己決定を尊重しながら、本人の今の思いや力を活かし、普通の生活が送っていけるように支援しつつ、本人に取り返しのつかないような重大な不利益が生じないよう、時に本人のために保護的に関わるということもあるのです。本人の意思を尊重することが本人のためと言えるのか、後見人等による専門的判断を優先させることが、より本人のためと言えるのか、法定後見人等は常に検討しながら本人に関わっています。

②3つの類型とそれに応じた関わり

法定後見制度は、本人の事理弁識能力の程度に合わせて、補助・保佐・後見の3つの類型に分かれています。

これらの類型は申立時に必要とされている医師の診断書と、鑑定（省略されることもある）、家庭裁判所の調査官による調査等の結果を総合し、家庭裁判所が判断するものです。そして、この類型にあわせて、成年補助

表2　本人の状態と法定後見制度の3つの類型

補助	ほとんどのことは、自分の判断でできる。しかし、契約や預貯金の管理等を自分でできるかどうか不安がある。本人の利益のためには、他の人の援助があった方がよいと思われる状態
保佐	日常生活では何とか自分で判断ができて、簡単な財産管理や契約は自分でできる。しかし、不動産の売買や重要な契約を単独で行うことは無理な状態
後見	日常生活に関する事を除き、常に本人に代わって他の人が判断する必要があり、本人に判断することを期待しても無理だと思われる状態

長寿社会開発センター『地域包括支援センター運営マニュアル』p.131より引用

表3　法定後見制度の3類型

	補助	保佐	後見
本人	判断能力が不十分	判断能力が著しく不十分	判断能力を欠く常況
申立てが出来る人	本人、配偶者、4親等内の親族（親や子や孫など直径の親族、兄弟姉妹、おじ、おば、甥、姪、いとこ、配偶者の親・子・兄弟姉妹）、任意後見受任者、任意後見人、任意後見監督人、検察官、市町村長		
申立てについての本人の同意	必要	不要	不要
医師による鑑定	原則として不要	原則として必要	原則として必要（必要がないと判断された場合は省略されることがあります）
同意・取消権のある行為	申立ての範囲内で裁判所が定める行為（民法13条1項記載の行為の一部に限る）**本人の同意が必要**	重要な財産関係の権利を得喪する行為等（民法13条1項記載の行為）	日常の買い物などの生活に関する行為以外の行為
代理権のある行為	申立ての範囲内で裁判所が定める特定の行為**本人の同意が必要**	申立ての範囲内で裁判所が定める特定の行為**本人の同意が必要**	日常の買い物などの生活に関する行為以外の行為

参考）東京家庭裁判所、東京家庭裁判所立川支部『成年後見申立ての手引き』p.4

人、成年保佐人、成年後見人に認められる関わり方が違っています。

　法定後見制度を活用すると、何もかもが法定後見人等によって代理されるわけではありません。本人の判断能力の程度と、申立の際の本人意思に応じて、法定後見人等による関わりに違いがある（家庭裁判所に認められている代理権や同意・取消権の範囲が違っている）ということを理解しておきましょう。

③法定後見人等の職務

　法定後見人等は、身上配慮義務（民法858条）に従い、本人の心身の状態及び生活の状況を確認しながら、本人の支援を行います。本人の立場に立って必要なサービスの手配等といった契約行為や提供されているサービスについてのチェックを行い（身上監護）、管理している本人の財産を適切に使って（財産管理）、本人を支えます。

　本人の親族が法定後見人等になることもありますが、第三者が選任され

表4 法定後見人等の職務について

法定後見人の職務（例）	後見人にはできないこと、職務外のこと
健康診断等の受診、治療入院契約、費用支払い 住居の確保、修繕等の契約、費用支払い 福祉施設等入退所契約、費用支払い、処遇監視・異議申立て 介護・生活維持に関連する契約、費用支払い 教育・リハビリテーション等に関する契約、費用支払い 社会保障給付の利用	[職務外のこと] 事実行為 [できないこと] 結婚離婚、養子縁組 医的侵襲行為を伴う医療行為（手術等）への同意 身元保証人

ることもあります。弁護士、司法書士、社会福祉士、精神保健福祉士等が、家庭裁判所に名簿を提出し、候補者推薦（紹介）をしています。また、市町村等による市民後見人等の養成の取り組みも始められており、制度がより活用されていくための基盤整備が進められています。

実際にケアを提供する「事実行為」は、法定後見人等の職務ではありません。排せつ介助を行うのではなく、本人に排せつケアが提供されるよう、介護保険サービスを選択・決定・契約し、サービス内容が本人にあったものになっているかどうかをチェックし、サービスに対して支払いを行うのが法定後見人の職務です。

④日常生活自立支援事業と法定後見制度の違い

日常生活自立支援事業は、契約に基づくサービスの提供ですので、契約能力を必要とします。これに対して、法定後見制度は契約能力がなくとも、家庭裁判所による選任によって制度を活用することができます。

また、日常生活自立支援事業での「日常的金銭管理サービス」は、本人の指示に従って使者として職務を行っている**「代行」**であるのに対して、法定後見制度では、類型や申立て時の本人同意の状態にもよりますが、法定後見人等が本人に代わって判断を行う**「代理」**を行うことができます。

日常生活自立支援事業では、実施主体の決めているサービス利用料を支払うのに対して、法定後見制度では、法定後見人等が自身の行った職務について家庭裁判所に報告を行い、報酬付与の申立てをすることで、報酬費が決定されます。費用は本人の財産と後見人の行った職務を勘案し、家庭裁判所が個別に判断します。法定後見人等への報酬や事務に必要な費用は、本人の財産から支払われることとなります。

3 任意後見制度

　任意後見制度は、判断能力がしっかりしている状態で、判断能力が低下した時に誰からどのような支援を受けたいかについて予め決め、公証役場で公正証書にして契約し登記しておくものです。本人の判断能力が低下した際には、任意後見人候補者等が家庭裁判所に「任意後見監督人選任の申立て」を行い、契約内容に従った支援が始まります。任意後見人は家庭裁判所に選任された任意後見監督人による監督を受け、予め決定していた報酬を受け取ります。

　なお、任意後見契約を公証役場で締結する際には、以下のように他の契約も一緒に行うことがありますが、これを悪用する利用例が出ていることを知っておきましょう。任意後見制度についての相談を受けた場合には、必ず、公的な相談機関（地域包括支援センターや社会福祉協議会等による成年後見制度推進機関等）につなぐことが大切です。

図2　任意後見制度に関係する4つの契約

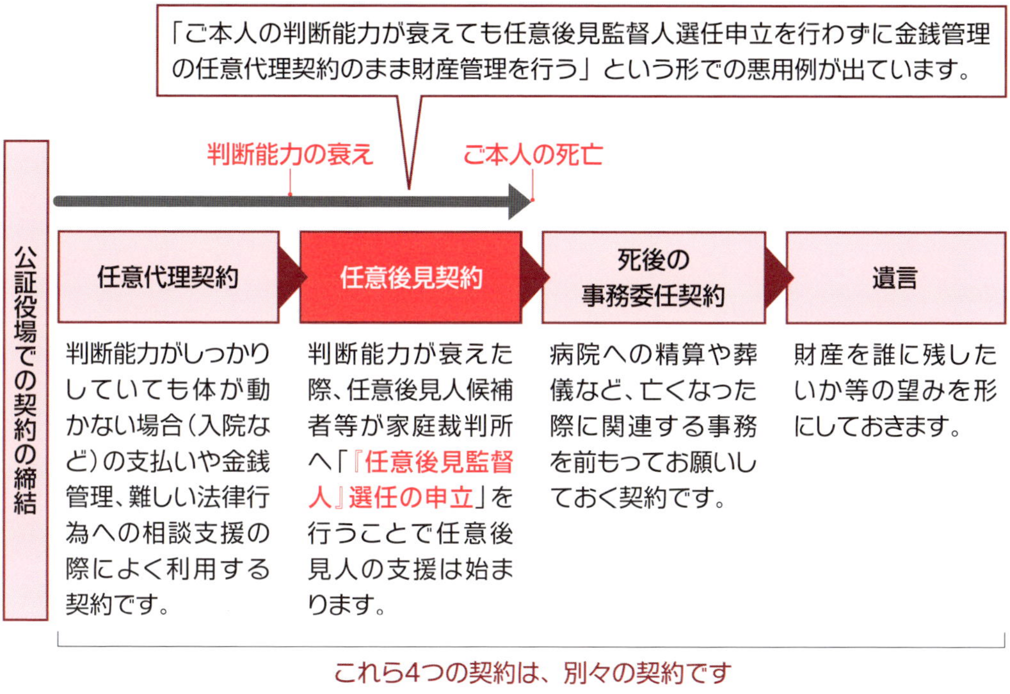

「ご本人の判断能力が衰えても任意後見監督人選任申立を行わずに金銭管理の任意代理契約のまま財産管理を行う」という形での悪用例が出ています。

判断能力の衰え　　ご本人の死亡

公証役場での契約の締結	任意代理契約	任意後見契約	死後の事務委任契約	遺言
	判断能力がしっかりしていても体が動かない場合（入院など）の支払いや金銭管理、難しい法律行為への相談支援の際によく利用する契約です。	判断能力が衰えた際、任意後見人候補者等が家庭裁判所へ「『任意後見監督人』選任の申立」を行うことで任意後見人の支援は始まります。	病院への精算や葬儀など、亡くなった際に関連する事務を前もってお願いしておく契約です。	財産を誰に残したいか等の望みを形にしておきます。

これら4つの契約は、別々の契約です

参考）（社）成年後見センター・リーガルサポート監修、清水敏晶著『ガイドブック成年後見制度　そのしくみと利用法』法学書院、2006、p.19～23

4 権利擁護システム活用における高齢者の支援者に求められる役割

　権利擁護システムによる支援が必要になっている高齢者は、その判断能力の低下から、しばしば「自分には権利擁護システムによる支援が必要だ」と気づくことができにくいものです。高齢者の支援者には、利用者の権利擁護システムの活用の必要性に気づき、相談窓口につないでいく役割が求められています。

　基本的に、判断能力の低下があり、契約によるサービス利用が必要でありながら、適切な援助が受けられていないという場合には、「成年後見の法定後見制度」もしくは「日常生活自立支援事業」の活用が必要であると考えられます。地域包括支援センターや市町村高齢福祉所管に相談することが大切です。

 高齢者の権利擁護Ⅱ 人権・権利侵害からの救出・保護

　高齢者の支援者として求められる権利擁護の関わりの一つに、人権・権利侵害から高齢者をどう護るかというものがあります。本人が人権・権利侵害を受けている場合には、「人権・権利侵害からの救出」についての関わりが求められます。「高齢者虐待」「消費者被害」について基本的内容を確認していきましょう。

1 高齢者虐待の防止

　「高齢者虐待の防止、高齢者の養護者に対する支援等に関する法律」は平成18年4月から施行されており、よく「高齢者虐待防止法」と略して称されます。

　高齢者虐待は、虐待を行う主体によって、「養護者による高齢者虐待」と「要介護者施設従事者による高齢者虐待」に大別されます。

　さらにそれぞれに「身体的虐待」「放棄放任」「心理的虐待」「性的虐待」「経済的虐待」の5種別が規定されています（同法2条4項5項）。

(1) 高齢者虐待のとらえ方

　高齢者虐待は、虐待を受けている高齢者や養護者の「虐待の自覚」を問

図3　虐待を行う主体による大別

高齢者虐待
（高齢者とは65歳以上の者を言う）

- **養護者による虐待**
  高齢者を現に養護する者（例えば同居や近居の親族等）による虐待
- **養介護施設従事者による虐待**
  老人福祉法、介護保険法の施設、あるいは事業で業務に従事している者等による虐待

わずにとらえることとされています。例えば、介護している家族が、認知症のある高齢者をしつけのつもりで叩いていても、「虐待してやろう」と思って叩いていても、どちらも身体的虐待になります。介護している家族が、「どうなっても構わないから放っておこう」と思って高齢者に必要な世話をしなかったとしても、家族自身に病気があり、頑張って介護しているけれど、結果として不十分な介護になっているとしても、どちらも放棄放任の虐待ととらえられます。

　これは、高齢者虐待防止法が処罰を目的とした法律ではなく、虐待を受けている高齢者の方の尊厳を守ることを目的としている法律だからです。養護者側の事情や虐待しようと思ってやっているかどうかに関わりなく、「客観的な事実」によって高齢者虐待をとらえ、高齢者の権利侵害が甚大になる前に高齢者の尊厳・権利を護り、そのための必要な養護者支援を行っていくのです。

　下記に、養護者による高齢者虐待の具体例を示します。

(2) 高齢者虐待の対応

　養護者による高齢者虐待については市町村に対応責務があり、地域包括支援センターも通報の受付や事実確認、支援計画の立案等、高齢者対応の中核を担うこととされています。また、養介護施設従事者による虐待については、市町村・都道府県に対応責務が示されています。

　どちらにも共通する虐待対応の流れは、通報の受付後、事実の確認のための調査を行い、組織として虐待の有無や緊急性の判断を行った上で、虐

表5　養護者による高齢者虐待の5類型

身体的虐待	高齢者の身体に外傷が生じ、又は生じるおそれのある暴力を加えること
放棄・放任	高齢者を衰弱させるような著しい減食、長時間の放置、養護者以外の同居人による虐待行為の放置など、養護を著しく怠ること
心理的虐待	高齢者に対する著しい暴言又は著しく拒絶的な対応その他の高齢者に著しい心理的外傷を与える言動を行うこと
性的虐待	高齢者にわいせつな行為をすること又は高齢者をしてわいせつな行為をさせること
経済的虐待	養護者又は高齢者の親族が当該高齢者の財産を不当に処分することその他当該高齢者から不当に財産上の利益を得ること

(厚生労働省高齢者虐待対応マニュアル、2頁より引用、波線は筆者)

表6　養護者による高齢者虐待類型の例

区分	区分
ⅰ　身体的虐待	①暴力的行為で、痛みを与えたり、身体にあざや外傷を与える行為。 【具体的な例】 ・平手打ちをする。つねる。殴る。蹴る。やけど、打撲をさせる。 ・刃物や器物で外傷を与える。など ②本人に向けられた危険な行為や身体になんらかの影響を与える行為。 【具体的な例】 ・本人に向けて物を壊したり、投げつけたりする。 ・本人に向けて刃物を近づけたり、振り回したりする。など ③本人の利益にならない強制による行為によって痛みを与えたり、代替方法があるにもかかわらず高齢者を乱暴に取り扱う行為。 【具体的な例】 ・医学的判断に基づかない痛みを伴うようなリハビリを強要する。 ・移動させるときに無理に引きする。無理やり食事を口に入れる。等 ④外部との接触を意図的、継続的に遮断する行為。 【具体的な例】 ・身体を拘束し、自分で動くことを制限する（ベッドに縛り付ける。ベッドに柵を付ける。つなぎ服を着せる。意図的に薬を過剰に服用させて、動きを抑制する。など）。 ・外から鍵をかけて閉じ込める。中から鍵をかけて長時間家の中に入れない。など
ⅱ　介護・世話の放棄・放任	①意図的であるか、結果的であるかを問わず、介護や生活の世話を行っている者が、その提供を放棄または放任し、高齢者の生活環境や、高齢者自身の身体・精神的状態を悪化させていること。 【具体的な例】 ・入浴しておらず異臭がする、髪や爪が伸び放題だったり、皮膚や衣服、寝具が汚れている。 ・水分や食事を十分に与えられていないことで、空腹状態が長時間にわたって続いたり、脱水症状や栄養失調の状態にある。 ・室内にごみを放置する、冷暖房を使わせないなど、劣悪な住環境の中で生活させる。など ②専門的診断や治療、ケアが必要にもかかわらず、高齢者が必要とする医療・介護保険サービスなどを、周囲が納得できる理由なく制限したり使わせない、放置する。 【具体的な例】 ・徘徊や病気の状態を放置する。 ・虐待対応従事者が、医療機関への受診や専門的ケアが必要と説明しているにもかかわらず、無視する。 ・本来は入院や治療が必要にもかかわらず、強引に病院や施設等から連れ帰る。など ③同居人等による高齢者虐待と同様の行為を放置する。 【具体的な例】 ・孫が高齢者に対して行う暴力や暴言行為を放置する。など
ⅲ　心理的虐待	脅しや侮辱などの言語や威圧的な態度、無視、嫌がらせ等によって、精神的苦痛を与えること。 【具体的な例】 ・老化現象やそれに伴う言動などを嘲笑したり、それを人前で話すなどにより、高齢者に恥をかかせる（排泄の失敗、食べこぼしなど）。 ・怒鳴る、ののしる、悪口を言う。 ・侮蔑を込めて、子どものように扱う。 ・排泄交換や片づけをしやすいという目的で、本人の尊厳を無視してトイレに行けるのに

iii	心理的虐待	・おむつをあてたり、食事の全介助をする。 ・台所や洗濯機を使わせない等、生活に必要な道具の使用を制限する。 ・家族や親族、友人等との団らんから排除する。など
iv	性的虐待	本人との間で合意が形成されていない、あらゆる形態の性的な行為またはその強要。 【具体的な例】 ・排泄の失敗に対して懲罰的に下半身を裸にして放置する。 ・排泄や着替えの介助がしやすいという目的で、下半身を裸にしたり、下着のままで放置する。 ・人前で排泄行為をさせる、オムツ交換をする。 ・性器を写真に撮る、スケッチをする。 ・キス・性器への接触、セックスを強要する。 ・わいせつな映像や写真を見せる。 ・自慰行為を見せる。など
v	経済的虐待	本人の合意なしに財産や金銭を使用し、本人の希望する金銭の使用を理由なく制限すること。 【具体的な例】 ・日常生活に必要な金銭を渡さない、使わせない。 ・本人の自宅等を本人に無断で売却する。 ・年金や預貯金を無断で使用する。 ・入院や受診、介護保険サービスなどに必要な費用を支払わない。など

厚生労働省マニュアル「高齢者虐待の例」の表をもとに加筆。
(社団) 日本社会福祉士会編「市町村・地域包括支援センター・都道府県のための養護者による高齢者虐待対応の手引き」2010,中央法規、p.5〜6より引用

待の構造把握・要因分析を行って必要な支援を実施していくという点にあります。「高齢者を虐待という権利侵害から守り、尊厳を保持しながら安定した生活を送ること」を目指して対応が行われていきます。

(3) 市町村の権限行使

養護者による虐待対応では、必要な場合には、**老人福祉法の「やむを得ない事由による措置」(法9条2項)** による特別養護老人ホームへの入所措置（老人福祉法第10条の4、11条1項のやむを得ない事由による措置）を、市町村が行うことができます。やむを得ない事由による措置は、特別養護老人ホームだけでなく、ショートステイやデイサービス、ホームヘルプサービスやグループホーム入所についても行うことができるようになっています。この場合、利用者は自身の財産に応じて、応能負担で利用料を支払うことになります。

また、「やむを得ない事由による措置」で特養入所を行った際、必要があれば面会制限（法13条）を行うことも、市町村の権限として許されています。

また、高齢者が養護者によって自宅に閉じ込められて虐待を受けている

場合や、入院やケアが必要であるにも関わらず連れ帰られている場合等「高齢者虐待により生命・身体に重大な危険が生じているおそれがあると認められる場合」には、市町村は、高齢者の居所に立ち入って本人の安全確認を行うことができるようになっています。これを立入調査と言いますが、犯罪捜査とは違うため、鍵を壊して入ったり、鍵屋さんを呼んで鍵を開けて入ったりすることはできません。

立入調査については、養護者が拒否をしたり嘘を言ったりすると30万以下の罰金が科せられるようになっています。

そのほか、高齢者虐待対応で必要な場合には、老人福祉法32条に基づく成年後見制度の市町村長申立てを行うことができるようになっています。認知症のある高齢者が虐待を受けやすいことが明らかになっているため（統計結果でも約6割に中程度以上の認知機能の低下があります）、成年後見制度の活用促進も求められているところです（法28条）。成年後見制度の活用は、養護者以外の親族や専門職等第三者が本人の後見人等となることで、本人に必要な介護サービス等が契約によって利用できるようになります。

(4) 養護者による虐待対応の終結

高齢者虐待対応は「高齢者虐待が解消し、虐待を受けた高齢者が安定した生活を送れるよう」になったところで終結します。施設入所によって終結するとは限らず、高齢者の適切な医療受診や介護サービスの導入、養護者への必要な支援を実施することで、高齢者虐待の要因がなくなり虐待が解消した場合には、高齢者と養護者が在宅で同居している場合でも、虐待対応は終結となります。

ケアマネジャーや介護サービス事業者といった従来から関わっている高齢者の支援者が、変わらずこの高齢者の担当を続けるということもありますので、市町村の虐待対応が終結を目指した関わりであることを理解しておくことも大切です。

(5) 高齢者の支援者に求められる役割

高齢者の支援者には、高齢者福祉の関係する者として課される「早期発見義務」があり（法5条）、「高齢者虐待を受けたと思われる高齢者を発見した」場合には「通報義務」が課されています（法7条）。「高齢者虐待を受けたと思われる」状態で通報することができるため、通報の際に写真や録音テープ等の証拠がなければならないということはありません。また、市町村・地域包括支援センター職員は「通報者を特定させるものを漏らさ

ない」で虐待対応をすることとされているため（法8条）、自分が通報したことが高齢者や家族にわかってしまうのではないか？とおそれる必要はありません。

　虐待となっているかどうか、事実の確認をして虐待の有無を判断するのは、市町村・地域包括支援センターの役割です。「虐待かどうか」悩んでしまう場合には、すでに「高齢者虐待を受けたと思われる状態」になっているわけですから、通報義務に従い早期に通報を行う必要があります。「虐待になる前に相談しよう」、「虐待かもしれないから相談しよう」という姿勢で相談すると、早期発見早期対応となります。相談、通報窓口は、市町村・地域包括支援センター等となっています。

　高齢者の支援者等高齢者福祉の関係する者には、高齢者虐待防止の施策や高齢者の保護に協力する義務も課されています（法5条2項）。

　具体的には、市町村・地域包括支援センターから、情報提供への協力を求められたり、ケース会議への出席を求められたりすると考えられます。

　求められている協力内容について業務上無理があるという場合や、本人の権利擁護にならないのではないかと危惧されるような協力内容の場合には、そのことを伝えていきましょう。高齢者の支援者としての見立てを伝えることは、適切な虐待対応を支えていきます。

2 消費者被害の防止

　消費者被害については、クーリング・オフの制度や消費者契約法や特定商取引に関する法律、金融商品取引法等による消費者保護の制度があります。都道府県ごとに「消費生活センター」が相談窓口を設けており、市町村も消費生活相談業務を行っています。高齢者虐待防止法27条では財産上の不当取引の防止を定めていることから、地域包括支援センターや高齢者虐待対応を所管している窓口も、消費者被害の相談には応じています。法テラスでも、法律相談を受けています。

　利用者が「騙されているかもしれない」と感じたり、判断能力の低下や周囲への気兼ねに付け込んだ適切ではない取引の被害にあっているかもしれないと支援者側が感じた時には、上記窓口に相談していくことが大切です。消費者被害の手口についても、常に情報を更新しておきましょう。また、被害にあってからの対応ではなく、未然防止が重要であることも理解しておきたいものです。また、これらの被害の予防のためにも権利擁護システムの活用に適切につないでいく視点を持つことが、高齢者の支援者に求められていることも忘れてはなりません。

監修・執筆者一覧

◆監修

国立長寿医療研究センター　研究所所長
鈴木隆雄（すずき・たかお）

国立長寿医療研究センター
老年学・社会科学研究センター
生活機能賦活研究部長
島田裕之（しまだ・ひろゆき）

東京都健康長寿医療センター研究所
在宅療養支援研究副部長
大渕修一（おおぶち・しゅういち）

◆執筆

●総論

第1章　老年症候群と介護予防
国立長寿医療研究センター　研究所所長
鈴木隆雄（すずき・たかお）

第2章　これからの介護予防
東京都健康長寿医療センター研究所
在宅療養支援研究副部長
大渕修一（おおぶち・しゅういち）

第3章　地域包括ケアシステムと介護予防
慶應義塾大学名誉教授
医療介護総合確保促進会議議長、社会保障審議会委員
（介護給付費分科会長・福祉部会長）
田中　滋（たなか・しげる）

●住民主体編

第4章　住民主体の介護予防実践ガイド
東京都健康長寿医療センター研究所
高齢者健康増進等事業支援室研究員
河合　恒（かわい・ひさし）

第5章　世代間交流による介護予防実践ガイド
東京都健康長寿医療センター研究所
社会参加と地域保健研究チーム研究部長
藤原佳典（ふじわら・よしのり）

第6章　介護予防柏モデルの実践
東京大学高齢社会総合研究機構准教授
飯島勝矢（いいじま・かつや）

●各論編

第7章　お達者健診の成果と老年健診
東京都健康長寿医療センター研究所
自立促進と介護予防研究チーム研究部長
吉田英世（よしだ・ひでよ）

第8章　高齢者向け筋力向上トレーニング
東京都健康長寿医療センター研究所
在宅療養支援研究副部長
大渕修一（おおぶち・しゅういち）

第9章　転倒予防プログラム
札幌医科大学保健医療学部理学療法学第一講座教授
古名丈人（ふるな・たけと）

第10章　認知機能低下予防プログラム
国立長寿医療研究センター　老年学・社会科学研究センター
生活機能賦活研究部長
島田裕之（しまだ・ひろゆき）

第11章　尿失禁予防プログラム
東京都健康長寿医療センター研究所
自立促進と介護予防研究チーム研究副部長
金　憲経（キム・ホンギョン）

第12章　口腔機能向上プログラム
東京都健康長寿医療センター研究所
自立促進と介護予防研究チーム専門副部長
平野浩彦（ひらの・ひろひこ）

国立長寿医療研究センター
口腔疾患研究部　口腔感染制御研究室長
渡邊　裕（わたなべ・ゆたか）

東京医科歯科大学　大学院医歯学総合研究科
口腔健康教育学分野講師
小原由紀（おはら・ゆき）

第13章　栄養改善活動プログラム
人間総合科学大学　教授
熊谷　修（くまがい・しゅう）

第14章　介護予防事業における評価の実践ガイド
北里大学医療衛生学部
北里大学大学院医療系研究科助教
上出直人（かみで・なおと）

第15章　介護予防と権利擁護
（公財）東京都福祉保健財団　人材養成部福祉人材養成室
高齢者権利擁護支援センター　センター長
川端伸子（かわばた・のぶこ）

● 監修者プロフィール

鈴木隆雄（すずき・たかお）
東京大学大学院理学系研究科博士課程修了。札幌医科大学助教授。平成2年東京都老人総合研究所疫学研究室長。東京大学大学院生命科学専攻分野客員教授。平成8年東京都老人総合研究所疫学部長、平成12年同研究所副所長、平成21年より国立長寿医療センター研究所所長。平成18年より「社会保障審議会人口部会委員」、平成19年より「厚生労働省介護予防継続的評価分析等検討委員会委員長」等。

島田裕之（しまだ・ひろゆき）
埼玉医科大学短期大学理学療法学科卒業　理学療法士。北里大学医学部大学院にて医科学修士、および医学博士号取得。東京都老人総合研究所研究員、日本学術振興会特別研究員を経て、平成22年度から国立長寿医療研究センター自立支援システム開発室室長。平成26年度より同センター生活機能賦活研究部の部長。専門領域は、老年学、神経科学、リハビリテーション医学。

大渕修一（おおぶち・しゅういち）
国立療養所東京病院付属リハビリテーション学院卒業　理学療法士。アメリカ合衆国ジョージア州立大学大学院にて理学修士号取得。北里大学医学部大学院にて医学博士号取得。北里大学医療衛生学部助教授を経て、平成15年度より東京都老人総合研究所介護予防緊急対策室長。平成21年度に研究所名改め、東京都健康長寿医療センター研究所。現在、同研究所研究副部長。専門領域は、理学療法学、老年学、リハビリテーション医学。

協力／株式会社耕事務所　カバーデザイン／高木義明　本文デザイン／石川妙子　本文イラスト／山下幸子

完全版 介護予防マニュアル

2015年1月30日　第1刷発行

監　修　者	鈴木隆雄・島田裕之・大渕修一
発　行　者	東島俊一
発　行　所	株式会社 法研 東京都中央区銀座1-10-1（〒104-8104） 販売03（3562）7671／編集03（3562）7674 http://www.sociohealth.co.jp
印刷・製本	研友社印刷株式会社　　　　0102

小社は㈱法研を核に「SOCIO HEALTH GROUP」を構成し、相互のネットワークにより、"社会保障及び健康に関する情報の社会的価値創造"を事業領域としています。その一環としての小社の出版事業にご注目ください。

©HOUKEN 2015 printed in Japan
ISBN 978-4-86513-082-9 C2036　定価はカバーに表示してあります。
乱丁本・落丁本は小社出版事業課あてにお送りください。
送料小社負担にてお取り替えいたします。

|JCOPY|〈(社)出版者著作権管理機構　委託出版物〉
本書の無断複写は著作権法上での例外を除き禁じられています。複写される場合は、そのつど事前に、(社)出版者著作権管理機構（電話 03-3513-6969、FAX 03-3513-6979、e-mail : info@jcopy.or.jp）の許諾を得てください。